KB152859

개정판
인지문법에서 본 영어 동사

이기동 지음

지은이 **이기동(李基東)**

서울대학교 사범대학 영어교육 학사
University of Hawaii 영어교수법 석사, 언어학 박사
건국대학교 영문과 교수 (지냄)
연세대학교 영문과 명예교수
University of British Columbia 초빙교수
University of California at San Diego 객원교수
University of California at Berkeley 객원교수
저서로는 〈영어 전치사 연구〉, 〈영어 동사의 문법〉 등 外 다수
역서로는 〈언어와 심리〉, 〈인지문법〉, 〈언어학개론〉 등 外 다수
10여 편의 논문이 있음

개정판
인지문법에서 본 영어 동사

© 이기동, 2019

1판 1쇄 발행__2019년 05월 30일
1판 2쇄 발행__2021년 04월 30일

지은이__이기동
펴낸이__홍정표

펴낸곳__글로벌콘텐츠
　　　　등록__제25100-2008-24호

공급처__(주)글로벌콘텐츠출판그룹
　　　　대표__홍정표　이사__김미미
　　　　편집__하선연 권군오 홍명지　기획·마케팅__홍혜진 홍민지 이종훈
　　　　주소__서울특별시 강동구 풍성로 87-6
　　　　전화__02-488-3280　팩스__02-488-3281
　　　　홈페이지__http://www.gcbook.co.kr
　　　　이메일__edit@gcbook.co.kr

값 34,000원
ISBN 979-11-5852-243-8 93740

개정판

인지문법에서 본

영어 동사

의미와 교체 현상

이기동 지음

글로벌콘텐츠

머리말

　영어문장을 구성하는 핵심요소는 동사이다. 문장 속의 동사가 문장의 주어와 목적어의 성질은 물론 그 밖의 다른 요소의 성질을 규정한다. 그러므로 동사의 연구는 다른 구성성분의 연구보다 영어연구에 더 중요하다고 생각된다. 이와 같은 중요성이 있어서 언어학에서 동사의 연구가 중요한 위치를 차지해 오고 있다. 그러나 이러한 중요성에도 불구하고 대부분의 연구는 주어진 동사의 특정한 뜻이나 구조적인 면만을 살펴보는 데 그치고 있다.

　최근 들어서 인지언어학이 발전하면서 각 낱말이 갖는 여러 가지의 의미를 통합적으로 다루어 보려는 시도가 이루어지고 있다. 일반적으로 사용 빈도수가 높은 단어는 여러 가지의 뜻을 갖는 경우가 많은데, 인지문법에서는 이 여러 가지의 뜻 사이의 관련성과 뜻과 구조 사이의 관련성의 파악을 중요한 과제로 삼고 있다.

　영어를 배우는 경우에도 동사의 이해는 중요한 자리를 차지하는 것으로 볼 수 있다. 동사의 의미와 쓰임을 바로 이해하면 문장 구성의 기본 원칙을 파악할 수 있게 된다. 동사의 이해가 영어학습에 중요한 만큼, 여기에는 어려움이 따르게 되는데, 이들 어려움 가운데 하나는, 사용 빈도수가 많은 동사는 여러 가지의 뜻으로 쓰이는 것이 많고, 뜻과 뜻 사이에는 관련성이 없어 보이는 점이다. 특히 기존의 사전을 찾아보면, 동사의 여러 뜻 사이의 관련성을 찾기가 어렵다.

이 책의 목적은 영어에서 사용 빈도수가 높은 동사의 의미를 기술하여 한 동사가 갖는 여러 의미 사이의 관련성을 포착하는 데 있다. 어느 동사의 의미가 제대로 분석되면, 이 동사가 여러 가지의 뜻을 갖는 것은 우연한 일이 아니고 뜻과 뜻 사이에는 숨은 규칙성이 드러나고, 이러한 규칙성을 찾게 되면 학습이 보다 효과적일 것으로 생각된다.

영어의 모든 동사를 이렇게 분석하는 것은 바람직한 일이겠으나, 현실적으로 불가능한 일이다. 그러나 이 책에 실린 동사 분석을 읽고 나면 여기에 분석되지 않은 동사에 대해서 전과는 다른 태도를 가지게 되리라 생각되며 독자들 스스로가 분석해 보고 싶은 생각이 날 것으로 믿는다.

이 책을 통해 여러분들의 영어 학습에 조그마한 보탬이 되었으면 하고 바랄 뿐이다.

이 책이 완성되기까지 여러 분께서 많은 도움을 주셨다. 이 자리를 빌어서 감사를 드린다.

2019년 1월
지은이

차 례

제2부 : 분석

제1부 동사 의미분석 서설

1. 이론적 바탕

영어에서 빈도수가 높은 기본 어휘에 속하는 낱말은 거의 모두 여러 가지의 뜻을 갖는다. 대표적인 예로 전치사를 들 수가 있는데, 하나하나의 전치사는 모두 여러 가지의 뜻을 가지고 있다. 이것은 사전을 찾아보면 쉽게 확인될 수 있다(참고 이기동). 영어 동사도 마찬가지로, 하나하나의 동사는 여러 가지의 뜻을 가지고 있다. 특히 자주 쓰이는 동사일수록 더 많은 뜻을 갖는다. 그런데 사전에 실린 뜻을 찾아보면, 한 낱말 아래에 실린 하나의 뜻은 다른 뜻과 별 관련성이 없는 별개의 의미로 보인다.

이 책의 목적은 동사가 갖는 여러 뜻 사이에는 관련성이 있음을 전제로 하고 이 관련성을 어떻게 하면 가장 잘 나타낼 수 있는가를 살펴보는 데 있다(참고 이기동).

이 연구의 바탕이 되는 것은 Langacker 교수가 개발해 오고 있는 인지문법인데, 이 문법에서는 의미를 다음과 같이 다루고 있다.[1]

    A. 자주 쓰이는 표현은 서로 관련된 의미의 망(semantic network)

---

[1] 인지문법은 Ronald W. Langacker가 지난 20여 년 동안 계속 개발해 오고 있는 문법인데, 이것은 아직 완전한 것은 아니지만, 그래도 언어에 가장 많은 통찰력을 줄 수 있는 것으로 판단된다. 이 문법에 관련된 많은 논문을 Langacker가 발표해 오고 있는데, 그의 문법을 총정리하여 1987년 Foundations of Cognitive Grammar를 출간했다.

을 갖는다.

B. 의미구조는 인지영역(cognitive domain)과 관련을 지어서 설명이 된다.

C. 의미구조는 배경(background)에 모습(figure)을 부과하므로 구조의 값을 끌어낸다.

D. 의미구조는 관습적 영상(image)을 포함한다. 즉 의미구조는 특정한 방식으로 상황을 해석한다.

다음에서 위의 네 가지 점을 간략하게 살펴보기로 하겠다.

1.1. 의미의 망

영어에서 자주 쓰이는 동사는 여러 가지 뜻을 갖는다. 그러나 이 여러 가지 뜻은 그냥 흩어져 있는 것이 아니라, 잘 들여다보면 의미망을 이룬다. 영어 동사 가운데 사용빈도가 높은 동사 중 하나는 get이다. 기존 사전에서 get을 찾아보면 여러 가지의 뜻이 나열되어 있으나, 뜻과 뜻 사이에 아무런 관련성을 찾아볼 수 없게 되어 있으며 뜻을 제시하는데 어떤 원칙도 찾아볼 수 없다. 다음은 *Longman Dictionary of Contemporary English*(1995)에 실린 동사 get의 의미이다. 이 사전에 제시된 뜻을 살펴보자(예문 옆 품사 표시는 저자가 한 것임).

a. He got bored. (자동사)

b. He got into trouble. (자동사)

c. He got it clean. (타동사)

d. I got him to post for a picture. (타동사)

e. Let's get things done. (타동사)

f. I got off the bed. (자동사)

g. She got home. (자동사)

h. They got to the village. (자동사)

위에 제시된 예문으로는 동사 get의 의미에서 어떤 규칙성도 찾아볼
수가 없다.

그러나 모국어 화자가 동사 get의 의미를 파악하고 쓰는 데는 무의
식적으로라도 어떤 규칙성이 있을 것이다. 이 사전에서는 동사의 밑에
깔린 규칙성을 찾아 의미망을 제시하는데 목적이 있다.
　동사 get은 '장소이동'과 '소유이동'의 뜻으로 쓰인다. 먼저 장소이동
의 뜻부터 살펴보자. 장소이동의 뜻을 나타내는 get은 자동사와 타동사
용법이 있다. 이들은 각각 구체적인 장소이동의 뜻과 이에서 파생된 비
유적인 상태변화의 뜻을 나타낸다. 먼저 자동사 용법부터 살펴보자.

1.1.1. 장소이동
1.1.1.1. 자동사 용법
　자동사는 먼저 장소이동의 용법으로 쓰인다. 이 때, 이동체가 한 장
소에서 다른 장소로 가는 과정을 나타낸다. 다음 예문을 살펴보자.

(1) a. He got here/home yesterday.
　　　그는 어제 여기/집에 도착했다.
　　b. He got in/out/down.
　　　그는 들어갔다/나갔다/내려갔다.
　　c. He got to the station at noon.
　　　그는 정오에 그 역에 도착했다.

(1a)에서 주어는 여기가 아닌 장소에서 여기로, 집이 아닌 장소에서
집으로 움직인다. (1b)에서 주어는 밖에서 안으로, 안에서 밖으로, 또
위에서 아래로 움직인다. 동사 get이 나타내는 이동 과정은 다음과 같
이 도식화할 수 있다.

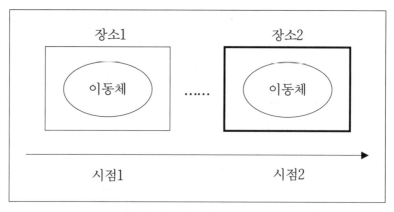

〈그림 1〉 자동사: 장소이동

위 그림은 다음을 말해준다. 시점1에서 이동체는 장소1(출발지)에 있다가 이동하여 시점2에서는 장소2(도착지)에 이르게 된다. 위에서는 도착지가 부각되어 있으나 다음에서와 같이 출발지도 부각될 수 있다.

(2) a. He got off the bed.
    b. He got out of the room.

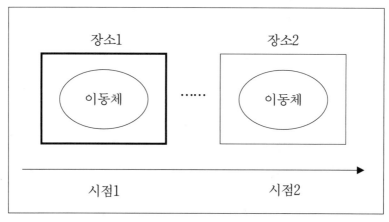

〈그림 2〉 출발의 부각

다음으로 장소이동개념은 상태 변화의 형판이 되어 그 의미가 확대되어 쓰인다. 다음을 살펴보자.

(3) He got sick/hungry/hot.
그는 병이 났다/배가 고파졌다/더워졌다.

예문 (3)에서 주어는 장소이동을 하는 개체가 아니라 상태 변화를 받는 개체이다. 즉, 병이 나지 않은 상태에서 병이 난 상태로, 배가 고프지 않은 상태에서 고픈 상태로의 변화를 나타낸다. 이와 같이 상태는 장소로, 상태변화는 장소이동으로 개념화된다. 이것을 보면 상태변화는 장소변화의 형판 위에 표현됨을 알 수 있다. 이것을 도식화하면 다음과 같다.

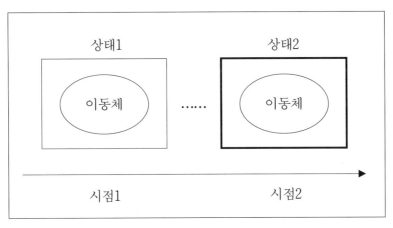

〈그림 3〉 자동사: 상태변화

위 그림의 시점1에서 주어는 상태1에 있다가, 변화를 겪고 나면 시점2에서는 상태2에 있게 된다.

1.1.1.2. 타동사 용법

다음에서는 get이 타동사로 쓰인 예들이다. 먼저 장소이동 용법부터 살펴보자.

(4) He got the box down/up.
　　그는 그 상자를 내려/올려놓았다.

위 문장 (4)에서 주어는 상자를 움직여서 위치가 바뀌게 한다. 즉 상자를 위에서 아래로, 혹은 그 반대로 이동시킨다. 이것이 get이 타동사로 장소이동을 나타내는 예이다. 이 타동사 get의 과정을 도식화하면 다음과 같다.

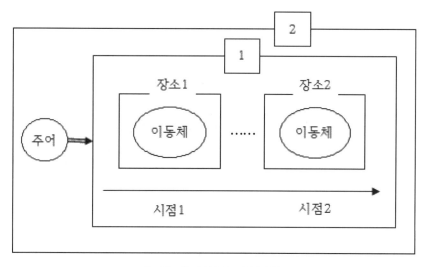

〈그림 4〉 타동사: 장소이동

위 그림은 다음 관계를 나타낸다. get이 자동사로 쓰인 경우, 이동체가 스스로 자리이동을 한다. 위 그림에서 안 네모(1)은 자동사의 도식이다. 타동사의 경우, 외부행위자의 힘에 의해서 움직임이 일어난다.

앞의 그림에서 이 힘은 이중 화살표로 표시되어 있다.

　자동사와 마찬가지로, 장소이동을 나타내는 타동사 get은 상태변화
를 나타낸다. 다음 문장을 살펴보자.

(5) He got the facts straight.
　　그는 그 사실들을 바로 잡았다.

　(5)의 경우, 주어인 행위자의 힘에 의해 사실들은 바르지 않은 상태
에서 바르게 된다. 〈그림 1〉의 장소1과 장소2를 상태1과 상태2로 바꾸
면 상태변화의 도식이 된다. 마찬가지로 그림의 장소1과 장소2를 상태
1과 상태2로 바꾸면 상태변화의 도식이 된다. 이것을 도식화하면 다음
과 같다.

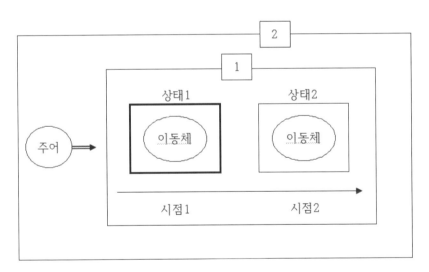

〈그림 5〉 타동사: 상태변화

이 상태 변화 도식은 get이 나타내는 타동사 장소이동의 도식과 형

판이 같다. 안 네모(1)은 자동사 상태변화의 도식이고 바깥 네모(2)는 타동사의 도식이다. 장소1과 장소2가 상태1과 상태2로 바뀐 것뿐이다.

상태변화의 한 가지는 동사의 부정사(infinitive), 현재분사(present participle)와 과거분사(past participle)로 표현된다. 과정은 시작과 끝이 있고, 그 사이에는 변화가 있으므로 이것을 도식으로 나타내면 다음과 같다. 다음 그림 a는 과정의 도식이다. 과정에는 시작과 끝이 있고, 그 사이에는 변화가 있다. 과정이 get과 쓰일 때에는, 시작, 끝, 혹은 그 사이의 변화가 반영될 수 있다.

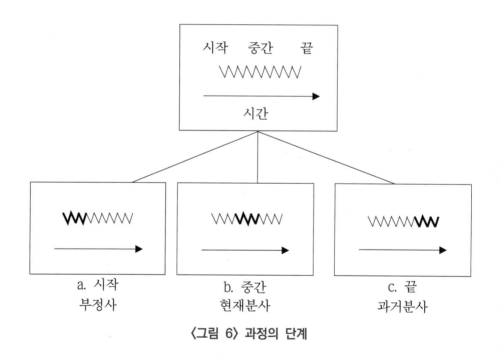

〈그림 6〉 과정의 단계

첫째, 목적어가 들어가는 상태가 과정의 시작인 경우를 생각해 보자.

(6) a. He got me to go with him. (타동사)
    그는 나를 설득하여 그와 함께 가게 했다.
  b. I got to like him. (자동사)
    나는 그를 설득하여 그 차를 사게 했다.

(6a)는 주어가 목적어를 설득하여 그와 함께 가도록 설득하는 과정이다. 목적어가 설득되느냐 안 되느냐는 목적어에 달려 있다. 이 점에 있어서 get은 make나 have와 다르다.

다음으로, 목적어가 들어가는 상태가 과정에 이미 들어가 있는 경우를 살펴보자.

(7) a. Finally, I got the car running. (타동사)
    마침내, 나는 그 차를 움직이고 있게 했다.
  b. Let's get going. (자동사)
    가고 있는 상태에 들어갑시다.

(7a)의 경우, 주어는 차를 이미 가고 있는 상태로 옮긴다는 뜻이다. (7b)에서 주어 자체가 가고 있는 상태에 들어 가있다.

마지막으로 주어나 목적어가 들어가는 상태가 과정의 마지막 단계인 경우를 생각해 보자. 이것은 과거 분사로 표현된다.

(8) a. I got tired.
    나는 피곤해졌어.
  b. I got my car repaired.
    나는 내 차를 수리 받게 했다.

(9) a. He got arrested.

　　그는 체포되었다.

　　b. I got him arrested.

　　　나는 그가 체포되게 했다.

1.1.2. 소유이동

위에서 우리는 get의 용법 가운데 개체의 장소이동의 뜻을 살펴보았다. 여기서는 소유이동의 뜻과 여기서 파생된 상태변화의 뜻을 살펴보겠다. 다음의 문장에 쓰인 get은 타동사 용법으로 의미상으로 주어에 목적어가 들어오는 과정이다. 이것도 일종의 추상적 장소이동이다. 다음 예문을 살펴보자.

(10) a. I got a letter from mom.

　　　나는 엄마에게서 편지를 받았다.

　　b. I got a cold and a headache.

　　　나는 감기가/두통이 들었다.

(10a)에서 주어는 편지를, (10b)에서는 감기나 두통을 받게 된다.

get이 소유이동동사로 쓰일 때, 주어는 몸이나 마음이 될 수 있다. 다음에서 주어는 주어의 머리나 마음이다.

(11) I got the joke/meaning.

　　나는 그 농담/의미를 이해했다.

다시, 주어는 자신의 소유영역이나 경험영역이 될 수 있다.

(12) a. She got a new car/a new computer.

　　　그는 새 차/새 컴퓨터를 갖게 되었다.

b. He got 10 years in jail.
　그는 10년형을 받았다.

　정리하면 (10-12)에 쓰인 타동사 get도 소유이동의 뜻을 나타낸다. 이 때, 목적어는 주어에 들어가는 과정이다. 주어는 구체적으로 몸, 마음, 소유나 경험 영역이 될 수 있다. 이것을 도식화하면 다음과 같다.

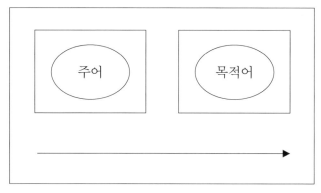

〈그림 7〉 타동사: 소유이동

　위에서 살펴본 소유이동 동사는 사역형으로도 쓰인다. 다음을 살펴보자.

(13) a. She got a car.
　　 b. I got her a car.

　(13a)에서 get은 소유이동 동사이고, (b)는 사역동사이다. 소유이동 동사의 경우, 주어가 목적어를 받게 된다. 사역동사의 경우, 행위자인 주어가 첫째 목적어(her)로 하여금 둘째 목적어(car)를 갖게 해 준다. 이것을 도식화하면 다음과 같다.

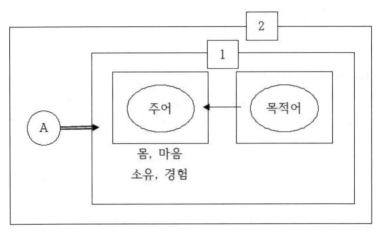

〈그림 8〉 사역동사

사역동사에서 자동사 소유동사의 원래 주어는 첫째 목적어(1)로 목적어는 둘째 목적어가 된다. 그리고 첫째 목적어가 둘째 목적어를 받는 과정은 사역동사의 주어인 행위자에 의해서 이루어진다.

위에서 살펴본 내용을 정리하자면, get의 의미는 다음과 관련이 된다. 첫째, 이 동사는 장소이동과 소유이동의 뜻으로 쓰인다. 두 경우 모두 이동의 뜻이 포함되어 있다. 장소이동 동사는 자동사와 타동사가 있고 이 둘은 또 상태변화의 바탕이 된다. 소유이동의 경우 타동사와 사역동사가 있다. 이것은 다음과 같은 의미망으로 정리할 수 있다.

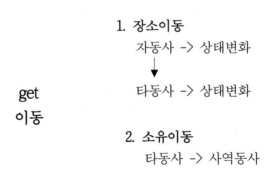

동사 get은 사용빈도가 높고, 이에 따라 뜻도 많지만, 위에서 우리는 이 동사의 뜻이 서로 관련이 되어 있으며, 이를 통해 get의 의미가 아무런 규칙성이 없는 것으로 생각되어 보이나, 실제로는 뚜렷한 규칙성이 있음을 보여주었다. 이것은 자주 쓰이는 낱말의 뜻이 흩어져 있는 것이 아니라 의미망을 보여줄 수 있다.

1.2. 인지영역

인지문법에서는, 낱말의 의미는 인지영역에 비추어서 특징이 지어진다고 본다. 어느 한 개념은 다른 개념을 전제로 한다. 그래서 이 전제된 개념이 주어진 개념의 출현과 특징화의 기초를 제공해 준다. 예로서, 직각 삼각형의 빗변(hypotenuse)은 직각 삼각형을 전제로 한다. 이것이 없이는 직각 삼각형의 빗변이 존재할 수 없다. 또 어느 낱말의 의미기술에는 한 가지만의 인지영역이 관련되는 것이 아니라 몇 개의 영역이 관련될 수 있다. 예로서, flash(섬광)를 들 수 있다. flash는 짧고, 강력하게 발산하는 빛 감각이다. 다시 말하면, 이 개념을 묘사하기 위해서는 시간, 색채, 공간 그리고 시간영역이 필요하다.

여기서 우리가 살펴본 것은 낱말의 뜻은 낱말 자체만으로 정의될 수 있는 것이 아니라 우리의 인지영역과 밀접하게 관련되어 있고 그래서 이 인지영역과 관련을 지어야만 낱말이 제대로 풀이가 될 수 있음을 살펴보았다. 이것은 어느 낱말의 관습적 의미값과 언어기술은 백과사전적 지식과 분리시켜서 될 수 없음을 시사한다.

촘스키 언어이론에서는 언어지식과 백과사전적 지식을 구별해야 한다고 주장하는데 이 주장은 사실에 바탕을 둔 것이 아니라 방법론적인 고려에 바탕을 두고 있는 것으로 보인다. 촘스키 언어학에서는 언어의미는 백과사전식 의미와 분명히 구별되는 것으로 취급되고 어떤 낱말의 의미는 이 낱말이 가리키는 물체나 과정에 대해서 화자들이 가지고 있는 방대하고 개방적인 지식이 아니라, 이 지식의 극히 제한된 일부를 가리키는 것으로 취급된다. 그래서 언어지식과 언어외적 지식 사이에 분명한 경계가 그어질 수 있다고 생각된다.

　이러한 견해의 문제점은 언어지식과 언어외적 지식 사이에 경계가 있다면, 이것은 방법론적인 필요에 의한 것이지 사실의 뒷받침을 받을 수 있는 것이 아니다. 이 책에서도 언어지식과 백과사전식 지식은 구별할 수 없으며, 또 구별해서는 안 되는 것으로 나타났다(Heiman, Langacker, 1988).

1.3. 배경과 모습

　인지문법에서 주장하는 또 한 가지 주장은 **바탕**에 **모습**을 부과하는 것이 낱말의 의미 분석에 주요하다는 점이다. 한 낱말의 바탕은 여러 인지영역의 집합체일 수 있다. 예로서 칼(knife)의 경우, 이의 바탕에는 칼의 기능, 모양, 다른 식기류에서 이것이 차지하는 위치 등이 포함될 수 있다.

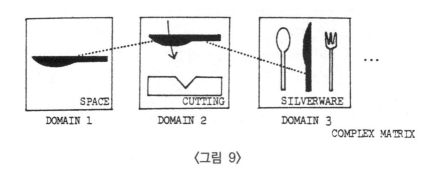

〈그림 9〉

　이 바탕의 어느 부분이 특이한 수준의 현저성으로 높여져서 초점으로 쓰이게 되면, 이 부분이 모습이 된다. 모습은 낱말이 지시하는 바탕의 어떤 부분이다. 앞에서 언급된 직각 삼각형의 빗변을 생각해보자. 이 개념의 바탕은 직각 삼각형이고, 이 바탕 위에 현저하게 부각된 부분이 모습이며, 직각 삼각형의 **빗변**은 이 부분을 가리킨다. 다음 〈그림 10a〉에서 모습이 되는 빗변은 굵은 선으로 표시되어 있고, 그 외의 바탕은 가는 선으로 표시되어 있다.

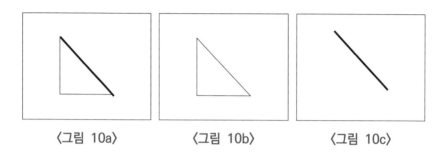

| 〈그림 10a〉 | 〈그림 10b〉 | 〈그림 10c〉 |

어느 서술은 배경으로부터 특정한 모습의 부여를 통해서 구별이 가능한 더 상위 개념을 유도한다. 그렇지만 어느 표현의 의미는 배경이나 모습에만 있는 것은 아니다. 이 양면 모두가 서술의 의미값에 중요하다. 예를 들면, 〈그림 10a〉에서처럼 직각 삼각형의 빗변에 주어진 모습을 억제하면 결과는 더 이상 빗변의 개념이 되지 않고 단순히 직각 삼각형 개념만 된다(〈그림 10b〉). 우리가 〈그림 10a〉에서처럼 배경에서 모습 부분을 억제하면, 나머지 선분을 직각 삼각형의 빗변으로 식별할 수 있는 근거가 없다(〈그림 10c〉). 왜냐하면, 직각 삼각형의 빗변은 직각 삼각형의 맥락에서만 존재하기 때문이다. 그래서 서술의 배경은 의도한 지시물의 성질과 정체를 확립하는 데 필요한 "틀(frame)"로 생각될 수 있다.

낱말 가운데는 같은 바탕을 갖지만, 모습이 다른 데서 서로 다른 의미를 갖는 예가 있다. 다음 go, away와 gone을 살펴보자.

(14) a. You've been here long enough – please **go** now.
       (너는 여기 충분히 오래 있었다. 자 이제 가거라.)

b. California is very far **away**.

(캘리포니아는 매우 멀리 떨어져 있다.)

c. By the time I arrived, she was already **gone**.

(내가 도착할 때는 그녀는 이미 가고 없었다.)

앞의 진하게 된 낱말들 모두가 다의어이다. 그러나 각각의 경우 우리는 예시된 하나의 의미에만 주의를 국한해 보자. 동사로써 go는 "과정"을 지시한다. 즉 이 동사는 일정한 기간 내에 연속적으로 일어나는 일련의 관계 형상을 나타낸다(〈그림 11a〉 참조).

따라서 〈그림 11a〉에 있는 화살표가 보여주듯이 시간은 go의 바탕에 있는 하나의 영역이며 공간은 또 다른 하나의 공간이다. 〈그림 11a〉는 이 과정이 이루는—최초와 최후가 포함된—연속적인 일련의 상태에서 네 개의 구성요소 상태만 명시적으로 보여준다.

두 개의 중요한 참여자가 간단하게 원과 사각형으로 표시되어 있다. 그 중 하나는 **"탄도체"**(trajector = tr)로, 다른 하나는 **"지표"**(landmark = lm)로 불린다. 점선은 대응(correspondence)을 나타낸다. 대응이란 한 상태

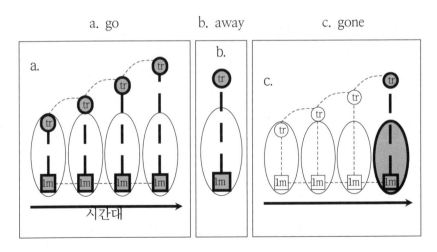

〈그림 11〉

에서 다른 상태로 변하더라도 탄도체는 동일함을 나타내며, 지표의 경우에도 마찬가지이다. 각 상태 안의 탄도체와 지표를 연결하는 굵은 점선은 go의 관계적 특징을 이루는 모습으로 나타낸다. 다시 말하면, 이 관계 특징은 지표 영역 내에서 탄도체의 위치를 결정하는 인지적 작용이다. go의 최초 상태에서 탄도체는 타원 지표의 영역 안에 있다. 탄도체의 위치는 시간의 경과와 함께 상태마다 변하여, 최종 상태에서는 탄도체가 지표의 영역 밖에 있다.

다음으로 away를 살펴보자. 이 낱말은 동사가 아니다. 그리고 시간은 이 낱말의 의미 묘사에 활성 영역이 아니다. (1b)에서 away는 〈그림 11b〉에서 그려진 것과 같이 하나의 공간 형상을 모습으로 하고 있다. 이 형상은 go가 그리는 과정의 최종 상태를 이루는 형상과 같다. go는 탄도체를 지표의 밖에 위치시킨다. 그래서 go에 의해서 지시되는 과정은 away가 묘사하는 위치관계로 끝난다. 그러나 우리는 (1b)와 같은 관계는 탄도체의 이동에 의해서 생기는 것으로 해석될 필요가 없다.

gone은 어떻게 설명할 수 있는가? 〈그림 11a, b〉를 검토해 보면 go와 away는 서로 다르지만 어떤 점에서 비슷한 점이 드러난다. 〈그림 11b, c〉를 살펴보면, gone과 away는 탄도체가 지표의 안에 있지 않는 하나의 위치 관계를 모습으로 갖는 점에서는 같다. 그러나 이 두 서술의 배경은 공간영역에 불과하지만 gone의 배경은 go의 모습인 과정이다.

다시 말하면 어떤 개체는 그 위치가 가는(go) 과정에서 나와야만이, **간 것**(being gone)으로 정확하게 묘사될 수 있다. 그러므로 이 과정의 개념이 gone의 배경이 된다. go와 gone의 개념 내용에 있어서의 차이는 과거분사 서술의 의미에서 온다. 과거분사 형태소는 도식적으로 나타낸 과정을 배경으로 취하고 이 과정의 최종상태를 모습으로 한다.

1.3.1. 동사 shoot의 바탕과 모습

이러한 배경/모습의 대조와 모습의 부여는 다의어 동사의 의미기술에도 매우 중요한 것으로 드러난다. 동사 shoot을 예로 들어보자: 이

동사가 가리키는 과정에는 무엇을 쏘는 사람, 쏘는 도구, 쏘이는 물건, 쏘이는 물건의 이동, 목표물 등이 바탕에 깔려 있다. 이것을 도식적으로 나타내면 〈그림 12〉과 같다.

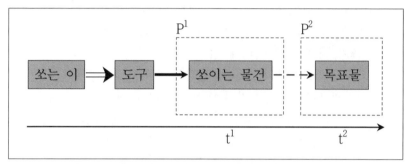

〈그림 12〉 동사 shoot의 개념 바탕

〈그림 12〉이 나타내는 동사 shoot의 과정은 다음과 같다: 쏘는 이가 쏘는 도구에 힘을 가하고, 이것이 다시 쏘이는 물건에 힘을 가하여, 이 물건이 빠른 속도로 움직여서 P^1이라는 장소에서 어떤 경로를 통해서 P^2라는 장소에 이르는 과정이다(P는 장소를 의미함).

동사 shoot은 여러 가지 뜻을 나타내는데, 이 가운데는 그림 3의 여러 개체(참여자) 가운데 어느 부분이 모습으로 드러나느냐에 달려 있다. 대표적인 경우 몇 가지를 살펴보면 다음과 같다. 먼저 다음 (3)에서는 shoot의 바탕 가운데 쏘는 이와 쏘는 도구만이 모습으로 드러나 있다(〈그림 13a〉 참조).

(15) He shot the gun/the pistol/the rifle.
    (그는 그 총/권총/소총을 쏘았다.)

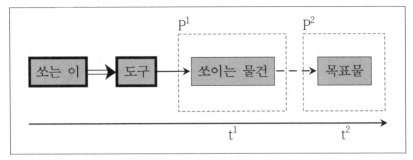

〈그림 13a〉

다음에서는 쏘는 이와 쏘이는 물건만이 모습으로 드러난 과정이다:
〈그림 13b〉 참조.

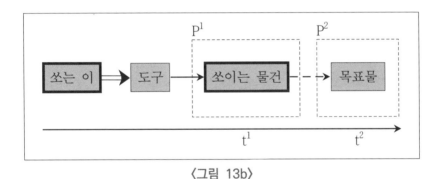

〈그림 13b〉

(16) a. The man shot an arrow.
　　　(그 사람은 화살을 쏘았다.)
　　b. They shot away our ammunition
　　　(그들은 우리의 실탄을 쏘아 대었다.)

다음 (17)에서는 쏘는 이와 쏘이는 물건이 가 닿는 목표가 모습으로
드러나는 과정이다: 〈그림 13c〉 참조.

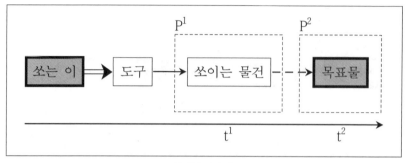

〈그림 13c〉

(17) a. They shot down the enemy planes.
        (그들은 그 적기들을 쏘아 내렸다.)
    b. He shot the robber dead.
        (그는 그 강도를 쏘아서 넘어뜨렸다.)

다음 (18)에서는 쏘는 이와 쏘이는 물건이 동일한 개체로 풀이되는 경우이다. 즉 쏘는 이와 쏘이는 물건이 주어로 표현되는 경우이다(이 동일성은 점선으로 표시되어 있다): 〈그림 13d〉 참조. 그리고 이동 경로가 목적어로 표현되어 있다.

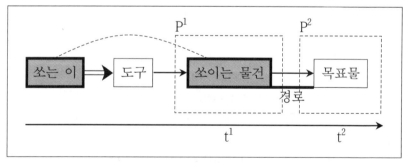

〈그림 13d〉

(18) He shot the rapids/bridge.
　　 (그는 급류/다리를 빠르게 갔다.)

위 (18)에서 주어 he는 움직이려는 생각을 하고 동시에 행동을 하는 주체이면서 움직이는 개체이다. the rapids와 the bridge는 주어가 움직이는 경로이다.

다음에서는 장소 이동을 하는 쏘이는 물건과 경로만이 모습으로 드러난 과정이다.

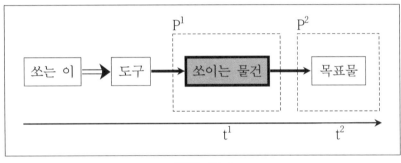

〈그림 13e〉

(19) a. A star shot across the sky.
　　　 (어느 별이 하늘을 쏜살같이 가로질러 갔다.)
　　 b. Tom began to shoot out.
　　　 (톰은 쏜살같이 뛰어나가기 시작했다.)

위에서 우리는 같은 배경에서 모습으로 드러나는 부분에 따라서 여러 가지 뜻이 나타남을 살펴보았다. 그리고 이것은 한 낱말 shoot에 여러 가지의 관련된 뜻이 있게 되는 이유를 설명해준다.[2]

---

2) 주어진 배경은 같으나, 이 배경에서 모습으로 뽑히는 부분이 다르면, 다른 낱말로 표현되는

1.3.2. hub, spoke, rim

Shoot와는 좀 다른 현상으로, 같은 배경을 가지고 있으나 모습으로 드러나는 부분이 달라서, 다른 형태의 낱말이 쓰이는 예가 있다. hub, spoke, rim이 이의 예가 되겠다. hub은 바퀴의 중심을 가리키고, spoke는 이 중심에서 바퀴테로 뻗쳐 있는 살을 가리키고, rim은 바퀴테를 가리킨다. 다음 그림에서 볼 수 있는 바와 같이 이 세 낱말은 같은 배경을 가지고 있으나, 이 배경 가운데 다른 부분이 모습이 되면서 서로 다른 낱말이 된다.

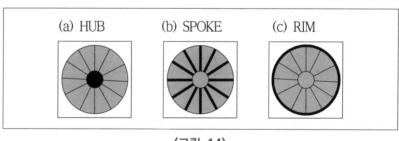

〈그림 14〉

위에서 살펴본 바와 같이 배경/모습의 대조는 거의 모든 낱말의 의미 분석에 매우 중요한 역할을 함을 알 수가 있다.

1.4. 관습적 영상

인지문법에서 '영상'이란 용어는 특정한 방법으로 쓰인다. 이 문법에서 영상은 주어진 상황을 여러 가지 각도에서 개념화할 수 있는 우리의 능력을 말한다. 영상에는 여러 가지의 차원이 포함되는데, 넓게

경우도 있다. 물건을 팔고 사는 경우를 예로 들어보자. 여기에는 파는 사람, 사는 사람, 팔리는 물건, 지불하는 돈 등이 바탕에 깔려 있다. 여기서 파는 이와 물건이 모습으로 드러나면 sell이 쓰이고, 사는 이와 물건이 드러나면 buy가 쓰인다. Fillmore(1977: 74).

보면 1.3에서 다룬 배경/모습의 대조도 영상의 문제이다. 이외에 영상의 차원에 드는 것으로는 어느 상황이 해석되는 구체성의 수준, 낱말이 가리키는 대상의 규모 및 상황을 관찰하는 원근법 등이다.

1.4.1. 구체성

먼저 구체성과 관련되는 영상을 살펴보자. 우리는 어떤 개체를 가리킬 때 이것을 여러 가지의 수준에서 개념화할 수 있다. 어느 날짐승을 가리킬 때 우리는 이것을 다음 (20)과 같이 개념화할 수 있다:

(20) 생명체 → 동물 → 날짐승 → 제비

1.4.2. 규모

또 낱말이 가리키는 대상의 규모와 관련되는 것이 있다. 동사 bite와 nibble을 비교할 수 있다. bite는 크게 무는 동작이고 nibble은 야금야금 먹는 동작이다. 두 가지 다 입으로 무엇을 물어서 뜯는 과정을 나타내지만 bite(깨문다)가 nibble(조금씩 먹다) 보다 규모가 훨씬 더 크다.

1.4.3. 원근법

원근법과 관계되는 것으로는 다음과 같은 예가 있다. 어느 소년 Bob이 다른 소년 Tom의 옆에 앉아 있는 관계를 생각하여 보자.

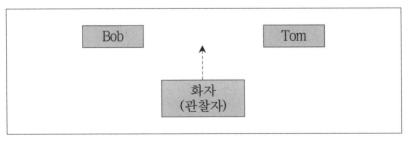

〈그림 15〉

이 관계를 우리는 다음과 같이 두 가지의 방법으로 나타낼 수 있다:

(21) a. Bob is sitting to the **left** of Tom.
(밥은 톰의 왼쪽에 앉아 있다.)
   b. Bob is sitting to the **right** of Tom.
(밥은 톰의 오른쪽에 앉아 있다.)

화자가 〈그림 15〉에 표시된 자리에 있다고 가정하고 이 위치에서 Bob과 Tom을 보면서 Tom에 대한 Bob의 위치를 묘사하려면, 문장 (21a)가 쓰일 것이다. 그러나 화자는 자기의 실제 위치가 아닌 가상의 위치에서도 주어진 사건을 묘사할 수가 있다. 이러한 가상의 위치 가운데 하나는 화자가 Tom과 Bob의 위치에서 이들과 같은 방향을 보고 있다고 가정하는 것인데, 이 때에는 Bob과 Tom의 주어진 관계는 문장 (21b)로 묘사될 것이다.

위에서 살펴본 원근법은 동사의 경우에도 원근법이 적용되는 경우가 많다. give/take, borrow/lend, buy/sell 등의 짝지어진 동사는 같은 개념 상황을 묘사하지만 이들 짝지어진 동사는 관습적으로 정해진 원근법이 다르다. buy/sell의 경우를 간단히 살펴보자. 이들 동사는 다음과 같은 상황을 그린다. 어떤 물체가 A라는 사람에게 있다가 A가 다른 사람 B로부터 돈을 받고 물건을 B에게 주는 과정이다.

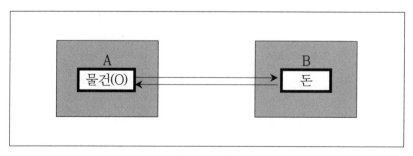

〈그림 16〉

이 과정은 A의 관점에서는 (22a)와 같이 묘사될 수도 있고, B의 관점에서는 (22b)와 같이 묘사될 수 있다.

(22) a. A is **selling** something to B.
     (A는 무언가를 B에게 팔고 있다.)
  b. B is **buying** something from A.
     (B는 무언가를 A에게 사고 있다.)

위의 같이 간단하게 세 가지의 영상 차원을 고려해 보았다.

1.5. 행동과 사건의 개념[3]

동사는 행동이나 사건과 관계되는데, 행동이나 사건을 개념화함에 있어서, 우리는 두 가지의 모형을 생각할 수 있다(Langacker 1991). 하나는 **당구공 모형**이다. 이 모형에 의하면 세계는 개체로 구성되어 있고 이들 개체의 어떤 것은 이리저리 움직이다가 다른 것과 상호작용을 할 수 있다. 이렇게 움직이는 개체는 외부의 힘에 의한 것일 수도 있고, 내부의 힘에 의할 수도 있다.

한 개체가 다른 개체에 접촉하여 힘을 가하면, 접촉된 개체는 움직여서 다른 개체에 영향을 줄 수도 있다. 이것이 **당구공 모형**이다.

또 한 가지의 모형은 **무대 모형**이다. 우리의 주위에는 끊임없이 많은 일들이 일어나지만, 어느 주어진 순간에 우리의 주위는 어떤 제한된 영역에 한정된다. 즉 몇몇의 참가자가 제한된 영역 안에서 상호작용을 하면서 일으키는 사건을 관객이 구경을 하는 모형이다. 이 두 모형을 도식화하면 다음과 같다:

---

3) 이 부분의 내용은 Langacker(1986)의 논문에 바탕을 두고 있음.

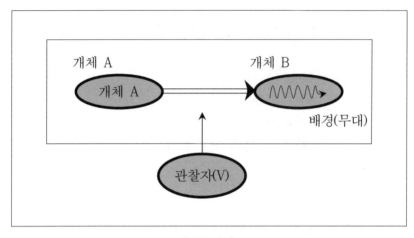

〈그림 17〉

위 그림에서 이중 화살표는 에너지의 전달을 나타내고 둥근 원 안의 꼬부랑 선은 내부 변화를 나타낸다. 사각형은 무대/배경이고, 이 무대 위에서 개체들이 상호작용을 하면서 사건이 전개된다. 이것을 무대 밖에 있는 관찰자(V)가 보는 관계이다. 이와 같은 사건에 참가하는 참가자의 역할을 크게 다음 1.5.1에와 같이 나누어 볼 수 있다.

1.5.1. 의미역할
행 위 자: 의도적으로 물리적 행동을 수행하면서 다른 물체와 접촉 하게 되고 또 이 접촉을 통해서 에너지가 전달된다.

피영향자: 외부에서 시작된 물리적 접촉으로 전달되는 에너지를 받 고, 내적 변화를 겪는 참가자

도   구: 행위자가 쓰는 통상 무정(inanimate) 개체로서 이 개체를 통해서 에너지가 행위자에게서 피영향자에게 전달된다.

경 험 자: 정신 활동에 참가하는 개체

위에서 간단하게 살펴본 것은 사건이나 행동의 개념이다. 그러나 이

것이 언어에 어떻게 표현되는가는 별개의 문제이다. 다음에서는 표현과 관계되는 문법역할 즉, **주어**와 **목적어**의 개념을 살펴보겠다.

1.5.2. 문법역할: 주어와 목적어

주어와 목적어는 의미상으로 어떻게 정의될 수 있는가? 전통문법에서 이 두 범주에 대한 의미상의 정의가 있었다. 그러나 완전하지 못하므로 쓸모없는 것으로 생각되어, 구조주의 문법에서는 아예 그러한 개념조차 쓰기를 꺼렸다. 변형생성 문법에서는 주어와 목적어를 구조와 관련된 개념으로 보고 있다. 즉, 이 두 개념은 구조만으로 파악될 수 있다는 주장이다. 그런데 이 두 개념이 기계적으로 구조에서 파악될 수 있겠느냐 하는 의문은 제쳐두고라도, 이렇게 구조적으로 정의된 개념이 언어의 이해에 실제 얼마만한 도움이 되느냐 하는 문제를 제기할 수 있다.

이 두 개념을 의미상으로 정의하기 위해서는 **행동고리**와 **에너지의 흐름**이라는 개념이 필요하다. 어느 사건에는 참가자가 있고, 이 참가자들 사이의 상호작용은 어느 참가자에게서 시작된 에너지가 전달되면서 시작된다.

다음 경우를 살펴보자. 어느 사건에 행위자, 도구, 피영향자가 참여한다고 생각해 보자. 이때 에너지의 흐름은 〈그림 18a〉와 같이 나타낼 수 있다. 즉 에너지가 행위자에게 시작되어 도구로 가고, 도구에서 피영향자로 간다. 이것이 **에너지의 흐름**을 나타낸다. 그런데 어느 사건의 묘사에 이 참가자 모두가 나타나는 경우도 있지만, 일부만 나타나는 경우도 있다.[4]

---

4) 앞에서 언급한 동사 shoot 참조.

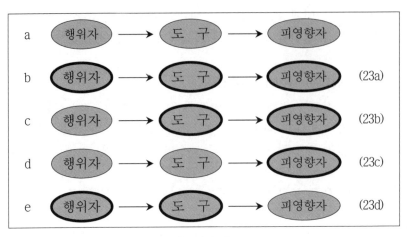

〈그림 18〉

〈그림 18b〉에는 행위자, 도구, 피영향자가 모두 모습으로 드러나 있다. 이것은 다음 (23a)의 문장으로 예시된다. 〈그림 18c〉에는 도구와 피영향자가 나타나 있는데, 이것은 문장 (23b)로 예시된다. 〈그림 18d〉에서는 피영향자만 나타나 있다. 이것은 예문 (23c)로 예시되어 있다. 〈그림 18e〉에서는 행위자와 도구가 모습으로 들어 있다. 이것은 예문 (23d)로 예시되어 있다.

(23) a. **John** broke **the glass** with **a hammer.**
　　　(존은 그 유리를 망치로 깨었다.)
　　 b. **The hammer** broke **the glass.**
　　　(그 망치가 그 유리를 깨었다.)
　　 c. **The glass** easily broke.
　　　(그 유리는 쉽게 깨어졌다.)
　　 d. **John** hit **the hammer.**
　　　(존은 그 망치를 때렸다.)

〈그림 18〉를 보면 주어와 목적어 선택에 대한 어떤 규칙성을 찾아볼 수가 있다. 에너지가 행위자→도구→피영향자로 전달된다고 생각할 때, 흐름의 머리 쪽에 있는 것이 **주어**로 나타나고, 꼬리 쪽에 있는 것이 **목적어**로 나타난다.

그리고 또 우리가 알 수 있는 점은 주어나 목적어는 특정한 의미역할과 일치시킬 수 없다는 점이다. 예로서, 주어는 행위자, 도구, 또는 피영향자격이 될 수 있고, 목적어는 도구, 피영향자가 될 수 있기 때문이다.

1.6. 더 복잡한 현상

위에서 간단한 방법으로 에너지의 흐름과 주어와 목적어의 선택에 대한 관계를 살펴보았다. 그러나 실제에 있어서 이 문제는 좀 더 복잡한데, 이것을 아래에서 살펴보기로 하겠다. 먼저 이 에너지의 흐름에 나타나는 의미 역할을 좀더 자세하게 살펴보자. 먼저 행동 연쇄의 꼬리 부분을 살펴보자. 1.5.2.에서 우리는 행동 연쇄의 꼬리 부분이 피영향자인 경우만을 살펴보았다. 그러나 이 부분은 피영향자 이외의 다른 의미역할도 포함할 수 있다.

(24) a. John threw **a rock**.
　　　(존은 돌멩이 하나를 던졌다.)
　 b. Peter tickled **his little sister**.
　　　(피터는 그의 누이동생을 간질렀다.)
　 c. Henry severely injured **his opponent**.
　　　(헨리는 그의 상대자를 심하게 상처 입혔다.)
　 d. Foreman knocked **his opponent** against the rope.
　　　(포어먼은 그의 상대자를 쳐서 로프에 기대게 했다.)

위에 쓰인 목적어는 다음과 같은 점에서 서로 다르다:

(24) a. a rock : 내부 변화는 없고 장소 이동만 받는다. (이동자)
　　 b. his little sister : 감각이나 정서직인 영향을 받는다. (경험자)
　　 c. his opponent : 피영향자이면서 동시에 경험자이다.
　　 d. his opponent : 피영향자이면서 동시에 장소 이동을 한다.

(24)의 a와 b에서 피영향자는 움직이는 개체와 경험자의 역할이 추가됨을 알 수 있고, c와 d에서 문장의 어느 요소는 하나 이상의 역할을 맡는 경우도 있음을 알 수 있다.

다음으로, 행동연쇄 고리의 하나나 그 이상의 부분이 하나의 참가자에 의해서 표현되는 예가 있다. 다음 문장을 살펴보자.

(25) a. **George** scratched **the elephant**'s back with **a rake**.
　　　(죠오지는 그 코끼리의 등을 갈퀴로 긁었다.)
　　 b. **George** scratched **Sheila's back**.
　　　(죠오지는 쉬러의 등을 긁었다.)
　　 c. **George** scratched (his back).
　　　(죠오지는 (자신의 등을) 긁었다.)

(25a)에는 행위자, 도구, 피영향자가 별개의 개체이다. (25b)에서는 행위자와 도구를 하나의 개체가 맡고 주어 George는 행위자이면서 도구이다. (25c)에서는 행위자와 피영향자가 동일한 개체이다.

또 다음과 같이 전체가 부분을 대신하는 경우도 있다.

(26) a. Susan switched off **the TV**.
　　　(수잔은 TV를 껐다.)
　　 b. **The frightened bird** flew wildly about the room.
　　　(그 놀란 새가 미친 듯이 그 방 안을 이리저리 날아다녔다.)

(26a)의 경우 수잔은 손가락을 써서 TV의 스위치를 움직인다. 그러나 수잔과 손가락, 그리고 TV와 스위치를 (26a)에서는 분할하지 않고 전체로서 나타낸다. (26b)에서는 새는 행위자, 움직이는 자와 도구(날개)의 개념을 포함하고 있다. 이것은 언어상으로 하나의 개체로 표현되어 있으나 여러 개의 역할이 함께 포함될 수 있음을 보여준다. 여기서 볼 수 있는 바와 같이 어느 상호 과정에서 어떤 역할은 매우 현저하게 작용하지만 실제는 개별적으로 언급이 안 되는 경우도 있다.

다음으로, 타동사절로 모습이 나타난 모든 과정이 물리적 공간에서만 전개되거나 에너지의 전이를 나타내지 않는 경우도 있다. 즉 타동사절은 비물리적 영역에서 확대 적용된다. 다음 (27)의 문장들은 사회적 상호작용을 나타낸다:

(27) a. They **forced** him to resign.
　　　　(그들은 그를 강제로 사임하게 했다)
　　 b. Ernest **persuaded** her to clean the window.
　　　　(어네스트는 그녀를 창문을 닦게 설득했다.)
　　 c. I **urged** her to give up the crazy ideas.
　　　　(나는 그녀를 그 미친 생각을 버리도록 촉구했다.)

다음 (28)에서도 주어는 실제적인 물리 에너지를 방출하지 않지만, 각 경우 주어는 목적어를 이동되게 하므로 추상적인 에너지의 출처로 간주될 수 있다.

(28) a. Judith **sent** a package to her niece.
　　　　(쥬디스는 소포를 그녀의 조카딸에게 보냈다.)
　　 b. I **gave** that information to all his neighbors.
　　　　(나는 그 정보를 그의 이웃에게 주었다.)

다음 경우는 추상적인 의미로도 에너지의 전이가 포함되지 않는 것으로 보이는 경우이다:

(29) a. Several witnesses **saw** the accident.
　　　(몇몇 증인이 그 사고를 보았다.)
　　b. I **noticed** a rip in the fabric.
　　　(나는 그 천에 찢어진 데를 보았다.)
　　c. She **remembered** her childhood.
　　　(그녀는 어린 시절을 회상했다.)

(29)에 쓰인 동사는 지각동사이다. 지각은 두 가지로 이해된다. 한 가지는 우리의 시각이 물체에 가 닿는 것이고 다른 하나는 지각 대상의 감각이 우리의 감각기관에 와 닿는 것이다. (29)에서는 첫째 지각 방법으로 이해된다. 즉 경험자인 주어의 시각이 목적어로 가서 이와 "접촉하는" 것으로 생각된다. 그렇기 때문에 지각현상을 표현하기 위해 타동사 구조에 쓰였다.

다음과 같은 마음속에서의 움직임도 타동사로 표현된다:

(30) a. The boy **climbed** up to the top of the tree.
　　　(그 소년은 그 나무 꼭대기까지 기어 올라갔다.)
　　b. From this point on, the path **climbed** very steeply.
　　　(이 지점에서부터, 그 길은 매우 가파르게 올라갔다.)

(30a)의 climb은 주어가 수직으로 위로 움직이는 과정을 나타낸다. 즉 오름은 객관적으로 풀이된다. (30b)는 상태를 묘사한다. 실제 이 상황 안에 움직이는 것은 아무것도 없다. 이 경우 화자는 주어진 상황의 개념을 이루어 나가기 위해서 그는 마음속으로 길의 아래쪽에서 위쪽으로 움직인다. 이러한 움직임을 **주관적 움직임**(subjective motion)이라고 한다.

지금까지 우리는 인지문법에서 의미를 어떻게 다루는가를 살펴보는 가운데, 이것이 또 영어동사의 의미분석에 어떻게 적용되는지도 살펴보았다. 다음 소절에서는 실제 영어동사와 관련된 의미와 용법의 확장을 살펴보겠다.

2. 의미와 용법 확장

한 형태의 동사가 갖는 여러 의미와 용법 사이에서 찾아볼 수 있는 의미 관계를 150여 개의 동사를 통하여 정밀 조사하여 보았다. 이 조사에서 얻은 대표적인 결과를 아래에 정리하였다:

2.1. 타동사와 자동사

대부분의 경우, 타동사에는 이에 맞서는 자동사가 있다. 그런데 이러한 자동사에는 세 가지의 유형이 있는 것으로 분석될 수 있다. 동사 open을 예로 들어보자: Fillmore의 격 문법에서는 이 동사는 다음과 같은 격들을 갖는 것으로 풀이된다(A = 행위자, I = 도구, O = 목적격).

(1) a. **John** opened **the door** with **a key**. [＿＿A, I, O,]
    (존은 그 문을 열쇠로 열었다.)
  b. **The key** opened **the door**. [＿＿I, O,]
    (그 열쇠가 그 문을 열었다.)
  c. **The door** opened. [＿＿O]
    (그 문이 열렸다.)

(1a-b)에서 쓰인 open은 행위자, 도구, 목적어만 쓰인 타동사이고, (1c)에서 쓰인 open은 피영향자만 쓰인 자동사로 볼 수 있다.

2.1.1. 중간형 자동사와 능격형 자동사

그런데 자동사로 쓰이는 open은 적어도 세 가지로 나누어 볼 수가 있다. (1c)에 쓰인 것은 단 한 가지의 예에 지나지 않는다. 다음 두 문장을 비교하면 그 차이가 분명히 드러난다:

(2) a. The door opens **easily**.
    (그 문은 쉽게 열린다.)
 b. The door opened **by itself**.
    (그 문은 저절로 열렸다.)

(2a)에 쓰인 open의 경우 행위자가 암시되어 있으나 (2b)의 경우에는 행위자가 암시되어 있지 않는다. (2)의 두 문장의 주어는 모두 피영향자라는 점은 같으나, 행위자의 영향이 있느냐와 없느냐에 차이가 난다.

이것은 1.3.에서 보여준 배경/모습의 조직으로 설명이 가능하다. 행위자가 암시된 자동사를 **중간형 자동사**라고 하고, 행위자가 암시되지 않는 자동사는 **능격형 자동사**라고 하겠다. (2)의 두 과정은 다음과 같이 나타낼 수 있겠다:

그림 1a에서 행위자는 분명히 드러나 있지는 않으나, 행위자는 open의 중간형 과정에 포함이 된다. 이러한 관계는 다음과 같은 예에서 더 확실하게 찾아볼 수 있다.

(3) The ice cream scoops easily.
    (그 아이스크림은 스쿱으로 쉽게 떠진다.)

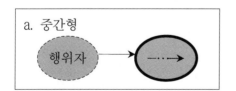 

〈그림 1〉

(3)의 경우 행위자가 없이 아이스크림이 스쿱에 담기는 것을 상상할 수가 없다.

그런데 위와 같은 중간 자동사에 행위자가 드러나지 않는 이유는 이들 동사의 개념 바탕에는 행위자가 있긴 있으나 특정한 행위자를 가리키는 것이 아니라 '어느 누구라도' 행위자가 될 수 있기 때문이다. 즉 중간 자동사의 경우, 어느 누가 해도 주어진 과정이 일어날 수 있는 특징을 가지고 있다.

중간 자동사의 구문에는 부사가 반드시 쓰여야 하는 경우도 있고, 그렇지 않은 경우도 있다. 이러한 부사의 선택은 임의적이 아니라 의미에 의해서 결정된다. 다음을 살펴보자:

(4) a. The seat folds.
   (그 의자는 접힌다.)
  b. ?The car drives.
   (그 차는 움직인다.)

(4a)에는 아무런 부사가 쓰이지 않아도 되지만, (4b)에는 어떤 부사가 쓰여야 자연스러운 문장이 될 수 있다. 그 이유는 의자 가운데는 접어지는 것도 있고, 그렇지 않은 것도 있기 때문에 (4a)는 아무런 부사가 없어도 필요한 정보를 전달한다. 그러나 (4b)의 경우에는 모든 자동차는 움직이기 때문에 적절한 부사가 없이는 의미있는 정보를 전달할 수가 없다. 그러므로 다음과 같이 drive의 과정이 전제되지 않는 때에는 부사가 없이도 쓰일 수 있다.

(5) I thought we were out of gas, but the car drives.
   (나는 우리가 기름이 떨어진 줄 알았는데, 그 차는 움직인다.)

(5)에서는 차에 기름이 없으면, 차가 가지 않는다는 것이 전제되어 있기 때문에 위의 문장은 부사 없이 drive만 쓰여도 좋은 문장이 될 수 있다.

2.1.2. 부사제약

중간 자동사에 쓰이는 부사에는 제약이 따른다. 이 자동사가 나타내는 과정에는 행위자가 암시되어 있으나, 이 과정을 가리키는 과정은 행위자의 힘에 크게 좌우되지 않으므로 행위자와 관련된 부사는 잘 쓰이지 않는다.

(6) a. ?This flashlight plugs in **expertly**.
　　　(이 회전등은 전문가처럼 꽂힌다.)
　　b. ?Red wine spots wash out **carefully**.
　　　(붉은 포도주 반점은 조심스럽게 씻긴다.)
　　c. ?Cotton irons **cautiously**.
　　　(무명은 조심스럽게 다려진다.)

(6)에 쓰인 부사는 행위자를 묘사하는 부사이므로 중간 자동사와 양립되지 않는다.

중간 자동사와 쓰일 수 있는 부사는 자동사가 가리키는 과정이 일어나는 동안이나 후에 나타나는 상태를 가리키는 것이 많다.

(7) a. The dog food cuts and chews **like meat**.
　　　(그 개 먹이는 고기같이 잘리고 씹힌다.)
　　b. Our 4-wheel drive handles **smoothly**.
　　　(우리의 4륜 구동차는 부드럽게 다루어진다.)

또 과정의 수행성이나 용이성을 나타내는 부사도 중간 자동사와 잘 쓰인다:

(8) a. The truck drives **well**.
　　　(그 트럭은 운전이 잘 된다.)

b. The salt pours **easily**.

(그 소금은 쉽게 부어진다.)

2.1.3. 지각, 이해, 감정 동사

거의 모든 타동사가 자동사로 쓰일 수 있으나, 지각, 이해, 감정과
관련이 있는 동사는 이 문형에 잘 쓰이지 않는다:

(9) a. *Swallows (see/watch/hear) in summer.

b. *Her papers (explain/understand/grasp/comprehend) well.

지각, 이해, 감정을 나타내는 동사는 특정한 정신능력을 가지고 있
는 사람을 전제로 하는데, 중간 자동사는 비특정적이고, 일반저인 행
위자를 전제로 한다. 그러므로 지각, 이해, 감정을 나타내는 동사는 중
간형에 쓰이지 못하는 것으로 생각된다.

2.1.4. 중간 자동사와 능격 자동사의 행위

앞의 (2b)에 쓰인 opened는 능격 자동사이다. 이것은 중간 자동사와
다음과 같은 점에서 구별된다. 첫째, 능격 자동사는 특정한 사건을 묘
사한다. 그러나 중간 자동사는 주어의 특징상 누가해도 동사가 가리키
는 과정이 일어날 수 있는 경향을 나타낸다. 둘째, 중간 자동사에는 숨
은 행위자가 있으나, 능격 자동사에는 이런 행위자가 전제되지 않는
다. 다음 두 문장이 위에서 기술한 차이를 예시해준다:

(10) a. Suddenly the window broke.

(갑자기 그 창문이 깨어졌다.)(능격)

b. Be careful! that window breaks easily.

(조심해라. 저 창문은 쉽게 깨어진다.)(중간)

(10a)에서는 주어진 창문이 어느 행위자와는 관계없이 일어난 과정을 나타내고, (10b)에서는 숨은 행위자가 있어서 그 창문을 건드리면, 이것이 쉽게 깨어지는 성질을 가지고 있음을 나타낸다.

위에서 중간 자동사와 능력 자동사를 살펴보았다.

2.1.5. 목적어 생략

아래에서는 또 한 가지의 자동사를 살펴보겠다. 동사 가운데는 타동사이면서 목적어가 생략되는 경우가 있다. 다음을 비교하여 보자.

(11) a. Bob fell.
   (밥이 넘어졌다.)
   b. Bob ate.
   (밥이 먹었다.)
   c. Bob ate a big lunch.
   (밥이 점심을 많이 먹었다.)

(11a)의 fell은 순수한 자동사로서 주어만 있으면 완전한 문장이 된다. 그러나 (11b)의 ate는 먹는 사람과 그가 먹는 물건이 필요하다.

그러면 어떤 경우에 목적어가 생략되는가? 첫째, 어느 동사가 선택할 수 있는 목적어의 영역이 한정되어 있고, 그 가운데서도 전형적인 것이 있을 수 있다. 이러한 경우 목적어일수록 생략될 가능성이 높다 (별표 (*)는 생략 불가능을 나타냄).

(12) a. Bob smokes (cigarettes/*cigars/*a pipe).
   (밥은 (시가렛트/연송연/파이프를) 피운다.)
   b. Bob drinks (alcohol/*water/*milk).
   (밥은 (술/물/우유를) 마신다.)

그러므로 동사가 너무 넓은 영역의 목적어를 허용하는 것이면, 목적어의 생략은 잘 허용되지 않는다. 즉 목적어가 명시되지 않으면 다음 (13)에서와 같이 무엇이 생략된 것인지 알 수 없기 때문이다.

(13) a. ?Someone opened/shut/closed.
　　　　(누가 열었다/닫았다/닫았다.)
　　 b. ?She took/carried/gave/held.
　　　　(그녀는 집었다/운반했다/주었다/잡았다.)
　　 c. ?He made/built/fabricated.
　　　　(그는 만들었다/지었다/조립했다.)

2.1.6. 동사의 특성과 목적어 생략

많은 경우에 목적어의 생략은 동사의 특성에 좌우된다. 아래에서는 비슷한 뜻을 가진 동사가 쓰였으나 (a)에서는 목적어 생략이 허용되나 (b)에서는 허용되지 않는다.

(14) a. Bill smoked.
　　　　(빌은 (담배를) 피웠다.)
　　 b. *Bill puffed.

(15) a. Hemingway drank.
　　　　(헤밍웨이는 (술을) 마셨다.)
　　 b. Hemingway *sipped/*guzzled.

(16) a. Tom wrote daily.
　　　　(톰은 매일 (작품을) 썼다.)
　　 b. *Tom composed/drafted.

(14-16)에서 우리가 관찰할 수 있는 기본 수준의 동사로서 그 목적어를 쉽게 식별할 수 있는 경우에 목적어가 생략된다고 볼 수가 있다.

생략된 목적어도 어느 개체의 전체를 가리키는 경우가 부분을 가리키는 경우보다 더 쉽게 생략이 허용된다: (17)에서 생략될 수 있는 것은 자동차 전체이다. 그러나 (18)에서는 자동차의 부분이 목적어가 되어 있어서 생략이 그만큼 더 어렵다.

(17) a. Tim let Bill drive (the car).
   (팀은 빌이 그 차를 운전하게 했다.)
  b. Tim let Bill steer (the car).
   (팀은 빌이 그 차를 조종하게 했다.)
  c. Tim let Bill brake (the car).
   (팀은 빌이 그 차의 제동을 밟게 했다.)

(18) a. I'll let Bill turn *(the wheel).
  b. I'll let Bill rev *(his engine).
  c. I'll let Bill floor *(the gas pedal).

동사 가운데는 이들이 갖는 목적어가 한정되어 있으나, 경우에 따라서 목적어가 생략될 수 있는 것이 있고 그렇지 않은 것이 있다.

(19) a. *John stubbed his toe.
   (존은 그의 발가락을 채었다.)
  b. *John barked his skin.
   (존은 피부를 벗기었다.)

(19)에 쓰인 동사는 목적어의 생략을 허용하지 않으나, (20)에 쓰인 동사는 목적어의 생략을 허용한다.

(20) a. Bill blinked/winked (his eye).
　　　 (빌은 눈을 껌벅거렸다.)

　　 b. John shrugged (his shoulders)
　　　 (존은 어깨를 으쓱했다.)

　　 c. Tom waved (his hand).
　　　 (탐은 손을 흔들었다.)

목적어가 생략된 자동사는 목적어보다는 과정 자체에 관심이 갈 때
쓰이는 문장이다.

2.2. 장소표현과 상태표현

언어에서 장소의 표현은 상태와 시간 표현의 형판구실을 하는 것으
로 나타난다. 즉 장소표현은 상태와 시간표현에 확대되어 쓰인다. 예
로서 타동사 keep의 의미가 어떻게 확대되어 쓰이는가를 보자:5)

(21) a. If your hands are cold, keep them **in your pockets**.
　　　 (너의 손이 차면, 너의 손을 너의 호주머니에 넣어 두어라.)

　　 b. They keep the lions **at the zoo**.
　　　 (그들은 그 사자들을 동물원에 가두어 놓는다.)

(21)에서 keep이 나타내는 과정은 다음과 같다: 행위자인 주어가 피
영향자인 목적어에 영향을 주어서, 이 목적어가 특정한 영역 안에 있
게 되는 과정을 가리킨다. 〈그림 2〉는 어느 개체(Entity = E) E는 시점 t^1
에서 장소 P^1에 있는데, 행위자의 힘에 의해서 이 관계가 시간이 지나
도 바뀌지 않고 그대로 P^1에 있는 과정을 keep이 나타낸다(점선은 연결

---

5) 동사의 의미가 확대되는 방법의 한 가지는 이 영역의 확대이다. 장소영역에 쓰이는 어느 동사
　 가 소유영역이나 상태영역에 확대 적용되면서 그 뜻이 전이되는 예가 흔하다.

된 개체나 장소가 같은 것임을 나타낸다).

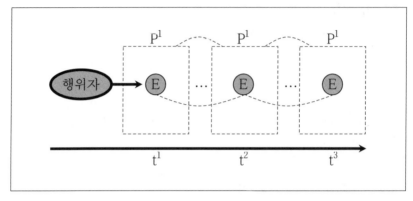

<그림 2>

그런데 다음에서는 주어가 목적어를 두고 있는 곳이 장소가 아니라, 상태이다. 이것은 언어 표현에서 상태가 장소로 개념화되는 예이다.

(22) He keeps himself **in good health.**
(그는 자신을 좋은 건강상태 속에 유지시킨다.)

(21a)의 in your pocket는 장소인데, (22)의 in good health는 상태이다. 상태와 장소는 엄격하게 보면 다르지만, 상태도 개체가 놓여 있을 수 있는 장소로 개념화된다. 상태표현을 다른 언어 자원을 써서 표현되지 않고 장소표현을 빌려서 표현한다. 그래서 〈그림 2〉의 장소 P^1 대신에 상태 S^1으로 대치되면 상태의 표현이 된다.

위에서 살펴본 상태가 장소로 개념화되는 현상은 동사 keep에만 국한되는 것이 아니라 거의 모든 동사에도 해당이 된다. keep은 어느 개체가 시간이 지나도 같은 장소에 있게 하는 과정을 나타낸다. 아래에서는 시간이 지나면 장소이동을 나타내는 동사 drive의 예를 살펴보겠다. 동사 drive가 타동사로 쓰이면, 이것은 다음과 같이 장소 이동 과정을 나타낸다.

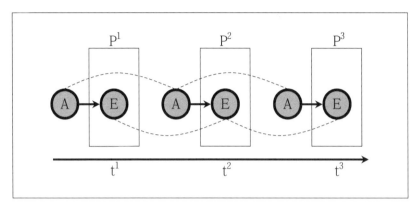

〈그림 3〉

A와 A, 그리고 E와 E를 잇는 점선은 이들이 장소는 바뀌어도 동일한 개체임을 표시한다. 주어 A가 목적어 E에 영향을 주어서, 목적어가 어느 시점 t^1에서 어느 장소 P^1에 있다가 시간이 지나면서 다른 시점 t^2에서는 다른 장소 P^2로 있게 되는 과정을 나타낸다. 이때 주어도 목적어와 함께 움직인다. 다음 문장이 이 과정을 예시한다.

(23) He drove the sheep **to the shed.**
　　(그는 그 양들을 그 헛간으로 몰고 갔다.)

(23)에서 양들은 주어의 영향을 받고 헛간이 아닌 장소에서 헛간으로 이동하는 과정을 나타낸다. 〈그림 3〉과 같은 형판은 그대로 상태의 변화를 나타내는 데에 쓰인다. 이 그림에서 원래의 장소 P^1은 원래의 상태 S^1을 나타내고, 목적지인 P^3는 마지막 상태 S^3를 나타내는 데 쓰

인다. 상태변화의 경우 주어가 목적어에 힘을 가하여 목적어가 한 상태에서 다른 상태로 움직이게 된다.

(24) a. He will drive me **home**.
　　　　(그는 나를 집으로 태워다 줄 것이다.)
　　 b. He will drive me **mad**.
　　　　(그는 나를 미치게 만들 것이다.)

(24a)에서 home은 목적어가 이동해 있을 목적지를 나타내고, (24b)에서 mad는 목적어가 변해 있는 마지막 상태를 나타낸다.

위에서 우리는 장소이동을 나타내는 동사 drive가 어떻게 상태변화에 확대되어 쓰이는가를 살펴보았는데, 이러한 확대는 drive에만 국한된 것이 아니라, 장소이동을 나타내는 거의 모든 동사에 해당되는 사실이다. 다음에 쓰인 동사는 장소이동을 나타낸다. 그러나 다음에서는 상태변화를 나타낸다.

(25) a. Your dream will **come** true.
　　　　(너의 꿈은 실현될 것이다.)
　　 b. His horse **fell** lame.
　　　　(그의 말은 절름발이가 되었다.)
　　 c. His hair is **going** gray.
　　　　(그의 머리는 희어지고 있다.)
　　 d. He got his **arm** sore.
　　　　(그는 그의 팔을 아프게 했다.)
　　 e. The insult **left** me speechless.
　　　　(그 모욕은 나를 말을 잃게 했다.)

위에서 우리는 **장소**와 **장소이동**의 표현이 **상태**와 **상태변화**의 표현에 확대되어 쓰임을 살펴보았다. 이것은 장소와 상태 그리고 장소이동과 상태변화 사이에 유사성이 있음을 뜻하는 것으로 볼 수가 있다. 어떤 개체가 어떤 상태에 있음은 그 개체가 어떤 장소에 있음과 같은 것으로 볼 수 있고, 어떤 개체가 상태의 변화를 받는다는 것은 이 개체가 한 상태에서 다른 상태로 옮기는 과정으로 볼 수 있다. 그러므로 상태나 상태 변화는 장소 및 장소표현과 같은 언어자원으로 표현되는 것으로 보인다.

2.3. 객관적 묘사와 주관적 묘사[6]

화자가 어느 상황을 개념화하는 방법은 크게 두 가지로 나누어 볼 수 있다. 한 가지는 그가 묘사하는 상황과 자신을 완전히 분리시키는 방법이다. 다른 한 가지는 화자가 그가 개념화하는 상황에 자신을 위치시키는 방법이다.

이것을 시각적 지각에 비유하면 다음과 같다. 첫째 방법은 어느 관찰자 (S)가 어느 대상 (O)을 떨어져서 보는 관계이다. 이것을 그림으로 나타내면 다음 〈그림 4a〉와 같다:

객관 묘사   주관 묘사

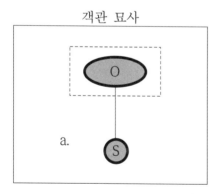 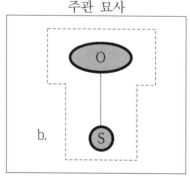

〈그림 4〉

---

6) 주/객관성의 논의는 Langacker(1985)에 제시되어 있다. 그에 의하면 이 주/객관성의 문제는 영어의 여러 부문에 중요하게 나타난다.

〈그림 4a〉에서 O는 관찰자가 가장 잘 볼 수 있는 영역에 들어와 있다. 그러나 S는 이 영역에 포함되지 않는다. 그러므로 이 관계는 S가 O를 보는 관계이다.

관찰의 또 한 가지 방법은 S가 O를 보는 관계를 S가 관찰하는 방법이다. 이것은 〈그림 4b〉와 같이 나타낼 수 있다. 〈그림 4b〉에서는 S는 서술의 범위 안에 든다. 이것은 S가 관찰하는 것은 O가 아니라 S 자신이 O를 보는 것을 관찰하는 관계이다. 이 경우 O는 주관적이 되고 S는 객관적이 된다.

위에서 살펴본 시지각의 관계는 개념화로 쉽게 바꾸어서 생각할 수 있다. 〈그림 4〉의 관계에서 O는 상황이고 S는 화자에 비유될 수 있다. 이렇게 보면, 〈그림 4a〉에서 화자는 자신이 표현하는 상황에 자신을 포함시키지 않는 관계이다. 이 경우 표현하는 상황은 객관적이고, 화자는 주관적이다.

〈그림 4b〉는 다르다. 이것은 화자가 묘사하는 상황에 화자가 자신을 포함시키는 관계로서, 이때 주어진 상황은 주관적이 되고, 화자 자신은 객관적이 된다. 이러한 주/객관적 상황은 언어의 여러 면에서 나타나는데, 아래에서 이와 관련된 예를 살펴보기로 하겠다. 다음 예를 통해서, **객관적 묘사**와 **주관적 묘사**의 차이를 살펴보자.

(26) a. A big wolf walked **across** the field **through** the woods, and **over** the hill.
(큰 늑대 한 마리가 그 밭을 지르고, 그 숲을 지나 그 산 너머로 걸어갔다.)

b. The music hall is **across** the square, **through** the alley, and **over** the bridge.
(그 음악당은 그 광장을 지나고 또 그 골목길을 지나서 다리 너머에 있다.)

c. There was a fire last night **across** the river, **through** the canyon, and **over** the mountain.
(엊저녁 그 강 건너편 계곡을 지난 그 산 위에 불이 났었다.)

(26a)는 객관적인 상황의 묘사이다. 어느 늑대가 어느 밭을 가로질러서 숲을 지나 산을 넘어가는 과정의 묘사이다. 이 묘사에 화자는 포함되지 않는다. 그러나 (26b, c)에서는 이러한 객관적 움직임은 포함되어 있지 않다. 즉, 주어나 그 밖의 문장 안의 명사구가 가리키는 개체가 실제로 움직이지 않는다.

그러나 이 두 문장에는 경로를 나타내는 전치사가 쓰인 것으로 보아서 어떤 움직임이 포함된 것을 직감적으로 느낄 수가 있다. 한 가지 설명은 화자가 주어진 상황에 자신을 투영시켜서, 주어의 위치를 계산하기 위해서 자신이 주어진 길을 마음속으로 지나가는 것으로 생각할 수 있다.

위 (26)에서는 전치사에 의해서 주/객관적 움직임이 표현되었다. 그런데 다음 (27)에서는 주/객관적 움직임이 동사로 표현되어 있다:

(27) a. The tower **rises** steeply from the ground.
　　　　(그 탑은 땅으로부터 가파르게 올라간다.)
　　 b. The hills **roll** to the sea.
　　　　(그 산들은 그 바다로 굴러간다.)
　　 c. The land **reaches** the river.
　　　　(그 땅은 그 강에 이른다.)
　　 d. The cape **pushes** out into the sea.
　　　　(그 만은 그 바다 밖으로 들어간다.)

(27)에 쓰인 동사는 원형적인 쓰임에 있어서 주어의 움직임을 나타내는 동사들이다. 그러나 위 문장의 주어는 움직이는 개체가 아니다.

그런데도 움직임 동사가 쓰인 것은 어떤 움직임이 위의 동사가 나타내는 과정에 관련된 것으로 볼 수 있기 때문이다. 여기에서 관련된 움직임은 화자의 시선이다. (27a)에서는 화자가 그의 시선을 탑의 낮은 곳에서 높은 곳으로 움직이고, (27b)에서는 그의 시선이 산에서 바다로 움직인다. 이러한 움직임이 있기 때문에 움직임 동사가 쓰였다.

2.4. 완전동사와 불완전동사

동사의 쓰임은 크게 두 가지로 나누어 볼 수가 있다. 하나는 **완전동사**이다. 이것은 동사가 가리키는 과정이 시간과 함께 변화가 있는 과정을 가리킨다. 또 하나는 **불완전동사**로서, 동사가 가리키는 과정이 시간과 함께 변하지 않는 과정이다. 즉, 처음의 상태가 그대로 유지되는 과정을 가리킨다.

이 두 과정은 다음과 같이 도식적으로 나타낼 수가 있다. 〈그림 5〉에서 완전동사의 곡선은 변화를 나타내고, 불완전동사의 직선은 무변화를 나타낸다. 완전동사의 경우, 과정의 한계가 분명하나 불완전동사의 경우 그 한계가 분명하지 않다.

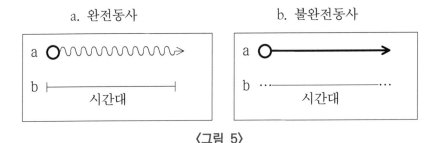

〈그림 5〉

다음 두 문장을 살펴보면서 동사의 완전성과 불완전성을 좀 더 자세하게 검토하여 보자:

(28) a. The sun **rose** at 6:30 in the morning.
　　　　(태양은 아침 6:30에 떴다.)
　　b. The mountain **rises** to the height of 29,000m.
　　　　(그 산은 29,000m의 높이까지 오른다.)

(28a)에서 rose는 태양이 수평선 아래에 있다가 시간이 지나면서 수

평선 위로 올라오는 과정을 나타낸다. 태양의 위치는 시간이 지나면서 변한다. 그러나 (28b)에서 rises는 산의 위치나 높이가 시간이 지나면서 변하는 것이 아니다. 처음의 높이가 시간이 지나도 변하지 않고 그대로 유지되는 관계이다.

그러므로 (28)에서 같은 동사(rise)가 쓰였지만, 그 쓰임은 같지가 않음을 알 수 있다. (28a)에서 rise는 완전동사로 쓰였고, (28b)에서는 불완전동사로 쓰였다. rise가 완전동사로 쓰이면 이것은 현재형에 자유롭게 쓰이지 못한다. 현재형에 쓰일 때에는 '습관'이나 '규칙성'과 같은 특별한 뜻으로만 쓰인다. 이와는 달리 rise가 불완전동사로 쓰이면, 현재형에 쓰이는데 아무런 제약이 없다.

2.5. 사역화

영어 사역화 과정은 형태로 나누면 크게 세 사지로 나누어 볼 수 있다. 첫째, 사역동사 make, have, get 등의 동사를 써서 사역을 나타내는 사역화가 있다. 예로서 다음을 살펴보자.

(29) a. His sister left.
　　　　(그의 누이가 떠났다.)
　　 b. He **made** his sister leave.
　　　　(그는 그의 누이를 떠나게 했다.)

(29a)의 left는 자동사이다. 이의 주어는 자의적으로 떠난 것으로 풀이된다. (29b)에서는 사역동사 make가 쓰여져 his sister가 억지로 떠난 관계를 나타낸다.

둘째, 자동사와 사역동사의 형태가 다른 경우이다. 다음이 그 예가 되겠다.

(30) a. The glass **fell** on the floor.

　　　(그 유리잔이 그 바닥에 떨어졌다.)

　　b. He **dropped** the glass on the floor.

　　　(그는 그 유리잔을 그 바닥에 떨어뜨렸다.)

　(30a)에서 the glass는 저절로 떨어진 것으로 묘사된다. 그러나 (30b)에
서는 주어의 영향 때문에 유리잔이 떨어지는 과정을 drop이 나타낸다.

　셋째, 동사에는 아무런 형태의 변화없이 자동사, 타동사, 사역동사로
쓰이는 예이다. 동사 walk이 한 예가 되겠다.

(31) a. The dog **walked** across the field.

　　　(그 개가 그 밭을 가로질러 건너갔다.)

　　b. The boy **walked** the dog across the field.

　　　(그 소년이 그 개를 그 밭을 가로질러 걸리었다.)

　(31a)에서는 개가 스스로 걸은 과정을 나타내고, (31b)에서는 소년이
개를 걸리는 과정을 나타낸다. (31a)의 주어는 행위자이다. (31b)에서
는 (31a)의 주어가 목적어로 나타난다. 목적어이지만 스스로 움직일 수
있는 힘을 갖는 개체이다. 또 (31b)의 주어는 행위자이다. 다시 말하면,
(31b)에서 행위자가 둘이다. 이것은 다음과 같이 나타낼 수 있다.

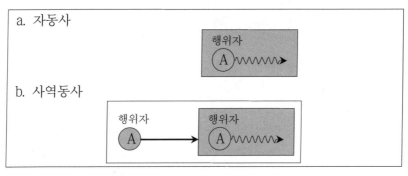

〈그림 6〉

다음과 같은 경우 자동사의 주어는 행위자가 **아니다.** 즉 주어에는 스스로 움직일 수 있는 힘이 없다. 이러한 자동사는 다음과 같은 사역형에 쓰일 수 있다.

(32) a. His shirt **caught** on a nail.
　　　　(그의 셔츠가 못에 걸리었다.)
　　 b. He **caught** his shirt on a nail.
　　　　(그는 그의 셔츠가 못에 걸리게 했다.)

(32b)에서 주어 he가 하는 행동에 의해 his shirt에 힘이 미쳐서 이것이 못에 걸리게 하는 과정을 나타낸다. 이때 주어는 행위자가 아니고 경험자로 분류될 수 있다. 이러한 관계가 〈그림 7〉에 나타나 있다. 자동사의 주어는 피영향자이고, 사역동사의 주어는 경험자(E)로 볼 수 있다.
catch의 타동사 용법과 사역동사 용법을 다음과 같이 비교하여 보자.

(33) a. He caught his coat.
　　　　(그는 그의 저고리를 잡았다.)
　　 b. He caught his coat on a nail.
　　　　(그는 그의 저고리가 못에 걸리게 했다.)

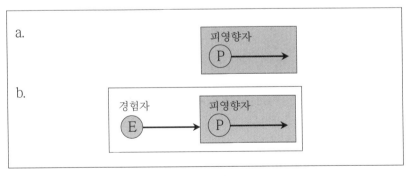

〈그림 7〉

(33a)는 떨어지거나 날아가는 저고리를 그(he)가 잡았다는 뜻이고, (33b)에서는 주어가 저고리를 직접 잡은 것이 아니라, 저고리가 못에 걸리게 하는 원인이다.

2.6. 활성영역 (active zone)

관계술어는 두 개체를 포함하는데 이 두 개체는 모습과 바탕의 관계를 통상 갖는다. 모습은 바탕에 비해 적고 더 뚜렷하며, 또 이것은 바탕에 비해서 더 동적이다. 이 모습/바탕의 대조는 언어의 여러 국면에 나타나는데 그 중의 하나가 주어와 목적어에 반영된다. 주어는 모습에 그리고 목적어는 바탕에 비유될 수 있다. 탄도체와 지표가 상호작용하는 관계 술어에서, 주어진 관계에 직접 참여하는 탄도체와 지표의 하위부분이 명시적으로 표현이 안 되는 경우가 많다. 다음 예문을 살펴보면 이 점이 분명해진다:

(34) a. We all heard **the piano**.
   (우리는 모두 그 피아노를 들었다.)
 b. Don't believe **John**.
   (존을 믿지 말아라.)
 c. **She** finally blinked.
   (그녀 마침내 눈을 껌벅거렸다.)

(34a)에서 우리가 들은 것은 피아노 자체가 될 수 없다. 즉 우리가 들은 것은 피아노에서 나오는 소리이다. 마찬가지로, (34b)에서 우리가 믿을 수 있는 것은 어느 사람 자체가 아니라, 어느 사람에서 나오는 말이다. (34c)에서 blink하는 과정에 직접적으로 포함되는 부분은 눈꺼풀과 그 주위의 힘살, 신경 등이다. 그러나 blink의 주어로 표현된 것은 눈이 아니라 사람 전체이다. 이와 같이 어떤 관계에 직접적으로 참

가하는 부분이 명시될 수도 있고, 그렇지 않을 수도 있다.

예로서, 다음 표현에서 볼 수 있는 바와 같이 blink의 과정에 직접 참여하는 눈이 직접 명시될 수 있는 경우도 있고, 그렇지 않은 경우도 있다. 다음에서 보면, blink가 자동사로 쓰이면, 눈이 직접 명시될 수 없으나, 타동사로 쓰이면 눈이 명시될 수 있다.

(35) a. *My eyelid blinked.
     b. ?His left eye blinked.
     c. He kept blinking his eyes.
     d. ??He kept blinking his eyelid.

어느 한 개체는 여러 국면을 가지고 있으나 특정한 과정에서는 특정한 국면만이 상호작용을 하거나 특정한 관계에서 직접적인 역할을 한다. 개체의 이러한 국면은 문제된 영역이나 관계에 대한 그 개체의 **활성영역**(active zone)이라고 불린다.

그러므로 (34a)와 같은 과정에서 피아노의 활성 영역은 피아노에서 나오는 소리이다. 피아노 자체는 소리가 아니라 물체이다. 이것은 활성영역과 모습이 일치하지 않는 예이다. 또 (34b)와 같은 경우에, John이 아니라 그가 하는 말이 활성영역이다. 그러나 이 문장에서 활성영역은 명시되지 않고 존의 이름만 명시되어 있다. 여기서도 활성영역과 모습은 일치가 되지 않는다.

이 활성화 문제는 영상의 문제와 관계가 있다. 우리의 인지능력 가운데는 주어진 어느 상황을 여러 가지의 각도에서 볼 수 있는 능력이 있다. 한 가지의 예로, 어느 과정의 바탕에는 여러 개의 개체가 상호작용을 할 수 있다. 이 가운데 서로 다른 개체를 뽑아서 서로 다른 의미를 전달할 수가 있다. 다시 (34a)의 경우를 생각해 보자((34a)는 (36)에 반복되어 있다). 이의 바탕에는 듣는 사람, 듣는 사람의 활성영역(예로서, 귀), 피아노, 피아노에서 나오는 소리 등이 있다.

(36) a. He heard **the piano**.
　　　(그는 피아노를 들었다.)
　　b. He heard **the sound** of the piano.
　　　(그는 피아노 소리를 들었다.)

　(36)에 쓰인 두 hear의 차이는 영상의 문제로 귀결된다. 구체적으로 말하면 주어진 같은 바탕에서 무엇을 주어나 목적어로 부각시키느냐에 따라서 위와 같은 두 가지의 표현이 나온다. (36a)에서는 소리를 내는 피아노가 모습으로 드러나 있고, (36b)에서는 피아노에서 나는 소리가 모습으로 드러나 있다.

　위에서 살펴본 바와 같이 모습과 활성영역이 일치되지 않는 경우가 많은데, 이것은 전체가 부분보다 더 현저하기 때문에 이 현저성을 부각시키기 위해서 생기는 경과로 볼 수가 있을 것이다. 그리고 위에서 살펴본 현상은 고립된 현상이 아니라, 이 연구에서 살펴본 거의 모든 동사에 적용되는 현상이다.

　다음을 살펴보자.

(37) a. He kicked the ball.
　　　(그는 그 공을 찼다.)
　　b. He threw the ball.
　　　(그는 그 공을 던졌다.)
　　c. He looked at the ball.
　　　(그는 그 공을 보았다.)
　　d. He solved the problem.
　　　(그는 그 문제를 풀었다.)

　(37)에 쓰인 각 문장의 주어의 활성영역은 다르다. (37a)에서는 발이, (37b)에서는 손이, (37c)에서는 눈이, 그리고 (37d)에서는 머리가 동사가 나타내는 과정에 직접 관여된다. 그러나 여러 개의 동사를 살

펴보면 한 동사의 경우에도 맥락에 따라서 활성영역이 다름을 알 수 있다.

다음 (38)의 문장에서 주어가 가리키는 개체의 활성영역이 (a)문장에서는 신체이고, (b, c, d)문장에서는 머리 또는 감정이다.

(38) a. The doctor **felt** my pulse.
　　　(그 의사는 나의 맥박을 짚었다.)
　　b. The doctor **felt** a rain on his cheek.
　　　(그 의사는 뺨에 빗방울을 느꼈다.)
　　c. The doctor **felt** the truth of her words.
　　　(그 의사는 그녀가 한 말의 진실을 느꼈다.)
　　d. The doctor **feels** that we should go.
　　　(그 의사는 우리가 가야 한다고 느끼고 있다.)

(38a)의 주어는 신체의 일부인 손으로 무엇을 만지는 것이고, (b, c, d)에서는 주어의 마음이 관여된다.

다음에서도 (39a, b)에서는 주어의 신체가 동사의 과정에 직접 관여되나, (39c, d)에서는 마음이 동사의 과정에 직접 관여된다.

(39) a. He is **holding** a book in his hand.
　　　(그는 책 한 권을 그의 손에 가지고 있다.)
　　b. He is **holding** a pipe between his teeth.
　　　(그는 파이프를 그의 이 사이에 물고 있다.)
　　c. He **holds** a strange view on this question.
　　　(그는 이상한 견해를 이 문제에 가지고 있다.)
　　d. He **holds** that she is foolish.
　　　(그는 그녀가 바보스럽다고 생각한다.)

손으로 무엇을 쥐고 있을 수 있듯이, 마음으로 어떤 생각을 담아둘 수 있다. 손과 마음은 어느 사람의 서로 다른 활성영역이나 (39)에서 구별이 되어있지 않다.

다음 (40)에는 동사 make가 쓰였다. 우리가 무엇을 만들 때는, 신체의 일부를 써서 만들 수도 있지만 마음으로도 만들 수 있다: 그러나 신체와 마음은 명시적으로 구분이 되지 않는다.

(40) a. He **made** a house out of stone.
　　　(그는 집을 돌로 지었다.)
　　b. He **made** a boat out of wood.
　　　(그는 배를 나무로 만들었다.)
　　c. He **made** nothing out of her words.
　　　(그는 아무것도 그녀의 말에서 이해하지 못했다.)
　　d. He **made** the distance about 20 miles.
　　　(그는 그 거리를 약 20마일로 보았다.)

(40a, b)에서는 주어가 신체의 일부를 써서 구체적인 물건이 생겨나게 하는 과정이고, (40c, d)에서는 주어가 그의 마음을 써서 추상적인 것이 생겨나게 하는 과정을 그린다.

3. 간추림

이 서설은 동사의 의미분석에 유용한 분석의 틀과 이 틀에 쓰이는 기본 가정을 살펴본 다음, 이를 바탕으로 한 동사의 여러 의미 사이에 찾아볼 수 있는 구체적인 실례를 제시했다. 분석의 틀은 R. W. Langacker가 개발해 오고 있는 인지문법이며, 이 문법은 앞에서 언급하였듯이 다음을 전제한다:

(1) 자주 쓰이는 표현은 관련된 의미의 망을 갖는다; (2) 의미구조는

인지영역과 관련을 지어서 설명이 된다; (3) 의미구조는 배경에 모습을 부과함으로써 구조의 값을 끌어낸다; (4) 의미구조는 관습적 영상을 포함한다. 이 책에서 살펴본 의미 사이의 관계는 다음이다: ① 타동사와 자동사; ② 장소표현과 상태표현; ③ 완전동사와 불완전동사; ④ 사역화; ⑤ 활성영역 등이다.

이 서설에 제시된 틀, 가정, 관계 등은 다음 제2부에 제시되는 실제 동사의 의미 분석에 중요한 지침이 된다.

제2부 분석

ACCEPT

0. 이 동사의 개념바탕에는 받아들이는 과정이 있다.

1. 타동사 용법

1.1. 다음 주어는 목적어를 받아들인다.

(1) a. He accepted the invitation/the apology.
   (그는 그 초대를/사과를 받아들였다.)
   b. The police did not accept the rewards.
   (경찰은 그 사례를 받지 않았다.)
   c. She accepted our gifts.
   (그녀는 우리의 선물들을 받아들였다.)

1.2. 다음 주어는 추상적인 목적어를 받아들인다.

(2) a. They accepted the responsibility for the accident.
   (그들은 그 사고에 대한 책임을 받아들였다.)
   b. He will accept your account of what happened.
   (그는 일어난 일에 대한 이야기를 받아들일 것이다.)
   c. Did he accept your reasons for being late?
   (그는 늦은 데 대한 너의 이유를 받아들였느냐?)

1.3. 다음의 목적어는 추상적인 개체인데, 주어는 목적어를 마음속에 받아들인다.

(3) a. Will he accept the situation?
    (그가 그 상황을 받아들일까?)
   b. Will they accept things as they are?
    (그들은 있는 그대로의 것을 받아들일까?)
   c. She will accept the inevitable.
    (그녀는 그 불가피한 일을 받아들일 것이다.)

1.4. 다음 목적어는 환유적으로 쓰여서 목적어가 원하는 것을 가리킨다. 주어는 이것을 받아들인다.

(4) a. She will accept the suitor.
    (그녀는 그 구혼자를 받아들일 것이다.)
   b. He asked her to marry him and she accepted him.
    (그는 그녀에게 그와 결혼할 것을 부탁했고, 그녀는 그를 받아들였다.)
   c. We asked her to go with us and she accepted us.
    (우리는 그녀에게 우리와 함께 가지고 부탁했고, 그녀는 우리를 받아들였다.)

1.5. 주어는 that-절의 내용을 받아들인다.

(5) a. For a long time, she could not accept the fact of her husband's death.
    (오랫동안 그녀는 남편이 죽었다는 사실을 받아들일 수 없었다.)
   b. He didn't accept that smoking causes bad health.
    (그는 흡연이 건강에 해를 초래한다는 것을 받아들이지 않았다.)

c. He accepted that we would vote tomorrow.
(그는 우리가 내일 투표할 것이라는 것을 받아들였다.)

1.6. 다음 주어는 지위나 직책을 받아들인다.

(6) a. He accepted the office of treasurer.
(그는 그 재무직을 받아들였다.)

    b. She accepted a position as a cashier.
(그녀는 현금출납계원의 자리를 받아들였다.)

ADD

0. 이 동사의 개념바탕에는 더하는 과정이 있다.

1. 타동사 용법

1.1. 다음 주어는 목적어를 전치사 to의 목적어에 더한다.

(1) a. He added sugar **to** his coffee.
   (그는 설탕을 그의 커피에 더했다.)
   b. We added this amount **to** the bill.
   (우리는 이 액수를 그 계산서에 더했다.)
   c. He added the wood **to** the fire.
   (그는 그 화목을 그 불에 더 넣었다.)

1.2. 다음에서는 더해지는 두 개체가 and로 연결되어 있다.

(2) a. When you add 5 **and** 2, the total is 7.
   (5와 2를 더하면, 합은 7이다.)
   b. If you add 5 **and** 5, you will get 10.
   (5와 5를 합하면, 10이 된다.)

1.3. 다음 주어는 목적어(that-절)의 내용을 앞말에 더한다.

(3) a. She added **that** she was sorry.

(그녀는 미안하다고 덧붙였다.)

b. She added **that** she would not bring the children.
(그녀는 아이들을 데리고 오지 않겠다고 덧붙였다.)

c. He added **that** he was pleased with the result.
(그는 그 결과에 만족한다고 덧붙였다.)

2. 자동사 용법

2.1. 다음 주어는 그 자체가 to의 목적어에 더해진다.

(4) a. The new baby adds **to** the size of the family.
(그 아기는 그 가족의 크기를 증대시킨다.)

b. This will add **to** our pleasure.
(이것은 우리의 즐거움을 더할 것이다.)

c. The novel added **to** his reputation.
(그 소설은 그의 명성을 더해 주었다.)

2.2. 다음 add는 산수의 더하기를 뜻한다.

(5) a. The children do not know how to add.
(그 아이들은 더하기를 할 줄 모른다.)

b. I am very slow at adding and subtracting.
(나는 더하기와 빼기가 매우 느리다.)

c. He learned to add when he was five.
(그는 다섯 살 때 더하기를 배웠다.)

2.3. 다음 주어는 더해져서 큰 수가 된다.

(6) a. These figures don't add **up** right.
   (이 숫자는 바로 더해지지 않는다.)
   b. The money he spent added **up** to $100.
   (그가 쓴 돈은 합하면 100불이 되었다.)

2.4. 다음 주어는 잘 들어맞아서 큰 수가 된다.

(7) a. The few facts just don't add up.
   (그 몇 개의 사실은 맞지가 않는다.)
   b. Now that I know where he was last night, everything is adding up.
   (내가 그가 엊저녁에 어디에 있었는지 알게 되니, 모든 것이 맞아들고 있다.)

ADMIT

0. 이 동사의 개념바탕에는 들여보내는 과정이 있다.

1. 타동사 용법

1.1. 다음 주어는 목적어를 전치사 to의 목적어에 가게 한다.

(1) a. We admitted him to a hospital.
   (우리는 그를 입원시켰다.)
   b. He admitted them to a college.
   (그는 그들을 대학에 입학시켰다.)
   c. They admitted us to the club.
   (그들은 우리를 그 모임에 입회시켰다.)

1.2. 다음 주어는 장소이고, 주어는 목적어를 받아들인다.

(2) a. The church admits 200 people.
   (그 교회는 200명을 수용한다.)
   b. The harbor admits large cargo boats.
   (그 항구는 큰 화물선을 수용한다.)
   c. The hall admits 2,000 people.
   (그 강당은 2,000명을 수용한다.)

1.3. 다음에 주어는 환유적으로 쓰여서 마음을 나타낸다. 그리고 「마음은 그릇이다」의 은유가 적용되면 마음속에 목적어가 들어올 수 있다.

(3) a. The thief admitted his crime/guilt/mistake.
       (그 도적은 자신의 범죄/죄/실수를 인정했다.)
    b. He admitted the claim/assumption.
       (그는 그 주장/가정을 받아들였다.)

1.4. 다음 주어는 that-절의 내용을 받아들인다.

(4) a. I admit **that** it was difficult.
       (나는 그것이 어려웠음을 인정한다.)
    b. He admitted **that** he was mistaken.
       (그는 자신의 실수를 인정했다.)
    c. She admits **that** she was guilty.
       (그녀는 자신이 죄가 있음을 인정한다.)

1.5. 다음 주어는 목적어를 인정한다. 목적어는 동명사이다.

(5) a. He admits having done it.
       (그는 그것을 했음을 인정한다.)
    b. He admitted knowing who broke the vase.
       (그는 누가 그 화분을 깨었는지 알았음을 인정했다.)
    c. They admitted taking bribes.
       (그들은 뇌물을 받은 것을 인정했다.)

1.6. 다음 주어가 시인하는 내용이 목적보어와 부정사로 표현되어 있다.

(6) a. I must admit the task **to be** too difficult.
   (나는 그 일이 지나치게 어려운 것으로 인정해야 한다.)

 b. He admitted her not **to be** his sister.
   (그는 그녀가 자기의 누이가 아닌 것으로 인정했다.)

 c. He admits the charges **to be** groundless.
   (그는 그 비난이 근거가 없는 것으로 인정했다.)

1.7. 다음에서는 목적보어가 과거분사로 되어 있다.

(7) He admitted himself beaten.
   (그는 자신이 패배했음을 자인했다.)

2. 자동사 용법

2.1. 다음 주어는 전치사 to의 목적어에 들어가게 한다.

(8) a. The key admits to the room.
   (그 열쇠는 그 문에 들어가게 한다.)

 b. The gate admits to the ground.
   (그 문은 그 운동장으로 통한다.)

 c. The way admits to the park.
   (그 길은 그 공원으로 통한다.)

2.2. 다음 주어는 시인을 하여 어떤 사건과 관계된다.

(9) a. He admitted to his crime.
   (그는 그 범죄와의 관련성을 인정했다.)

b. She admitted to stealing the money.
   (그녀는 그 돈을 훔친 일과의 관련 있음을 인정했다.)

c. They admitted to breaking the window.
   (그들은 그 창문을 깬 것과 관련 있음을 인정했다.)

2.3. 다음 주어는 추상적인 장소이고, 이 장소에 들어올 수 있는 개체는 of의 목적으로 표현된다:

(10) a. The situation admits of no delay.
        (그 상황은 지연을 허용하지 않는다.)

   b. The words admit of no other meaning.
      (그 낱말들은 다른 의미를 허용하지 않는다.)

   c. It admits of no excuse.
      (그것은 변명을 허용하지 않는다.)

AFFORD

0. 이 동사의 개념바탕에는 여유가 있는 과정이 있다.

1. 타동사 용법

1.1. 다음 주어는 목적어를 가지거나 쓸 여유가 있다.

(1) a. They cannot afford a big car.
   (그들은 큰 차를 가질 여유가 없다.)
   b. I can't afford three weeks away from work.
   (나는 삼 주일을 일에서 떨어져 있을 수 없다.)
   c. I can afford two days for painting the room.
   (나는 그 방을 칠하는데 이틀을 쓸 수 있다.)

1.2. 다음 문장의 목적어는 부정사이다. 주어는 부정사가 가리키는 일을 할 수 있다.

(2) a. We can afford to buy a new car.
   (우리는 새 차를 살 여유가 있다.)
   b. She can't afford to miss another day at school.
   (그녀는 학교에 하루 더 결석을 할 수가 없다.)
   c. He cannot afford to waste so much time.
   (그는 그처럼 많은 시간을 허비할 여유가 없다.)

2. 사역동사 용법

2.1. 다음 주어는 첫째 목적어에게 둘째 목적어를 가지거나 쓸 수 있게 한다.

(3) a. Walking affords me moderate exercise.
   (산책은 나에게 적당한 운동을 제공한다.)
   b. The tree afforded us shelter from the rain.
   (그 나무는 우리에게 그 비를 피할 보호처를 제공해 주었다.)
   c. That will afford him little pleasure.
   (그것은 그에게 별다른 즐거움을 주지 못할 것이다.)

2.2. 다음 주어는 개체이고, 주어는 목적어를 제공한다.

(4) a. Reading affords pleasure.
   (독서는 기쁨을 준다.)
   b. Some trees afford resin.
   (몇몇 나무는 진을 내놓는다.)
   c. The sun affords light and heat.
   (태양은 빛과 열을 준다.)
   d. The lookout affords a fine view **to** sightseers.
   (그 전망대는 좋은 전망을 관광객들에게 제공한다.)

ALLOW

0. 이 동사의 개념바탕에는 허용하는 과정이 있다.

1. 타동사 용법

1.1. 다음 주어는 목적어를 허락하여 하려는 대로 둔다.

(1) a. Please allow me to carry the bag.
    (나를 그 가방을 운반하게 허락하여 주세요.)
  b. I can't allow you to behave like that
    (나는 너를 그렇게 행동하도록 허용할 수 없다.)
  c. Don't allow yourself to be upset.
    (스스로 기분이 나빠지게 하지 마세요.)

1.2. 다음 주어는 목적어를 어떤 일이 일어나게 그대로 둔다.

(2) a. He allowed the door to stand open.
    (그는 그 문을 열려 있도록 내버려 두었다.)
  b. She allowed herself to be fat.
    (그녀는 자신을 살이 찌게 내버려 두었다.)

1.3. 다음 주어는 목적어를 to 부정사의 과정을 겪게 허용한다.

(3) a. I can't allow such things to be practiced.

　　　(나는 이러한 일이 시행되도록 내버려 둘 수 없다.)

　　b. I can't allow the flag to be dragged.

　　　(나는 그 국기가 끌리도록 내버려 둘 수 없다.)

　　c. I will not allow you to be ill-treated.

　　　(나는 너를 학대 받도록 내버려 두지 않겠다.)

1.4. 다음 주어는 첫째 목적어에게 둘째 목적어를 허용한다.

(4) a. He allows himself no luxuries.

　　　(그는 자신에게 사치품을 허용하지 않는다.)

　　b. The monks allow themselves no meat.

　　　(그 수도승들은 자신들에게 고기를 허용하지 않는다.)

　　c. We allowed them $10 for pocket money.

　　　(우리는 그들에게 용돈으로 10불을 허용했다.(주었다.))

1.5. 다음 주어는 목적어를 허용한다. 목적어는 동명사이다.

(5) a. They allowed smoking.

　　　(그들은 담배 피우는 것을 허용했다.)

　　b. They allowed singing.

　　　(그들은 노래 부르는 것을 허용했다.)

　　c. They allowed taking photographs.

　　　(그들은 사진 찍는 것을 허용했다.)

1.6. 다음 목적어는 다른 사람이 주장하는 내용이다. 주어는 이 주장
　　을 막지 않는다.

(6) a. I allowed his argument.

(나는 그의 논거를 인정했다.)
  b. I allowed his claim.
     (나는 그의 주장을 인정했다.)
  c. The tax agent allowed the deduction.
     (그 세무사는 그 공제를 허용했다.)
  d. They allowed no such conduct.
     (그들은 그러한 행동을 허용하지 않았다.)

1.7. 다음 주어는 목적어의 움직임을 허용한다.

(7) a. They allowed no dogs in the park.
       (그들은 어떤 개도 공원에 들어오는 것을 허용하지 않았다.)
    b. They did not allow the children across the pond.
       (그들은 그 아이들을 그 연못을 건너게 허락하지 않았다.)

1.8. 다음 주어는 that-절의 내용을 받아들인다.

(8) a. I allow that I was a bit hasty.
       (나는 내가 조금 성급했음을 인정한다.)
    b. I allow that I was wrong.
       (나는 내가 잘못한 것을 인정한다.)
    c. I allow that he is a genius.
       (나는 그가 천재임을 인정한다.)

2. 자동사 용법

2.1. 다음 주어는 of의 목적어를 허용한다.

(9) a. The problem allows of only one solution.
　　　 (그 문제는 단 한 가지의 해결을 허용한다.)
　　 b. The situation allowed of no delay.
　　　 (그 상황은 지체를 허용하지 않았다.)

2.2. 다음 주어는 for의 목적어를 참작한다.

(10) a. Our plan allows for changes in weather.
　　　 (우리 계획은 기후의 변화를 참작한다.)
　　 b. He allowed for difference in their ages.
　　　 (그는 그들의 나이 차이를 참작했다.)

ASK

0. 이 동사의 개념바탕에는 어떤 일을 부탁하는 과정이 있다.

1. 타동사 용법

1.1. 다음 주어는 목적어를 부탁하여 부정사가 가리키는 일을 하게 한다.

(1) a. They asked me to come soon.
   (그들은 나를 곧 오라고 요청했다.)
   b. I asked him to work hard.
   (나는 그를 열심히 일하라고 부탁했다.)
   c. We asked them to be quiet.
   (우리는 그들을 조용히 하라고 요청했다.)

1.2. 다음에서는 목적어가 해야 할 일이 타동사로 표현되어 있다.

(2) a. We asked him to help the boy.
   (우리는 그가 그 소년을 도와주도록 요청했다.)
   b. They asked me to finish the work soon.
   (그들은 내가 그 일을 곧 끝내도록 요청했다.)

1.3. 다음에서 주어는 첫째 목적에게 둘째 목적어를 묻는다.

(3) a. We asked him a question.

We asked him to answer a question.

(우리는 그에게 질문을 했다.)

b. We asked her the way.

We asked her to show us the way.

(우리는 그녀에게 길을 물었다.)

c. We asked them the price of the sweater.

We asked them to tell us the price.

(우리는 그들에게 그 스웨터 값을 물었다.)

1.4. 다음 주어는 첫째 목적어에게 둘째 목적어 if나 의문사가 이끄는 절의 내용을 묻는다.

(4) a. I asked her **how** he came back.

(나는 그녀에게 그가 어떻게 돌아왔는지 물었다.)

b. I asked him **if** he wanted it.

(나는 그가 그것을 원하는지 물었다.)

c. They asked us **why** we shouted.

(그들은 우리에게 왜 우리가 고함을 쳤는지 물었다.)

1.5. 다음 목적어는 그 뒤에 이동부사가 온다. 목적어를 지시된 방향으로 움직이게 요청한다.

(5) a. He asked them **in**.　　　(cf. He asked them to come in.)

(그는 그들을 들어오라고 했다.)

b. They asked us **out**.　　　(cf. They asked us to go out)

(그들은 우리를 밖에 나가자고 했다.)

c. We asked him **to** our house for dinner.

(우리는 그를 저녁을 위해 우리 집에 오도록 부탁했다.)

1.6. 다음 주어는 목적어(that이 이끄는 절)를 요청한다.

(6) a. The students asked that they should not be bored see the movie.
    (그 학생들은 그들이 지루하지 않게 그 영화를 봐야 한다고 요청한다.)
  b. He asks that he may be allowed to go home.
    (그는 집에 가게 허용되어야 한다고 요청한다.)

1.7. 다음 주어는 목적어를 전치사 of의 목적어에게 요청한다.

(7) a. They asked 200 dollars **of** me.
    (그들은 200불을 내게 요구했다.)
  b. I asked a favor **of** him.
    (나는 호의를 그에게 요청했다.)

1.8. 다음 주어는 목적어를 요청한다.

(8) They are asking $30 for the used bike.
    (그들은 그 중고 자전거에 대해 30 달러를 요구하고 있다.)

1.9. 다음 주어는 전치사 for의 목적어를 얻기 위해서 목적어를 요청한다.

(9) a. We asked him for help.
    (우리는 그를 도움을 얻기 위해서 요청했다.)
  b. I asked them for attention.
    (나는 그들에게 주의를 기울이도록 요청했다.)

2. 자동사 용법

2.1. 다음 주어는 about의 목적어에 대해서 이것저것 묻는다.

(10) a. We asked about the bus schedule.
       (우리는 그 버스 시간표에 대해서 물었다.)
     b. I asked about his family.
       (나는 그의 가족에 대해서 물어봤다.)

ASSERT

0. 이 동사의 개념바탕에는 다른 사람의 주장에 대해 자신의 주장을 내세우는 과정이 있다.

1. 타동사 용법

1.1. 다음 주어는 that절의 내용을 주장한다.

(1) a. He asserts that it is true.
   (그는 그것이 진실이라고 주장한다.)

   b. The government has repeatedly asserted that it will not change its policy.
   (그 정부는 반복적으로 정부의 정책을 바꾸지 않을 것이라고 주장했다.)

   c. She asserted that she would not go.
   (그녀는 가지 않을 것이라고 주장했다.)

   d. She asserts that she will go whether we do or not.
   (그녀는 우리가 가건 안가건 자신은 갈 것이라고 주장한다.)

1.2. 다음에서는 주장되는 내용이 to-부정사로 표현되어 있다.

(2) a. She asserts it to be true.
   (그녀는 그것이 사실이라고 주장한다.)

   b. He asserted her to be innocent.
   (그는 그녀가 무리라고 주장했다.)

1.3. 다음에서 주장되는 것이 명사로 표현되어 있다. 주어는 목적어를 주장한다.

(3) a. He asserts his power.
  (그는 그의 권력을 주장한다.)
  c. She asserted her opinions.
  (그녀는 그녀의 의견을 주장했다.)
  d. They asserted their right to disagree.
  (그들은 동의하지 않을 수 있는 그들의 권리를 주장했다.)

1.4. 다음에서는 목적어가 재귀대명사이다.

(4) a. If you feel you've been treated unfairly, you should assert yourself.
  (만약 네가 불공평한 대우를 받아왔다고 느낀다면 너는 너 자신의 권리를 주장해야 한다.)
  b. Justice asserts itself.
  (정의는 밝혀진다.)
  c. The firmness of his nature began to assert itself.
  (그의 확고한 성질이 드러나기 시작했다.)

ASSUME

0. 이 동사의 개념바탕에는 떠맡는 과정이 있다.

1. 타동사 용법

1.1. 다음 주어는 목적어를 그의 통제영역에 갖는다.

(1) a. He assumed a new responsibility.
   (그는 새로운 책임을 맡았다.)
   b. He is to assume office.
   (그는 직책을 맡기로 되어 있다.)
   c. He assumed command of the Eighth army.
   (그는 팔군의 지휘를 맡았다.)

1.2. 다음에서 목적어는 외형적인 것과 관계가 있다.

(2) a. Her eyes assumed a strange look.
   (그녀의 눈은 이상한 모습을 가졌다.)
   b. The problem is beginning to assume new aspects.
   (그 문제는 새로운 국면을 갖기 시작하고 있다.)
   c. He assumed interest and stifled a yawn.
   (그는 관심을 가진 체 하면서 하품을 참았다.)
   d. He assumed an air of confidence.
   (그는 자신 있는 모습을 가졌다.)

1.3. 다음 주어는 목적어를 미리 마음속에 갖는다.

(3) a. He assumes my consent.
　　　 (그는 나의 승낙을 가정한다.)
　　 b. He assumes the principle in his reasoning.
　　　 (그는 그의 추리에 있어서 그 원칙을 가정한다.)

1.4. 다음 주어는 that-절로 표현된 목적어의 내용을 가정한다.

(4) a. I assumed that our team would win.
　　　 (나는 우리 팀이 이길 것으로 가정했다.)
　　 b. If he's not here in five minutes, we'll assume that he isn't
　　　 coming.
　　　 (만약 그가 5분 이내에 오지 않으면, 우리는 그가 오지 않는
　　　 것으로 가정하겠다.)
　　 c. We assumed that the train would be on time.
　　　 (우리는 그 기차가 정시에 도착할 것으로 가정했다.)

1.5. 다음에서 가정되는 것은 부정사 구문으로 표현되어 있다:

(5) a. They assumed her (to be) guilty.
　　　 (그들은 그녀를 죄가 있는 것으로 가정했다.)
　　 b. We assumed her (to be) the best writer of our time.
　　　 (우리는 그녀를 우리 시대의 최고의 작가로 가정했다.)
　　 c. He was with an elderly man, and I assumed the man to be
　　　 his grandfather.
　　　 (그는 나이 많은 분과 같이 있었는데, 나는 그 늙은이가 그의
　　　 할아버지로 가정했다.)

ASSURE

0. 이 동사의 개념바탕에는 불안, 걱정 등을 덜어서 안심을 시키는 과정이 있다.

1. 타동사 용법

1.1. 주어는 첫째 목적어에게 둘째 목적어를 확신시킨다.

(1) a. I assure you he can be trusted.
   (나는 그가 믿을 만한 사람임을 너에게 확인한다.)
   b. I can assure you that the medicine is perfectly safe.
   (나는 너에게 그 약이 확실히 안전함을 보증할 수 있다.)
   c. I assured myself that the bridge was safe before crossing it.
   (나는 내 자신에게 그 다리를 건너기 전에 그것이 안전함을 확인시켰다.)
   d. The captain of the ship assured the passengers that there was no danger.
   (그 배의 선장은 그 승객들에게 아무런 위험이 없음을 확인시켰다.)

1.2. 다음은 수동태 문장으로 주어는 확신을 받고 안심한다.

(2) a. He was assured that it was true.
   (그는 그것이 사실임을 확신 받았다.)

b. You can rest assured that your son will be happy here.
(당신은 당신의 아들이 여기에서 행복할 것이라는 것을 확신을 가지고 계셔도 됩니다.)

c. You may be assured that we shall do all we can help.
(당신은 우리가 도울 수 있는 모든 일을 할 것이라는 것을 확신해도 좋겠습니다.)

1.3. 다음 주어는 목적어에게 전치사 of의 목적어를 확신시킨다.

(3) a. I assure you of its quality.
(나는 너에게 그것의 품질을 보증한다.)

b. He assured us of his ability to solve the problem.
(그는 우리에게 그 문제를 해결할 그의 능력을 확신시켜 주었다.)

c. We are assured of your innocence.
(우리는 너의 결백을 확신 받고 있다.)

1.4. 다음 주어는 목적어를 안심시킨다.

(4) a. The doctor tried to assure me.
(그 의사는 나를 안심시키려고 노력했다.)

b. "I quite understand." he assured us.
("나는 잘 이해한다."라고 그는 우리를 안심시켰다.)

1.5. 다음 주어는 목적어를 against의 목적어에 대비해서 보험을 든다.

(5) a. Does this insurance policy assure you against accident?
(이 보험증서는 당신을 사고에 대해 보장해줍니까?)

b. He assured himself against fire.
(그는 자신을 화재에 대해 보험을 들었다.)

1.6. 다음 주어는 목적어를 보장한다.

(6) a. This will assure his promotion.
(이것은 그의 승진을 보장할 것이다.)
b. The excellent reviews given to the film have assured its success.
(그 영화에 주어진 그 좋은 비평은 그 영화의 성공을 보장해 주었다.)
c. This contract assures the company's profit this month.
(이 계약은 이번 달 그 회사에 이익을 보증한다.)
d. He assured me success.
(그는 나에게 성공을 보장했다.)

ATTACH

1. 타동사 용법

1.1. 다음 주어는 목적어를 to의 목적어에 붙인다.

(1) a. He attached a label **to** a parcel.
   (그는 꼬리표를 소포에 붙였다.)
 b. We attached a handle **to** the cup.
   (우리는 손잡이를 그 컵에 붙였다.)
 c. The boy attached a rope **to** his sled.
   (그 소년은 끈을 그의 썰매에 달았다.)

1.2. 서류나 그 밖의 종류의 형식에 이름을 쓰는 것도 이름을 붙이는 것으로 표현된다.

(2) a. He attached his name **to** the document.
   (그는 그의 이름을 그 문서에 썼다.)
 b. They attached one proviso **to** the legacy.
   (그들은 하나의 조건을 그 유산증서에 붙였다.)
 c. The signers attached their names **to** the constitution.
   (그 서명자들은 그들의 이름을 그 헌법에 썼다.)

1.3. 다음 주어는 목적어를 to의 목적어에 배속시킨다.

(3) a. He attached an officer to the regiment.
    (그는 장교를 그 연대에 배속시켰다.)
   b. The commander attached soldiers to the expeditionary forces.
    (그 사령관은 병사들을 그 원정대에 배속했다.)
   c. The company attached him to the sales department.
    (그 회사는 그를 그 판매부에 배속했다.)

1.4. 다음은 수동태 문장으로 주어는 to의 목적어에 배속된다.

(4) a. He is attached to a new party.
    (그는 새 당에 소속되어 있다.)
   b. He is attached to the headquarters.
    (그는 본부에 배속되어 있다.)

1.5. 다음 목적어는 재귀대명사이다. 주어는 자신을 몸이나 마음을 to의 목적어에 붙인다.

(5) a. The abalone attaches itself to rocks.
    (전복은 자신을 바위에 붙인다.)
   b. The monkey attached itself to the zoo keeper.
    (그 원숭이는 그의 마음을 동물원 관리인에게 붙였다.)
   c. He has attached himself to us.
    (그는 그의 마음을 우리에게 붙였다(즉 우리를 사랑한다).)

1.6. 다음 주어는 환유적으로 쓰여서, 마음을 가리킨다. 주어의 마음이 to의 목적어에 붙어있다.

(6) a. She is deeply attached to him.
   (그녀는 그를 매우 좋아 한다.)
   b. They are attached to one another.
   (그들은 서로 좋아한다.)
   c. Mary is much attached to her cousin.
   (메어리는 그녀의 사촌을 매우 좋아한다.)

1.7. 중요성, 비난, 의의, 의심과 같은 추상적인 개체도 구체적인 개
   체로 개념화되어서 어느 개체에 붙여질 수 있는 것으로 표현된
   다. 주어는 목적어를 붙인다.

(7) a. Koreans attach much importance to education.
   (한국 사람들은 많은 중요성을 교육에 둔다.)
   b. We attach significance to a gesture.
   (우리는 의미를 몸짓에 둔다.)
   c. No suspicion can be attached to the accountant.
   (어떤 의심도 그 회계사에게 둘 수가 없다.)

2. 자동사 용법

2.1. 다음 주어는 스스로 to의 목적어에 가서 붙는다.

(8) a. No blame attaches to him for the accident.
   (어떠한 책임도 그에게 없다.)
   b. Responsibilities attach to liberty.
   (책임이 자유에 붙는다(즉 자유에는 책임이 수반된다).)
   c. A moral obligation attaches to rank.
   (도덕적 책임이 고관에게 붙는다.)

ATTEND

0. 이 동사의 개념바탕에는 몸이나 마음을 보내서 보살피는 과정이 있다.

1. 타동사 용법

1.1. 다음 주어는 목적어를 보살핀다.

(1) a. Two maids attend the queen.
   (두 하녀가 여왕의 시중을 든다.)
   b. At least ten people attended the bride.
   (적어도 열 명이 그 신부를 시중을 들었다.)
   c. I will attend you to the place.
   (내가 너를 그 곳까지 수행하겠다.)

1.2. 다음 주어는 목적어를 돌본다.

(2) a. The doctor attended the sick man.
   (그 의사가 그 환자를 돌보았다.)
   b. The nurse attended the patient.
   (그 간호사가 그 환자를 돌보았다.)
   c. Which doctor is attending you?
   (어느 의사가 너를 돌보고 있느냐?)

1.3. 다음 주어는 목적어에 참석한다.

(3) a. He attended the ceremony.
    (그는 그 행사에 참석했다.)
   b. He attended the meeting yesterday.
    (그는 그 회의에 어제 참석했다.)
   c. He attends evening classes.
    (그는 야간 강의를 받는다.)

1.4. 다음 주어는 목적어를 따른다.

(4) a. Much difficulty attended the work.
    (많은 어려움이 그 일을 따랐다.)
   b. Success attended his efforts.
    (성공이 그의 노력을 따랐다.)
   c. Fever attends many diseases.
    (열이 많은 질병을 수반한다.)

2. 자동사 용법

2.1. 다음 주어는 화·청자가 알고 있는 곳에 참석한다.

(5) Many people attended regularly, but others only occasionally.
   (많은 사람들은 규칙적으로 참석했으나, 다른 사람들은 가끔씩
   만 참석했다.)

2.2. 다음 주어는 전치사 to의 목적어에 주의를 기울인다.

(6) a. She attended **to** her business.
    (그녀는 자기 일에 주의를 기울인다.)
   b. You should attend **to** your driving.
    (너는 너의 운전에 주의를 기울여야 한다.)
   c. They attended **to** national interests.
    (그들은 국익에 주의를 기울였다.)

2.3. 다음 주어는 on의 목적어에 붙어서 시중을 든다.

(7) a. Three nurses are attending **on** him.
    (세 명의 간호사가 매달려서 그를 돌보고 있다.)
   b. She is attending **on** the princess.
    (그녀는 그 공주의 시중을 들고 있다.)

2.4. 다음 주어는 on의 목적어에 뒤따른다.

(8) Success attends on hard work.
    (성공은 열심히 하는 일에 달린다.)

BEAR

0. 이 동사의 개념바탕에는 한 개체가 다른 개체를 떠받치는 과정이 있다.

1. 타동사 용법

1.1. 다음 주어는 목적어를 떠받친다.

(1) a. The beams bear the roof.
   (그 대들보들이 그 지붕을 떠받친다.)
   b. That chair won't bear your weight.
   (저 의자는 너의 무게를 지탱할 수 없을 것이다.)
   c. The board cannot bear his weight.
   (그 판자는 그의 무게를 떠받칠 수 없을 것이다.)

1.2. 다음 주어는 목적어를 몸에 지닌다.

(2) a. He bore a sword.
   (그는 칼 한 자루를 가지고 있었다.)
   b. They bore arms.
   (그들은 무기를 가지고 있었다.)
   c. He bore gifts for all the Family.
   (그는 모든 가족들의 선물을 가지고 있었다.)

1.3. 책임, 고통, 어려움 등은 사람에게 부담을 주는 개체로 개념화
된다. 다음 주어는 목적어를 지니거나 견딘다.

(3) a. The captain bears all the responsibility.
    (그 선장은 그 모든 책임을 진다.)
   b. He bore the pain with great courage.
    (그는 그 고통을 큰 용기를 가지고 참았다.)
   c. They bore all hardships.
    (그들은 모든 어려움을 견디었다.)

1.4. 다음 주어는 환유적으로 쓰여서 사람의 마음을 가리킨다. 주어
    가 목적어를 마음속에 갖는다.

(4) a. They bear a grudge against us.
    (그들은 원한을 우리들에게 품는다.)
   b. Bear in mind what I say.
    (마음속에 내가 말하는 것을 유념해라.)
   c. She bears ill will against us.
    (그녀는 악의를 우리들에게 품는다.)

1.5. 주어는 목적어를 갖는다.

(5) a. She had born five children.
    (그녀는 아이 다섯 명을 낳았다.)
   b. The tree is bearing a lot of apples this year.
    (그 나무는 올해 많은 사과를 달고 있다.)

1.6. 다음 주어는 비생명체이다. 주어는 목적어를 지닌다.

(6) a. The letter bears no address.
    (그 편지는 주소가 없다.)
   b. His leg bears the scars.
    (그의 다리는 그 상처들을 지닌다.)
   c. The bed bore traces of having been slept in.
    (그 침대는 누가 그 속에서 잔 흔적을 지녔다.)
   d. The can bears the label "poisonous".
    (그 캔은 "독성"이라 적힌 딱지를 달고 있다.)

1.7. 다음 목적어는 추상적이나 구체적인 개체로 개념화되어 있다. 주어는 목적어를 지닌다.

(7) a. What he says bears no relation to truth.
    (그가 말하는 것은 진실에 관계가 없다.)
   b. The word bears several meanings.
    (그 낱말은 몇 개의 의미를 갖는다.)
   c. The accident bears two explanations.
    (그 사건은 두 가지의 설명을 갖는다.)

1.8. 다음 주어는 목적어를 참는다. 즉 주어는 목적어의 압력을 받지만 견딘다.

(8) a. He can't bear her idleness.
    (그는 그녀의 게으름을 참을 수 없다.)
   b. She can not bear the pain.
    (그녀는 그 고통을 견딜 수 없다.)
   c. I cannot bear to be ignored.

(나는 무시당하는 것을 참을 수가 없다.)

1.9. 다음 주어는 목적어를 참고 견딘다. 참고 견디는 일은 동명사로 표현되어 있다.

(9) a. He couldn't bear living alone.
　　　(그는 혼자 사는 것을 견딜 수가 없었다.)
　　b. She can't bear travelling by sea.
　　　(그녀는 배로 여행하는 것을 견디지 못한다.)
　　c. I cannot bear being looked down upon.
　　　(나는 멸시되는 것을 참을 수가 없다.)

1.10. 다음 주어는 비생명체이지만 목적어의 압력을 견딘다.

(10) a. This cloth will bear washing.
　　　 (그 천은 세탁을 견딘다.)
　　 b. His answer will bear examination.
　　　 (그의 대답은 조사도 견딜 것이다. (즉 조사를 해도 맞는 것으로 나타날 것이다.))
　　 c. Such weak argument won't bear serious examination.
　　　 (이렇게 약한 논거는 신중한 조사를 견디지 못할 것이다.)

1.11. 다음 주어는 첫째 목적어가 둘째 목적어를 가지게 한다.

(11) a. She doesn't bear them a grudge.
　　　 (그녀는 그들에게 원한을 품지 않는다.)
　　 cf.　　She doesn't bear a grudge against them.
　　　　　 (그녀는 그들에게 원한을 품지 않는다.)

b. She bore him a son.

(그녀는 그에게 아들을 낳아주었다.)

cf.   She bore a son for him.

(그녀는 아들을 그에게 낳아주었다.)

1.12. 다음 목적어는 재귀대명사이다. 주어는 육체적으로나 정신적으로 어떤 자세를 유지한다.

(12) a. He bore himself erectly.

(그는 똑바로 몸을 유지했다.)

b. She bore herself with grace.

(그녀는 품위있게 행동했다.)

c. He bears himself with dignity.

(그는 위엄있게 처신한다.)

1.13. 동사 bare는 이동성을 나타내는 부사어와 쓰이면 이동동사가 된다.

(13) a. The rapids bore **down** the boat.

(그 급류가 그 배를 함께 끌고 내려갔다.)

b. Crowds bore us **along**.

(군중이 우리를 떠밀고 갔다.)

c. The demonstrators were borne **back**.

(그 시위자는 뒤로 밀려갔다.)

2. 자동사 용법

2.1. 다음 동사는 목적어가 없이 쓰였다. 그러나 목적어는 세상일의 지식에서 알 수 있다.

(14) a. The trees bear well.
   (그 나무들은 열매를 잘 맺는다.)
   b. The tree is too young to bear.
   (그 나무는 열매를 맺기에는 너무 어리다.)

2.2. 다음 주어는 자체를 움직인다.

(15) a. The ship bore **south**.
   (그 배는 남쪽으로 갔다.)
   b. Cross the field, and bear **north**.
   (그 밭을 지나서 북쪽으로 가거라.)
   c. You must bear **right** at the next junction.
   (다음 교차점에서 오른쪽으로 가야 한다.)
   d. The road bears **north** here.
   (그 길은 여기서 북쪽으로 향한다.)

2.3. 다음 주어는 전치사 on의 목적어에 힘을 가한다.

(16) a. He was bearing down **on** the crutches.
   (그는 그 목발에 힘을 내리눌렀다.)
   b. The packed ice bore down **on** the ship.
   (차곡차곡 쌓인 그 얼음이 배에 압력을 가했다.)
   c. The rise in the cost of living bears hard **on** old people.
   (그 생활비의 상승은 노인들에게 큰 부담이 된다.)

2.4. 동사 bear의 의미는 두 물체가 접촉됨을 나타내는데 이 접촉의 의미는 관계 의미로 확장된다.

(17) a. The paper bears **on** the subject.
    (그 논문은 그 주제와 관련이 있다.)
   b. His story doesn't bear **upon** this question.
    (그의 이야기는 이 문제와 관계가 없다.)

2.5. 다음에 쓰인 up은 내리누르는 힘에 맞서는 관계를 나타낸다.

(18) a. Alice bore **up** well under the news of her husband's death.
    (앨리스는 남편 죽음의 그 소식을 듣고도 잘 견디었다.)
   b. The floor will bear **up** under the weight of the machine.
    (그 마루는 그 기계의 무게를 견디어 낼 것이다.)

BEAT

0. 이 동사의 개념바탕에는 반복적으로 두드리는 과정이 있다.

1. 타동사 용법

1.1. 다음 주어는 목적어를 친다. 목적어는 개체이다.

(1) a. He beats the table with his fist.
   (그는 그 식탁을 주먹으로 친다.)
   b. He beat a drum.
   (그는 북을 쳤다.)
   c. He was beating eggs and flour .
   (그는 달걀과 밀가루를 휘저어 치고 있었다.)
   d. The bird beat its wings rapidly as it flew on.
   (그 새는 계속 날아가면서 날개를 재빨리 쳤다.)

1.2. 다음 주어는 목적어를 친다. 목적어는 사람이다.

(2) a. His father beat the disobedient boy.
   (그의 아버지는 그 말 안 듣는 아이를 때렸다.)
   b. I am sorry to say he beats his wife.
   (말씀드리기는 미안하지만 그는 자신의 아내를 때립니다.)
   c. He was beaten until he was black and blue.
   (그는 시퍼렇게 멍이 들 때까지 맞았다.)

1.3. 다음에서 주어는 시합에서 목적어를 친다. 즉 이긴다.

(3) a. The boxer beat his rival.
   (그 권투선수는 그의 경쟁자를 이겼다.)
   b. He beat his wife at tennis.
   (그는 그의 아내를 테니스 시합에서 이겼다.)
   c. He beat me at chess.
   (그는 나를 체스에서 이겼다.)

1.4. 다음 주어는 사람이 아닌 개체이다.

(4) a. The problem has beaten me.
   (그 문제는 나를 이겼다. 즉 나는 그 문제를 풀 수가 없다.)
   b. The difficulty has beaten her.
   (그 어려움은 그녀를 어쩔 줄 모르게 했다.)

1.5. 다음 주어는 목적어를 쳐서 만든다.

(5) a. The hunters had to beat his way through the bush.
   (그 사냥꾼들은 덤불을 쳐서 길을 만들어 덤불을 헤쳐 나가
   야 했다.)
   b. He beat his way through a thick forest.
   (그는 쳐서 길을 만들어 빽빽한 숲속을 지나갔다.)

1.6. 다음 이 상태는 out으로 표현된다. out은 물건이 펼쳐지는 관계
   를 나타낸다.

(6) a. He beat the gold **out**.
   (그는 그 금을 두들겨서 폈다.)

b. He beat the iron **out.**
(그는 그 쇠를 두들겨서 폈다.)

1.7. 다음에서 주어는 목적어를 두들겨서 끈다. out은 있던 것이 없어지는 관계를 나타낸다.

(7) a. He beat **out** the fire with his jacket.
(그는 그 불을 저고리를 가지고 쳐서 껐다.)
b. He beat **out** the flames.
(그는 그 불꽃을 쳐서 껐다.)

1.8. 다음 주어는 목적어를 두들겨서 떨어지게 한다. down은 서 있던 것이 넘어지거나 위에서 아래로 떨어지는 관계를 나타낸다.

(8) a. The police beat the door **down.**
(경찰이 그 문을 두들겨서 부수었다.)
b. We beat the dirt **down.**
(우리는 그 흙을 털어내렸다.)

2. 자동사 용법

2.1. 다음 주어는 against, at, on의 목적어에 부분적인 힘을 가한다.

(9) a. The rain was beating **against** the window.
(그 빗줄기가 그 창문의 부분을 두드리고 있었다.)
b. Waves beat **upon** rocks.
(파도가 바위에 부딪쳐서 바위에 부분적인 영향을 미쳤다.)

c. Somebody was beating **at/on** the door.
(누군가 그 문을 두드리고 있었다.)

2.2. 다음 주어는 심장이다. 심장은 뛴다.

(10) a. His heart was still beating.
(그의 심장은 아직도 뛰고 있었다.)
b. His heart beat with joy.
(그의 심장은 기쁨으로 뛰었다.)
c. Our heart beats about 70 times a minute.
(우리의 심장은 일분에 70번 정도 뛴다.)

2.3. 다음에서 down은 위에서 아래로 내려오는 관계를 나타낸다.

(11) a. The sun beat **down** from a clear sky.
(햇빛은 맑은 하늘에서 내리쪼였다.)
b. The rain was beating **down** on them.
(그 비는 그들을 내려치고 있었다.)

BEGIN

0. 이 동사의 개념바탕에는 행동이나 과정의 시작 부분이 있다.

1. 자동사 용법

1.1. 다음 주어는 수업, 회의 같은 과정이고, begin은 이들이 시작됨을 나타낸다.

(1) a. School begins at nine.
   (학교 수업은 9시에 시작된다.)
   b. Work on the new bridge will begin next month.
   (그 새 다리의 공사는 다음 달에 시작될 것이다.)
   c. The meeting/the lecture begins at 8 o'clock.
   (그 모임/그 강의는 8시에 시작된다.)
   d. The war began in 1939.
   (그 전쟁은 1939년에 시작되었다.)

1.2. 다음 주어는 그 존재가 시작된다.

(2) a. The club began two years ago.
   (그 클럽은 2년 전에 시작되었다.)
   b. The dynasty began in 1900's.
   (그 제국은 1900년대에 시작되었다.)

c. The reform movement began a few years ago.
(그 개혁운동은 몇 년 전에 시작되었다.)

1.3. 다음 주어는 과정을 시작하는 사람이다.

(3) a. We will begin **at** the beginning.
(우리는 첫 부분에서 시작하겠다.)
b. Let us begin **at** the third chapter.
(제 3장에서 시작합니다.)
c. Where shall we begin?
(우리는 어디에서 시작할까요?)
d. We began **at** page 10.
(우리는 10쪽에서 시작했다.)

1.4. 다음 주어는 by V-ing로 시작한다.

(4) a. We began **by** dancing.
(우리는 춤을 추면서 시작했다.)
b. He began **by** giving us a list of books to read.
(그는 우리가 읽어야 할 책들의 목록을 주면서 시작했다.)
c. He began **by** saying we should work harder.
(그는 우리가 더욱 열심히 일해야 한다고 말하면서 시작했다.)
d. He began **by** praising us.
(그는 우리를 칭찬하면서 시작했다.)

1.5. 다음 주어는 전치사 with의 목적으로 일을 시작한다.

(5) a. We begin with soup.
(우리는 국으로 식사를 시작한다.)

b. They began with a prayer.
(그들은 기도로 시작했다.)

1.6. 다음 주어는 개체나 과정이다. 주어는 전치사 with의 목적어로 시작된다.

(6) a. Education begins **with** a man's birth.
(교육은 출생과 함께 시작된다.)
b. The day began **with** bad news.
(그 날은 나쁜 소식과 함께 시작되었다.)
c. His name begins **with** an E.
(그의 이름은 E자로 시작된다.)
d. The book begins **with** the marriage of the daughter.
(그 책은 그 딸의 결혼과 함께 시작한다.)

1.7. 다음 begin with는 화자가 언급하고자 하는 첫 항목을 가리키는 데 쓰인다.

(7) a. To begin with, you have to realize that I have little money.
(우선, 너는 내가 돈이 거의 없다는 것을 인식해야 한다.)
b. We can't possibly go — to begin with, it's too cold, and besides, we have no money.
(우리는 도저히 갈 수가 없다. — 우선, 날씨가 너무 춥고, 게다가 우리는 돈도 없으니까.)

1.8. 다음 주어는 on의 목적어를 부분적으로 시작한다.

(8) a. He began on his work.
(그는 그의 일을 시작했다.)

b. They began on another bottle.
   (그들은 또 한 병을 마시기 시작했다.)
c. He began on a new book.
   (그는 새 책을 시작했다.)

2. 타동사 용법

2.1. 다음 주어는 목적어를 시작한다. 목적어는 시간 속에 일어나는 과정이다.

(9) a. We begin breakfast at seven.
       (우리는 7시에 아침식사를 시작한다.)
    b. The doctor began an examination of the child.
       (그 의사는 그 아이의 진찰을 시작했다.)
    c. He began the reform movement after the war.
       (그는 그 전쟁 후에 그 개혁운동을 시작했다.)
    d. She began a club for bird-watchers.
       (그녀는 새 관찰자를 위한 클럽을 시작했다.)

2.2. 다음 주어는 그 자체가 목적어의 시작 부분이 된다.

(10) The letter A begins the alphabet.
     (A자가 알파벳을 시작한다.)

2.3. 다음에서 begin이 to 부정사와 같이 쓰였다. 주어는 어느 한 과정의 첫 부분에 있다.

(11) a. I began to feel hungry.

　　　(나는 배가 고프기 시작했다.)

　　b. They began to wonder if he is too old for the job.

　　　(그들은 그가 그 일을 하기에 나이가 너무 많지 않을까 생각하기 시작했다.)

　　c. The snow began to melt.

　　　(그 눈은 녹기 시작했다.)

　　d. I am beginning to see what he means.

　　　(나는 그의 진심이 무엇인지 알기 시작하고 있다.)

2.4. 다음에서 begin은 동명사와 같이 쓰였다. 다음 동명사가 나타내는 과정은 어느 기간에 걸쳐서 반복적으로 일어난다.

(12) a. She began cutting pictures out of the magazines.

　　　(그녀는 그 잡지에서 그림을 잘라내기 시작했다.)

　　b. She began beating the child every night.

　　　(그녀는 매일 저녁 그 아이를 때리기 시작했다.)

　　c. He began talking.

　　　(그는 말하기 시작했다.)

BEND

0. 이 동사의 개념바탕에는 구부러지는 과정이 있다.

1. 타동사 용법

1.1. 다음 주어는 목적어를 구부린다.

(1) a. He bent the iron as if it had been made of rubber.
   (그는 그 쇠를 마치 고무로 만들어져 있는 것처럼 구부렸다.)
   b. He heated the iron and bent it at a right angle.
   (그는 그 쇠를 달구어서 90도로 구부렸다.)
   c. Bend the end of the wire up/down/back.
   (그 줄의 끝을 위로/아래로/뒤로 구부려라.)
   d. Be careful or you will bend that spoon.
   (조심해라, 그렇지 않으면 너는 그 숟가락을 구부리게 될 것
   이다.)

1.2. 다음 주어는 목적어를 구부린다. 목적어는 신체부위이다.

(2) a. She bent her head in prayer.
   (그녀는 기도를 하는 중에 머리를 숙였다.)
   b. Rheumatism prevents him from bending his back.
   (관절염이 그를 그의 등을 굽힐 수 없게 한다.)
   c. He bent the knee to the old man.

(그는 무릎을 그 노인에게 굽혔다.)
　　　d. The acrobat bent himself in a loop.
　　　　(그 곡예사는 몸을 굽혀서 고리 모양을 만들었다.)

1.3. 의지나 정신은 구체적인 개체로 개념화된다. 다음 주어는 목적
　　어를 전치사 to의 목적어에 구부린다.

(3) a. He bent his mind **to** the job.
　　　　(그는 그의 마음을 그 일에 돌렸다.)
　　　b. He couldn't bend his mind **to** his studies.
　　　　(그는 그의 마음을 그의 연구에 돌릴 수 없었다.)
　　　c. She bent her mind **to** the new work.
　　　　(그녀는 자신의 마음을 그 새 일에 돌렸다.)

1.4. 다음 목적어는 환유적으로 쓰여서 사람의 마음이나 의지를 가
　　리킨다.

(4) a. He is very firm about it; I cannot bend **him**.
　　　　(그는 그 일에 대해서 매우 확고하다. 나는 그의 마음을 꺾을
　　　　수 없다.)
　　　b. No tyrant can bend **us** to his will.
　　　　(어느 폭군도 우리의 마음을 그의 뜻에 돌릴 수 없다.)

1.5. 다음은 수동태 문장으로 주어는 구부러져서 전치사 on의 목적
　　어에 닿아 있다.

(5) a. He is bent **on** mastering English.
　　　　(그는 영어공부에 전념하고 있다.)
　　　b. He is bent **on** mischief.

(그는 장난에 열중하고 있다.)
c. All eyes are bent **on** me.
(모든 시선이 내게 집중되어 있다.)

2. 자동사 용법

2.1. 다음 주어는 구부러진다.

(6) a. The branch began to bend as I climbed along it.
(그 가지는 내가 그것을 따라 기어 올라가자 구부러지기 시작했다.)
b. The branch were bending with the weight of the fruit.
(그 가지는 그 과일의 무게로 구부러지고 있었다.)
c. The branch bent but didn't break when the boy climbed on it.
(그 가지는 소년이 그 위에 기어오르자 구부러졌지만 꺾이지는 않았다.)

2.2. 다음 주어는 구부린다.

(7) a. Bend at the knee.
(무릎을 굽혀라.)
b. She bent to the ground and picked up a stone.
(그녀는 땅으로 (허리를) 굽혀서 돌 하나를 집어 올렸다.)
c. Can you bend down and touch your toes without bending your knees?
(당신은 무릎을 굽히지 않고 (허리를) 굽혀서 당신의 발가락을 만질 수 있습니까?)

d. Sit up straight; don't bend over your desk.
   (똑바로 앉아라; 책상위에 허리를 굽히지 말아라.)

2.3. 다음 주어는 환유적으로 쓰여서 의지를 나타낸다.

(8) a. **He** bent before the enemy.
       (그는 그 적 앞에서 마음이 꺾이었다.)
    b. **I** bent to his will.
       (나는 그의 뜻에 꺾이었다.)
    c. **He** will not bend to the will of a tyrant.
       (그는 폭군의 뜻에 마음을 굽히지 않을 것이다.)

2.4. 다음 주어는 움직이지 않으나 전체 형상을 눈으로 따라가면 구부러지게 나타난다.

(9) a. The river bends several times before reaching the sea.
       (그 강은 그 바다에 이르기 전에 여러 번 굽이친다.)
    b. The river bends to the right there.
       (그 강은 거기에서 오른쪽으로 굽는다.)
    c. The mountain road bends treacherously.
       (그 산길은 위험하게 구부러진다.)

BIND

0. 이 동사는 개념바탕에는 띠로 묶는 과정이 있다.

1. 타동사 용법

1.1. 다음 주어는 목적어를 묶는다.

(1) a. He bound up the wound with bandages.
   (그는 그 상처를 붕대로 완전히 감았다.)
   b. They bound the packing case with metal tape.
   (그들은 그 소포상자를 금속 테이프로 감았다.)
   c. The robber bound up the manager with rope.
   (그 강도가 그 지배인을 밧줄로 꽁꽁 묶었다.)

1.2. 다음 문장의 목적어는 단수이다. 그러나 목적어가 여러 개의 작
은 개체로 되어 있다. 주어는 목적어를 묶는다.

(2) a. She bound up her hair.
   (그녀는 머리를 묶었다.)
   b. The rain will help to bind the earth.
   (비는 그 흙이 굳어지게 도울 것이다.)
   c. He bound the book in leather.
   (그는 그 책을 가죽으로 제본했다.)

1.3. 다음 목적어는 복수이다. 주어는 목적어를 묶는다.

(3) a. Tar will bind gravel and cement.
    (타르는 자갈과 시멘트를 서로 붙게 한다.)
   b. She bound old letters into a bundle.
    (그녀는 오래 된 편지를 묶어서 뭉치로 만들었다.)
   c. He bound up two books into one.
    (그는 두 책을 묶어서 하나로 제본했다.)

1.4. 다음 주어는 목적어를 띠로 두른다.

(4) a. They bound the cuffs with leather.
    (그들은 그 소매의 가장자리를 가죽으로 달았다.)
   b. She bound (the edge of) a carpet.
    (그녀는 양탄자의 그 가장자리를 달았다.)

1.5. 다음 목적어는 매는 데 쓰이는 개체이다. 다음 주어는 목적어를
   감는다.

(5) a. He bound a wreath **about** her head.
    (그는 화환을 그녀의 머리에 감았다.)
   b. He bound a belt **round** his waist.
    (그는 띠를 그의 허리에 감았다.)

1.6. 다음 주어는 목적어를 with의 목적어로 감는다.

(5') a. He bound her head **with** a wreath.
    (그는 그녀의 머리를 화환으로 감았다.)

b. He bound his waist **with** a belt.
(그는 그의 허리를 띠로 감았다.)

1.7. 다음 주어는 목적어를 to의 목적에 묶는다.

(6) a. They bound him **to** the chair.
(그들은 그를 그 의자에 묶었다.)
b. What binds you **to** your job?
(무엇이 너를 그 일에 묶어두느냐?)
c. The guards bound the prisoner **to** his bed.
(그 경비들은 그 죄인을 그의 침대에 묶었다.)

1.8. 다음은 수동태 문장으로, 주어는 묶이거나 맺어진다.

(7) a. We are all bound in gratitude.
(우리는 모두 감사하는 데 한마음이다.)
b. We are bound to each other by a close friendship.
(우리는 모두 친밀한 우정으로 서로 묶여 있다.)
c. We feel bound together by our past experiences.
(우리는 과거의 공동 경험으로 함께 묶여 있다고 느낀다.)

1.9. 다음 주어는 목적어를 to 부정사가 가리키는 일을 하게 속박한다.

(8) a. The court bound him **to** pay the debt.
(그 법원은 그에게 그 빚을 갚도록 했다.)
b. They bound him **to** remain silent.
(그들은 그를 조용히 있게 강요했다.)
c. The doctor is bound **to** help the sick.
(의사는 병든 사람을 도울 의무가 있다.)

d. All are bound **to** obey the laws.
(모든 사람들은 법률을 지킬 의무가 있다.)

2. 자동사 용법

2.1. 다음 주어는 묶이거나 굳어진다.

(9) a. The book is binding.
(그 책은 제본 중이다.)
b. The gears will bind without oil.
(그 기어는 기름이 없으면 엉겨 붙는다.)
c. Clay binds when it is baked.
(점토는 구우면 굳어서 붙는다.)
d. Cement will not bind without water.
(시멘트는 물이 없으면 굳지 않는다.)
e. We have family ties that bind.
(우리는 결속되는 가족 유대가 있다.)

2.2. 다음 주어는 to의 목적어에 붙는다.

(10) a. Will that glue bind to glass?
(저 풀은 유리에 붙을까요?)
b. Will this element bind to that element?
(이 원소는 저 원소에 붙습니까?)

BITE

1. 타동사 용법

1.1. 다음 주어는 목적어를 문다.

(1) a. The dog bit me on the leg.
   (그 개가 나의 다리를 물었다.)
   b. The child bites his fingernails.
   (그 아이는 손톱을 깨문다.)
   c. She bit the apple.
   (그녀는 그 사과를 베어 물었다.)

1.2. 다음 주어는 도구로써 목적어를 문다. 즉 양쪽에서 힘을 가한다.

(2) a. The clamp bites the wood well.
   (그 꺾쇠는 그 나무를 잘 문다.)
   b. The jaws of a vise bite the wood they hold.
   (바이스의 턱은 그것이 잡고 있는 나무를 죄어 문다.)

1.3. 다음 주어는 동물이다.

(3) a. Mosquitoes bit him badly.

(모기가 그를 심하게 물었다.)
b. A snake bit the man.
(뱀이 그 남자를 물었다.)

1.4. 다음 주어는 목적어를 이와 같이 파고든다.

(4) a. The handcuff bit his flesh.
(그 수갑이 그의 살을 파고들었다.)
b. Mustard and pepper bite the tongue.
(겨자와 후추는 혀를 따갑게 한다.)
c. An icy wind bit our faces.
(차가운 바람이 우리 얼굴을 에였다.)
d. The frost bit my ears.
(그 서리가 내 귀를 상하게 했다.)

1.5. 다음에서 off는 물어서 떨어져 나오는 관계를 나타낸다.

(5) a. The tiger bit the man's finger **off**.
(그 호랑이는 그 남자의 손가락을 물어뜯었다.)
b. The dog seized the meat and bit a piece **off**.
(그 개는 그 고기를 차지하고서 한 조각 물어뜯어냈다.)

1.6. 다음 주어는 목적어를 물어서 전치사 into의 목적어의 상태로 만든다.

(6) a. He bit the thread **into** two.
(그는 그 실을 물어서 둘로 끊었다.)
b. She bit the chocolate **into** two.
(그녀는 그 초콜릿을 물어서 두 조각을 내었다.)

2. 자동사 용법

2.1. 다음 주어는 문다.

(7) a. The fish just are not biting today.
   (그 물고기가 오늘은 입질을 하지 않는다.)
   b. My dog never bites.
   (내 개는 물지 않는다.)
   c. The mosquitoes are really biting tonight.
   (오늘밤 모기가 정말 많이 문다.)
   d. The drill would not bite (into this wood) very well.
   (이 드릴은 (이 나무를) 잘 뚫고 들어가지 않는다.)

2.2. 이로 무엇을 물면, 이는 물리는 개체와 접촉되거나 파고든다. 다음 주어는 접촉되거나 물린다.

(8) a. The ice on the road was so hard that the tires wouldn't bite.
   (그 길의 얼음이 매우 단단해서, 그 바퀴들은 얼음에 잘 접촉
   되지 않았다.)
   b. On the grass, my shoes failed to bite.
   (그 풀에서는 내 신이 접지가 되지 않았다.)

2.3. 다음 주어는 아픔을 준다. 생명체가 무엇에 물리면 고통이 따른다.

(9) a. The new higher taxes are really beginning to bite.
   (그 새 증액된 세금은 고통을 주기 시작한다.)
   b. The mustard doesn't bite much.
   (그 겨자는 별로 맵지 않다.)

2.4. 다음 주어는 전치사 at의 목적어에 부분적인 힘을 가한다.

(10) a. The dog bit **at** my foot.
      (그 개가 내 발을 물려고 했다.)
  b. The fish bit **at** the bait.
      (그 물고기가 그 미끼에 입질을 했다.)

2.5. 또 이빨로 무엇을 물면 이가 물리는 물건 속으로 들어간다. 다
    음 주어는 전치사 into의 목적어에 물거나 파고든다.

(11) a. He bit **into** the apple.
      (그는 그 사과를 깨물었다.)
  b. Acids bite **into** metals.
      (산은 금속으로 파고 들어간다.)
  c. The collar bit **into** her neck.
      (그 칼라는 그녀의 목을 파고든다.)
  d. The wheels have bitten **into** snow.
      (그 바퀴들이 눈 속을 파고 들어갔다.)

BLOW

0. 이 동사의 개념바탕에는 바람이 부는 과정이 있다.

1. 자동사 용법

1.1. 다음 주어는 공기이고 움직인다.

(1) a. The wind blew all day.
   (그 바람은 온 종일 불었다.)
   b. The wind was blowing round the street corners.
   (그 바람은 그 길모퉁이를 돌아 불고 있었다.)
   c. It is blowing very hard.
   (바람이 몹시 세게 불고 있다.)

1.2. 다음 주어는 바람에 날리는 개체이다.

(2) a. The curtain blew in the wind.
   (그 커튼은 바람에 날리었다.)
   b. The flags blew in the wind.
   (그 국기들이 바람에 펄럭이었다.)
   c. The dust blew **across** the field
   (그 먼지는 그 밭을 가로질러 날리었다.)
   d. My papers are blowing **about**.
   (내 서류가 이리저리 날리고 있다.)

e. The door blew open.
(그 문은 바람에 확 열리었다.)

1.3. 다음 주어는 on의 목적어에 바람이 가게 한다.

(3) a. He blew **on** his food to make it cool.
(그는 그 음식을 식히기 위해서 그것에 바람을 불었다.)
b. He blew **on** his fingers to make them warm.
(그는 그의 손가락을 따스하게 하기 위해서 손가락에 입김을
불었다.)
c. Blow **on** the fire or it will go out.
(그 불에 바람을 불어라. 그렇지 않으면 꺼질 것이다.)

1.4. 다음 주어는 바람으로 소리를 낸다.

(4) a. Whales blow.
(고래가 물을 뿜는다.)
b. The bugle blow.
(나팔은 불어서 소리가 난다.)
c. The whistle blows at noon.
(그 경적이 정오에 울린다.)

1.5. 다음 주어는 바람의 힘으로 떨어진다.

(5) a. My cap blew **off**.
(내 모자가 날려서 벗겨졌다.)
b. The door blew **off** in the explosion.
(그 문이 그 폭발에 떨어졌다.)

1.6. 다음 주어는 폭파된다. up은 폭파되어 파편들이 올라가는 관계를 나타낸다.

(6) a. The car blew up.
   (그 차는 폭파되었다.)
   b. The bomb blew up.
   (그 폭탄은 터졌다.)

2. 타동사 용법

2.1. 다음 주어는 목적어를 분다. 목적어는 숨이나 담배연기이다.

(7) a. He blew his breath on my face.
   (그는 그의 숨을 내 얼굴에 불었다.)
   b. He blew his cigar smoke in my face.
   (그는 그의 여송연 연기를 내 얼굴에 불었다.)

2.2. 다음 주어는 바람의 힘으로 목적어를 이동하게 한다.

(8) a. The wind blew my hat **off**.
   (그 바람은 내 모자를 날아가게 했다.)
   b. The storm blew the roof **off**.
   (그 폭풍은 그 지붕을 날아가게 했다.)
   c. He blew the dust **off** my book.
   (그는 그 먼지를 내 책에서 불어 내었다.)
   d. The wind blew the papers **out of** my hand.
   (그 바람은 그 서류를 내 손에서 날아가게 했다.)

e. The wind blew a ship **ashore**.
(그 바람은 배를 해안으로 밀었다.)

2.3. 다음은 수동태 문장으로 주어는 바람으로 움직여진다.

(9) a. I was almost blown **over** by the wind.
(나는 그 바람 때문에 거의 넘어질 뻔 했다.)
  b. The ship was blown **out of** its course.
(그 배는 바람 때문에 그의 항로를 벗어났다.)

2.4. 다음 주어는 목적어에 바람을 불어 넣는다.

(10) a. He blew the trumpet/an organ/a whistle.
(그는 그 트럼펫/풍금/호루라기 소리를 내었다.)
  b. He blew the bellows/a balloon.
(그는 그 풀무/풍선을 불었다.)
  c. He blew his nose.
(그는 코를 풀었다.)

2.5. 다음 주어는 목적어를 생겨나게 한다.

(11) a. He blew a hole in the wall.
(그는 폭파해서 구멍을 그 벽에 내었다.)
  b. He blew bubbles/glasses.
(그는 바람을 불어서 거품/잔을 만들었다.)

2.6. 다음 주어는 첫째 목적어에 둘째 목적어를 만들어서 준다.

(12) He blew me a glass animal.
(그는 나에게 유리동물을 하나 불어서 만들어 주었다.)
cf. He blew a glass animal for me.
(그는 나에게 유리동물을 하나 불어 주었다.)

2.7. 바람의 힘으로 이미 있는 물건의 상태가 바뀔 수 있다. 다음 주
어는 목적어를 전치사 into의 목적어 상태로 바꾼다.

(13) a. The dynamite blew the wall **into** bits.
(그 다이너마이트는 그 벽을 폭파하여 산산조각으로 만들었다.)
d. The wind blew the fire **into** flames.
(그 바람은 그 불을 불어서 활활 타게 했다.)

2.8. 다음 주어는 목적어를 날려서 없앤다.

(14) a. He blew $10 on a dinner with a girl friend.
(그는 10불을 여자 친구와 저녁을 먹는데 날렸다.)
b. He blew $10 at cards last night.
(그는 10불을 엊저녁 노름에 날렸다.)
c. He blew his chance to win.
(그는 이길 수 있는 그의 기회를 날렸다.)

BOIL

0. 이 동사의 개념바탕에는 끓이는 과정이 있다.

1. 자동사 용법

1.1. 다음 주어는 끓는다.

(1) a. Water boils when heated.
   (물은 가열되면 끓는다.)
   b. The water's boiling.
   (그 물은 끓고 있다.)
   c. Liquids boil when they bubble up.
   (액체에 거품이 일면 그것은 끓는 것이다.)

1.2. 다음 주어는 물이 끓듯 뜨겁다.

(2) a. I am boiling in this thick coat.
   (나는 이 두꺼운 코트를 입고 있으니 몹시 덥다.)
   b. He was boiling with rage.
   (그는 분노로 격앙하고 있었다.) [은유: 화는 끓는 물이다.]

1.3. 물이 끓으면 물이 세차게 움직인다. 다음 주어는 거칠게 움직인다.

(3) a. The stormy sea is boiling.
   (그 폭풍이 이는 바다가 뒤끓듯이 파도치고 있다.)

   b. The art market is boiling with an activity never known before.
   (그 미술 시장이 전에 없이 활기 있게 들끓고 있다.)

1.4. 다음 주어는 환유적으로 쓰여서 주어가 담긴 액체를 가리킨다.

(4) a. The potatoes have boiled.
   (그 감자는 다 익었다.)

   b. The potatoes have been boiling for twenty minutes.
   (그 감자는 20분 동안 삶아지고 있다.)

   c. The eggs are boiling.
   (그 계란은 삶기고 있다.)

1.5. 다음 주어는 환유적으로 쓰여서 그릇 속에 든 물을 가리킨다.

(5) a. Is the kettle boiling?
   (그 주전자는 끓고 있니?)

   b. The pot is boiling.
   (그 냄비는 끓고 있다.)

   c. A watched pot never boils.
   (지키고 있는 솥은 절대 끓지 않는다.)
   [기다리는 시간은 긴 법이다. 서두르지 마라 (속담)]

1.6. 액체를 끓이면, 액체는 넘치거나 없어진다. over는 액체가 그릇의 가장자리를 넘치는 관계를, away는 양이 점점 줄어드는 관계를 나타낸다.

(6) a. The milk is boiling **over**.

   (그 우유가 끓어 넘치고 있다.)

   b. The political frenzy was now boiling **over**.

   (그 정치적 격분이 이제 위기에 이르고 있었다.)

   c. The water had all boiled **away** and the pan was burned.

   (그 물은 다 끓어서 증발해 버렸고 팬은 타 버렸다.)

   d. It boiled **down** to a question of money.

   (그것은 결국 돈의 문제로 귀착되었다.)

1.7. 분쟁, 분개 등등은 끓는 물로 은유화된다.

(7) a. Trouble is boiling up in the Middle East.

   (분쟁이 중동에서 끓어오르고 있다.)

   b. A wave of resent is boiling up inside him.

   (분개의 물결이 그의 속에서 끓어오르고 있다.)

   c. My blood boiled at the sight.

   (그 광경을 보자 내 피가 끓었다.)

1.8. 다음 주어는 끓는 소리를 내면서 움직인다.

(8) The water boiled through the rapids.

   (그 물은 끓는 소리를 내면서 그 여울목을 지나갔다.)

2. 타동사 용법

2.1. 다음 주어는 목적어를 끓인다.

(9) a. I am boiling water.

(나는 물을 끓이고 있다.)

b. She is boiling the baby's milk.

(그녀는 그 아기 우유를 끓이고 있다.)

c. Boil some water for tea.

(찻물을 좀 끓여라.)

2.2. 다음 목적어는 물이 아니라 물속에 담기는 음식이다.

(10) a. I have boiled the potatoes.

(나는 그 감자를 삶았다.)

b. Boil the carrots for 10 minutes.

(그 홍당무를 10분 동안 삶아라.)

2.3. 다음 문장의 목적어는 물을 끓이는 도구이다.

(11) a. Peter boiled the kettle.

(피터가 그 주전자를 끓였다.)

b. Don't let the pan boil dry.

(그 팬을 끓여서 말라붙지 않도록 해라.)

2.4. 다음 문장의 목적어는 끓여서 생겨나는 개체이다.

(12) He boiled salt out of the sea-water.

(그는 바닷물을 졸여서 소금을 만들었다.)

2.5. 다음 주어는 첫째 목적어에게 둘째 목적어를 끓여서 준다.

(13) a. She boiled me an egg.

(그녀는 나에게 계란 한 개를 삶아 주었다.)

b. Shall I boil you an egg?

(계란 하나 삶아 드릴까요?)

BREAK

1. 타동사 용법

1.1. 다음 주어는 목적어를 깬다.

(1) a. John broke a doll.
   (존은 인형 한 개를 깨뜨렸다.)
   b. She broke a box into pieces.
   (그녀는 상자를 부수어서 조각조각으로 내었다.)

1.2. 다음 주어는 목적어를 자르거나 끊어서 떨어지게 한다. off는 한 부분이 전체에서 떨어져 나가는 관계를 나타낸다.

(2) a. He broke the door handle off.
   (그는 그 문의 손잡이를 부수어서 떼어내었다.)
   b. She broke a piece of chocolate off.
   (그녀는 초코렛 한 조각을 부수어 내었다.)
   c. He broke a branch from a tree.
   (그는 가지 하나를 나무에서 꺾어 내었다.)

1.3. 다음 주어는 목적어를 무너뜨린다. down은 서 있던 것이 넘어지거나 쓰러지는 관계를 나타낸다.

(3) a. The police broke the door **down**.
　　　(경찰은 그 문을 부수어서 떨어지게 했다.)
　　b. They broke **down** the barrier.
　　　(그들은 그 장벽을 헐어내었다.)

1.4. 다음 목적어는 부러진다.

(4) a. John broke his leg/back/nose.
　　　(존은 그의 다리/허리/코가 부러졌다.)
　　b. She broke her neck.
　　　(그녀는 목이 부러졌다.)

1.5. 다음 주어는 목적어의 표면에 금이 가게 한다.

(5) a. He broke the skin on his elbow.
　　　(그는 팔꿈치에 있는 피부가 까졌다.)
　　b. He broke the soil.
　　　(그는 그 땅을 갈았다.)
　　c. He broke fresh/new ground.
　　　(그는 새 땅을 갈았다.)

1.6. 다음 주어는 목적어의 상태나 과정을 깨거나 끊는다.

(6) a. He broke his fast/sleep/silence/journey/habit.
　　　(그는 그의 단식/잠/침묵/여행/습관을 중단했다.)
　　b. They broke the strike.
　　　(그들은 그 파업을 중단했다.)

1.7. 다음 목적어는 정렬된 개체이다. 주어는 목적어를 깨뜨린다.

(7) a. He broke a set of books.
(그는 한 질의 책을 헐었다.)
   b. He broke ranks.
(그는 대열을 흩어지게 했다.)
   c. The red flowers broke the green of the picture.
(그 붉은 꽃은 그 그림의 녹색을 깨뜨렸다.)
   d. The cushion broke his fall/the force.
(그 방석이 그의 낙하를/그 힘을 꺾었다.)

1.8. 다음 목적어는 추상적인 개체이나 구체적인 것으로 개념화되어
있다.

(8) a. He broke his promise/words/appointment/agreement.
(그는 그의 약속/말/만날 약속/합의 사항을 어겼다.)
   b. He broke rules/a regulation/a contract.
(그는 규칙/규정/계약을 위반했다.)

1.9. 다음 목적어는 그릇 속에 담겨져 있는 것으로 개념화되고 주어
는 목적어를 터뜨려서 나오게 한다.

(9) a. He broke the news/wind.
(그는 그 뉴스를/방귀를 터뜨렸다.)
   b. He broke the code.
(그는 그 암호를 풀었다.)

1.10. 다음 주어는 목적어를 만든다.

(10) a. He broke a path thought the forest.
    (그는 그 숲을 관통하는 소로를 만들었다.)

  b. They broke a way.
    (그들은 길을 만들었다.)

1.11. 마음이나 정신도 꺾어지는 것으로 은유화된다.

(11) a. It broke his spirit/will/resolve.
    (그것은 그의 정신/의지/결의를 꺾었다.)

  b. The torture broke his resistance.
    (그 고문은 그의 저항을 꺾었다.)

1.12. 다음 목적어는 환유적으로 쓰여서 사람이나 동물의 기나 정신
    을 가리킨다.

(12) a. They broke the man.
    (그들은 그 사람을 길들였다.)

  b. He broke the horse.
    (그는 그 말을 길들였다.)

2. 자동사 용법

2.1. 다음 주어는 깨어지거나 부서지면 어떤 상태로 들어갈 수 있다.

(13) a. The box broke open when it fell.
    (그 상자는 떨어졌을 때 부서져서 열렸다.)

  b. The sea was breaking over the rock.
    (그 바닷물이 그 바위에 부딪혀 부서지고 있었다.)

c. The rope broke when they were climbing.
   (그 밧줄은 그들이 기어오를 때 끊어졌다.)
d. The clouds broke and the sun came out.
   (그 구름은 흩어져서 해가 났다.)
e. The window/The plate broke **into** pieces.
   (그 창문/그 접시는 여러 조각으로 깨어졌다.)
f. When I hit the ball, my bat broke **into** two.
   (내가 그 공을 쳤을 때, 내 방망이가 둘로 부러졌다.)

2.2. 다음 주어는 구속하는 개체에서 풀려난다.

(14) a. The prisoner broke free/loose.
     (그 수감자는 도망쳐서 자유롭게 되었다.)
b. A large part of it broke away.
   (그것의 큰 부분이 떨어져 나갔다.)
c. The dog broke loose.
   (그 개가 (매어 놓은 끈을 끊고) 마음대로 다녔다.)

2.3. 다음 주어는 상태이고, 계속되던 상태가 끊긴다.

(15) a. Darkness broke.
     (어둠이 깨어졌다/밝아졌다.)
b. His health broke.
   (그의 건강이 나빠졌다.)
c. His voice is beginning to break.
   (그의 목소리가 갈라지기 시작하고 있다.)
d. The fine weather broke.
   (그 좋은 날씨가 끝났다.)

e. At 11, they broke for coffee.
(11시에 그들은 커피를 마시기 위해 일을 중단했다.)

2.4. 다음 주어는 표면을 가진 개체이다. 주어는 표면이 터진다.

(16) a. The bubble broke.
(그 거품이 터졌다.)
b. The blister broke.
(그 물집이 터졌다.)

2.5. 다음 주어는 그릇 속에 담겨 있다 나오는 것으로 개념화된다.

(17) a. The storm broke out.
(그 폭풍이 일었다.)
b. War broke out.
(전쟁이 터졌다.)
c. Day was beginning to break.
(날이 새기 시작하고 있었다.)

2.6. 다음 주어는 환유적으로 쓰여서 몸 안에서 나오는 개체를 가리
킨다.

(18) a. He broke out in cold sweat.
(그는 식은땀이 돋았다.)
b. My skin broke out in an itch rash.
(내 피부는 발진이 돋았다.)
c. She is breaking out in rashes.
(그녀는 땀띠가 돋아나고 있다.)

2.7. 다음 주어는 환유적으로 쓰여서 정신이나 의지를 가리킨다.

(19) a. He may break under continuous questioning.
      (그는 계속된 심문에 꺾일지도 모른다.)
   b. The dog's heart broke when his master died.
      (그 개의 심장이 그의 주인이 죽었을 때 찢어졌다(즉 미어졌다.)

2.8. 다음 주어는 부수고 들어간다.

(20) a. The thief broke **into** her house.
      (그 도둑은 그녀의 집을 부수고 들어갔다(즉 침입했다).)
   b. The boy broke **into** a car in a few seconds.
      (그 소년은 몇 초 안에 차를 부수고 들어갔다.)

2.9. into의 목적어는 상태가 될 수 있다.

(21) a. She broke into smile.
      (그녀는 갑자기 미소를 지었다.)
   b. They broke into laughter.
      (그들은 갑자기 웃기 시작했다.)

2.10. 다음에 쓰인 up은 깨어져서 산산조각이 난 결과를 가리킨다.

(22) a. The ship broke **up** on the rocks.
      (그 배는 그 암초에 걸려서 산산조각이 났다.)
   b. Their marriage broke **up**.
      (그들의 결혼은 파산이 되었다.)
   c. The conference broke **up**.
      (그 회의는 무산되었다.)

BRING

1. 타동사 용법

1.1. 다음 주어는 목적어를 데리고 화자가 있는 곳으로 움직인다.

(1) a. Bring him here with you!
   (그를 너와 함께 여기에 데리고 와라!)
   b. Bring your friend to the party!
   (너의 친구를 그 파티에 데리고 와라!)
   c. The soldiers came back bringing 10 prisoners.
   (그 군인들은 10명의 포로를 데리고 돌아왔다.)

1.2. 다음 주어는 첫째 목적어에게 둘째 목적어를 가져다준다.

(2) a. The pill brought me a relief from pain.
   (그 약은 나에게 고통에서 해방을 가져다주었다.)
   b. His book brings him $1,000 a year.
   (그의 책은 그에게 일 년에 1천불을 벌어다 준다.)

1.3. 다음 주어는 자연현상이나, 의인화되어 목적어를 화자가 있는 곳으로 가져 온다.

(3) a. The winter brought heavy snowfalls.
    (그 겨울이 거대한 폭설을 몰고왔다.)
  b. Spring brings warm weather and flowers.
    (봄은 따뜻한 날씨와 꽃을 가져온다.)
  c. The flood brought much property damage.
    (그 홍수는 많은 재산피해를 가져왔다.)

1.4. 다음 주어는 활동이나 그 밖의 개체이다. 주어는 목적어를 가져
     온다.

(4) a. The brisk walk had brought color into her face.
    (그 활기찬 산보가 화색을 그녀의 얼굴에 가져왔다.)
  b. The radio brings music and the latest news into almost every
     home.
    (그 라디오는 음악과 최근 뉴스를 거의 모든 가정에 가져온다.)
  c. The beauty of the music brought tears into her eyes.
    (그 음악의 아름다움이 눈물을 그녀의 눈에 가져왔다.)
  d. The path brings you to the lake.
    (그 소로는 당신을 호수로 데리고 간다.)

1.5. 다음 목적어는 움직이는 개체나 진행되는 과정이다. 주어는 목
     적어를 어떤 상태로 가져온다.

(5) a. He brought the car **to** a stop.
    (그는 그 자동차를 정지상태로 가져왔다(즉 정지시켰다).)
  b. They brought the strike **to** an end.
    (그들은 그 파업을 끝에 이르게 했다(즉 끝냈다).)
  c. He brought the matter **to** an end.
    (그는 그 사건을 마무리 지었다.)

d. Bring the potatoes **to** a boil.
(그 감자를 끓는점에 이르게 해라(즉 끓여라).)

1.6. 다음 주어는 목적어를 to 부정사가 가리키는 과정으로 가게 한다.

(6) a. They couldn't bring themselves **to** speak about the matter.
(그들은 그 문제에 대해서 말을 할 용기를 낼 수가 없었다.)
b. I wish I could bring you **to** see the situation from my point of view.
(나는 네가 나의 관점에서 그 상황을 볼 수 있게 할 수 있으면 좋겠다.)
c. What brought you **to** do it?
(무엇이 너로 하여금 그것을 하게 했느냐?)

1.7. 다음 주어는 목적어를 V-ing가 가리키는 과정을 밟게 한다.

(7) a. Her cries brought her neighbors running to the house.
(그녀의 외침이 이웃 사람들을 그 집에 뛰어가게 했다.)
b. A phone call brought him hurrying to the office.
(전화 한 통이 그를 그 사무실로 급히 가게 했다.)
c. A shower brought the players scurrying to the pavilion.
(소나기가 그 선수들을 천막으로 허둥지둥 뛰어가게 했다.)

BUILD

0. 이 동사의 개념바탕에는 부분을 결합시켜 새 개체를 만드는 과정이 있다.

1. 타동사 용법

1.1. 다음 주어는 목적어를 만든다.

(1) a. She has built a house facing the river.
   (그녀는 그 강을 향한 집을 지었다.)
   b. They were building a bridge.
   (그들은 다리를 놓고 있었다.)
   c. The birds built their nests in the tree.
   (그 새들은 그들의 둥지를 그 나무에 틀었다.)
   d. We built the house on our own land.
   (우리는 그 집을 우리의 땅에 지었다.)

1.2. 다음은 「조직체는 건축물이다」의 은유가 쓰인 예이다.

(2) a. They began to build an independent organization.
   (그들은 독립적인 조직을 만들기 시작했다.)
   b. They struggled to build a more democratic society.
   (그들은 보다 민주적인 사회를 건설하기 위해 분투했다.)
   c. We aim to build a new social order.
   (우리는 새로운 사회 질서를 세울 작정이다.)

d. He intends to build an empire.
   (그는 제국을 건설하려고 의도한다.)

1.3. 다음 논쟁, 미래, 계획, 희망 등도 구조물로 은유화된다. 은유가
   적용된 예이다.

(3) a. He built an argument on solid facts.
      (그는 논의를 확실한 사실에 의거해서 세웠다.)
   b. Don't build your future on dreams.
      (너의 미래를 환상위에 설계하지 마라.)
   c. Our economy is built upon manufacturing industry.
      (우리 경제는 제조 산업 위에 세워져 있다.)
   d. Don't build too many hopes on his promises.
      (너무 많은 희망을 그의 약속에 세우지 마라.)

1.4. 다음 주어는 목적어를 쌓아올린다. up은 수, 양 정도의 증가를
   나타낸다.

(4) a. They built the wall **up**.
      (그들은 그 벽을 쌓아 올렸다.)
   b. He is going to build **up** a collection of herbs and spices.
      (그는 약초와 향신료의 수집품을 쌓아갈 계획이다.)
   c. You can build **up** a fortune by regularly saving money.
      (너는 규칙적으로 저축함으로써 재산을 불릴 수 있다.)
   d. He has built **up** a good business over the years.
      (그는 수년에 걸쳐 훌륭한 사업을 이룩했다.)
   e. He has built **up** a good reputation of his goods.
      (그는 그의 상품에 대한 좋은 평판을 쌓아 올렸다.)

f. They are building **up** their military forces.
(그들은 그들의 군대를 증강하고 있다.)

g. You must built **up** your strength after your illness.
(너는 병이 다 나으면 힘을 쌓아야 한다.)

1.5. 다음 주어는 목적어를 다른 구조물에 만들어 넣는다.

(5) a. The carpenter built some cupboards **into** the walls.
(그 목수는 찬장 몇 개를 그 벽들에 붙박이로 만들어 넣었다.)

b. He built bookshelves **into** the wall.
(그는 책꽂이를 그 벽에 붙박이로 만들어 넣었다.)

c. The rate of pay was built **into** her contract.
(그 월급 비율은 그녀의 계약에 짜 넣어졌다.)

1.6. 다음 주어는 목적어를 전치사 into의 목적어로 만든다.

(6) a. He has built these scraps of metal into a strange sculpture.
(그는 이 금속 조각들을 이상한 조각품으로 만들었다.)

b. He took some nails and bits of wood, and built them into a cupboard.
(그는 몇 개의 못과 나무 조각들을 가지고 그것을 찬장으로 만들었다.)

c. Time built the boy into a fine young man.
(시간은 그 소년을 세련된 젊은 남자로 만들었다.)

d. She built up a girl into a leading actress.
(그녀는 한 소녀를 유명 배우로 성장시켰다.)

1.7. 다음 주어는 목적어를 전치사 out of의 목적어에서 만든다.

(7) a. We are building a house out of bricks.
       (우리는 집을 벽돌로 짓고 있다.)
    b. They build the school of wood.
       (그들은 그 학교를 나무로 지었다.)

2. 자동사 용법

2.1. 다음 주어는 지어진다.

(8) a. The railroad is building.
       (그 철도는 건설되고 있다.)
    b. The house is building.
       (그 집은 지어지고 있다.)

2.2. 다음 주어는 짓는다.

(9) He builds for a living.
    (그는 생계를 위해 건축한다.)

2.3. 다음 주어는 on의 목적어 위에 계획을 세운다.

(10) a. We can build on that man's honesty.
        (우리는 그 남자의 정직성을 믿고 계획을 세울 수 있다.)
     b. He built on going to Hawaii with his savings.
        (그는 그의 저금으로 하와이에 갈 계획을 세웠다.)

c. In her new job she will be able to build on her previous experience in marketing.

(그녀는 새로운 일자리에서, 마케팅에 관한 그녀의 앞선 경험을 토대로 좀 더 나아갈 수 있을 것이다.)

2.4. 다음 주어는 양이나 정도가 커진다.

(11) a. Traffic is building **up** along the roads to the coast.

(차량들이 그 해안까지 가는 그 길들을 따라 밀리고 있다.)

b. Their pressure on the enemy is building **up**.

(적에 대한 그들의 압력이 증가하고 있다.)

c. Mud builds **up** in the lake.

(진흙이 호수에 쌓인다.)

d. The clouds are building **up**.

(그 구름이 많이 끼고 있다.)

e. My savings are building **up** nicely.

(내 저축액이 기분 좋게 늘어 가고 있다.)

2.5. 수, 양 정도가 커지면 into나 to의 한계점에 이른다.

a. Some day your books will build up **into** a library.

(언젠가는 너의 책들은 커져서 서재가 될 것이다.)

b. Enemy forces have now built up **to** a dangerous strength.

(적의 군대가 지금 위험스러울 정도로 힘을 쌓았다.)

BURN

0. 이 동사의 개념바탕에는 타는 과정이 있다.

1. 자동사 용법

1.1. 다음 주어는 탄다.

(1) a. The house is burning.
    (그 집은 불타고 있다.)
  b. Paper burns easily.
    (종이는 쉽게 탄다.)
  c. Stone won't burn.
    (돌은 타지 않는다.)
  d. The whisky he had drunk burned in his chest.
    (그가 마신 위스키가 그의 가슴 속에서 탔다.)

1.2. 다음 주어는 실제 타는 개체가 아니라, 빛이나 열을 낸다.

(2) a. All the lamps are burning in every room.
    (모든 램프가 각 방에서 빛을 내고 있었다.)
  b. The heater is burning in the corner.
    (그 히터는 그 구석에서 열을 내고 있다.)

1.3. 다음 주어는 타서 시커멓게 된다.

(3) a. The milk has burned.
   (그 우유가 탔다.)
   b. The potatoes burned and we cannot eat them.
   (그 감자가 타서 우리는 그것을 먹을 수 없다.)

1.4. 다음 주어는 빨갛게 되거나 열이 난다.

(4) a. His cheeks were burning with shame.
   (그의 뺨은 수치심으로 빨갛게 달아오르고 있었다.)
   b. His forehead burned with fever.
   (그의 이마는 열로 뜨거웠다.)

1.5. 다음 주어는 덴 것 같이 따갑다.

(5) a. His ears burn after being in a strong wind.
   (그의 귀는 강한 바람 속에 있다 들어와서 따갑다.)
   b. Her skin burns easily.
   (그녀의 피부는 쉽게 탄다.)
   c. My eyes are burning from the smoke.
   (내 눈은 그 연기로 따갑다.)

1.6. 분노, 열망, 격한 마음도 burn과 같이 쓰일 수 있다.

(6) a. He was burning with anger.
   (그는 분노로 타고 있었다.)
   b. She is burning to tell the news.
   (그녀는 그 소식을 말하려고 열망하고 있다.)
   c. They were burning to avenge the death of their leader.
   (그들은 그들 지도자의 죽음을 복수하려고 마음이 불타고 있었다.)

2. 타동사 용법

2.1. 다음 주어는 기름 같은 것을 태운다.

(7) a. People used to burn candles to get light.
   (사람들은 빛을 얻기 위해서 초를 태우곤 했다.)
   b. The lamp burns oil.
   (그 램프는 기름을 태운다.)
   c. Many large ships burn oil.
   (많은 큰 배들이 기름을 땐다.)

2.2. 다음 주어는 음식물 같은 것을 태운다.

(8) a. Be careful not to burn the meat.
   (그 고기를 태우지 않도록 조심해라.)
   b. She burned the fish and we could not eat it.
   (그녀는 그 생선을 태워서 우리는 그것을 먹을 수 없었다.)

2.3. 다음 주어는 신체 일부를 뜨거운 것으로 덴다.

(9) a. The coffee is very hot; don't burn your mouth.
   (그 커피가 매우 뜨겁다. 너의 입을 데지 말아라.)
   b. The child burned its fingers while playing with matches.
   (그 아이는 성냥을 가지고 놀다가 그의 손가락을 데었다.)
   c. He burned his hand on the hot iron.
   (그는 그의 손을 그 뜨거운 다리미에 데었다.)
   d. Some highly seasoned food burned my mouth.
   (어떤 매운 양념이 된 음식이 내 입을 데었다.)

2.4. 다음 주어는 목적어의 마음을 격분시킨다.

(10) a. The very thought of it burned him like fire.
     (그것의 생각이 그를 불과 같이 격분시켰다.)
  b. Their nasty remarks burned him up.
     (그들의 짓궂은 말이 그를 격분시켰다.)

2.5. 다음 목적어는 무엇을 태운 결과로 생겨난 개체이다.

(11) a. He burned a hole in the carpet/in his coat.
     (그는 그 양탄자/저고리에 불구멍을 내었다.)
  b. His cigar burned a hole in the rug.
     (그의 여송연이 그 무릎덮개에 불구멍을 내었다.)
  c. She burned her name into the wood.
     (그녀는 그녀의 이름을 그 나무에 불로 새겼다.)
  d. Her words burned her way into his heart.
     (그녀의 말이 그의 가슴 속으로 타 들어갔다.)
  e. He burns bricks.
     (그는 벽돌을 구워서 만든다.)
  f. He burns charcoal.
     (그는 (나무를) 태워서 숯을 만든다.)

BURST

0. 이 동사의 개념바탕에는 터지는 과정이 있다.

1. 자동사 용법

1.1. 다음 주어는 터진다.

(1) a. The balloon will burst.
    (그 풍선은 터질 것이다.)
 b. The bomb burst in front of the building.
    (그 폭탄은 그 건물의 앞에서 터졌다.)
 c. As he braked, the tire burst.
    (그가 급정거를 했을 때 그 타이어가 터졌다.)
 d. The boiler had burst.
    (그 보일러가 터졌다.)

1.2. 다음 주어는 터져서 새 상태에 이른다.

(2) a. The door burst **open.**
    (그 문이 확 열렸다.)
 b. The wing burst **apart.**
    (그 날개가 갑자기 부서졌다.)

1.3. 다음 주어는 전치사 with의 목적어로 넘친다.

(3) a. The barns were bursting with grain.
    (그 창고들은 터질 듯이 곡물로 가득 차 있었다.)
   b. The hall is bursting with children.
    (그 강당은 아이들로 터질 듯 차 있다.)

1.4. 다음은 「마음은 그릇이다」의 은유가 적용된 표현이다.

(4) a. I could have burst with pride.
    (나는 자부심으로 가슴이 터질 뻔 했다.)
   b. At the suggestion of the picnic the class was bursting with
    enthusiasm/happiness/excitement.
    (그 소풍에 대한 제안에, 그 반 학생들은 열광/행복/흥분으로
    가득 차서 가슴이 터질 듯하고 있었다.)

1.5. 다음 주어는 그릇에 담겨 있다가 터져 나온다.

(5) a. The oil burst out of the ground.
    (그 기름은 그 땅에서 터져 나왔다.)
   b. The sun burst through the ground.
    (태양이 대지를 뚫고 터져 나왔다.)
   c. The view burst upon our sight.
    (그 광경이 우리의 시야에 갑자기 나타났다.)
   d. The cries of the mob burst upon our ears.
    (그 군중들의 고함소리가 우리의 귀에 갑작스레 들려왔다.)

1.6. 그릇에서 나온 개체는 다른 곳으로 갈 수 있다. 다음 주어는 빠
    르고, 갑작스럽게 움직인다.

(6) a. He burst **into** the room.
   (그는 갑자기 그 방으로 확 뛰어 들어갔다.)

   b. She burst **in** through the opposite door.
   (그녀는 그 반대편 문을 통해서 확 들어왔다.)

   c. The car burst **away**.
   (그 차는 급히 떠났다.)

   d. The blazing sun burst **through** the clouds.
   (그 강렬한 태양이 그 구름을 뚫고 갑자기 터져 나왔다.)

1.7. 다음 주어는 갑자기 끼어든다.

(7) a. He'll be bursting **in on** us at any moment.
   (그는 언제라도 우리에게 휙 뛰어 들어올 것이다.)

   b. He burst **in on** our conversation.
   (그는 우리 대화에 갑자기 끼어들었다.)

1.8. 다음 주어는 갑자기 into의 목적어가 가리키는 상태로 들어간다.

(8) a. The trees had burst **into** bloom.
   (그 나무들은 갑자기 꽃을 활짝 피웠다.)

   b. The oil stove burst **into** flames.
   (그 석유난로는 확 타올랐다.)

   c. He burst **into** speech.
   (그는 갑자기 말을 했다.)

   d. The whole room burst **into** laughter.
   (그 방에 있는 모든 사람들이 갑자기 웃었다.)

   e. He burst out crying.
   (그는 갑자기 큰 소리로 울기 시작했다.)

2. 타동사 용법

2.1. 다음 주어는 목적어를 터뜨린다.

(9) a. She burst the balloon.
   (그녀는 그 풍선을 터뜨렸다.)
   b. He burst a blood vessel.
   (그는 혈관 하나를 파열시켰다.(그는 몹시 흥분했다.))
   c. The prisoner burst his chains.
   (그 죄수는 그의 사슬을 부수어 버렸다.)
   d. He burst the lock with a hammer.
   (그는 그 자물쇠를 망치로 부수었다.)
   e. After ten days of rain, the river burst its banks and flooded the valley.
   (열흘간의 비 뒤에, 그 강은 강둑을 터뜨리고 그 계곡을 범람시켰다.)

2.2. 다음 문장에 쓰인 목적어는 추상적인 개체를 가리킨다. 주어는 목적어를 깨트린다.

(10) a. With hoggish whine, they burst my prayer.
    (칭얼대는 소리로 그들은 내 기도를 방해했다.)
    b. The loss will make him burst his lead.
    (그 손실은 그를 선두를 빼앗기게 할 것이다.)
    c. The prisoner will burst his bonds.
    (그 죄수는 그의 속박을 부수어 버릴 것이다.)

CALL

0. 이 동사의 개념바탕에는 소리를 내어 부르는 과정이 있다.

1. 타동사 용법

1.1. 다음 주어는 따옴표 속의 표현을 큰 소리로 외친다.

(1) a. "Good morning" called Mrs. Brown from the door.
   (브라운 여사가 그 문쪽에서 "안녕하세요"라고 외쳤다.)
   b. He called "Jack."
   (그는 "잭"하고 불렀다.)

1.2. 다음 주어는 사람을 직접적으로나 전화로 부른다.

(2) a. He called the students.
   (그는 그 학생들을 불렀다.)
   b. She called her son, but he did not hear her.
   (그녀는 그녀의 아들을 불렀으나 그는 그녀를 듣지 못했다.)
   c. Please call me for breakfast at 7.
   (아침을 위해서 7시에 나를 불러주세요.)
   d. He called me from the airport when he got there.
   (그가 비행장에 도착했을 때, 거기에서 나를 전화로 불렀다.)

1.3. 다음 주어는 목적어를 불러서 전치사 into나 to의 목적어로 움직이게 한다.

(3) a. We called the family **to** dinner.
   (우리는 그 가족을 저녁식사에 불렀다.)
   b. The boss called him **into** the office.
   (사장이 그를 그 집무실로 불렀다.)
   c. He called the union leaders **to** a meeting.
   (그는 그 노동조합 지도자들을 회의에 불렀다.)
   d. He called her attention **to** the fact.
   (그는 그녀의 주의를 그 사실에 환기시켰다.)

1.4. 다음 주어는 목적어를 불러서 생겨나게 한다.

(4) a. He called a halt/a strike.
   (그는 정지/파업을 선포했다.)
   b. He called a meeting/Parliament.
   (그는 회의/의회를 소집했다.)

1.5. 다음 주어는 목적어의 이름을 부른다.

(5) a. I called **her** by the name of Cathy.
   (나는 그녀를 캐시라는 이름으로 불렀다.)
   b. We called our friend **by** his nickname.
   (우리는 우리 친구를 별명으로 불렀다.)

1.6. 다음 주어는 첫째 목적어를 둘째 목적어로 부른다.

(6) a. We called him Jack, but his mother called him Jesse.

(우리는 그를 잭이라고 불렀지만 그의 엄마는 그를 제시라 불렀다.)

b. What do you call this flower?
   (여러분은 이 꽃을 무엇으로 부릅니까(이 꽃 이름은 무엇입니까)?)

1.7. 다음 주어는 첫째 목적어를 둘째 목적어로 생각한다.

(7) a. She calls herself a doctor.
       (그녀는 자신을 의사라고 생각한다.)
    b. I call English a hard language.
       (나는 영어가 어려운 언어라고 생각한다.)
    c. He calls the plan a success.
       (그는 그 계획이 성공이라고 생각한다.)
    d. I call that a shame.
       (나는 저것을 수치라고 여긴다.)
    e. I call him fat.
       (나는 그가 뚱뚱하다고 생각한다.)

1.8. 다음 목적어는 환유적으로 쓰여서 목적어 속에 적힌 이름을 가리킨다.

(8) a. He called the roll.
       (그는 그 출석부를 불렀다.)
    b. He called the list.
       (그는 그 명단을 불렀다.)

1.9. 다음 주어는 목적어를 불러서 부정사가 가리키는 일을 하게 한다.

(9) a. The bugle called the troops **to** assemble.

(그 나팔은 그 병사들을 불러 집합시켰다.)

b. He called us **to** help him.

(그는 우리를 불러서 그를 돕게 했다.)

2. 자동사 용법

2.1. 다음 주어는 외친다.

(10) a. She called for help.

(그녀는 도움을 청하기 위해서 외쳤다.)

b. The man called for more water.

(그 남자는 더 많은 물을 달라고 소리를 쳤다.)

c. I called to him for help.

(나는 도움을 청하기 위해 그에게 소리를 질렀다.)

2.2. 다음에 쓰인 out은 소리가 사방으로 크게 나는 관계를 나타낸다.

(11) a. He called out to the man on the boat.

(그는 그 배 위에 있는 그 남자에게 소리를 쳤다.)

b. He called out, "Sit down and listen to me."

(그는 큰소리로 외쳤다, "앉아서 내말을 들어라.")

CARRY

0. 이 동사의 개념바탕에는 한 개체가 다른 개체를 떠받치는 과정이 있다.

1. 타동사 용법

1.1. 다음 주어는 목적어를 지탱한다.

(1) a. The pillar carries the whole roof.
   (그 기둥은 그 전체 지붕을 떠받친다.)
 b. The columns carry the roof.
   (그 둥근 기둥들이 그 지붕을 떠받친다.)
 c. The timbers carry the whole weight of the roof.
   (그 대들보들이 그 지붕의 전 무게를 떠받친다.)
 d. The bridge is carried on firm bases.
   (그 다리는 튼튼한 바탕위에 지탱된다.)

1.2. 다음 주어는 목적어를 떠받친다.

(2) a. He was carrying a box on his shoulder.
   (그는 상자를 그의 어깨에 메고 있었다.)
 b. He carries a stick in his hand.
   (그는 지팡이를 그의 손에 지닌다.)
 c. She was carrying her baby in her arms.
   (그녀는 아기를 팔에 안고 있었다.)

d. He carried an umbrella/money.
(그는 우산/돈을 지니고 다녔다.)

1.3. 다음 주어는 목적어를 몸이나 머릿속에 갖는다.

(3) a. She is carrying twins.
(그녀는 쌍둥이를 배고 있다.)
   b. She is carrying all the figures in her head.
(그녀는 모든 수치를 머리에 담고 다닌다.)

1.4. 다음 주어는 목적어를 치거나 깐다. 울타리를 놓을 때 울타리와 사람이 붙어서 간다.

(4) a. He carried a fence round a field.
(그는 울타리를 밭 주위에 쳤다.)
   b. He carried pipes under a street.
(그는 파이프를 길 밑에 깔았다.)

1.5. 다음 주어는 목적어를 지닌다. 목적어는 신체 부위나 표정이다.

(5) a. He carries his head high.
(그는 그의 머리를 높이 들고 있다.)
   b. He carried an ugly frown upon his face.
(그는 얼굴에 흉한 찡그린 표정을 지졌다.)

1.6. 다음 주어는 목적어를 갖는다.

(6) The shop carries a wide variety of goods.
(그 상점은 여러 종류의 상품을 가지고 있다.)

1.7. 다음 주어는 목적어를 지탱한다.

(7) a. The field can carry up to 10 cows.
    (그 밭은 10마리까지의 젖소를 먹일 수 있다.)
  b. He can't carry more than four glasses of beer without getting drunk.
    (그는 맥주 넉 잔만 마시면 취한다.)
  c. The land cannot carry corn.
    (그 땅은 옥수수가 안된다.)

1.8. 다음 주어는 목적어를 함께 지니고 나른다.

(8) a. Ocean current carried the raft.
    (해류가 그 뗏목을 운반했다.)
  b. The wind carried the seed for great distances.
    (그 바람이 그 씨앗을 아주 먼 거리까지 운반했다.)
  c. Wires carry sound.
    (전선은 소리를 나른다.)
  d. Copper carry electricity.
    (구리는 전기를 나른다.)

1.9. 다음 주어는 목적어를 가지고 있는 것으로 개념화된다.

(9) a. The loan carries 3% interest.
    (그 대출은 3% 이자를 갖는다.)
  b. The argument does not carry conviction.
    (그 논의는 설득력을 갖지 못한다.)
  c. The bond carries 5% interest.
    (그 공채는 5%의 이자를 갖는다.)

1.10. 다음 주어는 목적어를 지닌다.

(10) a. His judgement carries great weight.
   (그의 판단은 큰 무게를 갖는다.)
   b. His voice carries great authority.
   (그의 목소리는 큰 위엄을 갖는다.)
   c. This privilege carries great responsibility.
   (이 특권은 큰 책임을 수반한다.)
   d. His words carried conviction to the audience.
   (그의 말은 확신을 그 청중에게 전했다.)
   e. The report carries a serious warning.
   (그 보고서는 심각한 경고를 포함한다.)

1.11. 다음 주어는 목적어를 싣고 움직인다.

(11) a. A taxi carried me **to** the station.
   (택시가 나를 정거장까지 실어다 주었다.)
   b. The bicycle carried me **500 miles.**
   (그 자전거는 나를 500마일을 실어다 주었다.)
   c. Railroads carry coal **from** the mines.
   (철로는 석탄을 그 탄광에서 실어 나른다.)
   d. The wind carried the ball **over** the fence.
   (그 바람은 그 공을 그 울타리 너머로 불어갔다.)
   c. Don't carry modesty **too** far.
   (겸손을 지나치게 끌고 가지 마십시오.)
   d. He carried the joke **too** far.
   (그는 그 농담을 지나치게 끌고 갔다.)

1.12. 다음 주어는 의인화되어 목적어를 떠받쳐서 움직인다.

(12) a. His ability carried him **to** the top of his profession.
      (그의 능력이 그를 그 직업의 정상까지 실어다 주었다.)
   b. Business carried him **to** London.
      (업무가 그를 런던까지 데리고 왔다.)
   c. His diligence carried him **to** the head of his class.
      (그의 부지런함이 그를 그 반의 수석에 이르게 했다.)

1.13. 다음 주어는 목적어를 싣고 시간상 움직인다.

(13) a. The company will carry you **until** your illness is over.
      (그 회사는 당신의 병이 나을 때까지 당신을 책임질 것입니다.)
   b. This story will carry you **back** to your boyhood.
      (이 이야기는 당신을 당신의 소년시절로 되돌아가게 할 것입
      니다.)

1.14. 다음 주어는 돈, 기름, 식량 등이고 이들은 어느 정도까지 버
      틴다.

(14) a. How far will $2 carry me?
      (2달러가 나를 얼마나 멀리 가게 할까요?)
   b. How far will 5 gallons of gasoline carry you?
      (5갤런의 휘발유는 당신을 얼마나 멀리 갈 수 있게 할까요?)
   c. The food can carry you through the winter.
      (이 식량은 여러분을 그 겨울을 나게 할 것입니다.)

2. 자동사 용법

2.1. 다음 주어는 새끼를 갖는다.

(15) a. Our cows are carrying again.
   (우리 젖소가 또 새끼를 배고 있다.)
   b. The horse carries well.
   (그 말은 새끼를 잘 밴다.)

2.2. 다음 주어는 전달된다.

(16) a. A public speaker must have a voice that carries well.
   (연사는 잘 들리는 목소리를 가져야 한다.)
   b. His voice will carry to the back of the room.
   (그의 목소리는 그 방의 뒤까지 전달될 것이다.)
   c. How far does this gun carry ?
   (이 총은 얼마까지 나갑니까? 사정거리가 얼마입니까?)
   d. The shot carried 200 meters.
   (그 포환은 200미터까지 갔다.)
   e. The sound of the gun carried many miles.
   (그 총의 소리는 수 마일까지 갔다.)

2.3. 다음 주어는 펼쳐진다.

(17) The war carried into Asia.
   (그 전쟁은 아세아까지 퍼졌다.)

CATCH

0. 이 동사의 개념바탕에는 쫓아가서 잡는 과정이 있다.

1. 타동사 용법

1.1. 다음 주어는 목적어를 잡는다.

(1) a. The cat caught the mouse.
   (그 고양이가 그 쥐를 잡았다.)
   b. The dog caught the ball in its mouth.
   (그 개는 그 공을 입에 물었다.)
   c. He caught the ball in both hands.
   (그는 그 공을 양 손에 잡았다.)
   d. The bear caught a fish.
   (그 곰은 물고기 한 마리를 잡았다.)

1.2. 다음은 수동태 문장으로 주어는 잡히거나 끼인다.

(2) a. The rat was caught in a trap.
   (그 쥐는 틀에 잡혔다.)
   b. My bicycle was caught between two cars.
   (내 자전거는 두 자동차 사이에 끼여서 움직이지 못했다.)
   c. We were caught in a shower.
   (우리는 소나기를 만났다.)

1.3. 다음 주어는 목적어를 잡는다.

(3) a. He caught me by the collar.
    (그는 나는 매 목덜미로 붙잡았다.)
   b. The police caught the thief.
    (경찰이 그 도둑을 잡았다.)

1.4. 다음 목적어는 움직이거나 움직이려고 한다. 주어는 이들을 쫓
   아가서 잡는다.

(4) a. I caught the boat/the bus/the mail.
    (나는 그 여객선/버스/우편차를 잡았다.)
   b. I want to catch him before he goes out.
    (나는 그가 나가기 전에 그를 붙잡고 싶다.)
   c. I caught him at the corner of the street.
    (나는 그를 그 길모퉁이에서 잡았다.)

1.5. 다음 주어는 움직이는 개체이고 이들은 목적어에 가 닿는다.

(5) a. A stone caught me on the nose/on the head.
    (돌이 내 코/머리에 날아왔다.)
   b. A snow ball caught the passer-by in the shoulder.
    (눈뭉치 하나가 그 지나가는 사람의 어깨를 쳤다.)
   c. The first rays of sunshine caught the tree tops.
    (햇빛의 첫 햇살이 그 나무 꼭대기에 닿았다.)
   d. The closing door caught his arm.
    (그 닫히는 문이 그의 팔을 끼었다.)

1.6. 다음 주어는 제자리에 있고 이에 움직이는 목적어가 와 닿는다.

(6) a. The barrel caught some rain.
      (그 통은 약간의 비를 받았다.)
   b. High trees catch much wind.
      (높은 나무는 바람을 많이 받는다.)

1.7. 다음 주어는 목적어에 맞는다. 맞는 부분은 전치사 on으로 표현
     된다.

(7) a. He caught the blow on the arm.
      (그는 그 일격을 팔에 받았다.)
   b. He caught it right on the chin.
      (그는 그것을 턱에 바로 받았다.)

1.8. 옷이 난간에 걸리는 경우 옷이 주어가 될 수도 있고 난간이 주
     어가 될 수도 있다.

(8) a. My coat caught a rail.
      (그 저고리가 난간을 걸었다.)
   b. The rail caught my coat.
      (그 난간은 내 저고리를 걸었다.)

1.9. 다음 주어는 몸이 아니라 마음으로 목적어를 잡는다.

(9) a. I didn't catch the end of the sentence.
      (나는 그 문장의 마지막 부분을 포착하지 못했다.)
   b. I don't quite catch the idea.
      (나는 그 생각을 완전히 포착하지 못했다.)
   c. I didn't catch the meaning of what he said.
      (나는 그가 말한 것의 의미를 파악하지 못했다.)

d. I caught something of his sadness from the tremor in his voice.
(나는 그의 목소리의 떨림에서 그의 슬픔 같은 것을 감지했다.)

e. I caught the spirit of the occasion.
(나는 그 행사의 정신을 포착했다.)

1.10. 다음 목적어는 주의 시선 마음 등이고 이들은 잡히는 것으로 개념화되어 있다.

(10) a. The boy knocked on the wood to catch my attention.
(소년은 나의 주의를 잡기 위해서 그 나무를 두들겼다.)

b. The poem caught my fancy.
(그 시는 나의 마음을 사로잡았다.)

c. The brightly colored coat caught my eye.
(그 화려한 색깔의 저고리가 내 시선을 사로잡았다.)

d. Beauty catches the eye.
(아름다움은 시선을 잡는다.)

1.11. 다음 주어는 시선으로 목적어를 잡는다.

(11) a. Mother caught me just as I was hiding her present.
(어머니는 내가 그녀의 선물을 막 숨기고 있을 때 나를 보셨다.)

b. Father caught me just as I was drinking a glass of beer.
(아버지는 내가 맥주 한 잔을 마시고 있을 때 나를 보셨다.)

c. I caught the boy stealing apples from my garden.
(나는 그 소년이 내 정원에서 사과를 훔치는 것을 발견했다.)

d. He caught himself brooding about his life.
(그는 자신이 삶에 대해서 숙고하는 것을 발견했다.)

1.12. 주어는 목적어가 어떤 일을 하고 있는 것을 포착한다. 하는 일
      은 전치사 at이나 in으로 표현된다.

(12) a. Catch me **at** it.
        (그것을 할 때 나를 잡아라.)
     b. The police caught him **in** the act.
        (경찰은 범행중인 그를 잡았다.)
     c. He was caught **in** the act.
        (그는 범행 중에 잡혔다.)

1.13. 다음 주어는 목적어가 on이나 in의 목적어에 걸리거나 끼이게
      한다. 즉 주어는 이러한 일이 일어나는 것을 경험한다.

(13) a. He caught his foot on a root and stumbled.
        (그는 발을 뿌리에 걸리게 해서 비틀거렸다.)
     b. She caught her coat on a hook.
        (그녀는 그녀의 저고리를 갈고리에 걸렸다.)
     c. I caught my leg on a leg of a table.
        (나는 내 발을 식탁의 다리에 걸리게 되었다.)
     d. He caught his fingers in the door.
        (그는 그의 손가락을 문에 끼이게 되었다.)

2. 자동사 용법

2.1. 다음 주어는 전치사 at의 목적어를 잡으려고 하거나 살짝 잡는다.

(14) a. A drowning man will catch at a straw.
   (물에 빠진 사람은 지푸라기 하나라도 잡으려고 한다.)
   b. Roy caught at her sleeve and asked her to slay.
   (로이는 그녀 소맷자락을 살짝 잡고 가지 말라고 애원했다.)

2.2. 다음 주어는 전치사 on의 목적어에 걸린다.

(15) a. Your sleeve has caught on a nail.
   (너의 소매가 못에 걸렸다.)
   b. The wind was so strong that the fire caught quickly.
   (바람이 몹시 강해서 불이 빨리 (무엇에) 번졌다.)

2.3. 다음 주어는 불을 당긴다.

(16) a. Tinder catches easily.
   (불쏘시개는 불을 잘 당긴다.)
   b. The wood soon caught.
   (그 나무는 곧 (불을) 당겼다.)

2.4. 다음 주어는 공을 잡는다.

(17) a. John catches for our school team.
   (존은 우리의 팀을 위해 (공을) 잡는다(즉 포수이다).)
   b. Tom catches well.
   (톰은 공을 잘 잡는다.)

2.5. 다음 주어는 걸리거나 접촉된다.

(18) a. His voice caught.

      (그의 목소리가 메었다.)

   b. The kite caught in a tree.

      (그 연이 나무에 걸렸다.)

   c. The lock will not catch.

      (그 자물쇠가 잠기지 않는다.)

   d. The latch has caught.

      (그 걸쇠가 걸렸다.)

   e. My shirt caught in the door.

      (내 셔츠가 문에 걸렸다.)

CHANGE

0. 이 동사의 개념바탕에는 변화하는 과정이 있다.

1. 자동사 용법

1.1. 다음 주어는 상태가 바뀐다.

(1) a. The weather will change.
   (그 날씨는 바뀔 것이다.)
   b. Times change.
   (시대는 변한다.)
   c. Prices are changing recently.
   (물가가 최근에 변하고 있다.)
   d. Don't start to move until the traffic lights change.
   (그 신호등이 바뀔 때까지 움직이지 말아라.)
   e. She's changed a lot since I saw her last.
   (내가 그녀를 마지막 본 이래로 그녀는 많이 변했다.)
   f. His attitudes have changed little despite the events of the last few weeks.
   (그의 태도가 지난 몇 주간의 그 사건들에도 불구하고 조금 도 변하지 않았다.)

1.2. 다음에서는 변화의 첫 상태와 마지막 상태가 명시되어 있다.

(2) a. The wind changed **from** east **to** south.
   (그 바람이 동에서 남쪽으로 변했다.)
   b. We changed **from** a station wagon **to** a sedan.
   (우리는 웨건에서 세단으로 바꿨다.)

1.3. 다음에서는 마지막 상태만 표시되어 있다.

(3) a. He's changed **into** a fine young man.
   (그는 훌륭한 청년으로 변했다.)
   b. The cat changed **into** a beautiful princess.
   (그 고양이가 예쁜 공주로 변했다.)
   c. The pumpkin changed **into** a face.
   (그 호박은 얼굴로 바뀌었다.)

1.4. 다음에서는 문맥이나 화맥으로부터 무엇을 바꾸는지 알 수 있
   는 경우이다.

(4) a. After swimming we went to the locker room and changed.
   (수영을 한 후에 우리는 탈의실에 가서 (옷을) 갈아입었다.)
   b. We had just time to change before dinner.
   (우리는 저녁 식사 전에 갈아입을 시간만 있다.)
   c. I am going to change **out of** this suit.
   (나는 이 양복을 벗고 갈아입겠다.)

1.5. 다음 주어는 into의 목적어로 갈아입는다.

(5) a. They changed **into** work clothes.
   (그들은 작업복으로 갈아입었다.)
   b. He changed **into** a dinner jacket.

(그는 정찬 저고리로 갈아입었다.)
c. I am going to change **into** something more comfortable.
(나는 좀 더 편한 옷으로 갈아입을 생각이다.)

1.6. 다음 주어는 차를 갈아탄다.

(6) a. Change here for Oxford.
(여기서 옥스퍼드 행으로 갈아타시오.)
b. We changed in Chicago on our way to San Francisco.
(우리는 샌프란시스코로 가는 길에 시카고에서 갈아탔다.)

2. 타동사 용법

2.1. 다음 주어는 목적어를 바꾼다.

(7) a. The witch changed herself into a lion.
(그 마녀는 자신을 사자로 변신시켰다.)
b. We changed the yen into dollars.
(우리는 엔화를 달러로 바꿨다.)
c. He changed francs into dollars.
(그는 프랑을 달러로 바꿨다.)
d. You can't change iron into gold.
(당신은 철을 금으로 바꿀 수 없다.)

2.2. 다음 주어는 목적어와 전형적으로 관련된 것을 바꾼다.

(8) a. Have you changed the bed?
(그 침대보를 갈았습니까?)

[the bed는 환유적으로 침대보를 가리킨다.]
b. She changed the room by painting the walls green.
(그녀는 그 벽들을 녹색으로 칠함으로써 그 방을 바꾸었다.)
c. It's time to change the baby.
(그 애기는 기저귀를 갈 시간이다.)
[the baby는 환유적으로 애기의 기저귀를 가리킨다.]

2.3. 다음 주어는 목적어를 바꾼다.

(9) a. The company changed its name.
(그 회사는 그의 이름을 바꾸었다.)
b. The company changed its logo.
(그 회사는 로고를 바꾸었다.)

2.4. 다음 주어는 목적어를 서로 바꾼다.

(10) a. Let's change seats.
(의자를 바꿉시다.)
b. The twins changed places to fool people.
(그 쌍둥이들은 사람들을 골려주려고 자리를 바꾸었다.)
c. He changed sides during the argument.
(그는 그 논쟁 중에 편을 바꾸었다.)

2.5. 다음 주어는 목적어를 for의 목적어와 바꾼다.

(11) a. He changed the dollar bill for four quarters.
(그는 일 달라 지폐를 네 개의 25전짜리 동전으로 바꾸었다.)
b. He changed the five dollar bill for five singles.
(그는 그 5달러 지폐를 다섯 장의 1달러 지폐로 바꾸었다.)

CHARGE

0. 이 동사의 개념바탕에는 힘껏 집어넣는 과정이 있다.

1. 타동사 용법

1.1. 다음 주어는 목적어를 with의 목적으로 가득 담는다.

(1) a. He charged my glass with wine.
   (그는 내 잔을 포도주로 채웠다.)
   b. They charged the car battery with electricity.
   (그들은 그 자동차 밧테리를 전기로 채웠다.)
   c. He charged his pipe with tobacco.
   (그는 그의 파이프를 담배로 채워 넣었다.)

1.2. 다음 주어는 목적어를 채운다. 채워진 물건은 상식적으로 알 수 있다.

(2) a. He charged his gun.
   (그는 그 총을 탄약으로 장진했다.)
   b. He charged his camera.
   (그는 카메라를 (필름으로) 넣었다.)
   c. She charged her fountain pen.
   (그녀는 만년필을 (잉크로) 채워 넣었다.)

1.3. 다음은 「마음이나 사람은 그릇이다」의 은유가 적용된 표현이다. 주어는 목적어를 채운다.

(3) a. He charged his mind with useless information.
   (그는 그의 마음을 쓸데없는 정보로 채웠다.)
 b. They charged him with an important mission.
   (그들은 그를 중요한 임무로 채웠다.)
 c. They charged her with theft.
   (그들은 그녀를 절도죄로 씌웠다.)
 d. They charged him with negligence.
   (그들은 그를 근무태만죄로 씌웠다.)

1.4. 다음 주어는 목적어를 집어넣는다. 목적어는 채우는 데 쓰이는 개체이다.

(4) a. They charge a tax **on** imported wines.
   (그들은 세금을 수입 포도주에 부과한다.)
 b. Please charge these purchases **to** my account.
   (이 물건 값을 내 계산에 달아주세요.)
 c. He charged her failure **to** thoughtlessness.
   (그는 그녀의 잘못을 부주의에 돌렸다.)
 d. Don't charge the money **to** my account.
   (그 돈을 내 계산에 달지 마세요.)

1.5. 다음 주어는 목적어에 전치사 for의 목적어에 대한 돈을 청구를 한다.

(5) a. They charged him for the broken window.
   (그들은 그를 그 깨어진 창문에 대해 돈을 청구했다.)

b. The store will charge you for wrapping the gifts.
(그 상점은 그 선물을 포장하는 데 당신에 돈을 청구할 것이다.)

1.6. 다음 목적어는 청구액이다.

(6) a. He charged $10 for the haircut.
(그는 10불을 그 이발료로 청구했다.)
b. He charged $13 for the sharpening.
(그는 13불을 그 칼갈이 대가로 청구했다.)

1.7. 다음 주어는 첫째 목적어에 둘째 목적어를 지운다.

(7) a. The hotel charged me $20 for a room for the night.
(그 호텔은 나에게 20불을 그날 저녁 방 하나에 청구했다.)
b. How much did you charge them for your service?
(네가 해준 일에 대해서 그들에게 얼마를 청구했나?)

1.8. 다음 주어는 목적어에 임무나 책임을 주어서 어떤 일을 하게 한다.

(8) a. They charged me **to** be silent.
(그들은 나를 조용히 하라고 명령했다.)
b. He charged me **to** look after his sister.
(그는 나를 그의 누이를 돌보라고 명령했다.)
c. I charged you not **to** forget what I have said.
(나는 너를 내가 말한 것을 잊어버리지 말 것을 명령한다.)

1.9. 다음은 수동태 문장으로, 주어는 with의 목적어로 채워지거나 씌워져 있다.

(9) a. The air was charged with vapor.

　　 (그 공기는 수증기로 차 있었다.)

　 b. The last scene of the movie was charged with excitement.

　　 (그 영화의 마지막 장면은 흥분으로 차 있었다.)

　 c. The nurse is charged with the care of the children.

　　 (그 간호원은 그 아이들을 돌보는 일이 맡겨져 있다.)

　 d. Her reply was charged with emotion.

　　 (그녀의 답은 감정으로 차 있었다.)

　 e. He was charged with theft.

　　 (그는 절도죄가 씌워져 있었다.)

1.10. 다음 주어는 목적어로 돌진한다.

(10) a. The soldiers charged the enemy.

　　 (그 군인들은 그 적을 공격했다.)

　 b. The bull charged the horse.

　　 (그 황소는 그 말을 공격했다.)

　 c. The troops charged the fortress.

　　 (그 군대는 그 요새를 공격했다.)

2. 자동사 용법

2.1. 다음 주어는 청구를 한다.

(11) a. They always charge for that service.

　　 (그들은 그 일에 대해서 늘 청구한다.)

b. They didn't charge for the repair.
(그들은 그 수리에 대해 청구를 하지 않았다.)

2.2. 다음 주어는 공격을 하듯 움직인다.

(12) a. He charged **off** to look for her.
(그는 그녀를 돌보기 위해서 돌진해 나갔다.)
b. He charged **up** the stairs.
(그는 그 계단 위로 돌진해 올라갔다.)

2.3. 다음 주어는 at의 목적어를 공격하려는 시도를 한다.

(13) a. The elephant charged at the hunter.
(그 코끼리는 그 사냥꾼을 공격하려 했다.)
b. The bear charged at the dog.
(그 곰은 그 개를 공격하려 했다.)

CLIMB

0. 이 동사의 개념바탕에는 기어오른 과정이 있다.

1. 타동사 용법

1.1. 다음 주어는 목적어를 기어오른다.

(1) a. He climbed a tree/mast/ladder.
   (그는 나무/돛대/사닥다리를 기어 올라갔다.)
   b. He climbed a steep wall of rock.
   (그는 가파른 암벽을 기어 올라갔다.)
   c. The train climbed the mountainside slowly.
   (그 기차는 산 옆을 천천히 기어 올라갔다.)
   d. The sun has climbed the sky.
   (태양이 하늘을 기어올랐다.)
   e. The ivy climbs the wall of the house.
   (그 덩굴은 그 집의 벽을 기어오른다.)

2. 자동사 용법

2.1. 다음 주어는 기어서 up이나 over의 목적어를 지닌다.

(2) a. He climbed **up** a ladder.
    (그는 그 사닥다리 위로 기어 올라갔다.)
  b. The old lady climbed **up** the stairs with difficulty.
    (그 나이든 노인은 힘들게 그 계단 위로 올라갔다.)
  c. The cat climbed **over** the fence.
    (그 고양이는 그 울타리를 기어 넘어 갔다.)
  d. He climbed **over** the high wall.
    (그는 그 높은 벽을 기어 넘어 갔다.)

2.2. 다음 주어는 기어서 들어간다.

(3) a. He climbed **into** a jeep.
    (그는 기어서 그 지프에 들어갔다.)
  b. He climbed **into** his clothes.
    (그는 옷 속으로 기어 들어갔다(즉 옷을 입었다).)
  c. She climbed **into** the lifeboat.
    (그녀는 그 구명보트로 기어 들어갔다.)

2.3. 다음 주어는 기어서 나온다.

(4) a. She climbed **out of** the window.
    (그녀는 그 창문에서 기어 나왔다.)
  b. He climbed **out of** his clothes.
    (그는 손발을 써서 그 옷을 벗었다.)

2.4. 다음 주어는 기어서 to의 목적어에 이른다.

(5) a. The balloon climbed **to** a very great height.
    (그 풍선은 높이까지 올라갔다.)

b. They climbed **to** the top of the mountain.
   (그들은 그 산의 정상에 기어 올라갔다.)

c. The airplane climbed **to** 3000 feet.
   (그 비행기는 3,000피트까지 올라갔다.)

d. He climbed **to** power slowly but surely.
   (그는 천천히 그러나 확실히 권력에 부상했다.)

e. He climbed **to** the top of his department.
   (그는 그 과의 머리자리에 올랐다.)

2.5. 다음에는 방향이 명시되지 않았지만, 주어는 위로 기어오른다.

(6) a. The smoke was climbing in the windless sky.
       (그 연기는 바람 없는 하늘에 기어오르고 있었다.)

    b. The sun climbed steadily in the sky.
       (해가 하늘에 천천히 올라왔다.)

2.6. 다음 주어는 움직이지 않으나 이들의 형상을 확인하기 위해서 화자가 마음으로 이들을 따라간다.

(7) a. The road climbed steeply.
       (그 길은 가파르게 올라갔다.)

    b. The mountains climbed steeply from the floor of the valley.
       (그 산들은 그 계곡의 바닥에서부터 가파르게 올랐다.)

    c. The trail climbed to the top of the cliff.
       (그 소로는 그 절벽의 꼭대기까지 올라갔다.)

2.7. 다음 주어는 추상적이지만 구체적인 개체로 개념화되어 있다. 또 위의 많음으로 은유화된다.

(8) a. Prices climbed last weeks.
   (가격이 지난 주 올랐다.)
   b. The patient fever began to climb.
   (그 환자의 열이 오르기 시작했다.)

2.8. 다음 주어는 기어서 내린다.

(9) a. He climbed **down** the rope.
   (그는 그 로프를 타고 천천히 기어 내려왔다.)
   b. The child climbed **down** the ladder.
   (그 아이는 그 사닥다리를 기어 내려왔다.)
   c. We climbed **down** the side of the cliff.
   (우리는 그 절벽의 벽을 따라 기어 내려왔다.)

CLOSE

0. 이 동사의 개념바탕에는 닫는 과정이 있다.

1. 타동사 용법

1.1. 다음 주어는 목적어로 닫는다.

(1) a. He closed all the doors/windows.
    (그는 모든 문/창문을 닫았다.)
  b. He closed all the gates.
    (그는 모든 대문을 닫았다.)

1.2. 다음 주어는 목적어를 닫는다. 목적어는 열려진 개체이다.

(2) a. He closed his eyes/mouth.
    (그는 그의 눈/입을 닫았다.)
  b. He closed a book/a knife.
    (그는 책/칼을 닫았다.)
  c. He closed a hole/a gap.
    (그는 구멍/틈을 막았다.)

1.3. 다음 목적어는 출입이 가능한 개체이다. 주어는 목적어를 막는다.

(3) a. Close the woods to picnickers.
(그 숲을 소풍객들에게 닫아라.)
b. They closed the border to tourists.
(그들은 그 국경선을 관광객들에게 닫았다.)

1.4. 다음은 수동태 문장으로 주어는 닫힌다.

(4) a. The old bridge is closed to traffic.
(그 낡은 다리는 차량에는 닫혀 있다.)
b. The road is closed to heavy auto traffic.
(그 길은 무거운 자동차에는 닫혀 있다.)

1.5. 다음 목적어를 이루는 사람이나 개체 사이의 간격을 줄인다.

(5) a. He closed the ranks.
(그는 그 횡렬의 간격을 좁혔다.)
b. He closed the files.
(그는 그 종렬의 간격을 좁혔다.)
c. Darkness closed her round.
(어둠이 그녀의 주위로 몰려왔다.)

1.6. 다음 주어는 목적어를 닫는다.

(6) a. He closed the account/debate.
(그는 그 계정/논의를 끝냈다.)
b. He closed the discussion/meeting.
(그는 그 토의/모임을 끝냈다.)
c. He closed a bargain.
(그는 매매 계약을 끝냈다.)

2. 자동사 용법

2.1. 다음 주어는 닫힌다.

(7) a. The lid of the box doesn't close properly.
　　　(그 상자의 뚜껑이 제대로 닫히지 않는다.)
　　b. Many flowers open in the morning and close at night.
　　　(많은 꽃들은 아침에 열리고 밤에 닫힌다.)
　　c. The door closed with a bang.
　　　(그 문이 쾅하고 닫혔다.)

2.2. 다음 주어는 가까워진다.

(8) a. The enemy closed rapidly.
　　　(그 적은 빨리 접근했다.)
　　b. The enemy closed on him.
　　　(그 적은 그에게 접근했다.)

2.3. 다음 주어는 전치사 with의 목적어에 다가가서 싸운다.

(9) a. He closed with his opponent.
　　　(그는 상대방에 다가가서 맞붙었다.)
　　b. We closed with the invaders shortly before sundown.
　　　(우리는 해지기 바로 전에 그 침입자들과 교전했다.)

2.4. 다음 주어는 시간 속에 진행되는 개체이다.

(10) a. The school closed for the summer.
　　　(그 학교는 여름 동안 문을 닫았다.)

b. The school closes at 2 o'clock.
(그 학교는 2시에 끝난다.)

c. The theater has closed for the winter.
(그 극장은 겨울 동안 닫혀 있다.)

d. The play closed yesterday.
(그 연극은 어제 끝났다.)

e. The service closed with a hymn.
(그 예배는 찬송가로 끝났다.)

f. The meeting closed with a speech by the president.
(그 모임은 대통령의 연설로 끝났다.)

COME

0. 이 동사의 개념바탕에는 기준점으로 개체가 움직이는 과정이 있다.

1. 자동사 용법

1.1. 다음 주어는 기준점(화자의 위치)으로 움직인다.

(1) a. The children came running to meet us.
   (그 아이들은 우리를 만나기 위해서 달려왔다.)
   b. Are you coming to my party this evening?
   (오늘 저녁 내 파티에 올 작정입니까?)
   c. Come here.
   (이리 오세요.)

1.2. 다음 문장에서는 출발지나 목적지 또는 둘 다가 명시되어 있다.

(2) a. He has just come **from** China.
   (그는 중국에서 막 돌아왔다.)
   b. They came **into** the hallway **out of** the rain.
   (그들은 그 비를 피해 그 현관으로 들어왔다.)

1.3. 다음에서 기준점은 청자의 위치이다.

(3) a. I will come to you tomorrow.
   (나는 내일 너에게 가겠다.)
   b. He will come to see you tomorrow.
   (그는 내일 너를 만나러 갈 것이다.)

1.4. 다음 주어는 움직이는 개체이다.

(4) a. The train came puffing into the station.
   (그 기차가 흑흑거리면서 그 역으로 들어왔다.)
   b. The flood came to my garden.
   (그 홍수는 나의 정원까지 왔다.)
   c. The sunshine came streaming through the window.
   (햇빛이 그 창문을 통해 흘러 들어왔다.)

1.5. 다음 주어는 상품으로 생산자에서 소비자쪽으로 나온다.

(5) a. The soup comes in a can.
   (그 국은 캔으로 나온다.)
   b. The hat comes in three colors.
   (그 모자는 세 가지 색깔로 만들어져 나온다.)

1.6. 다음은 「시간은 움직이는 개체이다」의 은유가 적용된 예이다. 다음 주어는 움직여서 화자의 위치로 온다.

(6) a. Uncle's birthday is coming.
   (아저씨의 생일이 다가온다.)
   b. May comes between April and June.
   (5월은 4월과 6월 사이에 온다.)

c. Monday comes after Sunday.
(월요일은 일요일 다음에 온다.)

d. The time will come when you repent.
(네가 후회할 때가 올 것이다.)

1.7. 명성, 재산, 생각도 움직이는 개체로 개념화된다.

(7) a. The farm came to him on his father's death.
(그 농장은 그의 아버지가 죽고 나서 그에게 돌아왔다.)

b. He has a lot of money coming to him.
(그는 그에게 돌아올 많은 돈이 있다.)

c. No harm will come to you if you are careful.
(조심하면, 아무런 해도 너에게 미치지 않을 것이다.)

d. The idea came to him in his bath.
(그 생각은 그가 목욕을 할 때 그에게 생각났다.)

1.8. 다음에서 사고, 성품, 감정 등이 움직이는 개체로 개념화되어
있다.

(8) a. The accident came out of carelessness.
(그 사고는 부주의에서 왔다.)

b. Success comes when you work hard.
(네가 열심히 일하면 성공은 온다.)

c. Dislike and hatred usually come from ignorance.
(싫음과 미움은 무지에서 보통 온다.)

d. Nothing will come out of all this talk.
(아무것도 이 회담에서 나오지 않을 것이다.)

1.9. 다음 주어는 순서상 어느 위치에 온다.

(9) a. Your family should come before your job.
　　　(너의 가족이 너의 일보다 앞서야 한다.)
　　b. My wife comes first, my children second.
　　　(나의 아내가 먼저고, 나의 자식은 둘째다.)
　　c. 6 comes after 5.
　　　(6은 5의 뒤에 온다.)
　　d. R comes before W.
　　　(R자는 W자 앞에 온다.)

1.10. 다음 목적지는 추상적 위치이다.

(10) a. His earnings came **to** more than $500.
　　　(그의 수입은 500달러 이상에 이르렀다.)
　　b. His plans came **to** nothing.
　　　(그의 계획은 수포로 돌아갔다.)
　　c. He will never come **to** much.
　　　(그는 아무것도 안될 것이다. 즉 쓸모가 없을 것이다.)

1.11. 다음 목적지는 추상적 장소이다. 주어는 목적지에 이른다.

(11) a. They came to an agreement/a decision/a conclusion.
　　　(그들은 의견일치/결정/결론에 이르렀다.)
　　b. The matter came to his notice/her attention/his senses.
　　　(그 문제가 그의 주목/주의/느낌에 이르렀다.)

1.12. 다음 주어가 이르는 곳은 부정사가 가리키는 과정이다.

(12) a. He has come to realize that he was mistaken.
　　　(그는 그가 실수했음을 깨닫게 되었다.)

b. He had come to see the problem in a new light.
(그는 그 문제를 새로운 각도에서 보게 되었다.)

c. I have come to believe that you are not right.
(나는 네가 옳지 않다고 믿게 되었다.)

d. How did you come to find out that she was lying?
(그녀가 거짓말을 한다는 것을 어떻게 알게 되었느냐?)

e. How did you come to be so foolish?
(너는 어떻게 그렇게 어리석은 짓을 하게 되었느냐?)

1.13. 다음은 「상태변화는 장소이동이다」의 은유가 적용된 예이다. 다음 주어는 형용사가 가리키는 상태가 된다.

(13) a. Your dream will come **true** one day.
(너의 꿈은 언젠가 실현될 것이다.)

b. It comes **easy** with practice.
(그것은 연습하면 쉬워진다.)

c. It comes **cheaper** if you buy things in bulk.
(물건을 대량으로 사면 값이 싸진다.)

d. Everything will come **all right** in the end.
(모든 것은 마지막에 잘 될 것이다.)

e. The sort of thing comes **natural** to her.
(그러한 종류의 일은 그녀에게 자연스럽다.)

1.14. 다음에 쓰인 형용사는 un + 과거분사이다.

(14) a. The handle came **unscrewed**.
(그 손잡이의 나사가 풀렸다.)

b. My shoe laces have been **undone**.
(나의 구두끈이 풀렸다.)

c. The seam came **unstitched.**
(그 봉합선의 실이 풀렸다.)
d. The half of the envelope came **unstuck.**
(그 봉투의 반이 뜯어졌다.)
e. The button on my coat came **unfastened.**
(내 저고리의 단추가 풀렸다.)

1.15. 다음 주어는 움직이지 않으나, 전체 형상을 눈으로 따라가면 새의 목적어에 이른다.

(15) a. The water comes to the neck.
(그 물은 목까지 찬다.)
b. The dress comes to her ankle.
(그 옷은 그녀의 발목까지 온다.)
c. Her hair comes to her knees.
(그녀의 머리가 무릎까지 온다.)

2. 타동사 용법

2.1. 다음 주어는 목적어와 같이 행동한다.

(16) a. Don't come the bully/the high and mighty.
(난폭자로/거만한 자로 행동하지 말아라.)
b. He tried to come the artful/the virtuous over me.
(그는 나에게 교활한 자/미덕가인 채 했다.)
c. He came the moralist/the swell.
(그는 도덕가/명사인 채 했다.)

CONCEDE

0. 이 동사의 개념바탕에는 마지못해 내어놓는 과정이 있다.

1.1. 다음 주어는 목적어를 마지못해 내어 놓는다.

(1) a. He conceded a privilege to the man.
   (그는 특권을 그 남자에게 용인했다.)
   b. We conceded five points to him.
   (우리는 5점을 그에게 용인했다.)
   c. They conceded victory to the opponent.
   (그들은 승리를 상대 팀에게 용인했다.)
   d. After the first World War Germany conceded a lot of land
   to her neighbors.
   (제1차 세계대전 이후에 독일은 많은 땅을 인접국에게 양도
   했다.)

1.2. 다음 주어는 목적어를 인정한다.

(2) a. They conceded raise in his wages.
   (그들은 그의 임금 인상을 인정했다.)
   b. We conceded defeat as soon as the election results were
   known.
   (우리는 그 선거결과가 알려지자마자 패배를 인정했다.)

c. He conceded the right of way across his land.
(그는 그의 땅을 가로질러가는 권리를 인정했다.)

1.3. 다음 주어는 that-절이 가리키는 사실을 인정하고 싶지 않으나 상대방의 요청이나 이보다 강한 강요에 의해서 인정한다.

(3) a. He conceded that the witness was true.
(그는 그 목격자가 맞다고 인정했다.)
b. He conceded that my proposal might be better.
(그는 내 제안이 더 좋을 수도 있다고 인정했다.)
c. I am willing to concede that he is a good runner, but I still think I can beat him.
(나는 기꺼이 그가 훌륭한 달리기 선수임을 인정한다. 그러나 나는 여전히 내가 그를 이길 수 있다고 생각한다.)
d. He conceded that he had been wrong.
(그는 그가 잘못했었다고 인정했다.)
e. Everyone concedes that two and two make four.
(모든 사람들은 2 더하기 2는 4라고 인정했다.)

1.4. 다음 주어는 첫째 목적어에게 둘째 목적어를 인정한다.

(4) a. He conceded us the right to enter.
(그는 우리에게 들어갈 권리를 인정했다.)
b. The farmer conceded us the right to walk through his field.
(그 농부는 우리에게 그의 밭을 가로질러 걸을 수 있는 권리를 용인했다.)

CONNECT

0. 이 동사의 개념바탕에는 개체를 연결하는 과정이 있다.

1. 타동사 용법

1.1. 다음 주어는 목적어를 연결한다. 목적어는 복수이다.

(1) a. The plumber connected up all the pipes and turned on the tap.
   (배관공이 모든 파이프를 연결하고 수도꼭지를 틀었다.)
   b. They connected up the two computers.
   (그들은 그 두 컴퓨터를 연결했다.)
   c. This road connects the two farms.
   (이 길은 그 두 개 농장을 연결한다.)

1.2. 다음 주어는 목적어를 전치사 to의 목적어에 연결한다.

(2) a. Operator, you've connected me **to** a wrong person.
   (교환원, 나를 다른 사람에게 잘못 연결시켜 주셨네요.)
   b. Connect the garden hose **to** the faucet.
   (그 정원 호스를 그 수도꼭지에 연결하시오.)
   c. He connected the radio **to** the mains.
   (그는 그 라디오를 그 본선에 연결시켰다.)

1.3. 다음은 수동태 문장으로, 주어는 연결된다.

(3) a. Make sure it is connected up properly before you switch on
at the mains.
(본선에 스위치를 켜기 전에 그것이 적절히 연결되었는지 확
인하시오.)
  b. These terminals are connected to our mainframe computer.
(이 단말기들은 우리의 본체 컴퓨터와 연결되어 있다.)

1.4. 다음 주어는 목적어를 with의 목적어와 연결하여 상호작용을
하게 한다.

(4) a. The operator connected me with the order department.
(그 교환원은 나를 그 주문과와 연결시켰다.)
  b. The railway connects London with Edinburgh.
(이 철도는 런던을 에딘버러와 연결시킨다.)

1.5. 다음은 수동태 문장으로, 주어는 with의 목적어와 연결된다.

(5) a. He is connected himself **with** the firm.
(그는 그 회사와 관계가 맺어져 있다.)
  b. He is connected **with** the newspaper.
(그는 그 신문과 관계되어 있다.)
  c. She is connected **with** the family by marriage.
(그녀는 결혼으로 그 가족과 관련된다.)

1.6. 다음 주어는 목적어를 마음속에서 with의 목적어와 연결 짓는다.

(6) a. I connect his crime with insanity.
   (나는 그의 범죄를 정신이상과 결부시킨다.)

   b. The police are connecting this incident with last week's terrorist bombing.
   (경찰은 이 사건을 지난주의 테러범들의 폭파와 연관시키고 있다.)

   c. The woman's face was familiar, but I didn't immediately connect her with the girl who used to live next door to us.
   (그 여자의 얼굴은 낯이 익었지만, 나는 즉시 그녀와 우리 이웃에 살았던 그 소녀와 연관을 짓지 못했다.)

2. 자동사 용법

2.1. 다음 주어는 연결된다. 주어는 복수이다.

(7) a. The two streams connect to form a river.
   (그 두 개울은 연결되어 강을 이룬다.)

   b. These two buses don't connect.
   (이 두 버스는 연결되지 않는다.)

2.2. 다음 주어는 with의 목적어와 연결된다.

(8) a. The train connects with a steamer for the island at this station.
   (그 기차는 이 역에서 그 섬까지 가는 증기선과 연결된다.)

   b. This flight connects with a flight for Paris.
   (이 항공편은 파리행 비행기와 연결된다.)

c. The room connects with that one.
   (이 방은 저 방과 연결된다.)
d. The telephone line connects with the president.
   (그 전화선은 대통령과 연결된다.)
e. This subject connects up with what I have said before.
   (이 주제는 내가 전에 말했던 것과 연결된다.)

2.3. 다음 주어는 갈아탄다.

(9) a. I have to connect at San Francisco.
    (나는 샌프란시스코에서 다른 비행기로 갈아탄다.)

CONTAIN

1. 타동사 용법

1.1. 다음 주어는 목적어를 담고 있다.

(1) a. This book contains much information.
   (이 책은 많은 정보를 담고 있다.)
   b. The building contains six rooms.
   (그 건물에는 여섯 개의 방이 있다.)
   c. That box contains old letters.
   (저 상자는 오래된 편지를 담고 있다.)
   d. A pound contains 16 ounces.
   (1 파운드에는 16온스가 포함된다.)
   e. That pitcher will contain a quart of milk.
   (그 물통은 우유 한 쿼트를 담을 수 있을 것이다.)

1.2. 다음 주어는 목적어를 나오지 못하게 억제한다.

(2) a. He cannot contain laughter.
   (그는 웃음을 참을 수가 없다.)
   b. I cannot contain myself for joy.
   (나는 좋아서 자신을 자제할 수가 없다.)

c. Try to contain your anger.
(너의 화를 억제하도록 노력해라.)

d. He could hardly contain his excitement.
(그는 그의 흥분을 거의 사세할 수가 없었다.)

1.3. 다음 목적어도 추상적이지만 구체적 개체로 개념화되어 있다.

(3) a. They have succeeded in containing the inflation.
(그들은 그 통화 팽창을 억제하는데 성공했다.)

b. They contained the epidemic.
(그들은 그 전염병을 억제했다.)

CONTINUE

0. 이 동사의 개념바탕에는 계속되는 과정이 있다.

1. 자동사 용법

1.1. 다음 주어는 시간 속에 존재하는 개체이다. 주어는 중단없이 계속된다.

(1) a. The fighting continued for a week.
   (그 전투는 일주일간 계속되었다.)
   b. The king's reign continued for 20 years.
   (그 왕의 통치는 20년간 계속되었다.)
   c. The noise continued for several hours.
   (그 소음은 몇 시간 계속되었다.)
   d. The rain continued all day.
   (그 비는 온 종일 계속되었다.)

1.2. 다음 주어는 중단이 있는 다음 계속된다.

(2) a. The meeting will continue after the lunch.
   (그 회의는 점심 후에 계속될 것이다.)
   b. After a short break the game continued.
   (잠시의 휴식 다음에 그 경기는 계속되었다.)
   c. After a sip of water, the speaker continued.

(물을 한 모음 마신 후에, 그 연사는 계속했다.)
d. Our program continues after these commercials.
(우리 프로그램은 이 상업 광고 후에 계속됩니다.)

1.3. 다음 주어는 환유적으로 쓰여서 상태를 나타낸다. 주어는 형용
사가 가리키는 상태로 계속된다.

(3) a. Jack continued **sullen.**
(잭은 계속 시무룩해 있었다.)
b. He continues **obdurate.**
(그는 계속해서 완강하다.)
c. The weather continued **foul.**
(날씨가 계속해서 나빴다.)
d. He continued **single.**
(그는 독신으로 계속 남아 있었다.)

1.4. 다음 주어의 자격이나 직업이 명시되어 있다.

(4) a. She will continue **as** spokeswoman for the organization.
(그녀는 그 조직의 대변자로서 계속 할 것이다.)
b. She continued **as** a nurse.
(그녀는 간호사로 일을 계속했다.)

1.5. 다음 주어는 in의 목적어 상태 속에 계속된다.

(5) a. The children must continue in school till June.
(그 아이들은 유월까지 학교에 계속 있어야 한다.)
b. Sales will continue at their present rate.
(할인판매는 현재의 시세로 계속 될 것이다.)

1.6. 다음 주어는 움직이는 개체는 아니다. 그러나 이 형상을 확인하기 위해서 화자는 마음속으로 이들을 따라간다.

(6) a. This road continues for miles.
   (이 길은 몇 마일 계속 된다.)
   b. The road continues a hundred and fifty kilometers.
   (그 길은 150km 계속 된다.)
   c. The desert continued as far as the eye could reach.
   (그 사막은 눈으로 볼 수 있는 데까지 계속 되었다.)

2. 타동사 용법

2.1. 다음 주어는 목적어를 중단 없이 계속한다.

(7) a. He continued his walk for several miles.
   (그는 그의 산보를 몇 마일 계속 했다.)
   b. We continued our efforts to raise the money for the hospital.
   (우리는 그 병원을 위해서 모금하는 우리의 노력을 계속 했다.)
   c. She continued the family tradition.
   (그녀는 그 가정의 전통을 계속 이었다.)
   d. The voters continued the president in office for another term.
   (그 유권자들은 그 대통령을 다음 임기동안에도 그 직에 계속 있게 했다.)
   e. He continued the boy at school.
   (그는 그 소년을 학교에 계속 보냈다.)

2.2. 다음 주어는 중단 후 목적어를 계속한다.

(8) a. He continued his talk after the interval.
   (그는 그 휴게 시간 휴식 다음에 그의 이야기를 계속 했다.)
   b. I had lunch and then continued my work.
   (나는 점심을 먹고 나서 내 일을 계속 했다.)
   c. We will continue our discussion tomorrow.
   (우리는 우리의 토의를 내일 계속 할 것입니다.)

2.3. 다음 목적어는 동명사로 표현되어 있다. 주어는 중단없이 계속한다.

(9) a. He continued reading the story even when his mother called.
   (그는 그의 어머니가 불렀는데도 계속해서 그 이야기를 읽었다.)
   b. Are you going to continue gardening after dinner?
   (저녁 먹고도 계속 정원 일을 하실 것입니까?)
   c. They continued running even when it began to rain.
   (비가 오기 시작했는데도 그들은 계속해서 뛰었다.)

2.4. 다음 목적어는 to 부정사이다. 주어는 중단 후 계속이나 끊임이 있는 간헐적이나 규칙적인 일을 한다.

(10) a. Despite having a new owner, the company will continue to be run by the present management.
   (새 주인이 들어와도 그 회사는 현재의 경영진에 의해서 계속 운영이 될 것이다.)
   b. We continued to rehearse the chorus after the break.
   (우리는 그 휴식을 한 다음 그 합창을 계속해서 연습했다.)

2.5. 다음 주어는 with의 목적어를 계속한다.

(11) a. The children continued with their work.
　　　(그 아이들은 그들의 공부를 계속 했다.)
　　b. I don't want to continue with chemistry.
　　　(나는 화학을 계속하고 싶지 않다.)

CONVINCE

0. 이 동사의 개념바탕에는 의심을 없애주고 확신을 가지게 하는 과정이 있다.

1.1. 다음 주어는 목적어에게 that-절의 내용을 확신시킨다.

(1) a. I convinced my son that we cannot afford a car.
    (나는 나의 아들을 우리가 차를 살 수 없음을 확신시켰다.)
   b. You have convinced me that you can do it.
    (너는 나를 그것을 할 수 있음을 확신시켰다.)

1.2. 다음은 수동태 문장으로 주어는 확신을 갖게 된다.

(2) a. You will be convinced that he is right.
    (너는 그가 옳다는 것을 믿게 될 것이다.)
   b. I am convinced that he is right.
    (나는 그가 옳다는 것을 확신한다.)

1.3. 다음 주어는 목적어를 확신시켜서 to 부정사가 가리키는 일을 하게 한다.

(3) a. We convinced Mary **to** go by plane.
    (우리는 메어리를 비행기로 가도록 납득시켰다.)
   b. We convinced him **to** stay
    (우리는 그를 머물도록 납득시켰다.)

1.4. 다음 주어는 목적어에게 of의 목적어를 확신시킨다.

(4) a. We convinced him **of** his mistake.
   (우리는 그에게 그의 잘못을 확신시켰다.)
   b. They convinced me **of** her honesty.
   (그들은 나에게 그녀의 정직을 확신시켰다.)

COOK

0. 이 동사의 개념바탕에는 열을 가하여 음식을 만드는 과정이 있다.

1. 타동사 용법

1.1. 다음 주어는 목적어를 요리한다. 목적어는 재료이다.

(1) a. He cooked the chicken.
(그는 그 닭을 요리했다.)
   b. She cooked the meat/poultry/lamb/steak.
(그녀는 그 고기를/닭고기를/양고기를/스테이크를 요리했다.)
   c. She cooked the turkey the way mother cooked.
(그녀는 어머니의 방식대로 그 칠면조 요리를 했다.)
   d. The clams should be cooked over low heat.
(그 대합조개는 약한 불에서 요리되어야 한다.)

1.2. 다음 주어는 목적어를 요리한다. 목적어는 요리를 해서 생기는 결과물이다.

(2) a. She cooked the pie in the oven.
(그녀는 그 파이를 오븐에서 구웠다.)
   b. Tom cooked the special dinner for his friends.
(톰은 그 특별 식사를 그의 친구들을 위해 요리했다.)
   c. Mary was cooking the lunch while we were playing chess.

(메어리는 우리가 체스를 하는 동안 그 점심을 만들었다.)
d. She cooked up an omelette.
(그녀는 오믈렛을 만들었다.)

1.3. 다음 주어는 첫째 목적어에게 둘째 목적어를 요리해서 준다.

(3) a. He cooked his wife a delicious meal.
(그는 아내에게 맛있는 식사를 만들어 주었다.)
b. Jim cooked Margaraet her lunch.
(짐은 마가렛에게 점심을 요리해 주었다.)
c. He cooks himself dinner.
(그는 자신이 직접 저녁을 요리한다.)
d. Come on downstairs and cook us a bit of supper.
(밑으로 내려와서 우리에게 저녁을 좀 지어 주렴.)

1.4. 다음 주어는 요리를 하듯 목적어를 만들어낸다.

(4) a. He cooked up an excuse about the accident.
(그는 그 사건에 대한 변명을 만들어 냈다.)
b. The thief cooked a story at the police office.
(그 도둑은 이야기를 그 경찰서에서 꾸며 댔다.)

1.5. 다음 주어는 목적어를, 재료를 써서 요리를 하듯, 손을 댄다.

(5) a. The little boy cooked the documents for his brother.
(그 꼬마는 그 형을 위해 그 서류를 거짓으로 꾸몄다.)
b. They cooked the account books.
(그들은 그 회계 장부를 조작했다.)

1.6. 음식 재료에 열을 가하여 재료의 상태가 바뀌듯, 다음 주어는 목적어에 압력을 가하여 to 부정사가 가리키는 일을 하게 만든다.

(6) The prosecutor has cooked the accused to get information.
(그 검사는 정보를 얻을 수 있도록 피고를 구워삶았다.)

2. 자동사 용법

2.1. 다음 주어는 재료이고 요리된다.

(7) a. Early beans cooked well.
(햇콩이 요리가 잘 되었다.)
b. These apples cook well.
(이 사과들은 요리가 잘 된다.)
c. The rice is cooking now.
(지금 그 밥이 되고 있다.)
d. Turn the eggs over so they cook evenly all over.
(전체적으로 골고루 잘 익도록 달걀들을 뒤집어라.)

2.2. 다음 주어는 더워진다.

(8) They are cooking in the heat.
(그들은 더위에 삶기고 있다.)

2.3. 다음에서 사건은 요리로 개념화되어 있다.

(9) a. What's cooking?

   (무엇이 만들어지고 있느냐(즉 무슨 일이 일어나고 있느냐)?)

   b. They found out what is cooking in the committee.

   (그들은 그 위원회에서 무슨 일이 꾸며지고 있는지 알아냈다.)

2.4. 다음 주어는 요리한다.

(10) a. A short-order cook must cook quickly.

   (급히 주문을 받는 요리사는 빨리 요리를 해야 한다.)

   b. He cooked in the army for four years.

   (그는 군에서 4년간 요리했다.)

COST

0. 이 동사 cost에는 cost의 명사 '비용'이 있다. 동사의 의미는 비용이 나가는 과정이 있다.

1. 타동사 용법

1.1. 다음 주어는 첫째 목적어에서 둘째 목적어를 나가게 한다.

(1) a. The house cost him a great deal of money.
  (그 집은 그에게 많은 돈을 쓰게 했다.)
  b. The shirt cost her 20 dollars at a small shop.
  (그 셔츠는 조그만 가게에서 그녀에게 20달러를 쓰게 했다.)
  c. Lodgings and food cost us around 300 dollars.
  (숙식이 우리에게 약 300달러가 들었다.)
  d. It was a mistake and cost the company several million pounds.
  (그것은 실수였고, 그것이 그 회사를 몇 백만 파운드를 잃게 했다.)
  e. It will cost you 50 dollars to fly to London.
  (런던까지 비행기로 가려면 너는 50달러를 써야 할 것이다.)

1.2. 다음 주어는 첫째 목적어가 둘째 목적어를 잃게 만든다.

(2) a. The boy's bad behavior cost his mother many sleepless nights.

(그 소년의 나쁜 행동은 그의 어머니에게 잠 못 자는 밤을 치르게 했다.)

  b. The king's violence cost him the support of the clergy.
(그 왕의 폭력이 그에게 그 성직자들의 지지를 잃게 만들었다.)

  c. The accident has cost her a broken leg.
(그 사고는 그녀에게 부러진 다리를 치르게 했다.)

  d. His carelessness cost him his job.
(그의 부주의함이 그에게서 그의 직업을 잃게 했다.)

1.3. 다음 주어는 첫째 목적어에서 둘째 목적어를 잃게 한다. 둘째 목적어는 시간이다.

(3) a. It cost me a month to shape up.
(건강을 회복하는 데 내게 한 달이 필요했다.)

  b. Writing the book cost him much time.
(그 책을 쓰는 것은 그에게 많은 시간을 쓰게 했다.)

  c. That request cost us two weeks' extra work.
(그 요청은 우리에게 2주간의 가외의 일을 하게 했다.)

  d. The school play cost us much time and effort.
(그 학교 연극은 우리에게 많은 시간과 노력을 쓰게 했다.)

1.4. 다음 주어는 첫째 목적어가 둘째 목적어를 잃게 한다. 둘째 목적어는 생명이다.

(4) a. It may cost him his life.
(그것은 그에게서 생명을 앗아갈 수도 있다.)

  b. A single error could cost you your life.
(하나의 실수가 너에게서 생명을 앗아갈 수도 있다.)

c. A thoughtless word cost me a friend.
(생각 없는 말이 나에게서 친구 한 명을 잃게 했다.)
d. His eagerness to witness the spectacles cost him his life.
(그 광경을 보고자 했던 그의 열정이 그의 목숨을 앗아갔다.)

1.5. 다음 목적어는 비용이다.

(5) a. It will cost too much.
(그것은 너무 비용이 많이 들것이다.)
b. These eggs cost 5 pence each.
(이 계란은 각각 5펜스이다.)
c. Careless driving may cost your life.
(부주의한 운전이 너의 목숨을 빼앗을 수도 있다.)
d. The best goods usually cost much.
(최고급 상품은 대개 값이 비싸다.)
e. The camera cost $200.
(그 카메라는 200달러였다.)
f. Riots between natives and foreigners cost some lives.
(모국인과 외국인 사이의 폭동은 몇몇 생명을 앗아갔다.)

1.6. 다음 주어는 목적어를 돈을 쓰게 한다.

(6) a. It will cost you to go by train.
(기차로 가는 것은 당신을 돈을 쓰게 만들 것이다.)
b. To own the house will cost you.
(그 집을 소유하는 것은 당신을 많은 돈을 쓰게 할 것이다.)

1.7. 다음 주어는 비용을 요한다.

(7) I like them, but my god, they cost.
(나는 그것들을 좋아한다. 그러나 그들은 비용이 많이 든다.)

1.8. 다음 주어는 목적어의 비용을 계산한다.

(8) a. It will take some complicated calculations to cost this project.
(이 계획의 소요경비를 견적하는 데는 복잡한 계산이 필요할 것이다.)

b. The builder cost the job at $1,000.
(그 건축업자는 그 일의 견적비를 1,000달러로 했다.)

COVER

0. 이 동사의 개념바탕에는 덮는 과정이 있다.

1. 타동사 용법

1.1. 다음 주어는 목적어를 with의 목적어로 덮는다.

(1) a. We covered the body **with** a sheet.
   (우리는 그 몸을 시트로 덮었다.)
   b. Cover the food **with** a cloth.
   (그 음식을 천으로 덮어라.)
   c. We covered the hole **with** a board.
   (우리는 그 구멍을 판으로 덮었다.)
   d. She covered the sleeping child **with** a coat.
   (그녀는 자고 있는 그 아이를 외투로 덮었다.)
   e. The noise was so loud that she covered her ears **with** her hands.
   (그 소음이 너무 커서 그녀는 귀를 손으로 덮었다.)

1.2. 다음은 수동태 문장으로 주어는 덮인다.

(2) a. The table was covered **in/with** dust.
   (그 탁자는 먼지로 덮여 있다.)
   b. The table was covered **with** food.
   (그 탁자는 음식으로 덮여 있다.)

1.3. 다음은 주어 자체가 목적어를 덮는다.

(3) a. The city covers 25 square miles.
 (그 도시는 25평방 마일을 차지한다.)
 b. Snow covered the ground.
 (눈이 그 땅을 덮었다.)
 c. Dust covered her shoes.
 (먼지가 그녀의 신발을 덮었다.)
 d. The water kept rising till it covered our hands.
 (그 물은 우리의 손을 덮을 때까지 계속 올라왔다.)

1.4. 다음은 「학문은 영역이다」와 「기간은 영역이다」의 은유가 적용
 된 예이다.

(4) a. The book covers the period from 1870 to 1914.
 (그 책은 1870년부터 1914년까지의 시기를 다룬다.)
 b. His diary covered three years.
 (그의 일기는 3년을 기록했다.)
 c. The review covers everything we learned last semester.
 (그 복습과제는 우리가 지난 학기에 배웠던 모든 것을 다룬다.)
 d. The 25 lessons cover half the course.
 (그 25과는 그 과정의 절반을 다룬다.)

1.5. 다음 주어는 돈이고, 목적어는 경비나 이와 관련이 있는 개체이
 다. 주어는 목적어를 감당한다.

(5) a. Will $10 cover the cost of the damage?
 (10달러가 그 손해비용을 감당할까?)

b. The allowance covers my lunch at school.
(그 용돈은 학교에서 내 점심식사비를 감당한다.)
c. Will five dollars cover your expenses?
(5달러가 네 지출을 감당할까?)

1.6. 다음 주어는 규정이나 정의이다. 주어는 목적어를 포함한다.

(6) a. These regulations cover the rights of part-time workers.
(이 규칙들은 시간제 노동자들의 권리를 포함한다.)
b. Does this definition cover the figurative meaning?
(이 정의는 비유적 의미를 포함하느냐?)

1.7. 다음 주어가 목적어를 덮어서 보호하거나 숨긴다.

(7) a. The cave covered him from the snow.
(그 동굴이 그를 그 눈으로부터 보호했다.)
b. The thick woods covered the fugitive.
(그 빽빽한 숲이 그 도망자를 가려주었다.)
c. The guns of the fort on the hill covered the territory around it
(그 언덕 위에 있는 그 요새의 대포들은 그 주변지역을 보호
했다.)
d. The police have covered all the roads out of town.
(경찰은 그 읍내로부터 나가는 모든 길을 보호했다.)
e. The deputy covered him from an upstairs window.
(그 부관은 그를 위층 창문으로부터 보호 사격했다.)

1.8. 다음 주어는 목적어를 숨긴다.

(8) a. They covered up the mistake.
   (그들은 그 실수를 완전히 덮어 가렸다.)
   b. They covered up the scandal.
   (그들은 그 추문을 완전히 덮어 가렸다.)

1.9. 다음 주어는 목적어를 취재하여 보도한다.

(9) a. She covered the Ethiopian famine for CBS.
   (그녀는 CBS를 위해 이디오피아 기근을 보도했다.)
   b. This paper covers sports thoroughly.
   (이 신문은 스포츠를 철저하게 다룬다.)
   c. She covered a fire for the local paper.
   (그녀는 화재사건을 그 지방지에 보도했다.)

1.10. 다음 주어는 목적어를 지나간다.

(10) a. We aimed to cover 400 miles before nightfall.
    (우리는 밤이 되기 전에 400 마일을 주행할 목표를 세웠다.)
    b. He covered 300 miles a day.
    (그는 300 마일을 하루에 달렸다.)
    c. The car covered 200 miles a day.
    (그 차는 200 마일을 하루에 달렸다.)
    d. The salesman covers Ohio
    (그 판매원은 오하이오를 활동영역에 포함시킨다.)

2. 자동사 용법

2.1. 다음 주어는 비밀을 덮는다.

(11) a. He covered up for a friend.
   (그는 친구를 위해 비밀을 덮었다.)
   b. He is always covering up for her.
   (그는 언제나 그녀를 위해 비밀을 숨긴다.)

CUT

0. 이 동사의 개념바탕에는 자르는 과정이 있다.

1. 타동사 용법

1.1. 다음 주어는 목적어를 벤다.

(1) a. He cut his face while shaving.
   (그는 면도를 하다 얼굴을 베었다.)
   b. Don't cut your fingers on the broken glass.
   (그 깨진 유리에 너의 손을 베지 말아라.)
   c. I cut my arm on the jagged glass.
   (나는 내 팔을 그 뾰족한 유리에 베었다.)

1.2. 다음 주어는 목적어를 자른다.

(2) a. Don't pluck the flowers; it's better to cut them.
   (그 꽃을 뜯지 말아라. 그들은 자르는 것이 낫다.)
   b. He had his hair cut.
   (그는 그의 머리를 깎았다.)
   c. Don't cut the string; untie the knots.
   (그 실을 자르지 말고, 그 매듭을 풀어라.)
   d. The minister cut the tape to open a new building.
   (그 장관은 새 건물을 열기 위해서 그 테이프를 끊었다.)

e. The censor cut that scene from her film.
(그 검열관은 그 장면을 그녀의 영화에서 잘랐다.)

1.3. 다음 주어는 목적어를 살라서 전치사 into의 목적어의 상태가
되게 한다.

(3) a. The boy cut the cake **into** two.
(그 소년은 그 케이크를 둘로 잘랐다.)
b. She cut the pineapple **into** four.
(그녀는 그 파인애플을 네 조각으로 잘랐다.)

1.4. 다음 주어는 첫째 목적어에게 둘째 목적어로 잘라서 준다.

(4) a. The old lady cut the priest a piece of cake.
(그 나이든 여자는 그 신부에게 케이크 한쪽을 잘라 드렸다.)
b. She cut me a slice of bread.
(그녀는 내게 빵 한 조각을 잘라 주었다.)
c. Cut your sister some pineapple.
(너의 누나에게 파인애플을 좀 잘라서 주어라.)

1.5. 다음 주어는 목적어를 자른다. 자르면 줄어든다.

(5) a. He cut his nails.
(그는 손톱을 잘랐다.)
b. The new jet service cut the traveling time by half.
(그 새 젯트 여객기는 그 여행시간을 반으로 줄였다.)
c. They cut the expenses/prices/pay.
(그들은 그 경비/값/월급을 줄였다.)
d. Where I live, they are cutting train services and postal

deliveries.

(내가 살고 있는 곳에는 기차편과 우편물 배달 수를 줄이고 있다.)

1.6. 줄이는 뜻은 약하게 만드는 뜻으로도 쓰인다. 다음 주어는 목적어를 약하게 만든다.

(6) a. The waiter cut the strong tea by adding water.

(그 웨이터는 그 강한 차를 물을 타서 약하게 했다.)

   b. He cut the whisky with water.

(그는 그 위스키를 물로 약하게 했다.)

1.7. 다음은 수동태 문장으로 주어는 잘린다.

(7) a Has the wheat been cut?

(그 밀은 베어졌는가요?)

   b. Was your salary cut?

(너의 봉급은 깎였나?)

1.8. 다음 주어는 목적어를 잘라 먹는다.

(8) a. John cut a class today.

(존은 한 시간 수업을 받지 않았다.)

   b. John cut a meeting.

(존은 어느 모임에 가지 않았다.)

   c. Mary cut a service in the church.

(메어리는 교회의 예배에 가지 않았다.)

   d. Susan cut school.

(수잔은 학교에 가지 않았다.)

1.9. 다음 주어는 목적어의 흐름이나 움직임을 끊는다.

(9) a. A big storm cut our electric power for two hours.
   (큰 폭우가 우리 전기를 두 시간 동안 끊었다.)
   b. He cut the engine and removed the key.
   (그는 그 엔진을 끄고 열쇠를 뺐다.)

1.10. 다음 목적어는 잘라서 생기는 개체이다.

(10) a. The hunters cut their way through the forest with axes.
    (그 사냥꾼들은 도끼로 수풀 속을 쳐내어 지나가는 길을 만
    들었다.)
    b. He cut a hole in his pants.
    (그는 구멍을 그의 바지에 뚫었다.)
    c. They cut steps in the ice.
    (그들은 계단을 그 얼음에 새겨 만들었다.)
    d. They cut a tunnel through a hill.
    (그들은 산을 뚫고 지나는 굴을 잘라 만들었다.)
    e. They cut a road up a hillside.
    (그들은 산비탈을 오르는 길을 깎아 만들었다.)

1.11. 잘리면 아프다. 주어는 목적어를 아프게 한다.

(11) a. The icy wind cut me to the bone.
    (그 찬바람이 뼈까지 에인다.)
    b. His cruel remarks cut me deeply.
    (그의 잔인한 말이 나를 심하게 아프게 했다.)
    c. His sarcasm cut me to the quick.
    (그의 빈정거림이 나를 골수까지 아프게 했다.)

1.12. 다음 주어는 움직이지 않는다. 그러나 그 형상을 눈으로 따라 가면, 주어는 목적어를 자르는 모습이다.

(12) a. A path had been worn in the grass where people had cut the corner.
(사람들이 그 모퉁이를 가로질러 다닌 곳에, 소로가 풀 속에 생겼다.)
b. The path cuts the farmer's field.
(그 소로는 그 농부의 밭을 가로지른다.)
c. Let the point where AB cuts CD be called E.
(선분 AB가 CD를 교차하는 점을 E라고 부르자.)
d. The road cuts the river at two points.
(그 길은 그 강을 두 지점에서 교차한다.)

1.13. 다음은 수동태 문장으로 주어는 가로질린다.

(13) The line AC is cut by line PQ at point Z.
(선분 AC는 PQ에 의해서 Z점에서 교차된다.)

1.14. 다음 주어는 목적어를 깎아서 방향을 꺾는다.

(14) The player cut the ball to the right.
(그 선수는 그 공을 깎아서 오른쪽으로 보냈다.)

1.15. 다음 주어는 목적어를 자르듯 친다.

(15) He cut the horse with a switch.
(그는 그 말을 채찍으로 아프게 때렸다.)

1.16. 다음 주어는 목적어를 드러낸다.

(16) a. The baby cut new teeth last week.
(그 애기는 지난주에 새 치아를 내놓았다.)
  b. The baby cut his first tooth.
(그 애기는 그의 첫니를 내놓았다.)

1.17. 다음 주어는 목적어를 잘라서 형용사가 가리키는 상태에 들어
가게 한다.

(17) a. He cut himself **free** from the responsibility with which they
had bound him.
(그는 그들이 그를 묶어놓은 그 책임에서 스스로 해방시켰
다.)
  b. He cut **loose** a boat.
(그는 (밧줄을 잘라서) 배를 풀었다.)
  c. He fell and cut his head **open**.
(그는 넘어져서 머리를 깨었다.)
  d. He cut **short** her remarks.
(그는 그녀의 말을 중단시켰다.)
  e. He had a career cut **short** by illness.
(그는 병 때문에 그의 경력을 중단하게 되었다.)

2. 자동사 용법

2.1. 다음 주어는 자른다.

(18) a. The knife won't cut; perhaps it needs sharpening.
  (이 칼은 잘 자르지 못한다. 칼날을 세워야 할 필요가 있다.)

  b. The wind cuts keenly.
  (그 바람은 예리하게 자른다/그 바람은 몹시 맵다.)

  c. The saw cuts well.
  (그 톱은 잘 자른다.)

2.2. 다음 주어는 잘린다.

(19) a. A freshly baked cake doesn't cut easily.
  (막 구운 케이크는 쉽게 잘리지 않는다.)

  b. Silk cuts easily.
  (명주는 쉽게 잘린다.)

  c. The material seems to have cut very nicely.
  (그 재료는 멋있게 잘려진 것 같다.)

  d. Your fingers need cutting.
  (너의 손톱은 잘라야 한다.)

  e. Your story is too long; it needs cutting.
  (너 얘기는 너무 길다; 줄여야 할 필요가 있다.)

2.3. 다음 주어는 자르면서 움직인다.

(20) a. The knife cuts right **through** the rind.
  (그 칼은 그 껍질 속을 잘라 들어갔다.)

  b. The tight belt cut **into** his flesh.
  (그 쪼이는 혁대가 그의 살을 뚫고 들어간다.)

  c. He cut **through** the playground.
  (그는 그 운동장을 가로질러 갔다.)

d. The tug boat cut **across** the harbor.
(그 예인선은 그 항구를 가로질러 갔다.)

2.4. 다음 주어는 자른다.

(21) The barber cut with a deft hand.
(그 이발사는 능숙한 솜씨로 깎는다.)

2.5. 다음 주어는 방향을 바꾼다.

(22) a. The driver suddenly cut to the right.
(그 운전사는 갑자기 오른쪽으로 방향을 틀었다.)
b. He cut to the right to avoid hitting a dog.
(그는 개를 치지 않으려고 오른쪽으로 틀었다.)

2.6. 다음 주어는 움직이지 않는다. 그러나 전체 형상을 눈으로 따라 가면 움직이는 모습을 준다.

(23) a. The road cut **through** the mountain.
(그 길은 그 산을 뚫고 지난다.)
b. The path cuts **across** the meadow.
(그 소로는 그 목장을 가로 지른다.)
c. The tunnel cuts **through** the mountain.
(그 터널은 그 산을 뚫고 지난다.)

DELAY

0. 이 동사의 개념에는 미루는 과정이 있다.

1. 타동사 용법

1.1. 다음 주어는 목적어를 미룬다.

(1) a. We delayed our journey.
   (우리는 우리의 여행을 미루었다.)
   b. We decided to delay our holiday until next month.
   (우리는 우리 휴가를 다음 달까지 미루기로 결정했다.)
   c. They will delay the party for a week.
   (그들은 그 파티를 일주일 동안 미룰 것이다.)
   d. We delayed the publication till the spring.
   (우리는 그 출판을 봄까지 미루었다.)

1.2. 다음 주어는 목적어를 미룬다.

(2) a. Don't delay answering the letter.
   (그 편지에 답하는 것을 미루지 마세요.)
   b. He delayed publishing the report.
   (그는 그 보고서를 출판하는 것을 미루었다.)

1.3. 다음 목적어는 환유적으로 쓰여서 기차나 비행기 자체가 아니라 이들의 출발을 가리킨다.

(3) a. The fog delayed the plane.
   (그 안개는 그 비행기를 지연시켰다.)
  b. The accident delayed the train for two hours.
   (그 사고가 그 열차를 두 시간동안 지연시켰다.)

2. 자동사 용법

2.1. 다음 주어는 미룬다.

(4) You will lose your chance if you delay.
   (너는 미루면 너의 기회를 잃을 것이다.)

DEVELOP

0. 이 동사의 개념바탕에는 점차로 커지는 과정이 있다.

1. 자동사 용법

1.1. 다음 주어는 자라서 into의 목적어의 상태가 된다.

(1) a. The seeds developed **into** plants.
   (그 씨들은 자라서 식물이 되었다.)
   b. An acorn develops **into** an oak.
   (도토리는 자라서 참나무가 된다.)
   c. She has developed **into** a beautiful girl.
   (그녀는 아름다운 소녀로 자랐다.)
   d. He developed **into** a good citizen.
   (그는 자라서 선량한 시민이 되었다.)
   e. The city has developed **into** a large one.
   (그 시는 큰 시로 발전했다.)
   f. Nervousness develops **into** a disease.
   (초조는 병이 된다.)

1.2. 다음 주어는 from의 목적어에서 시작된다.

(2) a. Plants develop from seeds.
   (식물은 씨가 커서 된다.)

b. Land animals are believed to have developed from sea animals.
(육지동물은 바다동물에서 생겨난 것으로 믿어진다.)

c. A blossom develops from a bud.
(만발한 꽃은 봉오리에서부터 자란다.)

1.3. 다음 주어는 추상적이지만 크기가 있는 개체로 개념화되어 있다.

(3) a. Our business developed very slowly.
(우리 사업은 느리게 발전했다.)

b. Day by day the plan developed in his mind.
(매일 마다 그 계획은 그 마음속에서 발전되었다.)

c. An interest in cooking developed in her when she was eleven.
(요리에 대한 관심이 그녀가 11살이었을 때 그녀의 마음속에서 자랐다.)

d. The child's mind develops with education and time.
(아이의 마음은 교육과 시간과 함께 발달된다.)

1.4. 다음 주어는 없던 상태에서 생겨난다.

(4) a. Spots developed on her face.
(점들이 그녀 얼굴에 나타났다.)

b. A fever developed.
(열이 났다.)

c. Trouble is developing in the cities.
(문제가 그 도시들에서 발생하고 있다.)

d. These photographs haven't developed very well.
(이 사진들은 현상이 잘 되지 않았다.)

2. 타동사 용법

2.1. 다음 주어는 목적어를 새로 생겨나게 한다.

(5) a. My trousers have developed a shine.
   (내 바지가 반질반질하게 되었다.)
 b. That engine develops a lot of heat.
   (그 엔진은 많은 열을 만든다.)
 c. They developed a mine in that area.
   (그들은 광산을 그 지역에 개발했다.)
 d. Scientists have developed many new drugs.
   (과학자들은 많은 새 약들을 개발했다.)
 e. They developed the water power of the area.
   (그들은 그 지역의 수력을 개발했다.)
 f. They are developing their muscles.
   (그들은 그들의 근육을 더 튼튼하게 만들고 있다.)
 g. He developed a stammer/a wobble.
   (그는 말을 더듬게/비틀거리게 되었다.)

2.2. 다음 주어는 목적어를 생기게 한다. 목적어는 병이다.

(6) a. He seems to have developed tuberculosis.
   (그는 결핵을 일으킨 것 같다.)
 b. He developed a strange disease.
   (그는 이상한 병을 일으켰다.)
 c. He developed a rash.
   (그는 발진이 생겼다.)

2.3. 다음 주어는 목적어를 마음속에 전개시킨다.

(7) a. He is developing a habit of going to bed late.
   (그는 늦게 잠자리에 드는 습관을 키우고 있다.)
   b. He is developing an interest in photography.
   (그는 사진술에 관심을 기르고 있다.)
   c. The boy is gradually developing a tendency to obstinacy.
   (그 소년은 점차로 완고한 성향을 기르고 있다.)
   d. I developed the idea a little more fully.
   (나는 그 생각을 좀 더 충실하게 발전시켰다.)
   e. We developed a plan for the club.
   (우리는 그 모임의 계획을 만들었다.)

2.4. 다음 주어는 목적어를 개발한다. 목적어는 장소이다.

(8) a. He is developing his mind.
   (그는 마음을 개발하고 있다.)
   b. The company is developing the area.
   (그 회사가 그 지역을 개발하고 있다.)
   c. We developed the wasteland.
   (우리는 그 황무지를 개발했다.)

2.5. 다음 주어는 목적어를 보이게 한다.

(9) a. My brother develops all his own film.
   (내 동생은 자신의 필름을 현상한다.)
   b. The investigation did not develop any new facts.
   (그 조사는 아무런 새 사실을 밝혀내지 못했다.)

DIE

0. 이 동사의 개념바탕에는 죽는 과정이 있다.

1. 직설적 용법

1.1. 다음 주어는 생명체이다.

(1) a. She is very ill and I'm afraid she's dying.
   (그녀가 매우 아파서 그녀가 죽을 것으로 나는 생각된다.)
   b. He died in his sleep.
   (그는 자면서 죽었다.)
   c. Three hundred people died in the air crash.
   (3백 명이 그 비행기 추락으로 죽었다.)

1.2. 다음에 쓰인 from은 죽음의 간접 원인을 나타낸다.

(2) a. He died **from** the wounds he received in the fight.
   (그는 그 싸움에서 받은 그 상처로 죽었다.)
   b. He died **from** swallowing a fishbone.
   (그는 고기 뼈를 삼켜서 죽었다.)

1.3. 죽음의 원인이 직접적이라고 판단될 때에는 전치사 of가 쓰인다.

(3) a. I shall die **of** boredom/hunger/thirst/sorrow.
      (나는 지루해서/배고파서/목말라서/슬퍼서 죽겠다.)
    b. She just died **of** old age.
      (그녀는 노령으로 죽었다.)

1.4. 다음 주어는 추상적이나 구체적인, 생명이 있는 개체로 개념화
     되어 있다.

(4) a. This memory will never die.
      (이 기억은 결코 사라지지 않을 것이다.)
    b. My anger died.
      (내 분노가 사그라졌다.)
    c. His secret died with him.
      (그의 비밀은 그와 함께 사라졌다.)
    d. My love for you will never die.
      (너에 대한 내 사랑은 결코 사라지지 않을 것이다.)

1.5. 시간이나 공간 속에 존재하는 과정도 생명이 있는 것으로 개념
     화된다.

(5) a. The music suddenly died as the radio was switched off.
      (그 라디오가 꺼지자 그 음악은 갑자기 꺼졌다.)
    b. The sound of the bell is dying on the air.
      (그 종의 소리는 공중에서 점점 사라지고 있다.)
    c. The motor has died.
      (그 모터가 꺼졌다.)
    d. The engine spluttered a few times and then died.
      (그 엔진이 몇 번 퍼드덕 소리를 내더니 꺼졌다.)

e. The phone just died on me while I was in the middle of a conversation.

(그 전화는 내가 한참 대화를 하고 있을 때 죽었다.)[그래서 나는 기분이 좋지 않다.]

1.6. 다음은 「극단적인 감정은 죽음이다」의 은유가 적용된 표현이다.

(6) a. He is dying for a drink.

(그는 술을 마시고 싶어 죽을 지경이다.)

b. He is dying for a cigarette.

(그는 담배를 피우고 싶어 죽을 지경이다.)

1.7. 다음에서 주어가 하고 싶은 일이 to 부정사로 표현되어 있다.

(7) a. I'm dying to go to Alaska.

(나는 알라스카에 가고 싶어 죽을 지경이다.)

b. She's dying to go with you.

(그녀는 너와 함께 가고 싶어 죽을 지경이다.)

c. He's dying to be a singer.

(그는 가수가 되고 싶어 죽을 지경이다.)

d. We're all dying to hear what happened.

(우리는 모두 무슨 일이 일어났는지 알고 싶어 죽을 지경이다.)

1.8. 다음에는 주어가 죽을 때의 상태가 표현되어 있다.

(8) a. He died a rich man.

(그는 부자로 죽었다.)

b. He died in peace/in agony .

(그는 평화롭게/괴롭게 죽었다.)

DIG

0. 이 동사의 개념바탕에는 파는 과정이 있다.

1. 타동사 용법

1.1. 다음 주어는 목적어를 판다. 목적어는 파지는 땅이나 개체이다.

(1) a. He dug the ground/garden.
   (그는 그 땅/정원을 팠다.)
 b. He dug the field for planting.
   (그는 파종을 하기 위해서 그 밭을 팠다.)
 c. They are digging up the road.
   (그들은 그 길을 온통 파헤치고 있다.)

1.2. 다음 목적어는 파서 생겨나는 개체이다.

(2) a. He dug a deep hole/ditch/well.
   (그는 깊은 구멍/도랑/우물을 팠다.)
 b. They dug a tunnel.
   (그들은 터널을 팠다.)
 c. He is digging his own grave.
   (그는 자신의 무덤을 파고 있다.)

1.3. 다음 주어는 목적어를 전치사 with의 목적어로 찌른다.

(3) a. He is digging the horse with his spurs.
   (그는 그 말을 박차로 찌르고 있다.)
   b. He dug the boy in the ribs with his elbow.
   (그는 그 소년을 그의 팔꿈치로 옆구리를 찔렀다.)

1.4. 다음 주어는 목적어를 파서 꺼낸다.

(4) a. They are digging potatoes.
   (그들은 감자를 캐고 있다.)
   b. They are digging clams.
   (그들은 대합조개를 캐고 있다.)
   c. He is digging the dirt to crawl under the fence.
   (그는 그 울타리 밑으로 기어가기 위해서 그 흙을 파고 있다.)
   d. He dug a cigar out of his pocket.
   (그는 여송연을 그의 호주머니에서 꺼내었다.)
   e. He is digging facts from the book.
   (그는 사실을 그 책에서 캐내고 있다.)

1.5. 다음 목적어는 팔 때 쓰이는 도구이다.

(5) a. He dug his feet into the snow.
   (그는 그의 발을 그 눈 속에 쑤셔 넣었다.)
   b. He dug a spur into a horse.
   (그는 박차를 말에 가했다.)
   c. She dug her spoon in the pudding.
   (그녀는 숟가락을 푸딩에 넣었다.)
   d. He digged his elbow into her ribs.
   (그는 그의 팔꿈치를 그녀의 갈비뼈에 찔렀다.)

2. 자동사 용법

2.1. 다음 주어는 판다.

(6) a. The dog has been digging in the corner.
   (그 개가 그 모퉁이에서 파오고 있다.)
   b. The children are digging in the sand.
   (그 아이들은 모래 속을 파고 있다.)
   c. We shall have to dig under the river/through the mountain.
   (우리는 그 강 밑으로/그 산을 통과하여 파야 한다.)

2.2. 다음 주어는 파면서 움직인다.

(7) a. The miners are digging through the clay.
   (그 광부들은 그 진흙을 파들어 가고 있다.)
   b. He dug through the dirt under the wall.
   (그는 그 벽 밑의 그 흙을 파들어 갔다.)

DIVIDE

0. 이 동사의 개념바탕에는 부분으로 갈라지는 과정이 있다.

1. 자동사 용법

1.1. 다음 주어는 전치사 into의 목적어로 갈라진다.

(1) a. It divided **into** separate parts.
   (그것은 별개의 부분들로 나뉘어졌다.)
   b. The students divided up **into** smaller groups.
   (그 학생들은 보다 작은 그룹들로 갈리었다.)
   c. 3 will not divide **into** 13.
   (3은 13에 나뉘어 떨어지지 않는다.)
   d. 5 divides **into** 20 four times.
   (5는 20을 네 번 가른다.)

1.2. 다음 주어는 on의 목적어와 관련하여 의견이 갈라진다.

(2) a. The team divides **on** the choice of a new captain.
   (그 팀은 새 주장의 선출에 의견이 갈라진다.)
   b. They divided **on** the question of salary.
   (그들은 그 봉급 문제로 의견이 갈라졌다.)
   c. The court divided **on** the issue.
   (그 법정은 그 문제에 의견이 갈라졌다.)

d. Critics divided **on** this matter.
   (비평가들은 이 문제에 대해 의견이 갈라졌다.)
e. Americans are dividing into two camps **over** this issue.
   (미국인들은 이 문제에 대해 두 진영으로 나뉘어지고 있다.)

1.3. 다음 주어는 갈라지지 않으나 전체 형상을 눈으로 따라가면 갈라지는 모습이 나타난다.

(3) a. The road divides 10 miles from here.
       (그 길은 이곳에서부터 10마일 지점에서 둘로 갈린다.)
    b. The river divides into two at this point.
       (그 강은 이 지점에서 둘로 갈라진다.)

2. 타동사 용법

2.1. 다음 주어는 목적어를 부분으로 가른다.

(4) a. He divided the pie into two halves.
       (그는 그 파이를 두 쪽으로 갈랐다.)
    b. Divide this apple into five.
       (이 사과를 다섯 쪽으로 쪼개어라.)
    c. He divided his farm into equal portions.
       (그는 그의 농장을 똑같은 몫으로 나누었다.)

2.2. 다음 주어는 목적어를 갈라서 가지게 한다.

(5) a. He divided the cake between his two sons.
　　　(그는 그 케이크를 그의 두 아들에게 나누어 주었다.)

　　b. He divided the rest of his property among his children.
　　　(그는 그의 재산의 나머지를 그의 아이들에게 나누어주었다.)

　　c. He divides his time between reading and writing.
　　　(그는 그의 시간을 독서와 글쓰기로 할당한다.)

2.3. 다음 주어는 목적어를 갈라서 with의 목적어와 나눈다.

(6) a. Divide the cake **with** your brother.
　　　(그 케이크를 네 형과 나누어 먹어라.)

　　b. He divided the money later **with** her.
　　　(그는 그 돈을 후에 그녀와 나누어 가졌다.)

2.4. 다음에는 분류의 기준이 명시되어 있다.

(7) a. Divide the books **according** to subject.
　　　(주제별로 그 책들을 분류하라.)

　　b. Divide the books **by** subject.
　　　(주제별로 그 책들을 분류하라.)

　　c. He divided the student body **by** sex.
　　　(그는 성별로 전체 학생을 분류했다.)

2.5. 다음 주어는 목적어를 전치사 from의 목적어에서 갈라낸다.

(8) a. The teacher divided the younger children from the older children.
　　　(선생님은 그 어린 아이들을 더 나이를 먹은 어린이로부터 구분하셨다.)

b. They divided the sick from the rest.
(그들은 병자를 나머지로부터 구분했다.)

2.6. 다음 주어는 목적어를 갈라놓는다.

(9) a. The question is dividing the people.
(그 질문은 그 사람들을 분열시키고 있다.)
b. The arguments divided the friends.
(그 논쟁은 그 친구들을 갈라놓았다.)
c. A difference of opinion divided the friends.
(의견차가 친구들을 갈라놓았다.)

2.7. 다음 주어는 목적어를 가른다.

(10) a. The new road will divide the farm.
(그 새 길은 그 농장을 갈라놓을 것이다.)
b. A line of rocks seemed to divide the cave into two.
(한 줄로 쌓인 돌 더미가 그 동굴을 둘로 나누는 것으로 보
인다.)

2.8. 다음 주어는 그 자체가 목적어를 전치사. from의 목적어에서 가른다.

(11) a. The fence divides our farm from theirs.
(그 울타리가 우리의 농장을 그들의 농장에서 구분지어 준다.)
b. This wall divide the bedroom from the parlor.
(이 벽은 그 침실을 그 거실에서 구분 짓는다.)

2.9. 다음 주어는 목적어를 나눈다.

(12) a. Divide 8 by 2.
     (8을 2로 나누어라.)
  b. He divided 7 by 2.
     (그는 7을 2로 나누었다.)
  c. I divided 24 by 4, and got 6.
     (나는 24를 4로 나누어서 6을 구했다.)

DO

1. 타동사 용법

1.1. 다음 목적어는 동명사이다. 동사 do는 목적어에 동사성질을 부여한다.

(1) a. He did shopping/writing.
    (그는 물건사기/쓰기를 했다.)
  b. He did lecturing/reviewing.
    (그는 강의/검토를 했다.)

1.2. 다음에서도 do는 V-ing 형태에 동사성질을 부여한다. 단, 여기서는 동명사가 정관사와 같이 쓰여서 특정한 일을 가리킨다.

(2) a. Mary did the cooking.
    (메어리는 그 요리를 했다.)
  b. He did all the talking.
    (그가 그 모든 얘기를 했다.)
  c. He does the teaching.
    (그는 가르치기를 했다.)

1.3. 다음 목적어는 명사구이다. 주어는 목적어에 관습적이거나 맥

락에서 추리될 수 있는 일을 한다.

(3) a. She did the flowers/her hair/a room.
   (그녀는 꽃/머리/방을 손질했다.)
   b. I did the equation/a problem.
   (나는 그 방정식/문제를 풀었다.)
   c. He did a book/a suit.
   (그는 책/옷을 지었다.)

1.4. 다음에서 문맥으로부터 주어가 하는 일이 어느 정도 예측된다.

(4) a. He did Shakespeare into Korean.
   (그는 셰익스피어 작품을 한국어로 번역했다.)
   b. They did fish very well at the restaurant.
   (그 식당은 생선을 잘 요리했다.)
   c. Mother does beef very well.
   (어머니는 쇠고기를 잘 요리한다.)
   d. He did the British museum yesterday.
   (그는 어제 대영박물관을 방문했다.)

1.5. 다음 목적어는 사람이다. 주어의 성질이나 부사구로부터 주어
   가 하는 행동이 예측된다.

(5) a. The barber will do you next.
   (그 이발사가 너를 다음에 깎아줄 것이다.)
   b. They did me well at the hotel.
   (그 호텔은 나를 잘 대해주었다.)
   c. They did us handsomely at the store.
   (그들은 우리를 후하게 대해주었다.)

1.6. 다음 목적어는 작품, 작품인물, 배우이다.

(6) a. He did "Othello" last night.
   (그는 어젯밤에 오델로 역을 했다.)
  b. The actor did a new play.
   (그 배우는 새 연극을 했다.)
  c. They did Hamlet.
   (그들은 햄릿을 상연했다.)
  d. He does Harold Wilson very well.
   (그는 해롤드 윌슨의 역할을 잘 한다.)

1.7. 다음 목적어는 거리이다.

(7) a. He did 20 miles a day.
   (그는 하루 20마일을 갔다.)
  b. We've done 80 miles since lunch.
   (우리는 점심 후 80마일을 갔다.)
  c. We did the journey in 6 months.
   (우리는 그 여행을 6개월 안에 마쳤다.)
  d. The car was doing 60 miles an hour.
   (그 자동차는 60마일을 시간당 달리고 있다.)

1.8. 다음 주어는 목적어를 to의 목적어에 준다.

(8) a. We do honor to the dead on the Memorial Day.
   (우리는 현충일에 경의를 죽은 이들에게 표한다.)
  b. He did a favor to us.
   (그는 호의를 우리에게 베풀었다.)

1.9. 다음 목적어는 생겨나는 개체이다.

(9) a. Crying won't do any good.
   (울음은 아무런 덕도 안될 것이다.)
  b. The storm did a lot of damage.
   (그 폭우는 많은 피해를 끼쳤다.)

1.10. 다음 주어는 첫째 목적어가 둘째 목적어를 가지게 한다.

(10) a. That does you great credit.
    (그것은 너에게 명예가 된다.)
   b. He did me a good turn.
    (그는 나에게 좋은 대접을 했다.)
   c. That does you good/harm/justice/great honor.
    (그것은 너에게 이익/손해/정당한 평가/명예가 된다.)

1.11. 다음 주어는 목적어를 만족시킨다.

(11) a. This room will do us nicely.
    (이 방은 우리에게 잘 맞다.)
   b. The money will do us for a while.
    (그 돈은 한동안 우리에게 충분하다.)

2. 자동사 용법

2.1. 다음 주어는 어떤 과정을 겪고 있다.

(12) a. Everything in the garden is doing well.

    (이 뜰에 있는 모든 것은 잘 자란다.)

  b. Roses do well in a clay soil.

    (장미는 진흙 토양에 잘 자란다.)

  c. He is doing well at school.

    (그는 학교에서 잘 하고 있다.)

  d. The patient is doing quite well.

    (그 환자는 매우 잘 회복하고 있다.)

  e. He is doing well as a practicing physician.

    (그는 개업의로 잘 하고 있다.)

2.2. 다음 주어는 행동을 한다.

(13) a. Don't talk. Only do.

    (말하지 말고, 행동만 하여라.)

  b. Do in Rome as the Romans do.

    (로마에서 로마인이 하는 것처럼 해라.)

  c. You did well on the test.

    (너는 그 시험에 잘 했다.)

  d. The new student is doing well.

    (그 새 학생은 잘하고 있다.)

2.3. 다음에서는 do는 상황에 따라 '편리하다' 또는 '만족스럽다'는 뜻으로 풀이된다.

(14) a. Any chair will do.

    (어떤 의자든지 될 것이다.)

  b. A log did for a seat.

    (통나무 하나가 의자로 쓰였다.)

c. Will this dress do for the party?

(이 옷이 파티용으로 좋을까요?)

d. These shoes won't do for mountain climbing.

(이 신발은 산에 오르는데 좋지 않다.)

DRAW

0. 이 동사 개념바탕에는 끄는 과정이 있다.

1. 타동사 용법

1.1. 다음 주어는 목적어를 끈다.

(1) a. They drew a boat out of the water.
   (그들은 배 한 척을 그 바다에서 끌어내었다.)

   b. He drew his chair up to the table.
   (그는 그의 의자를 그 식탁 가까이 끌어당겼다.)

   c. He drew a book toward him.
   (그는 책 한 권을 그에게로 끌어당겼다.)

   d. The two mules drew the wagon.
   (그 두 마리 나귀가 그 마차를 끌었다.)

1.2. 다음 주어는 목적어를 끌듯이 이동시킨다.

(2) a. He drew a curtain across a window.
   (그는 커튼을 그 창문을 가로질러 쳤다.)

   b. He drew down the blinds.
   (그는 그 차양을 끌어내렸다.)

   c. He drew his hat over his eyes.
   (그는 그의 모자를 눈 위로 끌어내렸다.)

d. He drew his socks on.
(그는 그 양말을 당겨서 신었다.)

1.3. 다음 주어는 목적어를 끌어낸다.

(3) a. He drew a cork **out of** a bottle.
(그는 코르크를 병에서 뽑았다.)
   b. He drew nails **from** the plank.
(그는 못을 그 판자에서 뽑았다.)
   c. He drew a sword **from** its scabbard.
(그는 칼을 그 칼집에서 뽑았다.)
   d. He drew a handkerchief from his pocket.
(그는 손수건을 그의 호주머니에서 꺼냈다.)
   e. He drew a card **from** a pack.
(그는 한 장을 카드 한 벌에서 끌어내었다.)
   f. He had a tooth drawn.
(그는 이 하나를 뽑았다.)
   g. He drew his gun and fired.
(그는 그의 총을 꺼내서 쏘았다.)

1.4. 다음은 목적어가 기체이다.

(4) a. He drew a deep breath.
(그는 깊은 숨을 들이쉬었다.)
   b. He drew a long sigh.
(그는 긴 한숨을 지었다.)
   c. He drew his first/last breath.
(그는 그 첫/마지막 숨을 쉬었다.)

1.5. 다음 목적어는 액체이다.

(5) a. He drew water from the well.
　　　(그는 물을 그 우물로부터 길었다.)
　　b. He drew cider from a can.
　　　(그는 사과주스를 그 통에서 따랐다.)

1.6. 다음 주어는 첫째 목적어에게 둘째 목적어를 따라서 준다.

(6) a. He drew me a glass of beer from the barrel.
　　　(그는 나에게 그 통에서 맥주 한 잔을 따라 주었다.)
　　b. He drew me a pail of water from the well.
　　　(그는 나에게 그 우물로부터 물 한 통을 퍼 주었다.)

1.7. 다음 목적어는 돈과 관련된다. 돈은 그릇 속에 담긴 액체로 개념화되어 있다.

(7) a. He drew his wages every Saturday.
　　　(그는 그의 월급을 매 토요일 마다 받는다.)
　　b. He drew his money from the bank.
　　　(그는 그의 돈을 그 은행에서 찾았다.)
　　c. He drew his money from the account.
　　　(그는 그의 돈을 그 구좌에서 꺼내었다.)
　　d. He drew his rations.
　　　(그는 그의 배급을 받았다.)

1.8. 다음 목적어는 추상적이지만, 끌어낼 수 있는 개체로 개념화되어 있다.

(8) a. He drew inspiration from nature.

   (그는 영감을 자연으로부터 끌어내었다.)

   b. He drew facts from witnesses.

   (그는 사실을 증인으로부터 끌어내었다.)

   c. What moral are we to draw from this story?

   (우리는 어떠한 교훈을 이 이야기에서 이끌어낼 수 있는가?)

   d. What conclusion can we draw from this?

   (무슨 결론을 우리는 이것으로부터 이끌어낼 수 있는가?)

1.9. 다음 주어는 사람의 주의이다. 이것도 끌릴 수 있는 구체적인 개체로 개념화되어 있다. 주어는 목적어를 끈다.

(9) a. He drew my attention to a point I've overlooked.

   (그는 나의 주의를 내가 못 보았던 어떤 점에 끌었다.)

   b. Her shouts drew the attention of the police.

   (그녀의 고함소리가 그 순경의 주의를 끌었다.)

   c. The boys drew the teacher on the subject of love.

   (그 소년들은 그 선생님의 관심을 사랑의 주제에 끌었다.)

   d. I felt drawn to(ward) her.

   (나는 그녀에 끌림을 느꼈다.)

1.10. 다음 주어는 사람이 아닌 개체이다.

(10) a. Her pitiful story drew tears from all who heard it.

   (그녀의 슬픈 이야기는 눈물을 그것을 들은 모든 사람들로부터 자아내었다.)

   b. The film drew large audiences.

   (그 영화는 많은 관객들을 끌었다.)

c. The show drew a great many spectators.
(그 쇼는 많은 관객들을 끌었다.)

1.11. 다음 목적어는 사람이 아닌 개체이다. 주어는 목적어를 끌어낸다.

(11) a. Her fine performance drew enthusiastic applause.
(그녀의 훌륭한 연주는 열광적인 갈채를 끌어내었다.)
b. Her singing drew long applause.
(그녀의 노래는 긴 갈채를 끌어내었다.)

1.12. 다음 주어는 목적어를 끌어들인다.

(12) a. He drew ruin on himself.
(그는 파멸을 자신에게 끌어들였다.)
b. He drew enemy by making a noise.
(그는 소리를 내어서 적을 끌어들였다.)

1.13. 글을 쓰거나 그림을 그리기 위해서는 연필을 종이 위에 긋는
다. 다음 목적어는 그려서 생기는 개체이다.

(13) a. He drew a straight line.
(그는 직선을 그었다.)
b. He drew a diagram.
(그는 도표를 그렸다.)

1.14. 다음 주어는 첫째 목적어에게 둘째 목적어를 쓰거나 그려서
준다.

(14) a. I've drawn you a rough map.
　　　(나는 네게 개략적인 지도를 그려주었다.)
　　b. I'll draw him a check.
　　　(나는 그에게 수표 한 장을 써 주겠다.)

1.15. 다음 주어는 목적어를 써서 만든다.

(15) a. He drew a deed/a bill.
　　　(그는 서류/계산서를 썼다.)
　　b. He drew up a document.
　　　(그는 서류를 작성했다.)

1.16. 다음 주어는 목적어를 그려서 만든다.

(16) a. He drew a distinction between the two models.
　　　(그는 그 두 모형 사이의 구분을 지었다.)
　　b. He drew a comparison.
　　　(그는 비교를 했다.)
　　c. He drew a grim picture of conditions in the slums.
　　　(그는 그 빈민가에 있는 상태의 참상을 묘사했다.)

1.17. 다음 주어는 목적어를 당겨서 수축한다.

(17) Hot water draws wool.
　　(뜨거운 물은 양털을 수축한다.)

2. 자동사 용법

2.1. 다음 주어는 끌어들인다. 그러나 목적어는 명시되지 않았다.

(18) a. The new play at the theater is drawing well.
    (그 극장의 새 연극은 (관객을) 잘 끌고 있다.)
   b. Hamlet at the theater is drawing well.
    (그 극장의 햄릿은 (관객을) 잘 끌고 있다.)
   c. The pipe/the chimney draws badly.
    (그 파이프/굴뚝은 (연기를) 잘 빨아들이지 않는다.)

2.2. 다음 주어는 천천히 움직인다.

(19) a. Every one drew **back** in alarm.
    (모든 사람은 놀라서 뒤로 천천히 물러섰다.)
   b. They drew **around** the fire.
    (그들은 그 불 주위에 모였다.)
   c. The train drew **into** the station.
    (그 기차가 그 역으로 천천히 들어왔다.)

2.3. 다음은 「시간을 움직이는 개체이다」의 은유가 적용된 예이다.

(20) a. X-mas is drawing near.
    (크리스마스가 천천히 가까이 오고 있다.)
   b. The day drew to its close.
    (날이 천천히 끝에 이르고 있다.)

2.4. 다음 주어는 당긴다.

(21) He drew, aimed and fired.
   (그는 당기고, 조준하고 쏘았다.)

2.5. 다음 주어는 한 곳으로 당겨진다.

(22) Her eyebrows drew together in a frown.
   (그녀의 이마가 당겨져서 찡그림이 되었다.)

2.6. 다음 주어는 그림을 그린다.

(23) She draws very well.
   (그녀는 그림을 잘 그린다.)

DRESS

1. 타동사 용법

1.1. 다음 주어는 목적어에 옷을 입힌다.

(1) a. She dressed the child in a snowsuit.
   (그녀는 그 아이를 방한복을 입혔다.)
   b. They dressed the man in his armors.
   (그들은 그 남자를 갑옷으로 입혔다.)
   c. She came back to dress herself for a ball.
   (그녀는 무도회를 위해서 정장을 하려고 돌아왔다.)

1.2. 다음 주어는 목적어를 붕대로 감는다.

(2) a. The surgeon dressed the wound.
   (그 외과의사가 그 상처를 붕대로 감았다.)
   b. He had dressed his wound.
   (그는 그의 상처를 붕대로 감았다.)
   c. The nurse dressed the burn.
   (그 간호사는 그 화상을 붕대로 감았다.)

1.3. 다음 주어는 목적어를 꾸민다.

(3) a. She dressed her house gayly.
   (그녀는 자신의 집을 화려하게 꾸몄다.)
 b. They dressed the store windows for Christmas.
   (그들은 크리스마스를 위해서 그 상점 창문을 장식했다.)
 c. The chamber was richly dressed.
   (그 방들은 화려하게 꾸며졌다.)

1.4. 다음 주어는 목적어를 빗질하여 꾸민다.

(4) a. Her mother dresses her hair every week.
   (그녀의 어머니는 머리 손질을 매주 한다.)
 b. We dress the horse to remove dirt.
   (우리는 먼지를 떨어내기 위하여 그 말의 털을 손질한다.)

1.5. 다음 주어는 목적어를 손질하여 꾸민다.

(5) a. They dressed the vineyard.
   (그들은 그 포도밭을 가지를 쳐서 손질했다.)
 b. They dress the garden every month.
   (그들은 그 정원을 매달 손질한다.)

1.6. 다음 주어는 목적어에 with의 목적어를 더한다.

(6) a. We dressed the salad with a cream dressing.
   (우리는 그 샐러드를 크림 드레싱으로 입혔다.)
 b. The girls dressed the salad and cucumber.
   (그 소녀들이 그 샐러드와 오이에 드레싱을 쳤다.)

1.7. 다음 주어는 목적어를 어디에 내어놓을 수 있도록 준비한다.

(7) He dressed a few chickens for the party.
(그는 파티를 위해서 닭 몇 마리를 준비했다.)

(8) a. The captain ordered the soldiers to dress their ranks.
(그 대위는 그 병사들을 그들의 횡렬을 정열을 하도록 명령
했다.)

b. The commander dressed the line of tents.
(그 지휘관은 그 천막의 열을 정렬했다.)

c. He dressed the course of bricks.
(그는 그 벽돌의 열을 정렬했다.)

d. He dressed the soldiers for a parade.
(그는 열병식을 위해 그 병사들을 정렬했다.)

b. She dressed a turkey.
(그녀는 칠면조 한 마리를 조리했다.)

1.8. 다음 주어는 목적어를 정렬한다.

(9) a. The captain ordered the soldiers to dress their ranks.
(그 대위는 그 병사들을 그들의 횡렬을 정열을 하도록 명령
했다.)

b. The commander dressed the line of tents.
(그 지휘관은 그 천막의 열을 정렬했다.)

c. He dressed the course of bricks.
(그는 그 벽돌의 열을 정렬했다.)

d. He dressed the soldiers for a parade.
(그는 열병식을 위해 그 병사들을 정렬했다.)

2. 자동사 용법

2.1. 다음 주어는 차려 입는다.

(10) a. She dressed for the opera.
      (그녀는 그 오페라를 위해서 정장을 했다.)
   b. When he had shaved and dressed, he went down to the
      kitchen.
      (그는 면도하고 옷을 입은 다음 그 부엌으로 내려갔다.)
   c. He still dresses like the bank manager he had been.
      (그는 아직도 은행장이었던 때와 같이 정장을 한다.)
   d. He dresses well.
      (그는 옷을 잘 차려 입는다.)

2.2. 다음 주어는 분장한다.

(11) a. He dressed **up** as a pig.
      (그는 돼지로 변장을 했다.)
   b. The prisoner dressed **up** as guards.
      (그 죄수는 경비로 변장했다.)
   c. They dressed **up** for the wedding.
      (그들은 결혼식에 참석하기 위해서 정장을 했다.)

DRINK

0. 이 동사의 개념바탕에는 마시는 과정이 있다.

1. 타동사 용법

1.1. 다음 주어는 목적어를 마신다.

(1) a. He drank some water.
   (그는 물을 좀 마셨다.)
   b. Drink up your tea before it is too cold.
   (식기 전에 네 차를 모두 다 마셔라.)
   c. She drank a pint of water.
   (그녀는 1파인트의 물을 마셨다.)

1.2. 다음 주어는 식물이나 토양 등이고, 마시듯 목적어를 빨아들인다.

(2) a. The plants drank up the moisture.
   (그 식물들은 그 물기를 모두 빨아마셨다.)
   b. The soil drank water like a sponge.
   (그 토양은 스펀지처럼 물을 마셨다.)
   c. The dry ground drank up the rain.
   (그 마른 땅은 그 비를 완전히 빨아들였다.)
   d. The sponge drank up the water.
   (그 스펀지가 그 물을 다 흡수했다.)

1.3. 다음 주어는 술을 마셔서 형용사와 전치사구가 가리키는 상태
가 된다.

(3) a. He drank himself **drunk**.
(그는 술을 마셔서 취했다.)
b. He drank himself **to death**.
(그는 과음으로 사망했다.)
c. They drank him **under the table**.
(그들은 그를 술을 너무 마시게 해서 곯아떨어지게 했다.)
d. He drank himself **into unconsciousness**.
(그는 술을 마셔서 의식을 잃었다.)

1.4. 다음 주어는 술잔을 들어서 목적어를 기원한다.

(4) a. We drank success **to** him.
(우리는 성공을 그에게 건배하였다.)
b. We drank a toast **to** his health.
(우리는 축배를 그의 건강을 위하여 들었다.)
c. We drank a toast **to** the bride and groom.
(우리는 축배를 신랑과 신부를 위하여 들었다.)

1.5. 다음 주어는 술을 마셔서 목적어를 없어지게 한다.

(5) a. She drinks **away** all she earns.
(그녀는 그녀가 번 것을 모두 술을 마셔 잃었다.)
b. He drank his troubles **away**.
(그는 술을 마셔 그의 근심걱정을 모두 털어버렸다.)

2. 자동사 용법

2.1. 다음 주어는 술을 마신다.

(6) a. He neither drinks nor smokes.
    (그는 술도 담배도 하지 않는다.)
  b. I am sure he drank.
    (나는 그가 술을 마셨다고 확신한다.)
  c. You shouldn't drink and drive.
    (당신은 술 마시고 운전하면 안된다.)
  d. I only drink socially.
    (나는 사교적으로만 술을 마신다.)

2.2. 다음 주어는 to의 목적어에 건배를 한다.

(7) a. I drank to his health.
    (나는 그의 건강을 위하여 축배했다.)
  b. Let's drink to your success in your new job.
    (너의 새로운 일에서의 당신의 성공을 위하여 축배하자.)
  c. We drink to your continued success.
    (우리는 당신의 계속된 성공에 축배를 든다.)

2.3. 다음 주어는 물을 마신다.

(8) a. They drank from a fountain.
    (그들은 우물에서 물을 길러 마신다.)
  b. He drank thirstily from a green bottle.
    (그는 목이 타서 녹색 병으로 물을 마셨다.)

c. He drank out of the hollow of his hand.
(그는 그의 손바닥에서 물을 마셨다.)

2.4. 다음 주어는 마셔진다.

(9) a. This wine drinks like juice.
(그 와인은 쥬스와 같이 마셔진다.)
b. This beer drinks flat.
(이 맥주는 맛이 없다.)
c. This cocktail drinks sweet.
(이 칵테일은 마시면 달콤하다.)

DRIVE

0. 이 동사의 개념바탕에는 모는 과정이 있다.

1. 타동사 용법

1.1. 다음 주어는 목적어를 몬다. 목적어는 짐승이다.

(1) a. He drove the cows along the country lane.
   (그는 그 젖소들을 그 시골길을 따라 몰았다.)
   b. He drives the sheep to the shed.
   (그는 그 양들을 그 우리로 몰고 간다.)
   c. He drove the dog away.
   (그는 그 개를 멀리 몰아내었다.)
   d. He drove the cattle to the market.
   (그는 그 소들을 그 시장으로 몰고 갔다.)

1.2. 다음 주어는 목적어를 몬다. 목적어는 사람이다.

(2) a. They drove the enemy out of the country.
   (그는 그 적을 그 나라 밖으로 몰아내었다.)
   b. They drove them into dark rooms.
   (그는 그들을 어두운 방으로 몰아넣었다.)

1.3. 다음 목적어는 차량이다.

(3) a. He drives a taxi/a bus.
        (그는 택시/버스를 몬다.)
    b. He drove his car round the corner carefully.
        (그는 그의 차를 그 모퉁이 주위로 조심스럽게 몰았다.)

1.4. 다음 주어는 목적어를 태워서 데려다 준다.

(4) a. I'll drive you home.
        (나는 너를 집에까지 태워 주겠다.)
    b. He drove me to the station.
        (그는 나를 그 역까지 태워 주었다.)
    c. He drove me to the market.
        (그는 나를 그 시장까지 차를 태워 주었다.)

1.5. 다음 주어는 자연현상이다. 주어는 목적어를 몬다.

(5) a. The wind was driving the rain against the window.
        (그 바람이 그 비를 창문에 몰아 부치고 있었다.)
    b. The gale drove the ships on the rocks.
        (그 질풍은 그 배들을 그 바위 위로 몰아붙였다.)
    c. The machine is driven by steam.
        (그 기계는 증기로 움직인다.)
    d. The ship was driven out of its course by the wind/by the current.
        (그 배는 그 바람/해류로 제 길을 벗어났다.)

1.6. 다음 주어는 목적어에 힘을 가해서 into의 목적어로 들어가게 한다.

(6) a. He drove the nail **into** the plank.
    (그는 그 못을 그 판자에 박았다.)
  b. He drove the ball **into** the boundary.
    (그는 그 공을 그 경계 안으로 몰아넣었다.)
  c. He drove a lesson **into** her head.
    (그는 하나의 교훈을 그녀의 머릿속에 박아 넣었다.)

1.7. 다음 목적어는 결과로 생겨나는 개체이다.

(7) a. They drove a tunnel.
    (그들은 터널을 뚫었다.)
  b. They drove a well.
    (그들은 우물을 팠다.)
  c. They drove a railway across the desert.
    (그들은 그 사막을 가로질러 철도를 놓았다.)

1.8. 다음 주어는 목적어를 세차게 몰아 부친다.

(8) a. They drove a roaring trade.
    (그들은 장사를 잘 하고 있다.)
  b. He drove a hard bargain.
    (그는 어려운 거래를 성사시켰다.)

1.9. 다음 주어는 목적어를 부린다.

(9) a. He drives his employees night and day.
　　　(그는 그의 고용인들을 밤낮으로 몰아붙인다.)
　 b. He has been driving himself lately.
　　　(최근에 그는 자신을 몰아붙여오고 있다.)

1.10. 다음에서 주어는 목적어를 몰아서 부정사가 가리키는 일을 하게 한다.

(10) a. His pride drove him to complete the job.
　　　(그의 자부심이 그를 몰아서 그 일을 완성하게 했다.)
　 b. Hunger drove him to steal.
　　　(배고픔이 그를 몰아서 훔치게 했다.)
　 c. His wife's death drove him to despair.
　　　(그의 아내의 죽음이 그를 절망으로 몰아갔다.)
　 d. Failure drove him to despair.
　　　(실패가 그를 절망으로 몰아갔다.)

1.11. 다음 주어는 목적어를 to의 목적어로 몰아간다.

(11) a. Her constant complaint drove him to desperation.
　　　(그녀의 끊임없는 불평이 그를 자포자기로 몰았다.)
　 b. You'll drive me to my wit's end.
　　　(너는 나를 어찌할 바를 모르게 몰아붙였다.)
　 c. Oppression drove them to open rebellion.
　　　(억압이 그들을 몰아서 공공연한 반항을 하게 했다.)

1.12. 다음은 「상태변화는 장소이동이다」의 은유가 적용된 표현이다.

(12) a. You'll drive me mad.

　　　　(너는 나를 미치게 할 것이다.)

　　b. He drove her crazy.

　　　　(그는 그녀를 미치게 했다.)

2. 자동사 용법

2.1. 다음 주어는 자동차 운전을 한다.

(13) a. He drives to work with me.

　　　　(그는 나와 함께 차를 타고 일을 나간다.)

　　b. We drove up to the front door.

　　　　(우리는 그 정문까지 차를 타고 왔다.)

　　c. Shall we drive home or walk?

　　　　(집에 차로 갈까요, 걸어갈까요?)

　　d. We are merely driving through.

　　　　(우리는 그저 차를 타고 지나고 있다.)

　　e. Our troops are driving toward the enemy.

　　　　(우리 군대는 적을 향해 세차게 전진하고 있다.)

2.2. 다음 주어는 움직인다.

(14) a. The ships drove on the rocks.

　　　　(배가 바위 위에 올라갔다. 즉 좌초되었다.)

　　b. The ship was driving before the wind.

　　　　(그 배는 바람 앞에 나아가고 있다.)

c. The truck drove slowly up the hill.
   (그 트럭은 천천히 그 언덕 위로 올라갔다.)
d. The clouds drove across the sky.
   (그 구름들은 하늘을 가로질러 지나갔다.)
e. The rain was driving in my face.
   (그 비가 내 얼굴에 몰아치고 있다.)

2.3. 다음 주어는 달리듯 열심히 일한다.

(15) The author drove hard to finish his book on time.
     (그 저자는 그 책을 제 시간에 마치기 위해서 열심히 일했다.)

DROP

0. 이 동사의 개념바탕에는 drop의 명사 '방울'이 있다. 동사의 의미는 방울이 떨어지는 과정과 관계가 있다.

1. 자동사 용법

1.1. 다음 주어는 떨어진다.

(1) a. Tears dropped from her eyes.
   (눈물이 그녀의 눈에서 떨어졌다.)
   b. Sweat dropped down her face.
   (땀방울이 그녀의 뺨을 타고 떨어졌다.)

1.2. 다음 주어는 전치사 from이나 off의 목적어에서 떨어진다.

(2) a. A pin dropped.
   (핀 하나가 떨어졌다.)
   b. The fruit dropped **from** the tree.
   (그 과일이 그 나무에서 떨어졌다.)
   c. The man dropped **from** the top of the building.
   (그 남자는 그 건물의 꼭대기에서 떨어졌다.)
   d. He dropped **off** a cliff.
   (그는 절벽에서 떨어졌다.)

1.3. 다음에는 주어가 떨어지는 경로가 표현되어 있다.

(3) a. The coin dropped **through** the hole.
   (그 동전이 그 구멍으로 떨어졌다.)

   b. The photograph dropped **behind** the piano.
   (그 사진은 그 피아노 뒤로 떨어졌다.)

1.4. 다음 주어는 진행방향에서 처진다.

(4) a. Our boat dropped **behind**.
   (우리 배가 뒤쳐졌다.)

   b. I dropped **back** to speak to Bill.
   (나는 빌에게 이야기를 하기 위해서 뒤로 쳐졌다.)

   c. He dropped **to** the rear.
   (그는 뒤로 쳐졌다.)

1.5. 다음 주어는 서 있던 자세에서 앉거나 눕는다. 자세가 낮아진다.

(5) a. All the people dropped down on their knees as the king
   passed by.
   (그 왕이 지나갈 때 모든 사람들은 앉아서 무릎을 꿇었다.)

   b. Tired after a heavy day's work, he dropped into a chair.
   (힘든 하루 일을 마치고 난 후에, 그는 의자에 털썩 앉았다.)

   c. I think I'll drop into bed for an hour.
   (나는 한 시간 동안 잠자리에 들어 있을 생각이다.)

   d. They worked until they dropped.
   (그들은 쓰러질 때까지 일했다.)

1.6. 땀방울이 이마에서 떨어지면, 이것은 이마에서 제거된다. 다음
   주어는 탈퇴한다.

(6) a. Two club members dropped out.
   (두 클럽 회원이 떨어져나갔다.)

   b. There are only two of us going to the cinema. Mary has dropped.
   (그 영화관에 가는 것은 우리 둘 뿐이다. 메어리가 떨어져 나 갔다.)

   c. He dropped out of high school at the age of sixteen.
   (그는 16살 때 고등학교를 그만 두었다.)

   d. He dropped from the match.
   (그는 그 경기에서 떨어졌다.)

1.7. 다음은 「적음은 아래이다」의 은유가 적용된 표현이다. 주어는 양이나 수가 줄어든다.

(7) a. The price of oil has dropped to $12 a barrel.
   (그 기름값이 일 배럴당 12 달러로 떨어졌다.)

   b. The temperature has dropped below zero.
   (기온이 영하로 떨어졌다.)

   c. Her voice dropped to a whisper.
   (그녀의 목소리가 속삭임으로 낮아졌다.)

   d. Sales have dropped off during the last three months.
   (판매가 지난 삼 개월 동안 뚝 떨어졌다.)

1.8. 다음은 「아래는 비활동 상태이다」의 은유가 적용된 표현이다.

(8) a. He dropped **asleep**.
   (그는 잠이 들었다.)

   b. He dropped **into** silence.
   (그는 침묵에 빠졌다.)

c. He dropped **into** a deep sleep.
  (그는 깊은 잠에 빠졌다.)

d. I dropped **off** in front of the TV.
  (나는 텔레비전을 보다 깜빡 잠이 들었다.)

1.9. 개체가 떨어지면 움직임이 중단된다. 다음 주어는 중단된다.

(9) a. The matter dropped.
    (그 문제가 중단되었다.)

  b. The quarrel dropped.
    (싸움이 중단되었다.)

1.10. 다음 주어는 물방울이 떨어지듯 계획 없이 어디에 들른다.

(10) a. Drop in and see us when you are next in seoul.
    (다음 서울에 오거든 와서 우리를 들러주세요.)

  b. Drop round one evening this week.
    (금주 어느 저녁 들러주세요.)

  c. Joe dropped in on me.
    (죠가 나를 난데없이 찾아왔다.)

  d. I'll drop by on my way home if I have time.
    (시간이 있으면 집에 가는 길에 들리겠다.)

2. 타동사 용법

2.1. 다음 주어는 목적어를 떨어지게 한다.

(11) a. He dropped some lemon juice in his tea.
   (그는 레몬 주스를 그의 차에 떨어뜨렸다.)
   b. He dropped a dime in the vending machine.
   (그는 10센트짜리를 그 자동판매기에 넣었다.)
   c. They dropped the curtain.
   (그들은 그 커튼을 내렸다.)
   d. She dropped her glasses and broke them.
   (그녀는 자신의 안경을 떨어뜨려서 깨뜨렸다.)
   e. She dropped a whole box of pins all over the floor.
   (그녀는 핀 한 통을 전부 그 마루에 떨어뜨렸다.)

2.2. 다음 주어는 목적어를 내린다.

(12) a. Drop me at the next stop.
   (나를 다음 정거장에서 내려주세요.)
   b. She dropped her passengers at Main Street.
   (그녀는 그녀의 승객들을 메인가에서 내렸다.)
   c. The bus dropped me at the end of the road.
   (그 버스는 나를 그 길 끝에서 내려 주었다.)
   d. The Taxi dropped us at the hotel.
   (그 택시는 우리를 그 호텔에 내려 주었다.)

2.3. 다음 주어는 목적어를 넘어지게 한다.

(13) a. He dropped a man with a blow.
   (그는 그 남자를 일격에 쓰러뜨렸다.)
   b. He dropped his opponent in the first round.
   (그는 그의 상대를 첫 라운드에서 넘어뜨렸다.)
   c. He dropped the lion with one shot.

(그는 그 사자를 한 방으로 쓰러뜨렸다.)

2.4. 다음 주어는 목적어를 떨어지게 한다(줄인다).

(14) a. The driver dropped the speed.
   (그 운전수가 그 속도를 떨구었다.)
   b. He dropped his voice to a whisper.
   (그가 목소리를 속삭임으로 떨구었다.)

2.5. 다음 주어는 목적어를 떨어지게 한다.

(15) a. We must drop the failing students.
   (우리는 그 낙제점수 받는 학생을 제명시켜야 한다.)
   b. The boss dropped six men Saturday.
   (그 사장은 토요일에 여섯 명을 해고했다.)
   c. Members who do not pay their dues will be dropped from the club.
   (회비를 내지 않은 회원은 그 클럽에서 제명될 것이다.)
   d. He has been dropped from the football team.
   (그는 그 축구팀에서 탈락되었다.)

2.6. 다음 주어는 목적어를 빠트린다.

(16) a. He always drops his H's when he writes.
   (그는 글을 쓸 때 H자를 빠뜨린다.)
   b. He dropped a stitch.
   (그는 한 코를 빠뜨렸다.)
   c. Drop the 'e' in 'drive' before adding 'ing'.
   (ing을 더하기에 앞서 drive의 e자를 빼라.)

2.7. 다음 주어는 목적어를 흘린다.

(17) a. He drooped a hint/a sign/a word.
　　　(그는 힌트/신호/단어를 흘렸다.)
　　 b. He dropped one or two general remarks about the weather.
　　　(그는 그 날씨에 관한 일반적인 한두 마디를 흘렸다.)

2.8. 다음 주어는 목적어를 낳는다.

(18) The mare dropped a foal.
　　 (그 암말이 새끼를 낳았다.)

2.9. 다음 목적어는 추상적이나 구체적 개체로 개념화되어 있다. 주
　　어는 목적어를 떨어뜨린다.

(19) a. He dropped the habit of smoking.
　　　(그는 담배피우는 그 습관을 떨쳐버렸다.)
　　 b. I'm going to drop history this semester.
　　　(나는 역사과목을 이번 학기에 취소할 작정이다.)
　　 c. They have dropped the idea of going to college.
　　　(그들은 대학에 갈 생각을 버렸다.)
　　 d. The matter is not important. Let's drop it.
　　　(그 문제는 중요하지 않다. 그 문제는 그만 논의합시다.)

2.10. 다음 주어는 첫째 목적어에 둘째 목적어를 떨구어 준다.

(20) a. Please drop me a line.
　　　(내게 편지를 내어주게)

b. Drop me a card. I'll drop a line to you.
   (내게 카드를 한 장 보내주게, 나는 네게 편지를 보내마.)
c. I'll just drop a note to my sister.
   (나는 짧은 편지를 나의 누이에게 보내겠다.)

EAT

0. 이 동사의 개념바탕에는 씹어서 먹는 과정이 있다.

1. 타동사 용법

1.1. 다음 주어는 목적어를 먹는다.

(1) a. We eat good food.
   (우리는 좋은 음식을 먹는다.)
   b. We eat dinner at 7 o'clock.
   (우리는 정찬을 7시에 먹는다.)
   c. Tigers eat meat.
   (호랑이는 고기를 먹는다.)
   d. Cows eat grass and grain.
   (소는 풀과 곡물을 먹는다.)

1.2. 다음 주어는 목적어를 갉아 먹는다.

(2) a. Termites have eaten the posts and ruined the fence.
   (흰 개미들이 그 기둥들을 갉아 먹어서 그 울타리를 못 쓰게 만들었다.)
   b. Acids eat metals.
   (산은 금속을 침식한다.)
   c. The wood was eaten by termites.

(그 나무는 흰 개미에 갉아 먹혔다.)
d. Time eats the strongest walls.
(시간은 가장 튼튼한 벽도 침식한다.)

1.3. 다음 주어는 목적어를 침식하여 없어지게(away) 한다.

(3) a. The acid ate **away** the metal.
(그 산은 그 금속을 조금씩 계속적으로 침식하여 없어지게
했다.)
b. Rust has eaten **away** the surface.
(녹이 그 표면을 조금씩 계속 침식하여 없어지게 했다.)
c. The river has eaten **away** its banks.
(그 강은 그 둑을 조금씩 계속 침식하여 없어지게 했다.)

1.4. 다음 주어는 목적어를 완전히(up) 먹는다.

(4) a. They ate **up** the cakes as soon as they appeared.
(그들은 그 케이크들이 나오자마자 다 먹어치웠다.)
b. Extravagant spending ate **up** our savings.
(과소비가 우리의 저축을 다 삼키어 버렸다.)
c. The flames ate **up** the wood.
(그 불꽃이 그 나무를 다 삼키어 버렸다.)

1.5. 다음 주어는 목적어를 씹는다. 씹히면 괴롭다.

(5) a. She won't eat you.
(그녀는 너를 괴롭히지 않을 것이다.)
b. All the papers ate him.
(그 모든 논문들이 그를 괴롭혔다.)

c. He's been in a bad temper all day; I wonder what's eating him.
(그는 온종일 기분이 좋지 않다. 무엇이 그를 괴롭히는가?)

1.6. 다음 목적어는 씹어서 생긴다.

(6) a. Termites ate holes in the pillar.
(흰 개미들이 구멍들을 그 기둥에 뚫었다.)
b. Moths ate holes in my wool coat.
(좀들이 구멍들을 내 모직코트에 뚫었다.)

1.7. 다음 주어는 목적어를 먹어서 어떤 상태에 이르게 만든다.

(7) a. Locusts ate the country **bare**.
(메뚜기가 (풀을 다 뜯어먹고) 그 나라를 황폐하게 만들었다.)
b. He ate himself **sick**.
(그는 너무 많이 먹어서 병이 났다.)

2. 자동사 용법

2.1. 다음 주어는 먹는 사람이다.

(8) a. I eat three times a day.
(나는 하루에 세 번 먹는다.)
b. He eats well.
(그는 잘 먹는다.)
c. What time do you usually eat?
(몇 시에 보통 (밥을) 먹느냐?)

d. Where shall we eat?

(어디서 먹을까요?)

2.2. 다음 주어는 전치사 at의 목적어에 부분적인 힘을 가한다.

(9) a. Jealousy is eating away **at** him.

(질투가 그를 갉아 먹고 있다.)

b. Something is eating **at** him.

(무엇이 그를 조금씩 괴롭히고 있다.)

c. The river is eating **at** the banks.

(그 강은 그 둑을 조금씩 침식하고 있다.)

2.3. 다음 주어는 먹으면서 파들어 간다.

(10) a. The acid ate **into** the metal.

(그 산이 그 금속을 파먹어 들어갔다.)

b. All these bills are eating **into** our savings.

(이 모든 청구서가 우리의 저금을 파먹어 들어가고 있다.)

c. Our holiday has eaten **into** the savings.

(우리 휴가가 우리의 저축을 많이 축내었다.)

2.4. 다음 주어는 먹힌다.

(11) a. This mushroom eats like beef.

(이 버섯은 고기같이 먹힌다.)

b. These cakes eat crisp.

(이 과자는 바삭바삭하게 씹힌다.)

c. Cheese eats well with apples.

(치즈는 사과와 함께 잘 먹어진다.)

ENGAGE

1. 타동사 용법

1.1. 다음 주어는 목적어를 다른 개체에 연결한다.

(1) a. She engaged the clutch and the car moved forwards.
   (그녀가 그 클러치를 연결하자, 자동차가 앞으로 움직이기 시작했다.)
   b. The driver engaged the second gear.
   (그 운전수는 이단 기어를 넣었다.)

1.2. 다음 주어는 자신을 사회적으로 전치사 to의 목적어에 묶는다.

(2) a. He engaged himself as an apprentice **to** a printer.
   (그는 자신을 견습공으로 인쇄업자에게 고용시켰다.)
   b. I engage myself **to** nothing.
   (나는 자신을 아무것에도 얽매지 않는다.)
   c. She engaged herself **to** him last week.
   (그녀는 그와 지난주 약혼했다.)

1.3. 다음 주어는 자신을 전치사 in의 목적어에 넣는다.

(3) a. He engaged himself in writing a letter.
  (그는 자신을 편지를 쓰는 일에 몰입시켰다.)

  b. She engaged herself in the election campaign.
  (그녀는 자신을 그 선거운동에 몰입시켰다.)

1.4. 다음 주어는 목적어를 주어 자신에게 묶는다.

(4) a. We engaged him as an assistant.
  (우리는 그를 조수로 채용했다.)

  b. They engaged a cook for the summer.
  (그들은 요리사를 여름동안 채용했다.)

  c. He engaged a Korean girl as his secretary.
  (그는 한국 소녀를 그의 비서로 채용했다.)

  d. Engage somebody to stay with the sick man.
  (그 환자와 같이 있을 누구를 고용하시오.)

  e. I engaged a carpenter to repair the door.
  (나는 그 문을 고치기 위해서 목수를 고용했다.)

  f. He has engaged an entertainer for the children's party.
  (그는 아이들의 파티를 위해서 접대자를 고용했다.)

1.5. 다음 주어는 목적어를 끌어들인다. 목적어는 시간이다.

(5) a. Assignments engage most of a student's time.
  (숙제가 학생시간의 대부분을 차지한다.)

  b. House work engages much of her time.
  (집안 일이 그녀 시간의 대부분을 차지한다.)

  c. Studying engages much of his time.
  (연구가 그의 시간의 대부분을 차지한다.)

1.6. 다음 목적어는 주의이다. 주어는 목적어를 끈다.

(6) a. The new toy didn't engage the child.
    (그 새 장난감은 그 아기의 주의를 끌지 못했다.)
  b. Bright colors engage a baby's attention.
    (밝은 색깔은 애기의 주의를 끈다.)
  c. That book engaged his attention for hours.
    (그 책은 그의 주의를 몇 시간이고 끌었다.)
  d. The poor child engaged his sympathy.
    (그 불쌍한 아이는 그의 동정심을 끌었다.)
  e. His face engaged my attention.
    (그의 얼굴은 나의 주의를 끌었다.)

1.7. 다음 주어는 서로 맞물린다.

(7) a. The two cartwheels engage each other.
    (그 두 톱니바퀴는 서로 물린다.)
  b. The teeth of geared wheels engage each other.
    (톱니가 있는 바퀴의 그 이들은 서로 물린다.)

1.8. 다음 주어는 목적어가 with의 목적어와 교전하게 한다.

(8) He engaged the troops with the enemy.
    (그는 그 군대를 그 적과 교전시켰다.)

1.9. 다음 주어는 목적어와 교전한다.

(9) a. They engaged the enemy.
    (그들은 그 적을 교전했다.)

b. The troops engaged their enemy.
   (그 군대는 그들의 적을 교전했다.)

1.10. 다음은 수동태 문장으로, 주어는 묶인다.

(10) a. She is engaged to him.
        (그녀는 그에 약혼이 되어있다.)
     b. I was engaged in proofreading.
        (나는 교정보는 일에 몰두하고 있었다.)
     c. He is engaged on a biography of his life.
        (그는 자신의 전기를 쓰는 일에 몰두하고 있다.)
     d. She was engaged with her baby.
        (그녀는 애기를 돌보는 일에 매어 있다.)

2. 자동사 용법

2.1. 다음 주어는 스스로 to 부정사에 묶는다.

(11) a. They engaged **to** do what they could for us.
        (그들은 우리를 위해서 그들이 할 수 있는 것을 하기로 약속
        했다.)
     b. I will engage **to** be there on time.
        (나는 제시간 그곳에 도착하도록 하겠다.)

2.2. 다음 주어는 with의 목적어와 맞물린다.

(12) a. This wheel engages **with** that wheel, and turns it.
　　　 (이 바퀴는 저 바퀴와 맞물려서 그것을 돌아가게 한다.)

　　 b. The teeth of one gear engages **with** the teeth of the other.
　　　 (한 기어의 톱니들은 다른 기어의 톱니와 맞물린다.)

　　 c. That year I engaged **with** a trading company.
　　　 (그해 나는 무역회사와 관계했다.)

2.3. 다음 주어는 교전한다.

(13) a. The two fleets engaged at dawn.
　　　 (그 두 함대가 새벽에 접전했다.)

　　 b. John and Susan are engaged.
　　　 (존과 수잔은 약혼했다.)

2.4. 다음 주어는 in의 목적어에 들어간다.

(14) a. The teeth in one gear engage in another.
　　　 (어느 기어의 그 톱니들은 다른 기어의 톱니들 속에 들어가서 맞물린다.)

　　 b. They engaged in conversation.
　　　 (그들은 대화를 하고 있었다.)

　　 c. He engaged in teaching there for three years.
　　　 (그는 그곳에서 삼년동안 가르치는 일에 종사했다.)

　　 d. She engages in politics.
　　　 (그녀는 정치에 종사하고 있다.)

ENTER

1. 타동사 용법

1.1. 다음 주어는 목적어를 들어간다.

(1) a. He entered a room/a house/a tunnel.
   (그는 방/집/굴 속으로 들어갔다.)

   b. They entered the building by the back door.
   (그들은 그 건물을 그 뒷문을 통해서 들어갔다.)

   c. The judge entered the court.
   (그 판사는 그 법정을 들어갔다.)

1.2. 다음 주어는 개체이다. 주어는 목적어에 들어간다.

(2) a. The bullet entered his head.
   (그 실탄이 그의 머리를 뚫고 들어갔다.)

   b. A strange idea entered his head.
   (이상한 생각이 그의 머릿속을 들어갔다.)

1.3. 다음은 「활동영역, 학문영역, 조직체는 그릇이다」의 은유가 적
   용된 표현이다. 주어는 목적어에 들어간다.

(3) a. He entered business/politics in 1943.
      (그는 1943년 사업계/정치계에 발을 들여다 놓았다.)
   b. He entered the army/the club/the school.
      (그는 그 군대/모임/학교를 들어갔다.)
   c. Some finest runners entered the race/contest.
      (몇 명의 최고로 좋은 선수들이 그 경기/시합에 참가했다.)
   d. After years of training, the doctor entered the practice of
      medicine.
      (몇 년의 훈련 끝에 그 의사는 개업에 들어갔다.)

1.4. 다음은 「기간은 영역이다」의 은유가 적용된 표현이다.

(4) a. The talks have now entered their third week.
      (그 회담은 삼 주째를 접어들었다.)
   b. They are entering a new stage in their lives.
      (그들은 그들 삶에 있어서 새로운 단계를 접어들고 있다.)
   c. I entered my second year at university.
      (나는 대학에서 2년째를 접어들었다.)

1.5. 다음 주어는 목적어를 다른 개체에 들어가게 한다.

(5) a. He entered a wedge **into** a log.
      (그는 쐐기를 통나무에 넣었다.)
   b. He entered a key **in** the door.
      (그는 열쇠를 그 문에 넣었다.)

1.6. 다음 주어는 목적어를 등록시킨다.

(6) a. We entered the boy **in** school.

(우리는 그 소년을 입학시켰다.)

b. He entered the horse **in** a race.
(그는 그 말을 그 경주에 참가시켰다.)

c. He entered roses **in** a flower show.
(그는 장미를 꽃 전시회에 출품시켰다.)

d. She entered her dog **at** the show.
(그녀는 그녀의 개를 그 전시회에 참가시켰다.)

e. I entered my students **for** the examination.
(나는 시험을 보도록 그 학생들의 이름을 적어내었다.)

1.7. 다음 주어는 목적어를 기입한다.

(7) a. She entered my name **on** the list.
(그녀는 내 이름을 그 명부에 기입했다.)

b. She entered the event **in** her journal.
(그녀는 그 사건을 그녀의 일기장에 기입했다.)

c. He entered the sum **in** the ledger.
(그는 그 합계를 그 장부에 기입했다.)

d. You must enter $5 you spent **in** the account book.
(너는 네가 쓴 5불을 그 장부에 기입해야 한다.)

e. Is the word *kimchi* entered **in** this dictionary?
(*김치*라는 낱말이 이 사전에 기재되어 있는가?)

1.8. 다음 주어는 목적어를 제출한다.

(8) a. I have entered a complaint against him with the authorities.
(나는 그에 대한 고소장을 당국에 제출했다.)

b. The prisoner entered a plea of "not guilty".
(그 죄수는 "무죄"의 탄원서를 제출했다.)

2. 자동사 용법

2.1. 다음 주어는 들어간다.

(9) a. He entered at the door.
   (그는 그 문으로 들어갔다.)
   b. No one knew where he had entered.
   (아무도 그가 어디에 들어갔는지 몰랐다.)
   c. Knock before you enter.
   (들어가기 전에 노크를 하시오.)
   d. You may enter now.
   (이제 들어가도 좋다.)

2.2. 다음 주어는 into의 목적어로 들어간다.

(10) a. They entered **into** conversation.
   (그들은 대화를 시작했다.)
   b. We shall enter **into** the subject later on.
   (우리는 그 문제를 나중에 취급하겠다.)
   c. The book does not enter **into** the details of the matter.
   (그 책은 그 문제의 세부사항에 파고 들지 않는다.)
   d. Many factors entered into the decision.
   (많은 요소가 그 결정에 들어간다.)

2.3. 다음 주어는 들어가서 on의 목적어와 접촉한다.

(11) a. They entered **upon** the task.
   (그들은 그 임무를 시작했다.)

b. The chairman entered **upon** his new policy in the 1950s.
(그 의장은 1950년대에 그의 새 정책을 시작했다.)
c. The scientific world entered **upon** a new age with the splitting of the atom.
(그 과학세계는 원자의 분리와 함께 새 시대에 들어섰다.)
d. The economy entered on a period of sustained growth.
(그 경제는 지속적 성장의 시기에 들어섰다.)

ESCAPE

0. 이 동사의 과정에는 피하는 과정이 있다.

1. 타동사 용법

1.1. 다음 주어는 목적어를 피한다. 목적어는 주어에 닥쳐온다.

(1) a. He escaped punishment/pursuit/conscription.
　　　(그는 벌/추적/징용을 피했다.)
　　b. She escaped the infection/the measles/death/capture.
　　　(그녀는 그 전염병/홍역/죽음/생포를 피했다.)

1.2. 다음 주어는 목적어를 피한다. 목적어는 동명사로 표현되어 있다.

(2) a. He narrowly escaped being drowned.
　　　(그는 간신히 익사되는 것을 피했다.)
　　b. He escaped having to join the army.
　　　(그는 군에 입대하는 것을 피했다.)
　　c. She escaped being punished.
　　　(그녀는 벌 받는 것을 피했다.)

1.3. 다음 주어는 목적어를 피한다.

(3) a. The important matter escaped her notice.
(그 중요한 문제가 그의 주의를 피했다.)

b. The object escaped him in his search.
(그 물건은 수색에서 그의 눈을 벗어났다.)

c. I'm afraid your point escapes me.
(너의 요점이 나의 주의를 벗어나는 것 같이 생각됩니다.)

d. I'm afraid your name escapes me.
(미안하지만 당신의 이름이 생각나지 않습니다.)

e. Nothing escapes his attention.
(아무 것도 그의 주의를 벗어나지 않는다.)

2. 자동사 용법

2.1. 다음 주어는 from의 목적어에 있던 상태에서 벗어난다.

(4) a. He escaped from a lonely life.
(그는 외로운 생활에서 벗어났다.)

b. They managed to escape from the burning building.
(그들은 그 불타고 있는 건물에서 간신히 피신했다.)

c. You are just trying to escape from reality.
(너는 현실에서 도피하고자 하고 있을 뿐이다.)

d. He escaped from prison.
(그는 감옥에서 도망갔다.)

2.2. 다음 주어는 전치사 from의 목적어에서 새어나온다.

(5) a. Water is escaping from the main.
(물이 그 수도본관에서 빠져나온다.)

b. Gas has been escaping from the pipe.
   (가스가 그 관으로부터 새어나오고 있다.)

c. Heat is escaping from the open door.
   (열기가 그 열린 문으로 빠져 나오고 있다.)

2.3. 다음 주어는 도망을 친다.

(6) a. He escaped with bare life.
    (그는 간신히 목숨만 건져 도망왔다.)

 b. He escaped by the window.
    (그는 그 창문을 통해 도망했다.)

 c. He escaped to a foreign country.
    (그는 외국으로 도망갔다.)

EXPRESS

0. 이 동사의 개념바탕에는 압력을 받고 밖으로 나오는 과정이 있다.

1. 타동사 용법

1.1. 다음 주어는 목적어를 짜낸다.

(1) a. She expressed milk from her breast.
   (그녀는 젖을 그녀의 가슴에서 짜냈다.)
   b. Wine is made by expressing the juice from grapes.
   (포도주는 주스를 포도에서 짜냄으로써 만들어진다.)
   c. The juice is expressed from the grapes and made into wine.
   (그 주스는 그 포도로부터 짜져서 포도주로 만들어진다.)

1.2. 다음은 「사람 몸은 그릇이다」의 은유가 적용된 표현이다. 주어
   는 목적어를 밖으로 낸다.

(2) a. She expressed her willingness by her look.
   (그녀는 그녀의 표정으로 그녀의 의향을 표현했다.)
   b. She expressed surprise when I told her how much it was.
   (그녀는 내가 그녀에게 그것의 가격을 말하자 놀라움을 표현
   했다.)
   c. We expressed our thanks.
   (우리는 우리의 감사를 표시했다.)

d. Try to express your ideas clearly.
   (너의 생각을 분명하게 표현하도록 노력하라.)
e. She smiled to express her agreement.
   (그녀는 미소를 지어서 동의를 표시했다.)

1.3. 다음 주어는 목적어를 나타낸다.

(3) a. Just express what you feel.
      (네가 느끼는 것을 표현해라.)
   b. I can hardly express how grateful I feel.
      (나는 내가 얼마나 감사함을 느끼는지 거의 표현할 수 없다.)

1.4. 다음 목적어는 재귀대명사이다. 주어는 자신을 표현한다.

(4) a. He expressed himself very strongly on the subject.
      (그는 그 주제에 관해 자신의 주장을 강력하게 표현했다.)
   b. He can express himself better in English.
      (그는 영어로 자신의 의사를 더 잘 표현할 수 있다.)
   c. She expressed herself in good clear English.
      (그녀는 훌륭하고 명료한 영어로 자신의 의사를 표현했다.)
   d. You haven't expressed yourself clearly.
      (너는 너의 주장을 명확하게 표현하지 않았다.)

1.5. 다음 주어는 개체이다. 주어는 목적어를 나타낸다.

(5) a. The sign (+) expresses addition.
      (그 기호 (+)는 보태기를 나타낸다.)
   b. Your smile expresses joy.
      (네 미소는 즐거움을 나타낸다.)

c. The sign X expresses multiplication.
   (기호 X는 곱하기를 나타낸다.)

FALL

0. 이 동사의 개념바탕에는 떨어지는 과정이 있다.

1. 자동사 용법

1.1. 다음 주어는 떨어진다.

(1) a. The clock fell off the wall.
   (그 시계가 그 벽에서 떨어졌다.)
  b. The book fell from the table on the floor.
   (그 책이 그 식탁에서 그 마루로 떨어졌다.)
  c. The rain was falling steadily.
   (그 비가 끊임없이 내리고 있다.)
  d. The leaves fall in autumn.
   (그 잎들은 가을에 떨어진다.)
  e. He slipped and fell 10 feet.
   (그는 미끄러져서 10피트 떨어졌다.)

1.2. 다음 주어는 서 있던 상태에서 앉거나 눕는다.

(2) a. He fell on his knees and begged for mercy.
   (그는 무릎을 꿇고 앉아서 자비를 빌었다.)
  b. Babies often fall when they are learning to walk.
   (애기들은 걸음걸이를 배울 때 가끔 넘어진다.)

c. They fell in battles.
   (그들은 전투에서 쓰러졌다/죽었다.)

d. The buildings fell during the earthquake.
   (그 건물들은 그 지진이 일어나는 동안 무너졌다.)

1.3. 다음 주어는 시각에 관련된 그림자, 불빛, 시선, 어둠 등이다. 이들도 아래로 떨어지는 것으로 개념화된다.

(3) a. A shadow fell **on** the wall.
   (하나의 그림자가 그 벽에 떨어졌다.)

b. The lamplight fell **on** her face.
   (그 램프 불빛이 그녀의 얼굴에 떨어졌다.)

c. His eyes fell **on** a curious object.
   (그의 시선이 이상한 물체에 떨어졌다.)

d. Darkness fell **upon** the scene.
   (어둠이 그 배경 위에 덮였다.)

1.4. 다음 주어는 청각과 관련된 개체이다. 이들도 구체적인 개체로 개념화된다. 주어는 전치사 on의 목적어에 떨어진다.

(4) a. A great stillness had fallen **upon** everything.
   (큰 정적이 만물에 엄습하였다.)

b. A strange sound fell **on** our ears.
   (이상한 소리가 우리 귀에 닿았다.)

c. Fear fell **upon** them.
   (두려움이 그들에게 떨어졌다.)

1.5. 다음은 「적음은 아래이다」의 은유가 적용된 표현이다. 주어는 양, 또는 정도가 적어진다.

(5) a. The barometer is falling.

　(그 기압이 떨어지고 있다.)

　b. The temperature fell sharply.

　(그 기온이 급격히 떨어졌다.)

　c. His spirit fell at the bad news.

　(그 나쁜 소식을 듣고, 그의 기가 떨어졌다.)

　d. The wind fell during the night.

　(그 바람은 그 밤 사이 꺾였다.)

1.6. 다음은 「나쁨은 아래이다」의 은유가 적용된 표현이다.

(6) a. He fell into a bad habit/disgrace/poverty.

　(그는 나쁜 습관/불명예/가난 속에 떨어졌다.)

　b. He fell in love with an actress.

　(그는 여배우와 사랑에 빠졌다.)

1.7. 다음 주어는 형용사가 가리키는 상태에 들어간다. 이 표현은 「상태변화는 장소이동이다」의 은유가 적용되었다.

(7) a. His horse fell **lame**.

　(그 말은 절룩거리게 되었다.)

　b. He fell **silent**.

　(그는 말이 없게 되었다.)

　c. The old man fell **asleep**.

　(그 노인은 자기 시작했다.)

　d. He has fallen **ill**.

　(그는 병이 났다.)

1.8. 유산은 위에서 아래로 떨어지는 것으로 개념화된다.

(8) a. The property fell to his daughter.
   (그 재산은 딸에게 갔다.)
   b. The estate falls to the eldest son.
   (그 토지는 장남에게 간다.)

1.9. 계획이나 예상이 되지 않은 일은 떨어지는 것으로 개념화된다.

(9) a. It fell **to** my lot to open the discussion.
   (그 토의를 여는 것이 나의 책임이 되었다.)
   b. It fell to him **to** tell the bad news to his friend.
   (그 나쁜 소식을 그의 친구에게 말하는 일은 그에게 떨어졌다.)
   c. All expenses fell **on** me.
   (모든 경비가 내게 떨어졌다.)
   d. Most of the fighting fell **on** the second regiment.
   (그 전투의 대부분은 제 2연대에 떨어졌다.)

1.10. 다음은 「시간은 움직이는 개체이다」의 은유가 적용된 표현
   이다.

(10) a. X-mas falls on Monday this year.
   (X-마스는 금년에는 월요일이다.)
   b. Benjamin Franklin's birthday falls in that week.
   (벤자민 프랭크린의 생일이 그 주에 있다.)

1.11. 다음 주어는 움직이는 않는다. 그러나 전체 형상을 눈으로 따
   라가면 떨어지거나 내려간다.

(11) a. His beard fell to his chest.
   (그는 수염이 가슴까지 내려갔다.)
 b. His hair fell over his shoulders.
   (그의 머리가 어깨 너머까지 내려갔다.)
 c. The ground fell towards the river.
   (그 땅은 강쪽으로 낮아졌다.)
 d. The hill gently falls to the bank of the river.
   (그 산은 그 강둑 쪽으로 완만히 낮아진다.)

2. 타동사 용법

2.1. 다음 주어는 목적어가 된다.

(12) He fell an easy prey/victim/sacrifice to them.
   (그는 그들의 쉬운 먹이/희생물/제물이 되었다.)

FEED

0. 이 동사의 개념바탕에는 먹이를 주는 과정이 있다.

1. 타동사 용법

1.1. 다음 주어는 목적어를 to의 목적어에 먹인다.

(1) a. She feeds corn **to** the cows.
      (그녀는 옥수수를 그 소들에게 먹인다.)
   b. You'd better feed this old bread **to** the hens.
      (이 오래된 빵은 그 닭에게 주는 게 낫겠다.)
   c. I couldn't feed that stinking meat **to** my dog.
      (나는 그 냄새 나는 고기를 나의 개에게 먹일 수 없었다.)
   d. He feeds crusts of bread **to** chicks.
      (그는 빵 껍질들을 병아리들에게 먹인다.)

1.2. 다음 주어는 목적어를 with의 목적어로 먹인다.

(2) a. She fed him **with** tranquilizers.
      (그녀는 그를 진정제로 먹였다.)
   b. My uncle feeds plants **with** chemical fertilizers.
      (나의 아저씨는 식물을 화학 비료로 키운다.)
   c. This moving belt feeds the machine **with** raw material.
      (이 이동 벨트는 그 기계를 정제되지 않은 원료로 공급한다.)

d. She feeds the lamp **with** oil.
  (그녀는 그 램프를 기름으로 채운다.)
e. He feeds the printing press **with** paper.
  (그는 그 인쇄기를 종이로 넣는다.)
f. He feeds the furnace **with** coal.
  (그는 그 난로를 석탄으로 채운다.)
g. She is feeding the computer **with** data.
  (그녀는 그 컴퓨터를 자료로 입력하고 있다.)

1.3. 다음 주어는 목적어에 음식이나 먹이를 준다.

(3) a. I have fed the chickens.
  (나는 그 닭들에게 모이를 주었다.)
b. We have to feed 20 guests after the wedding.
  (우리는 그 결혼식 후에 20명의 손님을 대접해야 한다.)
c. She feeds the baby.
  (그녀는 그 아기에게 젖을 먹인다.)
d. The baby cannot feed itself yet.
  (그 아기는 아직은 스스로 먹을 수 없다.)
e. He feeds his family on 400 dollars a week.
  (그는 자신의 가족을 400달러의 주급으로 부양한다.)

1.4. 다음 주어는 목적어를 전치사 into의 목적어에 넣는다.

(4) a. They fed the wire into the hole.
  (그들은 그 전선을 그 구멍에 넣었다.)
b. They are feeding paper into the printing press.
  (그들은 종이를 그 인쇄 기계에 넣고 있다.)

c. We fed the lines to the actor.
(우리는 그 대사를 그 배우에게 주었다.)

1.5. 다음 주어는 그 자체가 목적어에 먹이가 된다.

(5) a. Two rivers feed the lake.
(두 강이 그 호수의 물을 공급한다.)
b. These little streams feed the lake.
(이 작은 시내들이 그 호수에 물을 공급한다.)
c. This medicine will feed the roots of your hair.
(이 약이 당신의 모근에 영양을 줄 것입니다.)
d. The pasture fed a thousand head of cattle.
(그 초원은 수천마리 소들의 먹이를 공급했다.)
e. Plants feed many creatures.
(식물은 많은 생물에게 먹이를 공급한다.)

2. 자동사 용법

2.1. 다음 주어는 먹이를 먹는다.

(6) a. Cattle feed chiefly on grass.
(소들은 주로 풀을 먹는다.)
b. The horses are feeding on the clover.
(그 말들은 클로버를 먹고 있다.)
c. The cows were feeding in the meadows.
(그 암소들은 그 목장에서 풀을 뜯고 있었다.)

FEEL

0. 이 동사의 개념바탕에는 느끼는 과정이 있다.

1. 타동사 용법

1.1. 다음 주어는 손으로 만져서 목적어를 느낀다.

(1) a. The doctor felt my pulse.
    (그 의사는 나의 맥박을 짚었다.)
  b. He felt the edge of the knife.
    (그는 그 칼의 날을 만져 보았다.)
  c. He felt the weight of the box.
    (그는 그 상자의 무게를 손으로 느껴 보았다.)
  d. He felt her forehead to see if he has a fever.
    (그는 열이 있는지 보기 위해서 그녀의 이마를 만져 보았다.)
  e. Just feel the quality of this cloth.
    (이 천의 질을 손으로 만져 보아라.)

1.2. 다음 주어는 목적어를 피부나 몸 전체로 느낀다.

(2) a. I felt a rain on my cheeks.
    (나는 내 뺨에 빗방울을 느꼈다.)
  b. I felt the wind on my face.
    (나는 그 바람을 내 얼굴에 느꼈다.)

c. He doesn't feel the heat.
(그는 그 열을 느끼지 못한다.)

d. I can feel a nail in my shoes.
(나는 내 신에 못을 느낄 수 있다.)

e. He feels the cold in winter.
(그는 겨울에 추위를 느낀다.)

f. Did you feel the earthquake?
(당신은 그 지진을 느꼈습니까?)

g. He felt the cool breeze.
(그는 그 시원한 미풍을 느꼈다.)

1.3. 다음 주어는 목적어를 머리로 느낀다.

(3) a. He felt the truth of her words.
(그는 그녀 말의 진실을 느꼈다.)

b. I felt the insult.
(나는 그 모욕을 느꼈다.)

c. He felt the force of his argument.
(그는 그의 논의의 힘을 느꼈다.)

d. Don't you feel the beauty of this landscape?
(당신은 이 배경의 아름다움을 느끼지 않습니까?)

e. I feel deeply the truth of what was said.
(나는 말해진 것의 그 진실을 깊이 느낀다.)

1.4. 다음 주어는 목적어를 마음으로 느낀다.

(4) I felt anger/joy/pity/pain/sorrow/fear.
(나는 노여움/즐거움/동정/고통/슬픔/두려움을 느꼈다.)

1.5. 다음 주어는 that-절의 내용을 느낀다.

(5) a. She feels that you should go.
   (그녀는 네가 가야 한다고 느낀다.)
   b. She felt that he no longer loved her.
   (그녀는 그가 더 이상 그녀를 사랑하지 않는다고 느꼈다.)
   c. He felt that the plan was unwise.
   (그는 그 계획이 좋지 않았다고 느꼈다.)
   d. I feel that he will come.
   (나는 그가 올 것이라고 느낀다.)
   e. I feel that you are right.
   (나는 네가 옳다고 느낀다.)

1.6. 다음 주어는 목적어를 to be의 주어로 느낀다.

(6) a. She felt herself to be unloved.
   (그녀는 자신이 사랑을 받지 못한다고 느꼈다.)
   b. I felt the plan to be unwise.
   (나는 그 계획이 현명하지 않다고 느꼈다.)

1.7. 다음 주어는 더듬어서 길을 찾아간다.

(7) a. I felt my way to the door.
   (나는 더듬어서 그 문으로 갔다.)
   b. They were feeling their way towards an agreement.
   (그들은 일치점으로 조금씩 더듬어 나아가고 있다.)

1.8. 다음 주어는 목적어가 어떤 과정 속에 있는 것을 느낀다.

(8) a. I felt something crawling up my arm.
　　 (나는 무엇이 내 팔 위로 기어오는 것을 느꼈다.)

　 b. I felt my heart beating.
　　 (나는 내 심장이 뛰는 것을 느꼈다.)

　 c. I felt something touching my foot.
　　 (나는 무엇이 내 발을 건드리는 것을 느꼈다.)

1.9. 다음 주어는 목적어가 어떤 과정을 거친 것을 느낀다.

(9) a. I felt the house shake.
　　 (나는 그 집이 흔들리는 것을 느꼈다.)

　 b. He felt the bee sting him.
　　 (그는 그 벌이 그를 쏘는 것을 느꼈다.)

2. 자동사 용법

2.1. 다음 주어는 손으로 더듬어서 for의 목적어를 찾는다.

(10) a. I felt for a coin in my pocket.
　　 (나는 그 호주머니 속에서 동전을 찾기 위해 더듬었다.)

　 b. I felt along the wall for the door.
　　 (나는 그 문을 찾기 위해 그 벽을 따라 더듬었다.)

　 c. He was feeling in the darkness for the switch.
　　 (그는 어둠 속에서 그 스위치를 찾아 더듬었다.)

2.2. 다음 주어는 느낌을 준다.

(11) a. The new suit doesn't feel right.
   　(그 새 옷은 제대로 안된 것 같다.)
   b. Your feet feel cold.
   　(네 발은 차게 느껴진다.)
   c. The paper feels rough.
   　(그 종이는 거칠게 느껴진다.)
   d. The air feels cold.
   　(그 공기는 차게 느껴진다.)
   e. My dress feels wet.
   　(내 옷은 축축하게 느껴진다.)

2.3. 다음 주어는 느낀다.

(12) a. Stone does not feel.
   　(돌은 느끼지 않는다.)
   b. I feel with the poor people.
   　(나는 가난한 자와 공감한다.)

2.4. 주어는 어떤 상태를 느낀다.

(13) a. I felt dizzy/ill/strong and well/strange/doubtful.
   　(나는 현기증/병/건강함/이상함/의심을 느꼈다.)
   b. Feel free to call on us any time.
   　(언제든지 마음 놓고 우리를 방문하세요.)
   c. Don't feel bound to come.
   　(꼭 와야 한다고 느끼지 마세요.)
   d. He felt at home/at ease.
   　(그는 편안하게 느꼈다.)

FILL

0. 이 동사의 개념바탕에는 채우는 과정이 있다.

1. 타동사 용법

1.1. 다음 주어는 목적어를 전치사 with의 목적어로 채운다. 목적어
는 그릇이다.

(1) a. He filled a box with books.
(그는 어느 상자를 책으로 채웠다.)
b. He filled the bottle with water.
(그는 그 병을 물로 채웠다.)
c. He filled his purse with bills.
(그는 그의 지갑을 지폐로 채웠다.)
d. He filled the bath with water.
(그는 그 목욕통을 물로 채웠다.)
e. He filled the blank with his name.
(그는 그 빈칸을 그의 이름으로 채웠다.)

1.2. 다음은 「사람은 그릇이다」의 은유가 적용된 표현이다.

(2) a. The thought filled me with pleasure.
(그 생각은 나를 즐거움으로 채워주었다.)

b. The news filled me with dismay.
   (그 소식은 나를 당혹감으로 채웠다.)

1.3. 다음 주어는 그 자체가 목적어를 채운다.

(3) a. Smoke filled the room.
   (연기가 그 방을 채웠다.)
   b. The children filled the room.
   (그 아이들이 그 방을 메웠다.)
   c. Laughter filled the room.
   (웃음이 그 방을 가득 채웠다.)
   d. Sorrow filled his heart.
   (슬픔이 그의 마음을 가득 채웠다.)

1.4. 다음 주어는 사람이다. 주어는 자체가 목적어를 채운다.

(4) a. Joe's the best person to fill the vacancy.
   (죠는 그 빈자리를 채울 수 있는 최적임자다.)
   b. No one was found to fill that job.
   (그 자리를 채울 아무도 발견되지 않았다.)
   c. He was the right person to fill the post.
   (그는 그 자리를 메울 적임자이다.)
   d. His place will not be filled easily.
   (그의 자리는 쉽게 채워지지 않을 것이다.)

1.5. 다음에서 주문이나 시간도 채워지는 그릇으로 개념화되어 있다. 주어는 목적어를 채운다.

(5) a. He filled the order/the prescription.

(그는 그 주문서/처방을 채워 받았다.)

b. He filled the hour with reading.
(그는 그 시간을 독서로 채웠다.)

1.6. 다음 주어는 첫째 목적어에 둘째 목적어를 채워서 준다.

(6) a. Fill me this cup with sugar.
(내게 이 컵에 설탕을 넣어서 주시오.)

b. Fill him a glass of wine.
(그에게 포도주 한 잔을 채워 주어라.)

2. 자동사 용법

2.1. 다음 주어는 채워진다.

(7) a. The house soon filled.
(그 집이 곧 (사람들로) 가득 찼다.)

b. The church filled rapidly.
(그 교회가 빨리 (사람들로) 가득 찼다.)

c. The well filled with water.
(그 우물은 물로 가득 찼다.)

d. My heart filled with pleasure.
(내 마음은 즐거움으로 가득 찼다.)

e. The sails filled with wind.
(그 돛은 바람으로 팽팽해졌다.)

f. The shops soon filled with customers.
(그 상점은 곧 손님들로 가득 찼다.)

FIND

0. 이 동사의 개념바탕에는 눈으로 찾는 과정이 있다.

1. 타동사 용법

1.1. 다음 주어는 목적어를 찾는다.

(1) a. I cannot find my key.
    (나는 내 열쇠를 찾을 수가 없다.)
 b. She found a nice necktie for me.
    (그녀는 좋은 넥타이를 내게 사주었다.)
 c. You will find the letter in the drawer.
    (너는 그 편지를 그 서랍 속에서 찾을 수 있을 것이다.)
 d. We found a right person for the post.
    (우리는 그 자리에 맞는 적격자를 찾았다.

1.2. 다음 주어는 첫째 목적어에게 둘째 목적어를 찾아준다.

(2) a. Will you find me my pen?
    (내 펜을 찾아주겠니?)
 b. He found me a good car.
    (그는 내게 좋은 차를 찾아주었다.)

1.3. 다음 주어는 목적어를 어느 장소에서 찾는다/본다.

(3) a. You cannot find deer in these woods.
　　　(이 숲에서는 사슴을 찾아볼 수 없다.)
　　b. You cannot find elephants in Korea.
　　　(한국에서는 코끼리를 찾아볼 수 없다.)

1.4. 다음 주어는 의도가 없이 목적어를 찾는다.

(4) a. I found these in the street.
　　　(나는 이것을 길에서 발견했다.)
　　b. He found a dime in the road.
　　　(그는 10전 짜리 동전을 하나 그 길에서 발견했다.)

1.5. 다음 목적어는 재귀대명사이다. 주어는 자신이 자신도 모르게
　　어디에 있음을 알게 된다.

(5) a. When he woke up, he found himself in the office.
　　　(깨어나자 그는 자신이 그 사무실에 있음을 알게 되었다.)
　　b. She found herself sitting in the church.
　　　(그녀는 자신이 그 교회에 앉아 있음을 알게 되었다.)
　　c. We found ourselves without money.
　　　(우리는 돈이 떨어졌음을 알게 되었다.)
　　d. They found themselves in a dark wood.
　　　(그들은 어두운 숲 속에 있음을 알게 되었다.)

1.6. 다음 주어는 머리로 목적어를 찾는다.

(6) a. He found an answer to the problem.
　　　(그는 그 문제의 답을 하나 찾았다.)

b. Find the cube root of 71.
(71의 세제곱근을 찾아라.)

1.7. 다음 목적어는 추상적 개체이다. 주어는 목적어를 찾는다.

(7) a. Can you manage to find the time to look over this proposal?
(이 계획을 살펴볼 시간을 찾을 수 있습니까?)
b. I can't find the courage to say "No" to him.
(나는 그에게 거절을 할 용기를 찾을 수 없다.)
c. I must find a way to make both ends meet.
(나는 수입과 지출을 맞출 방법을 찾아야 한다.)

1.8. 다음 주어는 목적어가 어떠함을 알게 된다.

(8) a. He found the safe **to** contain nothing.
(그는 그 금고가 아무것도 안 담고 있음을 알았다.)
b. I find the Chinese people **to** be happy.
(나는 중국인이 행복함을 발견한다.)
c. We found the rumor **to** be true.
(우리는 그 소문이 사실임을 알았다.)

1.9. 다음 주어는 첫째 목적어가 둘째 목적어임을 직접 경험을 통해서 안다.

(9) a. I found him a trustworthy boy.
(나는 그가 믿음직한 소년임을 알았다.)
b. I don't find her an easy woman to work with.
(나는 그녀가 같이 일하기가 쉽지 않은 여자임을 안다.)

1.10. 다음 목적어는 형용사와 같이 쓰였다. 주어는 목적어가 어떤 상태에 있음을 발견한다.

(10) a. They found life difficult in that climate.
   (그들은 그 기후에서 삶이 어려움을 알게 되었다.)

   b. You won't find it easy to define these terms.
   (여러분은 이 용어들을 정의하기가 쉽지 않음을 알게 될 것이다.)

   c. I found the weather very cold in Norway.
   (나는 노르웨이의 기후가 매우 춥다는 것을 알게 되었다.)

   d. The jury found the defendent innocent/guilty.
   (그 배심원은 그 피고가 무죄/유죄라는 것을 알았다.)

   e. The jury found the accused innocent of all charges
   (그 배심원은 그 피고인이 모든 죄과에서 무죄임을 발견했다.)

1.11. 다음 주어는 목적어가 어떤 상태에 있음을 발견한다.

(11) a. We found the dog dy**ing**.
   (우리는 그 개가 죽어가는 것을 발견했다.)

   b. She found a car abandon**ed** by the roadside.
   (그녀는 그 길 가에 차 한 대가 버려진 것을 발견했다.)

   c. I found the room **in perfect order.**
   (나는 그 방이 완전하게 정돈되어 있음을 발견했다.)

1.12. 다음 주어는 that-절의 사실을 알게 된다.

(12) a. We found that he could not swim.
   (우리는 그가 헤엄칠 줄 모른다는 것을 알았다.)

b. He found that he was growing sleepy.
(그는 졸음이 온다는 것을 깨달았다.)

c. I found that I couldn't do the work.
(나는 그 일을 할 수 없음을 깨달았다.)

d. I found that I had missed the train.
(나는 그 기차를 놓쳤음을 알게 되었다.)

e. I find I have half an hour to spare, so we can have our talk now.
(나는 30분의 한가한 시간이 있다고 생각합니다. 그러니 우리는 지금 얘기를 할 수 있습니다.)

1.13. 다음 주어는 개체이다. 주어는 목적어를 찾아간다.

(13) a. The bullet found its mark.
(그 실탄은 그의 표적을 맞추었다.)

b. The blow found my chin.
(그 일격은 내 턱을 찾아왔다.)

c. Water finds its own level.
(물은 자신의 수면을 찾는다.)

d. The government policy found few supporters.
(그 정책은 지지자를 별로 찾지 못했다.)

1.14. 다음 목적어는 환유적으로 쓰여서 기능을 가리킨다.

(14) a. He found his tongue.
(그는 말을 할 수 있게 되었다.)

b. She found her head.
(그녀는 제 정신을 찾았다.)

2. 자동사 용법

2.1. 다음 주어는 찾는다.

(15) a. Seek, and you shall find.
    (구하라, 그러면 찾을 것이다.)

2.2. 다음 주어는 평결을 내린다.

(16) a. The jury found for the plaintiff.
    (그 배심원은 그 원고에 이로운 평결을 내렸다.)
   b. The jury found against the plaintiff.
    (그 배심원은 그 원고에 불리한 평결을 내렸다.)

FINISH

0. 이 동사의 개념바탕에는 목표를 달성하여 끝내는 과정이 있다.

1. 타동사 용법

1.1. 다음 주어는 동명사가 가리키는 과정을 끝낸다.

(1) a. I finished reading the novel.
   (나는 그 소설을 다 읽었다.)
   b. He has finished cleaning the room.
   (그는 그 방 청소를 끝마쳤다.)
   c. She has finished knitting the sweater.
   (그녀는 그 스웨터 짜는 것을 끝 마쳤다.)

1.2. 적당한 화맥이나 문맥에서 동명사는 안 쓰일 수 있다.

(2) a. She has finished reading/writing the novel.
   (그녀는 그 소설 읽기/쓰기를 끝 마쳤다.)
   b. She has finished the novel.
   (그녀는 그 소설을 끝마쳤다.)

1.3. 다음 목적어는 소모되는 개체이다. 주어는 목적어를 다 쓴다.

(3) a. He finished **up** a can of paint.

　　 (그는 페인트 한 통을 다 썼다.)

　 b. The cat finished **up** the fish.

　　 (그 고양이가 그 생선을 다 먹어치웠다.)

　 c. He finished **off** the rest of the water.

　　 (그는 그 물의 나머지를 다 썼다.)

　 d. Let's finish **off** the wine.

　　 (그 포도주를 다 마셔 버리자.)

　 e. Have you finished your tea?

　　 (너는 차를 다 마셨느냐?)

1.4. 다음 목적어는 주어가 만들거나 손질하는 개체이다. 주어는 목적어의 손질을 끝낸다.

(4) a. He finished the table with varnish.

　　 (그는 그 식탁을 바니스로 마무리 했다.)

　 b. He finished the desk in red lacquer.

　　 (그는 그 책상을 빨강 옻으로 마무리 했다.)

　 c. I must finish off the dress I'm making.

　　 (나는 만들고 있는 그 옷을 마쳐야 한다.)

　 d. We finished the room by putting up molding.

　　 (우리는 그 방을 장식 쇠사슬로 설치하는 것으로 마쳤다.)

1.5. 다음 주어는 한계가 있는 과정이다. 주어는 목적어를 끝낸다.

(5) a. When do you finish your college course?

　　 (너는 너의 대학 과정을 언제 마치느냐?)

　 b. He finished his life in loneliness.

　　 (그는 그의 삶을 외로움 속에 마쳤다.)

c. He did not finish the race.
   (그는 그 경주를 마치지 못했다.)
d. He has finished his work.
   (그는 자신의 일을 다 마쳤다.)

1.6. 다음 주어는 그 자체가 목적어의 마지막 부분이 되어 끝낸다.

(6) a. The chorus finished the music.
    (그 합창은 그 음악을 마무리 지었다.)
b. A fine dessert finished the meal.
    (맛있는 후식이 그 식사를 끝마무리 지었다.)

1.7. 다음 목적어는 생명체이다. 생명체의 끝은 죽음이다.

(7) a. The scandal will just about finish him **off**.
    (그 추문은 그를 거의 죽여 놓은 것이다.)
b. He finished **off** the snake with a stick.
    (그는 그 뱀을 막대기를 써서 완전히 죽였다.)
c. Climbing all the stairs has really finished me **off**.
    (그 모든 계단을 오르기가 나를 거의 죽여 놓았다.)

2. 자동사 용법

2.1. 다음 주어는 끝낸다.

(8) a. I can't come till I have finished.
    (나는 다 마칠 때까지 갈 수가 없다.)

b. She finished first in the piano contest.
  (그녀는 그 피아노 경연대회에서 일등이 되었다.)
c. Where did you finish in the 100 meters?
  (100미터 경주에서 몇 등을 했느냐?)
d. She finished before the time.
  (그녀는 그 정해진 시간 전에 끝 마쳤다.)

2.2. 다음 주어는 끝난다.

(9) a. The music finished.
    (그 음악이 끝났다.)
  b. What time does the concert finish?
    (몇 시에 그 음악회가 끝나느냐?)
  c. The wash machine finished.
    (그 세탁기는 끝났다.)
  d. Term finishes next week.
    (학기가 다음 주에 끝난다.)
  e. I thought the sermon would never finish.
    (나는 그 설교가 결코 끝나지 않으리라고 생각했다.)

2.3. 다음 주어는 한정된 양을 가진 개체로서, 쓰면 다 없어진다.

(10) a. My money has finished and my friends have gone.
     (내 돈이 다 떨어졌고, 내 친구들도 떠나버렸다.)

2.4. 다음 주어는 with의 목적어로 끝낸다.

(11) a. The pianist finished **with** a chopin polonaise.
     (그 피아니스트는 쇼팽의 폴로네이즈로 끝냈다.)

b. The party finished **with** a song.
   (그 모임은 노래로 끝났다.)

2.5. 다음 주어는 with의 목적어와 관계를 끝낸다.

(12) a. He has finished **with** her forever.
        (그는 그 여자와 영원히 관계를 끊었다.)
     b. Alice has finished **with** the young man.
        (앨리스는 그 젊은이와 관계를 끊었다.)
     c. Have you finished **with** the newspaper?
        (너는 그 신문과의 관계가 끝났느냐? 그 신문을 다 보셨습니
        까?)

2.6. 다음 주어는 by의 목적어가 가리키는 활동으로 끝낸다.

(13) a. I shall finish **by** reciting a poem.
        (나는 시를 한편 낭독함으로써 끝내겠습니다.)
     b. He finished (his speech) **by** thanking everybody.
        (그는 모든 사람에게 감사를 드림으로써 (연설을) 끝냈다.)

FIT

0. 이 동사의 개념바탕에는 맞는 과정이 있다.

1. 타동사 용법

1.1. 다음 주어는 목적어에 맞는다.

(1) a. This dress fits her perfectly.
    (이 옷은 그 여자에게 완전하게 맞는다.)
  b. The coat fits you very well.
    (이 저고리는 너에게 잘 맞는다.)
  c. That cover fits the armchair perfectly.
    (그 커버는 그 안락의자에 완전하게 맞는다.)

1.2. 다음 주어와 목적어는 추상적이지만 구체적인 것으로 개념화되
    어 있다.

(2) a. The punishment fits the crime.
    (그 벌은 그 죄에 맞다.)
  b. The example does not fit the case.
    (그 예는 그 경우에 맞지 않다.)
  c. His speech fitted the occasion.
    (그의 연설은 그 행사에 맞았다.)

d. Your theory fits all the facts.
(너의 이론은 모든 사실에 맞는다.)

1.3. 다음 주어는 목적어를 to의 목적어에 맞게 한다.

(3) a. They fit the ring **to** the finger.
(그들은 그 반지를 그 손가락에 맞추었다.)
b. We must fit our policy **to** the new situation.
(우리는 우리의 정책을 그 새 상황에 맞추어야 한다.)
c. He agreed to fit the plans **to** suit us.
(그는 그 계획을 우리에게 적합하게 맞추기로 합의했다.)

1.4. 다음 주어는 목적어를 in이나 into의 목적어에 맞추어 넣는다.

(4) a. He fitted a key **in** the lock.
(그는 열쇠를 그 자물쇠에 넣었다.)
b. She fitted a stopper **into** a bottle.
(그녀는 마개를 병에 넣었다.)
c. He fitted a pistol **into** the holster.
(그는 권총을 그 총집에 넣었다.)

1.5. 다음 주어는 목적어를 짜 맞춘다.

(5) a. We're fitting new locks **on** the door.
(우리는 새 자물쇠를 그 문에 맞추어 넣고 있다.)
b. They fitted a cupboard **under** the stairs.
(그들은 찬장을 그 계단 밑에 짜 맞추었다.)
c. They fitted the pieces of the machine together.
(그들은 그 기계의 부품을 짜 맞추었다.)

1.6. 다음 주어는 목적어를 with의 목적어로 단다.

(6) a. They fitted the library **with** shelves.
　　　 (그들은 그 새 도서관을 책장으로 설비했다.)
　　 b. They fitted the pistol **with** a silencer.
　　　 (그들은 그 권총을 소음기로 달았다.)
　　 c. They are fitting the store **with** counters.
　　　 (그들은 그 상점을 카운터로 설비하고 있다.)
　　 d. I fitted her **with** new dresses.
　　　 (나는 그녀를 새 옷으로 갖추어 주었다.)
　　 e. He fitted the house **with** furniture.
　　　 (그는 그 집을 가구로 갖추었다.)

1.7. 다음 주어는 목적어를 for의 목적어에 대비시킨다.

(7) a. The school fits students **for** college.
　　　 (그 학교는 학생들을 대학에 들어갈 수 있게 준비시킨다.)
　　 b. Hard training fitted him **for** the job.
　　　 (힘든 훈련이 그를 그 일을 감당하게 해주었다.)
　　 c. Her experience fits her **for** the job
　　　 (그녀의 경험이 그녀를 그 일을 맡을 수 있게 한다.)

2. 자동사 용법

2.1. 다음 주어는 맞는다.

(8) a. Her dress fits beautifully.
　　　 (그녀의 옷이 아름답게 맞는다.)

b. The lid fits badly.
   (그 뚜껑이 잘 맞지 않는다.)
c. Does this glove fit?
   (이 장갑은 맞느냐?)
d. If the key fits, open the door.
   (그 열쇠가 맞으면 그 문을 열어라.)

FIX

0. 이 동사의 개념바탕에는 고정시키는 과정이 있다.

1. 타동사 용법

1.1. 다음 주어는 목적어를 to의 목적어에 고정시킨다.

(1) a. He fixed the lamp **to** the wall.
   (그는 그 램프를 그 벽에다 고정시켰다.)
   b. I fixed the picture **to** the wall.
   (나는 그 그림을 그 벽에다 고정시켰다.)

1.2. 다음 주어는 목적어를 on의 목적어에 고정시킨다.

(2) a. He fixed a statue **on** the pedestal.
   (그는 조상을 그 대좌에 고정시켰다.)
   b. She fixed a new handle **on** the door.
   (그녀는 새 손잡이를 그 문에 달았다.)
   c. He fixed the lid **on** the box.
   (그는 그 뚜껑을 그 상자에 고정시켰다.)

1.3. 다음 주어는 목적어를 in의 목적어에 고정시킨다.

(3) a. He fixed a feather **in** his hat.
       (그는 깃털 하나를 그의 모자에 꽂았다.)

   b. He fixed a post **in** the ground.
      (그는 말뚝을 그 땅에 박았다.)

   c. We fixed the dining table **in** the middle of the room.
      (우리는 그 식탁을 그 방 한 가운데 고정시켰다.)

   d. He fixed himself **in** Seoul.
      (그는 서울에 자신을 정착시켰다.)

   e. The sight fixed her attention.
      (그 광경은 그녀의 주의를 그 곳에 붙어 있게 했다.)

1.4. 다음 목적어는 추상적이나 구체적인 개체로 개념화되어 있다.
    주어는 목적어를 전치사 on의 목적어에 고정시킨다.

(4) a. He fixed the blame **on** me.
       (그는 그 비난을 나에게 씌웠다.)

   b. We fixed our eyes **on** the screen.
      (우리는 우리의 시선을 그 스크린에 고정시켰다.)

   c. She fixed her affection **on** the poor girl.
      (그녀는 그녀의 애정을 그 가엾은 소녀에게 고정시켰다.)

1.5. 다음 주어는 목적어를 고정시킨다.

(5) a. The conductor fixed the attention of the audience.
       (그 지휘자는 그 청중의 주의를 고정시켰다.)

   b. The address is fixed in my mind.
      (그 주소는 내 마음에 확실히 기억되어 있다.)

1.6. 다음 주어는 마음속에 목적어를 고정시킨다.

(6) a. She fixed the spelling of the word in her mind.
  (그녀는 그 낱말의 철자를 마음속에 고정시켰다.)
 b. He tries to fix the dates in his mind.
  (그는 그 날짜들을 그의 마음속에 기억하려고 한다.)

1.7. 다음 주어는 목적어를 고정시킨다.

(7) a. He fixed a loose plank.
  (그는 흔들흔들한 널빤지를 고정시켰다.)
 b. He fixed a bayonet.
  (그는 총검을 (총에) 꽂았다.)
 c. He fixed the price **at** one dollar.
  (그는 그 가격을 1달러로 정했다.)

1.8. 다음 주어는 목적어를 고정시킨다. 목적어는 날짜이다.

(8) a. They fixed the day for the meeting.
  (그들은 그 모임 날짜를 정했다.)
 b. They have not fixed the date and place of the wedding yet.
  (그들은 아직도 그 결혼 날짜와 장소를 정하지 않았다.)

1.9. 다음 주어는 목적어를 정착시킨다.

(9) a. He fixed the photographic negative.
  (그는 그 사진원판을 정착시켰다.)
 b. He fixed the color.
  (그는 그 색깔을 고착시켰다.)
 c. She fixed the dye with chemicals.
  (그녀는 그 염료를 화학물질로 고착시켰다.)

1.10. 조인 부분이 풀리면 고장이 난다. 고치기 위해서는 조여서 고
정을 시킨다. 주어는 목적어를 고친다.

(10) a. He is fixing the machine.
   (그는 그 기계를 고치고 있다.)
   b. She doesn't know how to fix the bike.
   (그녀는 그 자전거를 고칠 줄 모른다.)
   c. I must get the radio fixed.
   (나는 그 라디오를 손질해야 한다.)
   d. He had his watch fixed.
   (그는 그의 시계를 고쳤다.)

1.11. 다음 주어는 헝클어진 머리를 고정시킨다.

(11) a. She is fixing her hair.
   (그녀는 머리를 다듬고 있다.)
   b. I'll fix the room for you.
   (나는 그 방을 너를 위해 정리하마.)

1.12. 다음 주어는 목적어의 결과를 미리 고정시킨다.

(12) a. They fixed the election/the vote.
   (그들은 그 선거/투표를 조작했다.)
   b. They fixed the race.
   (그들은 그 경기를 사전 조작했다.)
   c. He fixed the jury/the judge.
   (그는 그 배심원/그 판사를 매수했다.)
   d. The jockey had been fixed to lose the game.
   (그 기수는 그 게임에 지도록 매수되었었다.)

1.13. 다음 주어는 목적어를 만든다.

(13) a. She is fixing a salad.
(그녀는 샐러드를 만들고 있다.)
 b. She's fixing breakfast.
(그녀는 아침을 만들고 있다.)

1.14. 다음 주어는 첫째 목적어에게 둘째 목적어를 만들어 준다.

(14) a. Let me fix you a drink.
(내가 술 한 잔을 타주지.)
 b. He fixed himself a meal.
(그는 스스로 식사를 만들었다.)

1.15. 다음 주어는 목적어를 조정해서 처리한다.

(15) If you want to meet them, I can fix it.
(네가 그들을 만나기를 원하면, 나는 그것을 주선할 수 있다.)

2. 자동사 용법

2.1. 다음 주어는 할 일을 고정한다.

(16) a. I was just fixing to leave home.
(나는 막상 집을 떠나려고 결정하고 있었다.)
 b. She is fixing to be a singer.
(그녀는 가수가 되기로 결정하고 있었다.)

c. They have fixed to go to Saipan.
(그들은 사이판으로 가기로 결정했다.)

d. I'm fixing to go hunting.
(나는 사냥을 가기로 결정하고 있다.)

2.2. 다음 주어는 전치사 on의 목적어에 마음을 고정시킨다.

(17) a. They fixed on a little hut.
(그들은 자그마한 오두막집을 결정했다.)

b. She has not fixed on the date of her wedding.
(그녀는 그 결혼식의 날짜를 결정하지 못했다.)

c. We fixed on you to break news to her.
(우리는 그 소식을 그녀에게 전할 사람으로 너를 정했다.)

d. My eyes fixed on a hole in the ceiling.
(내 눈은 그 천정에 있는 구멍에 고정되었다.)

2.3. 다음 주어는 굳는다.

(18) a. The plaster fixed in an hour.
(그 석고는 한 시간 안에 굳었다.)

b. The stain fixes when you wash it in cold water.
(그 얼룩은 찬물에 빨면 굳는다.)

FLOAT

0. 이 동사의 개념바탕에는 뜨는 과정이 있다.

1. 자동사 용법

1.1. 다음 주어는 물 위에 뜬다.

(1) a. A cork floats on water.
   (코르크는 물 위에 뜬다.)
   b. There was grease floating on the soup.
   (그 국 위에 기름이 떠있다.)
   c. A piece of wood was floating in the stream.
   (나무 조각 하나가 그 개울에 둥둥 떠 있었다.)

1.2. 다음 주어는 공기 속에 뜬다.

(2) a. I saw three balloons floating on high.
   (나는 하늘에 세 개의 풍선이 떠 있는 것을 보았다.)
   b. White clouds are floating above.
   (흰 구름이 머리 위에 떠 있다.)

1.3. 다음 주어는 떠서 움직인다.

(3) a. Logs were floating **down** the river.
   (통나무들이 그 강 아래로 떠내려가고 있었다.)
   b. The boat floated **out** to sea.
   (그 보트가 바다로 떠밀려 나갔다.)

1.4. 다음 주어는 공기 속에서 떠서 이동한다.

(4) a. The clouds floated **across** the sky.
   (그 구름은 하늘을 가로질러 흘러갔다.)
   b. Leaves floated **down** from the trees.
   (잎들이 그 나무들에서 아래로 흘러 내렸다.)
   c. The sound of bells floated **on** the wind.
   (그 종소리가 그 바람을 타고 떠다녔다.)
   d. Mr. Biggs floated **down** the stairs.
   (빅그 씨는 그 층계를 따라 가볍게 내려갔다.)

1.5. 다음 주어는 떠돌아다닌다.

(5) a. He floated **from** place **to** place.
   (그는 여기서 저기로 떠돌아 다녔다.)
   b. He floated **from** job **to** job.
   (그는 이 직장에서 저 직장으로 떠돌아 다녔다.)

1.6. 다음 주어는 추상적 개체이나 구체적인 것으로 개념화되어 있다.

(6) a. The vision floated before his eyes.
   (그 환영이 그의 눈앞에 떠올랐다.)
   b. The sight floated before his eyes.
   (그 광경이 내 눈앞에 떠올랐다.)

c. The rumor was floating **about**.
   (그 소문은 여기저기 흘러서 퍼지고 있었다.)

2. 타동사 용법

2.1. 다음 주어는 목적어를 띄운다.

(7) a. The children often float their toys in the bath.
       (그 아이들은 그들의 장난감을 욕탕에 띄운다.)
   b. You may float your boats in this pond.
       (여러분의 배를 이 연못에 띄울 수 있다.)

2.2. 다음 주어는 그 자체가 목적어를 띄운다.

(8) a. Coal gas will float a ballon.
       (석탄가스는 풍선을 띄울 것이다.)
   b. We have enough water to float a ship.
       (우리는 배를 띄울 만큼 충분히 물이 있다.)

2.3. 다음 주어는 목적어를 띄워서 움직인다.

(9) a. The tide floated us **into** the harbor.
       (그 조류는 우리를 항구로 떠 들어가게 했다.)
   b. They floated a raft of logs **down** a river.
       (그들은 통나무 뗏목을 그 강 아래로 띄워 보냈다.)

2.4. 다음 주어는 목적어를 유동적으로 만든다.

(10) a. We decided to float the pound because having a fixed value
was damaging exports.
(고정 가치가 수출에 타격을 주고 있었기 때문에 우리는 파
운드의 시세를 변동 환시세제로 하기로 결정했다.)

2.5. 다음 주어는 목적어를 만든다.

(11) They floated a new company.
(그들은 새 회사를 출범시켰다.)

FLOW

0. 이 동사의 개념바탕에는 흐르는 과정이 있다.

1. 자동사 용법

1.1. 다음 주어는 흐른다.

(1) a. The river flows **into** the pacific.
   (그 강은 태평양으로 흘러들어간다.)
 b. Tears were flowing **down** her cheeks.
   (눈물이 그녀의 뺨을 타고 흘러내리었다.)
 c. The sea comes right up to the cliffs when the tide flows.
   (조류가 밀려오면 그 바다의 높이는 그 벼랑까지 오른다.)
 d. Blood was flowing **from** his wound.
   (피가 그의 상처에서 흐르고 있었다.)

1.2. 많은 사람이나 개체는 물과 같이 움직인다.

(2) a. The cars flowed in a steady stream.
   (그 자동차들은 끊임없는 줄기를 이루면서 흘러갔다.)
 b. Words flowed from her mouth.
   (말이 그녀의 입에서 줄줄 흘러나왔다.)
 c. The crowd flowed along the road all day.
   (그 군중들은 온종일 그 길을 따라 물결을 이루며 지나갔다.)

1.3. 다음 주어는 흐른다.

(3) a. Money flows like water there.
    (돈이 그 곳에서는 물처럼 흐른다.)
   b. Electricity flows in metals.
    (전기는 금속에서 흐른다.)

1.4. 다음 주어는 움직임의 형상이 물의 흐름과 같다.

(4) a. The willows are flowing in the wind.
    (그 버드나무가 바람에 물결을 이루고 있다.)
   b. Her wavy hair is flowing over her shoulder.
    (그녀의 곱슬머리가 그녀의 어깨 너머로 물결치고 있다.)

2. 타동사 용법

2.1. 다음 주어는 목적어를 흐르게 한다.

(5) a. He flowed the river by demolishing the banks.
    (그는 그 강둑을 허물어서 그 강을 흐르게 했다.)
   b. He flowed some varnish along the road.
    (그는 바니시를 그 길을 따라 흘렸다.)

2.2. 다음 주어는 그릇이다. 주어는 목적어를 흐르게 한다.

(6) a. The bucket with a hole flowed most of the water on the floor.
    (구멍이 뚫린 그 양동이는 그 물의 대부분을 그 마루에 흘렸다.)

b. Ten-minutes' heating flowed the water in the kettle.
   (10분의 가열이 주전자 속의 물을 돌게 했다.)

FLY

0. 이 동사의 개념바탕에는 나는 과정이 있다.

1. 자동사 용법

1.1. 다음 주어는 난다.

(1) a. These birds fly long distances.
   (이 새들은 먼 거리를 난다.)
   b. The birds fly for days.
   (그 새들은 며칠 계속해서 난다.)

1.2. 다음 주어는 비행기를 타고 난다.

(2) a. I fly from London to Paris.
   (나는 런던에서 파리로 비행기를 타고 간다.)
   b. John flew to Boston and stayed there for a week.
   (죤은 비행기로 보스턴에 가서 그 곳에서 일주일을 머물렀다.)
   c. The pilot has to fly long hours.
   (그 조종사는 장시간 비행해야 한다.)

1.3. 다음 주어는 날아가듯 빠르게 움직인다.

(3) a. He flew up the road.

  (그는 나는 듯이 그 길을 따라 위로 갔다.)

 b. She flew for the doctor.

  (그녀는 의사를 데리러 급히 뛰어갔다.)

 c. The thief flew out of the door.

  (그 도둑은 그 문을 통해 단숨에 도망갔다.)

1.4. 다음 주어는 빠른 움직임으로 도망간다.

(4) a. He was forced to fly from the country.

  (그는 그 나라에서 도망을 치지 않을 수 없었다.)

 b. I saw the prisoner flying.

  (나는 그 죄인이 도망치는 것을 보았다.)

 c. He was flying for his life.

  (그는 그의 목숨을 건지려고 도망가고 있었다.)

1.5. 다음 주어는 at의 목적어에 덤빈다.

(5) a. He flew **at** Bob.

  (그는 봅에게 잽싸게 덤볐다.)

 b. She flies **at** me for nothing.

  (그녀는 아무 이유 없이 내게 덤빈다.)

1.6. 다음 주어는 날아서 흐트러진다.

(6) a. Leaves were flying **about**.

  (잎들이 휘날리고 있었다.)

 b. Sparks flew **in** all directions.

  (불꽃이 모든 방향으로 튀었다.)

c. The bottle flew **into** a thousand pieces.
(그 병은 깨어져서 산산조각이 되어 날랐다.)
d. The engine flew **apart**.
(그 엔진은 박살이 났다.)

1.7. 다음 주어는 공중에서 나부끼거나 펄럭인다.

(7) a. The flag flies in the wind.
(그 깃발은 바람에 펄럭인다.)
b. Her hair flew about her face.
(그녀의 머리가 얼굴에 나부꼈다.)
c. His cloak flew behind him.
(그의 망토가 그 뒤에서 펄럭이었다.)

2. 타동사 용법

2.1. 다음 주어는 목적어를 날린다.

(8) a. The boys are flying kites.
(그 소년들이 연을 날리고 있다.)
b. The ship flew the flag of its country.
(그 배는 그 나라의 국기를 날렸다.)
c. He flew the plane over the pacific.
(그는 그 비행기를 조종하여 태평양을 건넜다.)

2.2. 다음 주어는 목적어를 비행기로 수송한다.

(9) a. They flew supplies to the city.

   (그들은 보급품을 그 도시에 비행기로 날랐다.)

   b. The pilot flew the passengers over the city.

   (그 조종사는 그 승객을 태워서 그 도시의 위를 돌았다.)

2.3. 다음 주어는 목적어를 비행기로 지난다.

(10) a. The plane flew the ocean in one hour.

   (그 비행기는 그 대양을 한 시간 안에 날았다.)

   b. He flew the continent.

   (그는 그 대륙을 날았다.)

2.4. 다음 주어는 목적어를 도망간다.

(11) They flew the country.

   (그들은 그 나라를 도망쳤다.)

2.5. 다음 주어는 목적어를 비행기로 수행한다.

(12) The pilot flew 10 missions.

   (그 조종사는 10번의 임무를 비행했다.)

FOLLOW

0. 이 동사의 개념바탕에는 뒤따르는 과정이 있다.

1. 타동사 용법

1.1. 다음 주어는 목적어를 따른다.

(1) a. You go first and I will follow you.
   (너 먼저 가거라. 그러면 내가 너의 뒤에 가겠다.)
   b. The boy followed his father **out**.
   (그 소년은 아버지를 따라 나갔다.)
   c. The police are following a murderer who is in hiding.
   (그 경찰은 숨어있는 살인자를 추적하고 있다.)
   d. He followed the children **into** the house.
   (그는 그 아이들을 따라 그 집으로 들어갔다.)
   e. The dog followed the man **to** the office.
   (그 개는 그 사람을 따라 그 사무실로 갔다.)

1.2. 다음은 수동태 문장으로 주어 뒤에는 다른 사람이 따른다.

(2) a. I think we are being followed.
   (우리는 추격을 받고 있다고 나는 생각한다.)
   b. The general was followed by many officers.
   (그 장군은 많은 장교들에게 수행되었다.)

1.3. 다음 주어는 눈으로 목적어를 추적한다.

(3) a. He followed with eager eyes the progress of the game.
   (그는 열의에 찬 눈으로 그 경기의 진행을 따랐다.)
 b. He followed her with his eyes.
   (그는 그녀를 눈으로 따랐다.)
 c. We can't follow (the flight of) a bullet.
   (우리는 총알의 비행을 눈으로 볼 수 없다.)
 d. The cat followed every movement of the mouse.
   (그 고양이는 그 쥐의 모든 행동을 눈으로 따랐다.)

1.4. 다음은 「말은 움직이는 개체이다」의 은유가 적용된 예이다.

(4) a. Do you follow my argument?
   (당신은 내 논의를 따라옵니까?)
 b. I didn't follow his line of reasoning.
   (나는 그의 추리방법을 따라가지 못했다.)
 c. I couldn't follow what he said.
   (나는 그가 말한 것을 이해하지 못했다.)
 d. He followed the speaker's words with the greatest attention.
   (그는 그 연사의 말을 매우 주의를 기울이면서 따랐다.)
 e. He follows all the football news.
   (그는 그 모든 축구뉴스를 따라간다.)

1.5. 다음 목적어는 시간 속에서 움직이는 것으로 개념화된다. 주어
   는 목적어를 따른다.

(5) a. The villagers still follow the customs of their grandfathers.
   (그 마을 사람들은 그들 할아버지적 관습을 아직 따른다.)

b. He followed the fashion.
(그는 그 유행을 따랐다.)

c. He followed the example of his friend and went to the university.
(그는 그의 친구의 본을 따라서 그 대학에 갔다.)

1.6. 다음 주어는 목적어를 시간상 뒤따른다.

(6) a. He followed his father **in** his business.
(그는 그 사업에 있어서 아버지를 뒤를 이어받았다.)

b. He followed his senior **in** command of the army.
(그는 군 지휘에 있어서 그의 선임자 뒤를 이어받았다.)

1.7. 다음 주어는 순서상 목적어를 뒤따른다.

(7) a. The number 5 follows the number 4.
(숫자 5는 4 다음에 온다.)

b. Monday follows Sunday.
(월요일은 일요일 뒤에 온다.)

c. May follows April.
(5월은 4월 다음에 온다.)

d. The letter Z follows the letter Y.
(Z자는 Y자 다음에 온다.)

1.8. 다음 주어와 목적어는 시간 속에 일어나는 개체이다. 주어는 목적어를 뒤따른다.

(8) a. One good fortune followed another.
(하나의 행운이 다른 행운을 뒤 따랐다.)

b. One misfortune followed another.

(한 불행이 다른 불행을 뒤 따랐다.)

c. Disease often follows war.

(질병은 전쟁 뒤를 따른다. 전쟁이 끝나면 종종 질병이 발생
한다.)

d. The storm was followed by a calm.

(그 폭풍은 뒤에 고요가 따랐다.)

e. Dinner was followed by dancing.

(저녁식사는 무도회로 이어졌다.)

1.9. 다음 주어는 목적어를 따른다. 목적어는 길이다.

(9) a. Follow the road until you come to the hotel.

(그 호텔에 이를 때까지 그 길을 따라가세요.)

b. He followed a path.

(그는 소로를 따라 갔다.)

c. He followed a brook to its source.

(그는 어느 시냇물을 따라 그 근원지까지 갔다.)

d. Follow this road to the corner.

(이 길을 따라 그 모퉁이까지 가세요.)

e. Bees follow the smell of flowers.

(벌들은 그 꽃 냄새를 따라간다.)

f. He followed her career as a poet.

(그는 시인으로서 그의 경력을 따라갔다.)

1.10. 다음은 「직업은 길이다」의 은유가 적용된 표현이다.

(10) a. He followed the trade of a hatter/a grocer/a baker.

(그는 모자상/식료품상/빵 제조업자의 길을 따라갔다.)

b. He followed the sea/the plow/the stage.
   (그는 바다/쟁기/무대(의 길을) 따라갔다.)

c. He followed a branch of science.
   (그는 과학의 한 분야를 따랐다.)

1.11. 다음 주어와 목적어는 움직이지 않는다. 그러나 이들의 형상을 눈으로 따라가면 주어가 목적어를 뒤따르는 것으로 보인다.

(11) a. The railway lines follow the river several miles.
     (그 철도는 그 강을 몇 마일 따른다.)

   b. The path follows the brook a few miles.
     (그 길은 그 시냇물을 몇 마일 따라간다.)

2. 자동사 용법

2.1. 다음 주어는 논리적으로 따라 나온다.

(12) a. Just because he is at the bottom of the class, it does not follow that he has no brains.
     (단지 그가 학급에서 꼴찌라고 해서, 그가 머리가 없다는 결론이 뒤따르지는 않는다.)

   b. Because he is good, it does not follow that he is wise.
     (그가 선하다고 해서, 그가 현명하다는 결론은 나지 않는다.)

   c. It follows from what you said that I might be wrong.
     (네가 말한 것으로부터 내가 잘못을 했다는 결론이 따른다.)

   d. From this evidence, it follows that he's not the murderer.
     (이 증거로부터 그가 살인자가 아니라는 결론이 따른다.)

e. From what you said, it follows that he was not there.
(네가 말한 것으로부터, 그가 그 곳에 없었다는 결론이 따른다.)

f. If a book does not interest us, it does not necessarily follow that the fault is in the book.
(어떤 책이 우리의 흥미를 끌지 않을지라도 반드시 그 책에 잘못이 있다는 결론이 따르는 것이 아니다.)

2.2. 다음에서 목적어는 문맥에 암시되어 있다.

(13) a. I am sending the letter today; the packet will follow.
(나는 그 편지를 오늘 보낼 예정이다; 그 소포가 곧 뒤 따를 것이다.)

b. King George the 6th died and Queen Elisabeththe 2nd followed.
(죠지 왕 6세가 죽고 엘리자베스 여왕 2세가 뒤따랐다.)

c. I didn't quite follow. Could you explain it again?
(저는 이해를 못하겠습니다. 그것을 다시 설명해 주시겠습니까?)

d. We followed close behind.
(우리는 뒤에 바싹 따라갔다.)

FORGET

0. 이 동사의 개념바탕에는 잊는 과정이 있다.

1. 타동사 용법

1.1. 다음 주어는 목적어를 잊는다.

(1) a. I always forget dates.
    (나는 언제나 날짜를 잊어버린다.)
 b. I quite forget your name.
    (나는 너의 이름을 완전히 잊어버렸다.)
 c. He forgot his old friends when he became rich.
    (그는 부자가 되었을 때 옛 친구들은 잊어버렸다.)
 d. We might well forget the whole thing.
    (우리는 그 일을 모두 잊어버리는 것이 좋겠다.)

1.2. 다음 주어는 목적어를 챙겨야 하는 데 이것을 잊는다.

(2) a. He has forgotten his key.
    (그는 그의 열쇠를 잊어버리고 안 가지고 왔다.)
 b. He forgot his umbrella.
    (그는 우산을 가져온다는 것을 잊어버렸다.)
 c. He forgot his suitcase.
    (그는 그의 옷가방을 들고 온다는 사실을 잊어버렸다.)

1.3. 다음 목적어는 재귀대명사이다. 주어는 자신을 잊는다.

(3) a. When a man is drunk, he often forgets himself.
     (사람이 술에 취하면, 제 정신을 잊어버린다.)
   b. I forgot myself and kissed her.
     (나는 나 자신을 잊어버리고 그녀에게 키스를 했다.)
   c. Forget yourself and think of someone else.
     (자신을 잊어버리고 다른 사람을 생각해라.)

1.4. 다음 주어는 that-절의 내용을 잊는다.

(4) a. Did you forget that she was coming?
     (너는 그녀가 온다는 것을 잊었느냐?)
   b. I forgot that you did not like rice.
     (나는 네가 밥을 좋아하지 않는다는 것을 잊었다.)
   c. He forgot that we had already met.
     (그는 우리가 이미 만난 적이 있다는 사실을 잊었다.)

1.5. 다음 주어는 의문사-절의 내용을 잊는다.

(5) a. I forget **when** he came back.
     (나는 언제 그가 돌아왔는지 잊었다.)
   b. I forgot **who** said it.
     (나는 누가 그것을 말했는지 잊어버렸다.)
   c. I forget **where** I should go.
     (나는 내가 어디에 가야 하는지 잊고 있다.)

1.6. 다음 주어는 과거에 일어난 일을 잊는다.

(6) a. I shall never forget **hearing** her singing the song.
   (나는 그녀가 그 노래를 부른 것을 들은 것을 잊지 않을 것이다.)

 b. I never forget **finding** the old coin in the garden.
   (나는 그 오래된 동전을 그 정원에서 찾은 것을 잊지 않고 있다.)

 c. I shall never forget my father **going** to London.
   (나는 내 아버지가 런던에 간 것을 잊지 않겠다.)

1.7. 다음 주어는 어느 시점에서 앞으로 할 일을 잊는다.

(7) a. You forgot **to** lock the door.
   (너는 그 문을 잠가야 하는 것을 잊었다.)

 b. Don't forget **to** wake me up.
   (나를 깨우는 것을 잊지 말아라.)

 c. You've forgotten **to** take your shoes off.
   (너는 신발을 벗는 것을 잊고 있다.)

2. 자동사 용법

2.1. 다음 주어는 전치사 about의 목적어에 관련된 일을 잊는다.

(8) a. Did you lock the door when you left the house?
   (집을 나올 때, 문을 잠갔느냐?)

 b. No, I'm afraid I forgot all **about** it.
   (아니오, 나는 그것에 대해 까맣게 잊어 버렸어요.)

(9) a. Our former neighbors came to see us yesterday.
   (우리의 옛 이웃들이 어제 우리를 보러왔다.)

b. I'd forgotten all **about** them.

(나는 그들에 관한 것(즉 그들이 온다는 것)에 대해서 깜빡 잊고 있었다.)

c. I'd forgotten all **about** you coming tonight.

(나는 오늘 저녁 네가 오는 것에 대해서 잊어 버렸다.)

d. He seemed to have forgotten **about** the car.

(그는 그 차에 대해서 잊어버린 것 같았다.)

GAIN

0. 이 동사의 개념바탕에는 경쟁을 통해 얻는 과정이 있다.

1. 타동사 용법

1.1. 다음 주어는 목적어를 노력이나 경쟁을 통해 얻는다.

(1) a. The farmer gained possession of more land.
   (그 농부는 좀 더 많은 땅의 소유를 얻었다.)
   b. The team gained the victory.
   (그 팀은 그 승리를 얻었다.)
   c. Our team gained the battle.
   (우리 팀이 그 전투의 승리를 얻었다.)
   d. He gained an advantage over a competitor.
   (그는 경쟁자에 대한 이점을 얻었다.)
   e. He gained reputation/strength/ground/time.
   (그는 명성/힘/기반/시간을 벌었다.)

1.2. 다음 주어는 목적어를 주어 자신에게 더한다.

(2) a. The clock gains a minute.
   (그 시계는 일분 빠르다.)
   b. The car gained speed as it went down the hill.
   (그 자동차는 그 산 아래로 내려가면서 속도를 얻었다.)

c. I have gained five pounds this summer.
(나는 올 여름 5파운드가 늘었다.)

1.3. 다음 주어는 노력을 한 다음 목적어를 영향권 안에 넣는다.

(3) a. After fighting against the strong wind, we finally gained our destination.
(그 세찬 바람과 싸운 다음, 우리는 마침내 우리의 목적지에 이르렀다.)

b. The swimmer gained the shore.
(그 수영선수는 그 해안에 노력 끝에 도달했다.)

c. The man gained the top of the mountain.
(그 사람은 노력 끝에 그 산꼭대기에 이르렀다.)

d. We cut a path through the forest and gained the river next day.
(우리는 그 산림을 가로질러서 다음날 그 강에 노력 끝에 이르렀다.)

e. He gained the summit/shelter.
(그는 그 정상/피난처에 노력 끝에 이르렀다.)

1.4. 다음 주어는 첫째 목적어에 둘째 목적어를 갖게 한다.

(4) a. Such work gains the police much respect.
(이러한 일은 경찰에 많은 존경을 얻어다 주었다.)

b. Her kindness gained her many friends.
(그녀의 친절이 그녀에게 많은 친구를 얻어다 주었다.)

c. His misfortune gained him sympathy.
(그의 불행이 그에게 동정심을 얻어 주었다.)

d. This ticket will gain you admission.

(이 표는 너에게 입장을 줄 것이다. – 이 표로 너는 입장할 수 있다.)

e. His good conduct gained him much praise.

(그의 선한 행동이 그에게 많은 칭찬을 가져다주었다.)

2. 자동사 용법

2.1. 다음 주어는 증가한다.

(5) a. The sick child is gaining and will soon get well.

(그 아픈 아이는 (몸무게가) 늘고 있어서 곧 좋아질 것이다.)

b. He is gaining in health/weight/popularity.

(그는 건강/몸무게/인기 면에서 늘어나고 있다.)

2.2. 다음 주어는 늘어난다.

(6) a. The watch gains by 3 minutes a day.

(그 시계는 매일 3분씩 빨라진다.)

b. The watch neither gains nor loses.

(그 시계는 빠르지도 않고 늦지도 않다.)

2.3. 다음 주어는 on의 목적어에 비해 속도 등이 증가한다.

(7) a. The boat is gaining on his boat.

(그 배는 그의 배에 다가오고 있다.)

b. Our horse is gaining on his horse.
   (우리 말은 그의 말에 다가가고 있다.)
c. The runner is gaining on his rival.
   (그 선수는 그의 경쟁자에게 다가가고 있다.)

GATHER

0. 이 동사의 개념바탕에는 모아서 무더기를 만드는 과정이 있다.

1. 타동사 용법

1.1. 다음 주어는 목적어를 모은다.

(1) a. The farmer gathered the crops.
   (그 농부는 그 작물을 거두어 들였다.)
   b. He gathered his books and left.
   (그는 그의 책을 모아서 떠났다.)
   c. You must gather up your toys.
   (너는 네 장난감을 한 곳에 모아야 한다.)

1.2. 다음 목적어는 추상적인 개체이다. 그러나 이들은 구체적인 개체로 개념화되어 있다.

(2) a. He's gathering facts about the little island.
   (그는 그 작은 섬에 대한 사실을 모으고 있다.)
   b. What do you gather from this evidence?
   (무엇을 너는 이 증거로부터 얻을 수 있느냐?)
   c. I didn't gather much from her confused story.
   (나는 그녀의 헷갈린 이야기로부터 많은 것을 얻을 수 없었다.)

1.3. 다음 주어는 that-절의 정보를 모은다.

(3) a. I gather from her words that she is ill.
      (나는 그녀의 말로부터 그녀가 아픈 것을 짐작한다.)
   b. I gathered that she did not like my idea.
      (나는 그녀가 내 생각을 좋아하지 않는 것으로 받아들였다.)

1.4. 다음 주어는 목적어를 주어 자체에 모은다.

(4) a. The patient is gathering strength.
      (그 환자는 힘을 늘리고 있다/힘이 붙고 있다.)
   b. The train gathered speed.
      (그 열차는 속도를 모우고 있다.)
   c. Her complexion is gathering color.
      (그녀의 안색은 화색을 더하고 있다.)
   d. He is gathering experience.
      (그는 경험을 쌓고 있다.)

1.5. 다음 주어는 목적어를 한 자리에 모은다.

(5) a. He gathered the blanket around the legs.
      (그는 그 담요를 발 주위에 모았다.)
   b. The sewing woman gathers the skirt at the top.
      (그 재봉사는 그 스커트의 주름을 위쪽에 잡는다.)
   c. She gathered her shawl about her shoulders.
      (그녀는 쇼울을 어깨 주위에 모았다.)
   d. He gathered his brow in a frown.
      (그는 이마에 주름을 모아 찌푸렸다.)

2. 자동사 용법

2.1. 다음 주어는 모인다.

(6) a. The clouds were gathering.
    (그 구름은 모이고 있었다.)
   b. They gathered around him.
    (그들은 그의 주위에 모였다.)
   c. The guests gathered around the fire.
    (그 손님들은 그 불 주위에 모였다.)
   d. Some sores gather to a head.
    (어떤 종기는 화농에 이르른다.)
   e. A crowd gathered to see what happened.
    (군중들이 무슨 일이 일어났는지 보기위해 모여들었다.)

2.2. 다음 주어는 한 곳에 모인다.

(7) a. Dust gathered under the couch.
    (먼지가 그 카우치 밑에 쌓였다.)
   b. Sweat gathered on his brow.
    (땀이 그의 이마에 모였다.)

2.3. 다음 주어는 모여서 커진다.

(8) a. The tale gathered like a snowball.
    (그 이야기는 눈덩이 같이 불어났다.)
   b. The dusk was gathering.
    (땅거미가 점점 짙어져 갔다.)

GET

0. 이 동사의 개념바탕에는 한 장소에서 다른 장소로 옮기는 과정이 있다.

1. 타동사 용법

1.1. 다음 주어는 목적어를 옮긴다.

(1) a. The general got the troops **across** the river.
(그 장군은 그 군대를 그 강 건너로 이동시켰다.)
   b. The nail was nailed to the wall and I couldn't get it **off**.
(그 못은 그 벽에 박혀 있어서 나는 그것을 **빼낼** 수가 없었
다.)
   c. He never lends books; he says it is too difficult to get them
back.
(그는 결코 책을 빌려주지 않는다. 그는 책을 돌려받기가 어
렵기 때문이라고 말한다.)

1.2. 다음 주어는 목적어를 받는다.

(2) a. He got a bike for his birthday.
(그는 자전거를 그의 생일선물로 받았다.)
   b. I got the message on the phone.
(나는 그 전언을 전화로 받았다.)

1.3. 다음 주어는 목적어를 주어의 통제 영역에 들어오게 한다.

(3) a. The police got the escaped prisoner.
    (경찰은 그 탈옥수를 잡았다.)
  b. Please get the doctor.
    (그 의사를 불러 오세요.)

1.4. 다음 주어는 목적어를 자신에게 오게 한다.

(4) a. He got a bad cold.
    (그는 심한 감기에 걸렸다.)
  b. I got a blow on the head.
    (나는 한 대를 머리에 맞았다.)
  c. He got a broken ankle.
    (그는 발목이 깨졌다.)
  d. The criminal got six years.
    (그 범인은 6년을 선고받았다.)

1.5. 다음 주어는 목적어를 자신의 머리에 들어오게 한다.

(5) a. I didn't get your last name.
    (나는 너의 성을 잘 듣지 못했다.)
  b. I didn't get your meaning.
    (나는 너의 뜻을 파악하지 못했다.)
  c. I got his jokes.
    (나는 그의 농담을 이해했다.)

1.6. 다음은 「상태변화는 장소이동이다」의 은유가 적용된 예이다.
    주어는 목적어를 어떤 상태에 이르게 한다. 상태는 형용사로 표현되어 있다.

(6) a. I must get the children **ready** for school.
 (나는 그 아이들을 학교 갈 준비를 시켜야 한다.)
 b. I must get the breakfast **ready**.
 (나는 그 아침밥을 준비해야 된다.)
 c. He got his arm **sore**.
 (그는 그의 팔을 아프게 했다.)
 d. He couldn't get the door **open**.
 (그는 그 문을 열게 할 수가 없었다.)
 e. I got the sum **ready**.
 (나는 그 액수의 돈을 준비했다.)

1.7. 다음 주어는 목적어를 to 부정사의 과정으로 가게 만든다.

(7) a. I can't get the car to go.
 (나는 그 자동차를 가게 할 수가 없다.)
 b. I can't get the car going.
 (나는 그 자동차를 계속가게 할 수가 없다.)

1.8. 다음 주어는 목적어를 가 닿는다.

(8) a. The snowball got me on the arm.
 (그 눈덩이가 나의 팔을 쳤다.)
 b. The bullet got him in the eyes.
 (그 실탄은 그의 눈에 맞았다.)

1.9. 다음 주어는 목적어를 가서 접촉한다. 접촉이 되면 목적어가 영
 향을 받는다.

(9) a. Her tears got me.
    (그녀의 눈물이 나를 움직였다.)

  b. His arrogance really got me.
    (그의 오만이 정말 나를 괴롭혔다.)

  c. This problem gets me.
    (이 문제가 나를 괴롭힌다.)

  d. Her singing really gets me.
    (그녀의 노래는 나를 정말 감동시킨다.)

2. 자동사 용법

2.1. 다음 주어는 이동한다. 주어는 사람이다.

(10) a. We got **there** at eight.
    (우리는 그곳에 8시에 도착했다.)

  b. When did you get **here**?
    (너는 언제 여기에 도착했느냐?)

  c. When did you get **back** from the country?
    (언제 너는 시골에서 돌아왔느냐?)

  d. We got **to** the airport.
    (우리는 그 공항에 도착했다.)

2.2. 다음 주어는 개체이다.

(11) a. Your books all have got over the table.
    (너의 책이 모두 그 식탁 너머로 떨어졌다.)

2.3. 다음 주어는 어떤 상태에 이른다. 상태는 현재분사나 과거분사
로 표현되어 있다.

(12) a. These women got talking.
　　　(이 여자들은 얘기를 하고 있다.)
　　b. The long journey got the children tired.
　　　(그 긴 여행은 그 아이들을 피곤하게 만들었다.)
　　c. They got drunk/excited.
　　　(그들은 취했다/흥분했다.)

2.4. 다음 주어는 어떤 상태에 이른다. 상태는 형용사로 표현되어
있다.

(13) a. He got **well** soon.
　　　(그는 곧 건강해졌다.)
　　b. We got **angry** in traffic.
　　　(우리는 차량들 속에서 화가 났다.)
　　c. He got **ready** to leave.
　　　(그는 떠날 준비가 되었다.)

2.5. 다음 주어는 부정사가 가리키는 과정에 이른다.

(14) a. We got to sing the national anthem before the game.
　　　(그 경기가 시작되기 전에 우리는 애국가를 불러야 했다.)
　　b. You'll like him once you get to know him.
　　　(일단 그를 알게 되면, 당신은 그를 좋아할 것입니다.)
　　c. He's getting to be an old man now.
　　　(그는 노인이 되어 가고 있다.)

GIVE

0. 이 동사의 개념바탕에는 주는 과정이 있다.

1. 타동사 용법

1.1. 다음 주어는 목적어를 전치사 to의 목적어에 준다. to의 목적어
는 새로운 정보이다.

(1) a. Please give this letter to your teacher.
   (이 편지를 네 선생님께 드려라.)
   b. He gave a bunch of flowers to his friends.
   (그는 꽃 한 다발을 그의 친구에게 주었다.)

1.2. 다음 주어는 첫째 목적어에 둘째 목적어를 준다. 둘째 목적어는
새로운 정보이다.

(2) a. I gave him $500.
   (나는 그에게 500불을 주었다.)
   b. He gave David a book.
   (그는 데이빗에게 책 한 권을 주었다.)
   c. I gave the porter my bag.
   (나는 그 짐꾼에게 내 가방을 주었다.)
   d. She gave him the horse to hold.
   (그녀는 그에게 잡고 있을 그 말을 건네주었다.)

e. He gave her his cheek.
    (그는 그녀에게 자신의 **뺨**을 주었다.)

1.3. 다음 둘째 목적어는 시간이다.

(3) a. They gave me a week to make up my mind.
       (그들은 내가 결심을 하도록 내게 일주일을 주었다.)
    b. They gave me 5 minutes to answer the questions.
       (그들은 그 질문에 대답을 할 수 있도록 내게 5분을 주었다.)
    c. You'd better give yourself an hour to get there.
       (그곳에 갈 수 있도록 자신에게 한 시간을 주는 것이 좋겠다.)
    d. He gave me a chance once more.
       (그는 나에게 기회를 다시 한 번 주었다.)

1.4. 다음 주어는 목적어를 낸다. 목적어는 모두 주어가 내는 소리나
     노력이다.

(4) a. He gave a sigh/cheers/a cry/a shout/a reply/a groan/a guess.
       (그는 한숨/갈채/울음/고함/대답/신음소리/추측을 했다.)
    b. He gave a try/a pull/a push/a shave/a shrug/a kick.
       (그는 시도했다/당겼다/밀었다/면도했다/어깨를 으쓱했다/찼
       다.)

1.5. 다음 주어는 첫째 목적어에 둘째 목적어를 준다(가한다).

(5) a. Give it a pull and it will open.
       (그것을 한 번 당겨라, 그러면 열릴 것이다.)
    b. He gave me a kick.
       (그는 나에게 발길질을 했다.)

c. He gave the door a push.
(그는 그 문을 한 번 밀었다.)

d. I gave the matter a lot of thought.
(나는 그 문제에 많은 생각을 했다.)

1.6. 다음 둘째 목적어는 감정과 관계된다. 주어는 첫째 목적어에 둘째 목적어를 준다.

(6) a. They gave him troubled pain/their joy/offense/satisfactions.
(그들은 그에게 괴로움/고통/기쁨/불쾌감/만족을 주었다.)

b. The news gave us a shock/a pleasure.
(그 소식은 우리에게 충격/즐거움을 주었다.)

1.7. 다음 둘째 목적어는 정보와 관련된다.

(7) a. He gave me advice/the reason/his opinion/more information.
(그는 나에게 충고/그 이유/그의 의견/더 많은 정보를 주었다.)

b. The story gave us a picture of a very young man.
(그 얘기는 우리에게 매우 젊은 청년의 모습을 떠올리게 한다.)

1.8. 다음 둘째 목적어는 행사와 관련된다.

(8) He gave John a party/a ball/a play/a concert.
(그는 존에게 파티/무도회/연극/연주회를 열어주었다.)

1.9. 다음은 「마음은 개체이다」의 은유가 적용된 표현이다.

(9) a. Give your mind to your work.
(너의 마음을 너의 일에 기울여라.)

b. We have never given attention to this.
(우리는 주의를 이것에 주지 않았다.)

1.10. 다음 주어는 목적어를 준다.

(10) a. Reading gives knowledge.
(독서는 지식을 준다.)

b. The thermometer gives 80.
(그 온도계는 80을 가리킨다.)

c. High temperatures give a sign of illness.
(고열은 병의 징후를 보여준다.)

d. The dictionary doesn't give this word.
(그 사전은 이 낱말을 제공하지 않는다.)

e. Four divided by 2 gives 2.
(4가 2로 나누어지면 2가 된다.)

f. This farm gives large crops.
(이 농장은 큰 수확을 준다.)

1.11. 다음 주어는 사람이 아닌 개체이다. 주어는 첫째 목적어에 둘째 목적어를 준다.

(11) a. Cows give us milk.
(젖소는 우리에게 우유를 준다.)

b. The tree gives us good fruit.
(그 나무는 우리에게 좋은 과일을 준다.)

c. You have to give your work more attention.
(너는 너의 일에 더 많은 주의를 기울여야 한다.)

2. 자동사 용법

2.1. 다음 주어는 돈을 준다.

(12) a. Please give generously.
   (넉넉하게 주세요.)
 b. They regularly give to charity.
   (그들은 정기적으로 자선 단체에 돈을 준다.)

2.2. 주는 것은 내어 놓는 것이다. 다음 주어는 내어 놓는다.

(13) a. The floor gave under the weight of the piano.
   (그 마루가 그 피아노의 무게에 꺼졌다.)
 b. The branch gave but did not break.
   (그 가지가 밑으로 휘어졌으나 부러지지는 않았다.)
 c. Don't push so hard; the door lock will give.
   (너무 세게 밀지 말아라; 그 문 자물쇠가 부서지겠다.)
 d. The sofa gives comfortably.
   (그 소파는 편안하게 꺼진다.)
 e. The foundations are giving.
   (그 지반이 꺼지고 있다.)

2.3. 다음 주어는 통한다.

(14) a. The passage gives into the study.
   (그 통로는 그 서재로 통한다.)
 b. The window gives on the street.
   (그 창문은 그 길 쪽으로 트여 있다.)

GO

0. 이 동사의 개념바탕에는 기준점에서 다른 장소로 가는 과정이 있다. 통상적인 기준점은 화자가 있는 곳이다.

1. 자동사 용법

1.1. 다음 주어는 간다.

(1) a. I went home late last night.
   (나는 엊저녁 늦게 집에 갔다.)
   b. He went downstairs.
   (그는 아래층에 갔다.)
   c. He went to his uncle's.
   (그는 아저씨 집에 갔다.)

1.2. 다음 주어는 소유, 사용, 또는 의식의 영역에서 나간다.

(2) a. We can no longer afford a gardner; he has to go.
   (우리는 더 이상 정원사를 데리고 있을 수 없다. 그는 떠나야 한다.)
   b. He went out like a light.
   (그는 정신이 나갔다.)
   c. After George went, she moved into a smaller house.
   (죠지가 죽은 다음에, 그녀는 작은 집으로 옮겼다.)

1.3. 다음 주어는 개체이다. 주어는 간다.

(3) a. When does the train go?
    (그 기차는 언제 갑니까?)
  b. The roots of the plant go deep.
    (그 식물의 뿌리는 깊이 들어간다.)
  c. The car's going too fast.
    (그 자동차는 너무 빨리 간다.)
  d. His hand went to his gun.
    (그의 손이 그의 총으로 갔다.)

1.4. 다음 주어는 움직이지 않는다. 주어의 의도를 나타낸다.

(4) a. The boxes go on the shelf.
    (그 상자들은 그 선반 위로 간다.)
  b. Where do you want your piano to go?
    (너의 피아노를 어디로 옮기고 싶으냐?)
  c. Where does this teapot go?
    (이 차 주전자는 어디에 가나요?)
  d. The dictionary goes on the top shelf.
    (그 사전은 맨 위 선반으로 간다.)

1.5. 다음은 「소유 이전은 움직임이다」의 은유가 적용된 표현이다.
    주어는 전치사 to의 목적어로 간다.

(5) a. Who does the property go **to** when the old man dies?
    (그 노인이 돌아가면 그 재산은 누구에게 갑니까?)
  b. The estate went **to** his children when he died.
    (그 토지는 그가 받아야 할 사람에게 언제나 가지는 않는다.)

1.6. 다음 개체는 한 소유영역에서 다른 소유영역으로 간다. 즉 「소유 이전은 장소이전이다」의 은유가 적용된 표현이다.

(6) a. It went for so little.
(그것은 싼 값으로 팔렸다.)
b. The house went cheap.
(그 집은 싼 값에 팔렸다.)
c. The house went to the man who made the highest offer.
(그 집은 제일 높은 제의를 한 사람에게 갔다.)
d. I am afraid the car must go.
(나는 그 차를 팔아야 할 것 같다.)

1.7. 다음 주어는 돈이다. 돈도 한 소유영역에서 다른 소유영역으로 간다.

(7) a. All the money goes to the keeping up of the asylum.
(모든 돈이 그 보호 수용소를 유지하는데 들어간다.)
b. Her half money goes on food and clothes for the children.
(그녀의 돈의 반은 그 아이들을 위한 식비와 옷값으로 간다.)
c. Most of the money went for food.
(그 돈의 대부분은 식량을 사는 데 들었다.)
d. Her time goes in watching television.
(그녀의 시간은 텔레비전을 보는데 들어간다.)

1.8. 다음 주어는 한 자리에서 움직인다.

(8) a. The clock doesn't go.
(그 시계가 가지 않는다.)

b. The machine does not go well.
   (그 기계가 잘 작동하지 않는다.)

c. Is your watch going?
   (네 시계가 가고 있느냐?)

1.9. 다음은 「시간은 움직이는 개체이다」가 적용된 예이다.

(9) a. Summer's going.
      (여름이 가고 있다.)

b. When you are busy, time goes quickly.
   (바쁘면 시간이 빨리 지나간다.)

c. The hours went slowly.
   (그 시간들은 천천히 갔다.)

d. The day went slowly.
   (그 날은 천천히 갔다.)

1.10. 다음 주어는 추상적 개체이다. 그러나 구체적인 개체로서 어떤
      사람에게서 떠나는 것으로 개념화되어 있다.

(10) a. All hope is gone.
       (모든 희망이 갔다.)

b. My sight is going.
   (내 시력이 떨어지고 있다.)

c. The pain has gone now.
   (그 고통이 사라졌다.)

1.11. 다음 주어는 시간 속에 움직인다.

(11) a. The story goes that he was murdered.

　　　(그가 살해되었다는 그 얘기가 돌아다닌다.)

　　b. The tune goes like this.

　　　(그 음은 이와 같이 소리가 난다.)

　　c. I am quite sure how the poem goes.

　　　(그 시가 어떻게 읽히는지 나는 확실히 안다.)

1.12. 다음 주어는 정도와 관계가 있다.

(12) a. A little of this goes a long way.

　　　(이것은 조금만 있어도 오래 간다/이것의 약간은 큰 효력이 있다.)

　　b. Ten dollars doesn't go far these days.

　　　(10달러는 요즈음 멀리 가지 않는다; 10달러는 별로 쓸 것이 없다.)

1.13. 다음 목적지는 추상적인 개체이다. 주어는 정도 선상에서 목적지에 간다.

(13) a. He went to great expense.

　　　(그는 큰 비용을 쓰게 되었다.)

　　b. He went to a lot of trouble for us.

　　　(그는 우리를 위해서 많은 수고를 했다.)

1.14. 다음 주어는 정도 선상에서 움직인다. 「정도는 거리이다」의 은유가 적용되었다.

(14) a. You must apologize at once; you've gone too **far**.

　　　(너는 곧 사과해야 한다; 너는 정도가 지나쳤다.)

b. I can give you $50 but I can't go any **further.**
(나는 네게 50불을 줄 수 있으나 더 이상은 갈 수 없다.)

c. I won't go as **far** as to say he's honest.
(나는 그가 정직하다고까지 말하지는 않겠다.)

d. I would go as **far** as to say that she deserves a higher salary.
(나는 좀 더 높은 급료를 받을 가치가 있다고까지 말하고 싶다.)

e. That's going too **far.**
(그것은 너무 지나치다.)

1.15. 다음 주어는 소리를 낸다.

(15) a. The mirror went CRACK and fell off the wall.
(그 거울이 쨍그렁 하고 그 벽에서 떨어졌다.)

b. The gun went BOOM.
(그 총이 펑 소리가 났다.)

c. Ducks go QUACK.
(오리는 꽉꽉 거린다.)

d. BANG went the gun.
(빵하고 그 총이 터졌다.)

e. The clock goes tick-tock, tick-tock.
(그 시계는 똑딱똑딱 한다.)

1.16. 다음 주어는 분사가 가리키는 일을 하기 위해서 나간다.

(16) a. He went shopping/walking.
(그는 물건 사러/산보하러 갔다.)

b. She went swimming.
(그녀는 수영하러 갔다.)

1.17. 다음 주어는 움직이지는 않는다. 그러나 전체 형상을 눈으로 따라가면 한 장소에서 다른 장소로 뻗어 있다.

(17) a. Which road goes to the station?
(어느 길이 그 역으로 갑니까?)

b. The valley goes from east to west.
(그 계곡은 동쪽에서 서쪽으로 갑니다.)

c. I want a rope that will go from the top window to the ground.
(나는 그 꼭대기 창문에서 땅에 닿는 로프를 원한다.)

1.18. 다음은 「상태변화는 장소이다」의 은유가 적용된 표현이다. 주어는 형용사가 가리키는 상태가 된다. 주어는 좋은 상태에서 나쁜 상태로 변한다.

(18) a. Her hair is going **grey**.
(그녀의 머리가 허옇게 새고 있다.)

b. The milk went **sour**.
(그 우유는 맛이 갔다.)

c. He is gone **mad/blind**.
(그는 정신이 돌았다/맹인이 되었다.)

d. He went **white** with anger.
(그는 화가 나서 얼굴이 창백하게 되었다.)

e. He went **grey** with worry.
(그는 걱정 때문에 창백하게 되었다.)

f. Fish soon goes **bad** in hot weather.
(생선은 더운 날씨에 쉬 변한다.)

g. The children went **wild** with excitement.
(그 아이들은 흥분으로 소란스럽게 되었다.)

h. The material has gone a funny color.
   (그 물질은 이상한 색으로 변했다.)

i. The state will go **Republican** after all.
   (그 주는 결국 공화당이 될 것이다.)

1.19. 다음은 「과정은 장소이동이다」의 은유에서 경로가 부각된 표현이다.

(19) a. Everything goes fine.
        (모든 일이 잘 돌아간다.)

   b. Things went very smoothly.
        (모든 일이 순조롭게 진행되었다.)

   c. **How** are things going?
        (일들이 어떻게 진행되어가고 있는가?)

   d. The party went **well.**
        (그 파티는 잘 진행되었다.)

1.20. 다음에서 지속되는 상태는 과거분사로 표현되어 있다.

(20) a. Her complaint went **unnoticed.**
        (그녀의 불평은 주목을 받지 못했다.)

   b. After his enemy's threat, he went in fear of his life.
        (그의 적의 위협을 받고 난 다음 그는 자신의 생명을 두려워
        하면서 지냈다.)

   c. Should a murderer go **unpunished**?
        (살인자가 벌 받지 않고 지내도 될까요?)

   d. The men of this tribe used to go **naked.**
        (이 부족의 남자들은 벌거벗고 지냈다.)

e. You'd better go **armed**.
　　(너는 무장을 하고 다니는 것이 좋겠다.)

1.21. 다음 주어는 부정사가 가리키는 과정에 이른다.

(21) a. It just goes to show/prove that he is not honest.
　　　(그것은 그가 정직하지 못함을 보여/증명하게 된다.)
　　b. His conduct just goes to show that he's a rude person.
　　　(그의 행동은 그가 거친 사람임을 보여주게 된다.)

1.22. 다음 주어는 어떤 일을 계속한다.

(22) a. Don't go saying that.
　　　(그것을 말하지 말아라.)
　　b. Don't go breaking any more things.
　　　(더 이상 물건을 부수고 다니지 말아라.)

1.23. 다음 주어는 나쁘게 된다.

(23) a. My voice has gone because of my cold.
　　　(감기 때문에 내 목소리가 변했다.)
　　b. His hearing has begun to go.
　　　(그의 청력이 가기 시작했다.)

GROW

1. 자동사 용법

1.1. 다음 주어는 자란다.

(1) a. The boy is growing rapidly.
  (그 소년은 빨리 자라고 있다.)
 b. My finger nails aren't growing.
  (내 손톱이 안 자라고 있다.)
 c. She is letting her hair grow.
  (그녀는 머리가 자라게 내버려두고 있다.)

1.2. 다음 주어는 식물이다.

(2) a. Grass grows after rain.
  (풀은 비온 후에 자란다.)
 b. Few trees grow in the desert.
  (나무가 사막에는 거의 자라지 않는다.)
 c. Cotton grows wild here.
  (솜은 여기서 야생으로 자란다.)

1.3. 다음에는 자라는 출발점이 명시되어 있다.

(3) Plants grow **from** seeds.

(식물은 씨에서 큰다.)

1.4. 다음 주어는 자라서 into의 목적어가 된다.

(4) a. A lamb grows **into** a sheep.

(새끼 양은 큰 양으로 자란다.)

b. He has grown **into** a fine young man.

(그는 훌륭한 젊은이로 컸다.)

c. The village is growing **into** a town.

(그 부락은 읍으로 성장하고 있다.)

1.5. 다음 주어는 추상적 개체이다. 이들은 구체적 개체로 개념화되어 커지는 것으로 표현되어 있다.

(5) a. The national debts have grown.

(그 나라의 빚이 커졌다.)

b. My difficulties are growing.

(나의 어려움이 커지고 있다.)

c. His influence over her is growing.

(그의 그녀에 대한 영향이 커지고 있다.)

d. Their business has grown rapidly.

(그들의 사업은 빠르게 성장했다.)

1.6. 다음은 「상태변화는 움직이다」의 은유가 적용된 표현이다. 형용사는 결과의 상태이다.

(6) a. He grew **old.**

(그는 늙었다.)

b. He grew **rich.**
   (그는 부자가 되었다.)
c. The children are growing **tired.**
   (그 아이들이 지치고 있다.)
d. The noise grew **louder.**
   (그 소음이 더 커졌다.)
e. The sound of the music grew **less** as the band marched away.
   (그 악대가 멀어지면서 그 음악소리가 적어졌다.)
f. He has grown 6 inches **taller.**
   (그는 6인치 더 커졌다.)

1.7. 다음 주어는 점차적으로 to 부정사가 가리키는 일을 하게 된다.

(7) a. You will grow to see the difference.
    (너는 그 차이를 이해하게 될 것이다.)
b. In time you will grow to like him.
   (시간이 지나면, 너는 그를 좋아하게 될 것이다.)
c. He grew to be obedient.
   (그는 순종적이 되었다.)
d. I have grown to think that you are right.
   (나는 네가 옳다고 생각하게 되었다.)

2. 타동사 용법

2.1. 다음 주어는 목적어를 키운다.

(8) a. He grows vegetables/roses/cotton.
   (그는 채소/장미/목화를 키운다.)

   b. The farmer grow potatoes in this field.
   (그 농부는 감자를 이 밭에 재배한다.)

2.2. 다음 주어는 목적어를 자라게 한다.

(9) a. He grows a beard.
   (그는 수염을 기른다.)

   b. He grows his hair.
   (그는 머리를 기른다.)

HANG

0. 이 동사의 개념바탕에는 매달리는 과정이 있다.

1. 자동사 용법

1.1. 다음 주어는 매달린다.

(1) a. The picture is hanging on the wall.
   (그 그림은 벽에 걸려 있다.)
   b. A sign hangs over the door.
   (표지판이 문 위에 걸려 있다.)
   c. They hung about his neck.
   (그들은 그의 목에 매달렸다.)
   d. The mantle hangs gracefully.
   (그 망토는 우아하게 걸쳐져 있다.)
   e. The door hangs on its hinges.
   (그 문은 돌저귀에 걸려 있다.)

1.2. 매달리는 개체는 공중에 뜬다. 다음 주어는 뜬다.

(2) a. The clouds are hanging over the mountain peaks.
   (그 구름들은 그 산꼭대기 위에 걸쳐 있다.)
   b. The fog hung over the fields.
   (그 안개가 그 들판 위에 걸쳐 있었다.)

c. Dust hung in the room.
   (먼지가 방에 떠 있다.)

1.3. 다음 주어는 추상적 개체이나 구체적 개체로 개념화되어 있다.
   주어는 떠 있다.

(3) a. A smell of curry hung in the air.
      (카레 냄새가 공기 중에 떠 있었다.)
   b. The silence hung among them.
      (그 침묵이 그들 사이에 걸쳐 있었다.)

1.4. 다음 주어는 about이나 around의 목적어에 매달리듯 주위에 맴
   돈다.

(4) a. The boy hung about the garden.
      (그 소년이 그 정원 주위를 맴돌았다.)
   b. The children hung about their mother.
      (그 아이들은 엄마 주위에 붙어 있었다.)
   c. Why are you hanging around here?
      (너는 왜 여기서 맴돌고 있느냐?)

1.5. 다음 주어는 on의 목적어에 매달려 있다.

(5) a. War and peace hung on him.
      (전쟁과 평화는 그에게 달려있다.)
   b. Success or failure hangs on your study.
      (성공이냐 실패이냐는 너의 연구에 달려있다.)
   c. His life hangs on the judge's decision.
      (그의 생명은 그 판사의 결정에 달려있다.)

1.6. 다음 주어는 목적어에 부담을 준다.

(6) a. The goods hang heavy on him.
    (그 상품은 그에게 부담을 준다(상품이 안 팔린다).)
   b. Life hung heavy on him.
    (삶이 그에게 부담을 주었다.)

2. 타동사 용법

2.1. 다음 주어는 목적어를 건다.

(7) a. He hung the pictures on the wall.
    (그는 그 그림들을 그 벽에 걸었다.)
   b. He hung the curtains on the window.
    (그는 그 커튼을 그 창문에 걸었다.)
   c. He hung his hat on a peg.
    (그는 그의 모자를 나무못에 걸었다.)
   d. The town hangs the flag on all national holidays.
    (그 읍내는 그 기를 국경일에 건다.)

2.2. 다음 주어는 목적어를 전치사 with의 목적어로 건다.

(8) a. He hung the wall **with** the pictures.
    (그는 그 벽을 그림으로 걸었다.)
   b. He hung the window **with** the curtains.
    (그는 그 창문을 그 커튼으로 걸었다.)

2.3. 다음 주어는 목적어를 떨군다.

(9) a. He hung his head in sorrow.
    (그는 슬픔에 머리를 떨구었다.)
  b. They should hang their heads in shame.
    (그들은 수치심에 고개를 떨구었다.)

2.4. 다음 주어는 목적어의 목을 매어단다.

(10) a. They hanged him in 1940.
    (그들은 그를 1940년 교수형에 처했다.)
  b. He hanged himself.
    (그는 자신을 목메어 죽었다.)

HAVE

0. 이 동사의 개념바탕에는 가지는 과정이 있다.

1. 타동사 용법

1.1. 다음 주어는 목적어를 신체어 일부로 갖는다.

(1) a. She has blue eyes.
   (그녀는 푸른 눈을 가지고 있다.)
   b. She has brown hair.
   (그녀는 갈색 머리를 가지고 있다.)
   c. She has a bald head.
   (그녀는 대머리를 가지고 있다.)
   d. She has strong arms.
   (그녀는 튼튼한 팔을 가지고 있다.)

1.2. 다음 주어는 목적어를 정신의 일부로 갖는다.

(2) a. She has a very good temper.
   (그녀는 매우 좋은 성질을 가지고 있다.)
   b. He had a taste for exotic food.
   (그는 이국 음식에 대한 미각을 가졌다.)
   c. He had a habit of nail biting.
   (그는 손톱을 깨무는 습성을 가졌다.)

d. He has the kindness to help me.
(그는 나를 도와주는 친절을 가지고 있다.)

1.3. 다음 주어는 목적어를 몸속에 넣어서 갖는다.

(3) a. She had a cup of tea.
(그녀는 차 한 잔을 마셨다.)
b. He had five cigarettes every day.
(그는 다섯 개비의 담배를 매일 피운다.)
c. We were having breakfast.
(우리는 아침을 먹고 있었다.)
d. He didn't have enough sleep last night.
(그는 엊저녁에 충분히 자지 못했다.)

1.4. 다음 주어는 목적어를 몸에 가지고 있다.

(4) a. I have had bad colds every year.
(나는 해마다 심한 감기를 앓고 있다.)
b. I have a severe pain.
(나는 심한 통증을 가지고 있다.)
c. He has a flu.
(그는 독감에 걸려 있다.)
d. He has measles.
(그는 홍역에 걸려 있다.)
e. He had a headache.
(그는 두통을 느끼고 있다.)

1.5. 다음 주어는 목적어를 머릿속에 갖는다.

(5) a. I have no idea what to do.
    (나는 무엇을 해야 할지에 대한 생각이 없다.)

  b. Do you have any doubt about him?
    (당신은 그에 대해 의심을 조금이라도 가지고 계십니까?)

  c. Do you have any hope of finding it?
    (당신은 그것을 찾을 희망을 조금이라도 가지고 계십니까?)

  d. He has a good idea.
    (그는 좋은 생각을 가지고 있다.)

  e. She has little French.
    (그녀는 불어를 조금 할 줄 안다.)

  f. He has it that the trains are running late.
    (그는 그 기차가 늦게 다닌다고 생각하고 있다.)

  g. He will have it that I was late.
    (그는 내가 늦었다고 생각할 것이다.)

  h. He will have it that I am wrong.
    (그는 내가 잘못이었다고 생각할 것이다.)

1.6. 다음 주어는 목적어를 마음속에 갖는다.

(6) a. I have him in fond remembrance.
    (나는 그를 정에 어린 추억 속에 간직하고 있다.)

  b. I have the work in mind.
    (나는 그 일을 염두에 두고 있다.)

  c. He has all the directions in his mind.
    (그는 모든 지시 사항을 그의 마음속에 가지고 있다.)

1.7. 다음 주어는 목적어를 소유영역에 갖는다.

(7) a. I have a house in the country.

   (나는 시골에 집 한 채를 가지고 있다.)

   b. I have a blue suit.

   (나는 파란색 양복 한 벌이 있다.)

   c. I have a car.

   (나는 자동차가 있다.)

   d. I have a dog/a cat.

   (나는 개/고양이를 갖는다.)

1.8. 다음 주어는 목적어를 몸에 지니거나 갖는다.

(8) a. I have that much money (on me).

   (나는 그 정도의 돈은 몸에 지니고 있다.)

   b. He had all kinds of strange objects (on his person).

   (그는 모든 종류의 이상한 물건을 몸에 가지고 다녔다.)

   c. I have a sweater (on).

   (나는 스웨터를 입고 있다.)

1.9. 다음 주어는 목적어를 가족으로 갖는다.

(9) a. The man has two sons.

   (그 사람은 두 아들이 있다.)

   b. The boy has parents.

   (그 소년은 양친이 있다.)

   c. I have a brother and a sister.

   (나는 형과 누이가 있다.)

1.10. 다음 목적어는 시간이다. 주어는 목적어를 갖는다.

(10) a. I have free time every Sunday.
     (나는 매주 일요일 자유시간을 갖는다.)
   b. I had a holiday today.
     (나는 오늘 휴일을 가졌다.)
   c. Have you got any time for a game of chess?
     (체스 한 판을 둘 시간이 있습니까?)

1.11. 다음 주어는 목적어를 책임영역에 갖는다.

(11) a. He has a letter to write.
     (그는 써야 할 편지가 있다.)
   b. He has an important task to perform.
     (그는 수행해야 할 중요한 임무가 있다.)
   c. He has a deadline to meet.
     (그는 지켜야 할 마감일이 있다.)

1.12. 다음 주어는 목적어를 주위에 갖는다.

(12) a. We have some people here tonight.
     (우리는 오늘 저녁 여기에 몇 사람을 모신다.)
   b. He has people in the office who are efficient.
     (그는 사무실에 능률적인 사람을 데리고 있다.)
   c. She has many friends.
     (그녀는 많은 친구가 있다.)

1.13. 다음 주어는 목적어를 활동영역에 갖는다.

(13) a. The teacher has 50 students.
     (그 선생님은 50명의 학생을 갖는다.)

b. The doctor has many patients.
(그 의사는 많은 환자가 있다.)

c. The lawyer has few clients.
(그 변호사는 의뢰인이 별로 없다.)

1.14. 다음 목적어는 과정이다. 주어는 목적어를 갖는다.

(14) a. John had a bath/a dance/a fight/a look at the picture/a lie down/ a rest.
(존은 목욕/춤/싸움/그림을 쳐다보기/휴식을 했다.)

b. She had a read/a swim/a sleep/a try/a wash.
(그녀는 독서/수영/잠/시도/세탁을 했다.

1.15. 다음 주어는 목적어를 부분으로 갖는다.

(15) a. The car has a self-starter.
(그 자동차는 자동 시동장치를 갖는다.)

b. The house has a fine garden.
(그 집은 훌륭한 정원을 가지고 있다.)

c. The room has five windows.
(그 방은 창문이 다섯 개 있다.)

d. April has thirty days.
(4월에는 30일이 있다.)

e. The cloth has a silky texture.
(그 천은 비단과 같은 촉감을 갖는다.)

f. The goods have a value of $100.
(그 상품은 100불의 가치가 있다.)

1.16. 주어는 목적어를 주어가 사는 지역에 갖는다.

(16) a. We have small birds in Korea.
      (한국에는 작은 새들이 있다.)
   b. We don't have much snow in this country.
      (이 나라에서는 눈이 많이 오지 않는다.)
   c. We have a lot of rain in summer.
      (우리는 여름에 비가 많이 온다.)
   d. We had a fine weather.
      (우리는 좋은 날씨를 가졌다.)

1.17. 다음 주어는 목적어를 어떤 상태로 갖는다.

(17) a. I have my room clean.
      (나는 내 방을 깨끗이 한다.)
   b. Have your nails clean.
      (너의 손톱을 깨끗이 해라.)
   c. I can't afford to have them idle.
      (나는 그들이 빈둥거리고 있게 할 수 없다.)

1.18. 다음 주어는 목적어가 어떤 일을 당하게 되는 일을 체험한다.

(18) a. He had his ankle dislocated.
      (그는 발목을 삐었다.)
   b. I had my watch stolen.
      (나는 내 시계를 도둑맞았다.)

1.19. 다음 주어는 목적어를 어떤 과정을 밟게 한다.

(19) a. I had the work finished two days before it was needed.
      (나는 그 일을 필요한 날짜보다 이틀 먼저 끝내게 했다.)

b. I had my composition corrected by the teacher.
(나는 내 작문을 선생님께 교정 받았다.)

1.20. 다음 주어는 목적어가 어떤 일을 하게 한다. 이때 주어는 목적어의 상관이거나 상사이다.

(20) a. I had John find me a house.
(나는 존을 나에게 집 한 채를 찾게 시켰다.)
b. The child would have me buy the television set.
(그 아이는 내가 그 텔레비전을 사기를 부탁한다.)
c. I have my secretary type the letter.
(나는 비서를 그 편지를 타자 치게 시켰다.)

1.21. 다음 주어는 목적어로 분사가 가리키는 일을 하게 한다.

(21) a. He soon had them all laughing.
(그는 곧 그들 모두를 웃게 했다.)
b. We soon had the mists coming down on us.
(우리는 곧 그 안개를 우리에게 덮게 하고 있었다.)
c. I can't have you doing that.
(나는 네가 그것을 하고 있게 할 수 없다.)

HELP

0. 이 동사의 개념바탕에는 도우는 과정이 있다.

1. 타동사 용법

1.1. 다음 주어는 목적어를 돕는다.

(1) a. The Red Cross helped the flood victims.
   (적십자사는 그 홍수 피해자들을 도왔다.)
   b. He is helping the war refugees.
   (그는 그 전쟁 피난민을 돕고 있다.)
   c. We helped our poor relatives.
   (우리는 우리의 가난한 친척들을 도왔다.)

1.2. 다음 주어는 목적어를 with의 목적어를 도와준다.

(2) a. Mother helped him **with** his homework.
   (어머니가 그를 그의 숙제를 푸는 데 도왔다.)
   b. Can you help me **with** this problem?
   (저를 이 문제를 푸는 데 도와주시겠습니까?)
   c. The parents helped the child **with** his assignment.
   (그 부모들은 그 아이를 그의 숙제 푸는 데 도와주었다.)

1.3. 다음 주어는 목적어가 to-부정사가 가리키는 일을 하도록 돕는

다. 이때 도움이 간접적이면 to 부정사가 도움이 직접적이면 동사의 원형이 쓰인다.

(3) a. He helped me **to** write the book.　　　(간접)
　　　(그는 내가 그 책을 쓰도록 도와주었다.)
　　　[그가 자료를 모으거나 연구를 할 장소 등을 제공]
　　b. He helped me write the book.　　　(직접)
　　　(그는 내가 그 책 쓰는 것을 도왔다.)

(4) a. She helped me **to** clean the room.　　　(간접)
　　　(그녀는 내가 그 방을 (치우도록) 도왔다.)
　　b. She helped me clean the room.　　　(직접)
　　　(그녀는 내가 그 방을 치우는 것을 도왔다.)

(5) a. They helped her **to** get on a bus.　　　(간접)
　　　(그들은 그녀가 그 버스를 타도록 도와주었다.)
　　b. They helped her get on a bus.　　　(직접)
　　　(그들은 그녀가 그 버스를 타는 것을 도왔다.)

(6) a. They helped us **to** move the piano.　　　(간접)
　　　(그들은 우리들이 그 피아노를 옮기도록 도와주었다.)
　　b. They helped us move the piano.　　　(직접)
　　　(그들은 우리가 그 피아노를 옮기는 것을 도왔다.)

1.4. 다음 주어는 목적어가 이동하는 데 돕는다.

(7) a. He helped her **down/up/in/out**.
　　　(그는 그녀가 내려오는/올라가는/들어오는/나가는 것을 도와주었다.)

b. I helped the old man **out of** the bus.
   (나는 그 노인을 도와서 그 버스에서 나오게 했다.)

c. We helped him **out of** the difficulty.
   (우리는 그를 도와서 어려움에서 건져 내었다.)

d. She helped me **to** bed.
   (그녀는 나를 도와서 잠자리에 들게 했다.)

e. The clue helped me **to** a solution.
   (그 실마리가 나를 도와서 해결책에 이르게 했다.)

1.5. 다음 주어는 목적어가 to의 목적어를 갖는데 돕는다.

(8) a. I helped him to some more potatoes.
    (나는 그를 도와서 좀 더 많은 감자를 먹게 했다.)

b. Can I help you to another slice of cake?
   (케이크 한 조각을 더 드릴까요?)

c. Please help yourself to the cake.
   (그 케이크를 좀 더 드세요.)

d. The child helped himself to some candy.
   (그 아이는 약간의 사탕을 집었다.)

e. They helped themselves to the family silver.
   (그들은 그 가보 은식기를 훔쳤다.)

1.6. 다음 주어는 목적어를 돕는다. 목적어는 과정이다.

(9) a. The remedies help digestion.
    (그 처방약은 소화를 돕는다.)

b. The fund helped the development of the town.
   (그 기금은 그 읍내의 발전을 도왔다.)

c. Some pictures help a dull interior.
(어떤 그림들은 어두운 내부를 밝게 한다.)

1.7. 다음 주어는 목적어를 돕는다.

(10) The medicine will help your cough.
(그 약은 너의 기침을 도울 것이다.)

1.8. 다음 주어는 좋지 않은 개체이다. 주어는 목적어를 피하거나 없어지게 한다.

(11) a. He can't help his loud voice.
(그는 (목소리를 크게 하지 말아야 하는데) 그것을 어떻게 할 수 없다.)
b. I can't help his bad manners/his rudeness.
(나는 (그가 나쁜 태도를 버려야 하는데) 그것을 어떻게 할 수가 없다.)
c. She can't help herself; she does not mean to be rude.
(그녀는 자신을 어떻게 할 수가 없다.; 그녀는 무례하게 행동하려고 하지는 않는다.)
d. I couldn't help it; it was an impulse.
(나는 그것을 피할 수가 없었다; 그것은 충동이었다.)

1.9. 다음에서 주어가 피하는 일이 동명사로 표현되어 있다.

(12) a. I can't help laughing when I saw his haircut.
(나는 그의 머리모양을 보았을 때 웃지 않을 수 없었다.)
b. I could not help being depressed.
(나는 기분이 저조해지지 않을 수가 없었다.)

c. I cannot help going to sleep.
(나는 잠자리에 들지 않을 수가 없었다.)

1.10. 다음에서 주어가 피하는 일이 'but+동사원형'으로 표현되어 있다.

(13) a. We can't help but respect him.
(우리는 그를 존경하지 않을 수 없다.)
b. He couldn't help but go.
(그는 가지 않을 수 없었다.)

2. 자동사 용법

2.1. 다음 주어는 돕는다.

(14) a. An aspirin will help (your headache).
(아스피린 한 알이면 도움이 될 것이다.)
b. What you say helps enormously.
(네가 말하는 것이 크게 도움이 된다.)
c. That does not help much.
(그것은 많은 도움이 되지 않는다.)

2.2. 다음 주어는 도와서 부정사가 가리키는 일을 하게 한다.

(15) a. That will help (to) explain the fact.
(그것은 그 사실을 설명하는데 도움이 될 것이다.)
b. By helping them, we are helping to save ourselves.
(그들을 도움으로써 우리는 우리 자신을 구하는 일을 돕는다.)

HIT

0. 이 동사의 개념바탕에는 가닿는 과정이 있다.

1. 타동사 용법

1.1. 다음 주어는 목적어를 친다.

(1) a. She hit the tennis ball over the net.
    (그녀는 그 정구공을 그 네트 너머로 쳐 넘겼다.)
   b. The batsman hit the ball over the wall.
    (그 타자는 그 공을 그 담 너머로 쳐 넘겼다.)

1.2. 다음 주어는 목적어를 전치사 in 또는 on의 목적어의 부위를
   친다.

(2) a. He hit me **in** the stomach/**in** the eye.
    (그는 나를 (배를/눈을) 쳤다.)
   b. He hit me **on** the head.
    (그는 나를 머리를 쳤다.)

1.3. 다음 주어가 목적어를 전치사 with의 목적어로 친다.

(3) a. He hit the dog **with** a stick.
    (그는 그 개를 막대기로 때렸다.)

b. He hit the nail **with** a hammer.
(그는 그 못을 망치로 쳤다.)

1.4. 다음 목적어는 목표물이다. 주어는 목적어를 맞춘다.

(4) a. He hit the center of the target.
(그는 그 표적의 중앙을 맞추었다.)
b. She hit the bull's eye with her next shot.
(그녀는 그 과녁의 흑점을 다음 실탄으로 맞추었다.)
c. The bullet hit him in the chest.
(그 총알은 그를 가슴을 맞추었다.)

1.5. 다음 주어는 그 자체가 목적어를 친다/닿는다.

(5) a. The car hit the wall.
(그 자동차가 그 벽을 받았다.)
b. The ball hit him in the eye.
(그 공이 그를 눈을 쳤다.)
c. The bullet hit the target.
(그 실탄이 목표를 맞추었다.)
d. A heavy storm hit the area.
(강한 폭풍이 그 지역을 강타했다.)

1.6. 다음 주어는 무의식적인 상태에서 목적어가 전치사의 목적어에 부딪치게 한다.

(6) a. He hit his leg against the table.
(그는 그의 발을 그 식탁에 쳤다.)

b. He hit his head against the shelf.
(그는 그의 머리를 그 선반에 받았다.)

1.7. 다음 주어는 움직여서 목적어에 가 닿는다.

(7) a. We hit the main road two miles further on.
(우리는 2마일 더 가서 그 간선 도로에 이르렀다.)
b. They hit the right road in the dark.
(그들은 어두운 데서 바른 길에 이르렀다.)
c. They immediately hit the water.
(그들은 곧 물에 뛰어 들었다.)
d. It's usually 11 when Joe hits home.
(죠가 집에 돌아오면 보통 11시다.)

1.8. 다음은 「시간은 장소이다」의 은유가 적용된 표현이다. 주어는
목적어에 닿는다.

(8) a. She found a husband before she hit middle age.
(그녀는 중년이 되기 전에 남편을 찾았다.)
b. You can't go downhill once you hit Thanksgiving.
(추수감사절에 이르면 사정이 나빠지지는 않을 것이다.)

1.9. 다음은 「정도는 공간이다」의 은유가 적용된 표현이다. 주어는
목적어에 가 닿는다.

(9) a. The mercury hit zero.
(수은주가 영도가 되었다.)
b. The car soon hit 200 mph.
(그 차는 곧 시속 200마일로 달렸다.)

c. The prices of commodities hit a new high.
   (생필품 값이 또 최고가가 되었다.)
d. The British pound hit an all-time low.
   (영국 파운드가 최저가가 되었다.)

1.10. 치는 과정은 접촉을 함의한다. 접촉은 물건을 쓰는 과정의 한 부분이다. 다음 문장은 한 부분으로서 전체 과정을 나타내는 환유표현이다.

(10) a. He hit the books.
     (그는 공부를 열심히 한다.)
   b. He hit the bottle.
     (그는 술을 마셨다.)
   c. He hit the pipe.
     (그는 대마초를 피웠다.)

1.11. 치면 맞는 사람은 영향을 받는다. 다음 주어는 목적어에 타격을 준다.

(11) a. The lack of rain hit the farmers hard.
     (그 가뭄이 그 농부들을 심하게 타격을 했다.)
   b. Her husband's death hit her hard.
     (그녀 남편의 죽음은 그녀를 심하게 타격을 주었다.)
   c. The rise of price has hit our pocket.
     (그 가격 상승이 우리의 호주머니를 타격을 주었다.)
   d. They were hard hit by the fall in the stocks.
     (그들은 그 주가 폭락에 심하게 타격을 받았다.)
   e. The company has been badly hit by the rise in interest rates.

(그 회사는 이자율의 인상으로 크게 타격을 받고 있다.)

1.12. 다음 주어는 목적어를 쳐서 만든다.

(12) a. The batsman hit three runs.
     (그 타수는 안타 셋을 때렸다.)
   b. The batter hit a home-run.
     (그 타수는 홈런 하나를 쳤다.)

2. 자동사 용법

2.1. 다음 주어는 부딪친다.

(13) The two boats hit in the fog.
     (그 두 배는 안개 속에서 충돌했다.)

2.2. 다음 주어는 공격한다.

(14) a. The enemy hit at midnight.
     (그 적은 한 밤중에 공격했다.)
   b. The storm hit during the night.
     (그 폭우는 밤새 급습했다.)

HOLD

0. 이 동사의 개념바탕에는 손에 잡아서 그대로 쥐고 있는 과정이 있다.

1. 타동사 용법

1.1. 다음 주어는 목적어를 잡는다.

(1) a. The girl was holding her father's hand.
   (그 소녀는 아버지의 손을 잡고 있었다.)
   b. They held hands.
   (그들은 손을 잡았다.)
   c. She held me by the sleeve.
   (그녀는 나를 소매로 잡았다.)
   d. She was holding an umbrella.
   (그녀는 우산을 잡고 있다.)
   e. He held the knife in his teeth as he climbed the tree.
   (그는 그 나무에 기어오를 때 그 칼을 이에 물었다.)

1.2. 다음 주어는 목적어를 가지고 있다.

(2) a. They are holding the tickets at the ticket box.
   (그들은 그 표들을 그 매표소에 보관하고 있다.)
   b. They are holding the room for you.
   (그들은 그 방을 당신을 위해 잡고 있다.)

1.3. 다음 주어는 목적어를 어떤 위치에 그대로 있게 한다.

(3) a. The police held back the crowd.
   (경찰이 그 군중이 뒤에 그대로 있게 했다.)
   b. He held the attackers at arm's length.
   (그는 그 공격자를 접근하지 못하게 했다.)

1.4. 다음 주어는 목적어를 어떤 상태로 유지한다.

(4) a. He held his head up.
   (그는 머리를 위로 쳐들고 있었다.)
   b. He held his arms out.
   (그는 팔을 내뻗고 있었다.)
   c. The dog held its tail between its legs.
   (그 개는 꼬리를 두 발 사이에 두고 있었다.)
   d. Hold yourself for a moment while I take your photograph.
   (내가 너의 사진을 찍을 동안 잠깐만 가만히 있어라.)

1.5. 다음 주어는 목적어를 지탱한다.

(5) a. The nail won't hold such a heavy mirror.
   (그 못은 이렇게 무거운 거울을 지탱하지 못할 것이다.)
   b. Come down! That branch won't hold you.
   (내려와라. 그 가지는 너를 지탱하지 못할 것이다.)
   c. Will the chair hold his weight?
   (그 의자가 그의 무게를 지탱할까?)

1.6. 다음 주어는 목적어를 갖는다.

(6) a. He holds stocks/shares/land.
   (그는 주식/주/땅을 갖고 있다.)

   b. He holds the right to hunt on this land.
   (그는 이 땅에서 사냥하는 권리를 갖고 있다.)

   c. The social democrats held office.
   (사회민주당이 정권을 잡았다.)

   d. He holds the rank of captain.
   (그는 대위 계급을 갖는다.)

1.7. 다음 주어는 그릇으로 목적어를 담는다.

(7) a. Will this suitcase hold all your clothes?
   (이 가방은 너의 모든 옷을 담을 수 있을까?)

   b. This barrel holds 25 liters.
   (이 통은 25리터를 담는다.)

   c. How much water does this pan hold?
   (이 팬은 얼마만큼의 물을 담는가?)

   d. How much can the bag hold?
   (이 가방은 얼마만큼 담을 수 있는가?)

   e. The bottle holds one quarter of oil.
   (그 병은 기름 1쿼트를 담는다.)

1.8. 다음 주어는 목적어를 머릿속에 담고 있다.

(8) a. He holds a strange view on this question.
   (그는 이 문제에 대해서 이상한 생각을 갖는다.)

   b. He holds that she is foolish.
   (그는 그녀가 어리석다고 생각한다.)

c. He holds the view that the plan is impracticable.
(그는 그 계획이 실행성이 없다는 견해를 갖는다.)

1.9. 다음 주어는 목적어가 어떠하다는 것을 직접경험으로 판단
한다.

(9) a. He holds her responsible.
(그는 그녀가 책임이 있다고 생각한다.)
b. He holds his reputation dear/cheap.
(그는 그의 명성을 귀하게/보잘 것 없게 생각한다.)

1.10. 다음 주어는 목적어가 어떠하다는 것을 어떤 설명서나 얘기를
듣고 판단한다.

(10) a. He holds the politician to be a fool.
(그는 그 정치가가 바보라고 생각한다.)
b. We hold him to be responsible.
(우리는 그가 책임이 있다고 생각한다.)

1.11. 다음 주어는 목적어를 갖는다. 목적어는 시간 속에 일어나는
과정이다.

(11) a. We held a meeting/a debate.
(우리는 모임/토론을 가졌다.)
b. They held an examination/an election.
(그들은 시험/선거를 치루었다.)

1.12. 다음 주어는 목적어를 어떤 상태에 있게 한다. 이것은 「상태는
장소이다」의 은유가 적용된 표현이다.

(12) a. The police held the crowd back.
      (경찰은 군중이 나오지 못하게 했다.)
    b. The police held the crowd silent.
      (경찰은 군중들이 말을 못하게 했다.)

2. 자동사 용법

2.1. 다음 주어는 견딘다.

(13) a. How long will the rope hold?
      (그 로프는 얼마동안 견딜까?)
    b. The anchor held in the rough seas.
      (그 닻은 거친 바다에서 버텼다.)
    c. The dike held during the floods.
      (그 방축은 그 홍수기간에 버텼다.)
    d. How long will this fine weather hold?
      (이 좋은 날씨가 얼마동안 지속될까?)

2.2. 다음 주어는 유효하다.

(14) a. What he said still holds.
      (그가 말한 것은 아직도 유효하다.)
    b. The offer still holds.
      (그 제의는 아직도 유효하다.)
    c. The rules still hold.
      (그 규칙은 아직 유효하다.)

INSIST

0. 이 동사의 개념바탕에는 남의 반대나 의심에 대항해서 자신의 생각을 끈질기게 주장하는 과정이 있다.

1. 자동사 용법

1.1. 다음 주어는 on의 목적어를 주장한다.

(1) a. He insisted **on** the point in his lecture.
    (그는 그의 강의에서 그 점을 주장했다.)
   b. I shall insist no longer **on** that point.
    (나는 더 이상 그 점을 주장하지 않을 것이다.)
   c. I cannot now insist **upon** the particulars.
    (나는 이제 그 특수사항들을 고집할 수 없다.)
   d. I insisted **on** a contract that gave me some sort of security.
    (나는 나에게 어떤 종류의 안전을 보장해 주는 계약을 주장했다.)
   e. Most universities insist **on** an interview before they accept a student.
    (대부분의 대학들은 학생을 받아들이기 전에 면접을 주장한다.)

1.2. 다음 주어는 on의 목적어를 주장하거나 계속한다.

(2) a. He insists **on** playing another game.
    (그는 다른 게임을 하자고 주장했다.)

b. He insisted **on** paying for the meal.
   (그는 그 식사비를 지불하겠다고 주장했다.)

c. He insisted **on** giving me a second helping.
   (그는 나에게 음식을 한 번 더 줄 것을 주장했다.)

d. He insisted **on** going to the cinema.
   (그는 그 영화관에 갈 것을 주장했다.)

1.3. 다음에서는 동명사의 주어가 표현되어 있다.

(3) a. I insist **on** your being present.
    (나는 네가 출석할 것을 주장한다.)

b. She insisted **on** her husband's paying the check.
   (그녀는 그녀의 남편이 수표를 지불할 것을 주장했다.)

1.4. 다음 주장되는 내용은 문맥이나 화맥에서 예측될 수 있다.

(4) a. You must come with: I insist.
    (네가 함께 가야 한다. 나는 이것을 주장한다.)

b. I'll have another glass if you insist.
   (네가 우기면 나는 한 잔 더 하겠다.)

c. But you know that she's innocent, the girl insisted.
   (그러나 알다시피 당신은 그녀가 무죄임을 알고 있지요. 그
   소녀가 우겼다.)

2. 타동사 용법

2.1. 다음 주어는 that-절 내용을 주장한다.

(5) a. I insisted that he should go.
　　　 (나는 그가 가야 한다고 우겼다.)

　　 b. We insist that you accept these gifts.
　　　 (우리는 당신이 이 선물들을 받아야 한다고 주장한다.)

　　 c. Mother insists that we wash our hands before eating.
　　　 (어머니는 우리가 식사 전에 손을 씻어야 한다고 고집하신다.)

　　 d. She insists that Jim must leave or she would call the police.
　　　 (그녀는 짐이 떠나든가 그녀가 경찰을 부르든지 하겠다고 고
　　　 집한다.)

JOIN

0. 이 동사의 개념바탕에는 잇는 과정이 있다.

1. 타동사 용법

1.1. 다음 주어는 목적어를 to의 목적어에 잇는다.

(1) a. He joined line A to line B.
   (그는 선분 A를 선분 B에 이었다.)
   b. He joined one pipe to another.
   (그는 한 파이프를 다른 파이프에 갖다 이었다.)
   c. They joined the island to the main land.
   (그들은 그 섬을 본토에 이었다.)

1.2. 다음 주어는 목적어를 연결한다. 목적어는 복수이다.

(2) a. He joined two points by a line.
   (그는 두 지점을 선으로 이었다.)
   b. He joined two things together.
   (그는 두 물체를 이었다.)
   c. He joined two hands together.
   (그는 두 손을 맞잡았다.)
   d. He joined the two ends of the rope.
   (그는 그 로프의 두 끝을 이었다.)

e. They joined the two towns by a railway.
(그들은 그 두 읍내를 철도로 이었다.)

1.3. 다음 주어는 목적어를 맺어준다.

(3) a. They joined the two persons in marriage.
(그들은 그 두 사람을 결혼으로 맺어 주었다.)
b. They joined the people in friendship.
(그들은 그 사람들을 우정 속에 이어 주었다.)

1.4. 다음 주어는 목적어와 어떤 활동을 함께 한다.

(4) a. Will you join us **in** a walk/**in** a drink/**in** buying a present for mother?
(너는 우리가 산보하는 데/술 마시는 데/어머니 선물을 사는 데 우리와 같이 가지 않겠나?)
b. Why doesn't John join us **in** the conversation?
(왜 존은 우리 대화에 끼지 않는가?)
c. My friend joined me **at** the corner.
(내 친구는 나를 그 모퉁이에서 합류했다.)
d. Join us **at** our table.
(우리와 같이 그 식탁에 앉아라.)

1.5. 다음 목적어는 조직체이다. 주어는 목적어에 들어간다.

(5) a. He joined the army/his regiment.
(그는 그 군/그의 연대를 들어갔다.)
b. They joined a club.
(그들은 클럽을 들어갔다.)

1.6. 다음 목적어는 여러 사람이 참여하는 개체이다. 주어는 목적어
　　에 참여한다.

(6) a. They joined the game.
　　　(그들은 그 경기를 참여했다.)
　　b. They joined the strike.
　　　(그들은 그 파업을 참여했다.)
　　c. The two armies joined battle on the plain.
　　　(그 두 군대는 그 평원에서 접전했다.)

1.7. 다음 주어는 움직이지 않으나 전체 형상을 눈으로 따라가면 목
　　적어와 만난다.

(7) a. The path joins the road below the bridge.
　　　(그 소로는 그 길을 그 다리 아래에서 만난다.)
　　b. The stream joins the river just above the mill.
　　　(그 냇물은 그 강을 그 방앗간 바로 위에서 만난다.)
　　c. Where does this stream join the Danube?
　　　(어디에서 이 냇물은 다뉴브 강과 만나느냐?)
　　d. The Missouri River joins the Mississippi at St. Louise.
　　　(미주리 강은 미시시피 강을 세인트 루이스에서 합류한다.)
　　e. The road joins the highway up ahead.
　　　(그 길은 위쪽 앞으로 더 가서 그 고속도로를 만난다.)

2. 자동사 용법

2.1. 다음 주어는 만난다. 주어는 복수이다.

(8) a. The two groups joined together to oppose the law.
   (그 두 단체는 그 법을 저지하기 위해서 연합했다.)

 b. All the segments of the community joined to fight the epidemic.
   (그 지역공동체의 모든 부분이 그 전염병을 막기 위해 단합했다.)

 c. The two roads join just below the bridge.
   (그 두 길은 그 다리 바로 아래에서 만난다.)

2.2. 다음 주어는 합류한다.

(9) a. Which two rivers join at Lyon?
   (어느 두 강이 리온에서 만나는가?)

 b. Where do the two streams join each other?
   (어디에서 그 두 냇물은 서로 만나는가?)

 c. The two roads join at that point.
   (그 두 길은 저 지점에서 만난다.)

KEEP

0. 이 동사의 개념바탕에는 무엇을 어떤 장소에 그대로 두는 과정이 있다.

1. 타동사 용법

1.1. 다음 주어는 목적어를 어떤 장소에 있게 한다.

(1) a. If your hands are cold, keep them in your pockets.
   (네 손이 시리면, 그들을 그 호주머니에 넣어 두어라.)
 b. Extra work kept me at the office.
   (보통보다 많은 일이 나를 사무실에 있게 했다.)
 c. Where do you keep your bike?
   (어디에 너는 너의 자전거를 두나?)
 d. He keeps the lions at the zoo.
   (그는 그 사자들을 그 동물원에 가둬 둔다.)

1.2. 다음은 「상태는 장소이다」의 은유가 적용된 표현이다. 주어는 목적어를 어떤 상태에 유지시킨다.

(2) a. They will keep you in prison.
   (그들은 너를 감옥에 가둬 둘 것이다.)
 b. Her idleness kept her in hospital for a month.
   (그녀의 게으름이 그녀를 한 달 동안 입원하게 했다.)

c. He keeps himself in good health.
(그는 자신을 좋은 건강 속에 유지시킨다.)

1.3. 다음 주어는 목적어를 형용사가 가리키는 상태로 유지시킨다.

(3) a. Will you keep these things safe for me?
(너는 이 물건들을 나를 위해 안전하게 보관해 주겠나?)
  b. The cold weather kept the children quiet.
(그 찬 날씨가 그 아이들을 조용히 있게 했다.)
  c. He always keeps the knife sharp.
(그는 언제나 그 칼을 잘 갈아 둔다.)

1.4. 다음에서는 상태가 분사로 표현되어 있다.

(4) a. Please keep the fire burning.
(그 불을 계속 타게 하세요.)
  b. I'm sorry I've kept you waiting.
(당신을 기다리게 해서 죄송합니다.)
  c. He kept the motor running.
(그는 그 기계를 계속 돌아가게 했다.)

1.5. 다음에서는 상태가 과거분사로 표현되어 있다.

(5) a. They kept the door closed.
(그들은 그 문을 닫혀 있게 했다.)
  b. They keep their shoes cleaned.
(그들은 신을 깨끗하게 닦여 있게 했다.)

1.6. 다음 주어는 목적어를 from의 목적어에서 떨어져 있게 유지한다.

(6) a. He kept the baby **from** the fire.
   (그는 그 아기를 그 불에서 떨어져 있게 했다.)
   b. He kept the baby **from** the dog.
   (그는 그 아기를 그 개에서 떨어져 있게 했다.)

1.7. 다음에서 from의 목적어는 동명사이다. 주어는 목적어를 동명사가 가리키는 일에서 떨어져 있게 유지한다.

(7) a. What kept you **from** joining me?
   (무엇이 너를 내게 참여하지 못하게 했느냐?)
   b. They could not keep him **from** going.
   (그들은 그를 가는 것으로부터 떨어져 있지 못하게 했다.)
   c. His father's death kept him **from** going abroad.
   (그의 아버지의 죽음이 그를 해외에 가지 못하게 했다.)

1.8. 다음 주어는 목적어를 소유영역에 놓아둔다.

(8) a. You may keep this − I don't want it back.
   (너는 이것을 가져도 좋다. − 나는 그것을 되돌려 받길 원하지 않는다.)
   b. Please keep these things for me while I am away.
   (내가 없는 동안 나 대신 이것을 보관해 주시오.)
   c. Do you keep batteries for transistor radios? Sorry, but we don't keep them.
   (트랜지스터 라디오의 건전지를 팝니까? − 미안하지만, 재고를 갖고 있지 않습니다..)

1.9. 다음 주어는 목적어를 유지한다.

(9) a. He earns enough to keep himself and his family.
(그는 자신과 가족을 부양할 정도로 충분히 번다.)

   b. How many servants do they keep?
(몇 명의 하인을 그들은 거느리고 있습니까?)

   c. He keeps a mistress.
(그는 첩을 두고 있다.)

1.10. 다음 주어는 목적어를 운영한다. 목적어는 시간 속에서 존재하는 개체이다.

(10) a. He keeps a shop/a business/a bar-room.
(그는 상점/사업/술집을 운영한다.)

   b. He keeps an inn/a hotel.
(그는 여관/호텔을 운영한다.)

   c. She keeps house.
(그녀는 집안 살림을 한다.)

1.11. 다음 주어는 목적어를 마음속에 둔다.

(11) a. He kept his promise/the Sabbath.
(그는 그의 약속/안식일을 지켰다.)

   b. He kept the law/treaty/secret.
(그는 그 법/조약/비밀을 지켰다.)

1.12. 다음 주어는 목적어를 보호영역에 두고 지킨다.

(12) a. He kept goa.
    (그는 골을 지켰다.)
  b. May God keep you (from harm).
    (하나님께서 당신을 지켜주소서.)

1.13. 다음 주어는 목적어를 일정한 영역에 두고 기른다.

(13) a. He keeps sheep in the High Land.
    (그는 양을 고지에서 키운다.)
  b. He keeps hens, pigs and bees.
    (그는 닭, 돼지, 벌을 키운다.)
  c. They keep a dog in the house.
    (그는 개를 집에 키운다.)

1.14. 장부정리에는 기록사항과 장부가 있다. 다음 목적어는 환유적으로 쓰여서 기록사항을 가리킨다. 주어는 목적어를 장부에 기록하여 보관한다.

(14) a. He keeps books for the firm.
    (그는 그 회사의 장부를 적는다.)
  b. He keeps a diary/a journal.
    (그는 일기장/일지를 적는다.)
  c. He kept the scores of the basketball game.
    (그는 그 농구경기의 점수를 적었다.)

1.15. 다음 주어는 목적어를 계속한다. 목적어는 활동이다.

(15) a. He kept time with the metronome.
    (그는 박자를 그 박절기로 맞췄다.)

b. He keeps the tricky rhythm of the Latin American dance.
(그는 남미 춤의 까다로운 그 리듬을 잘 맞춘다.)

c. He keeps watch over the house.
(그는 그 집의 감시를 계속한다.)

2. 자동사 용법

2.1. 다음 주어는 어떤 위치에 그대로 있다.

(16) a. While the big truck keeps (to) the middle of the road, we can't possibly overtake it.
(그 큰 트럭이 길 한가운데로 계속 가는 한, 우리는 그것을 앞지를 수가 없다.)

b. He was ill and he had to keep to his bed/his house for weeks.
(그는 불편해서 침대/집에 몇 주 있어야 했다.)

2.2. 다음 주어는 어떤 상태를 유지한다.

(17) a. You'd better go to bed and keep warm.
(잠자리에 들어서 따뜻하게 하는 것이 좋겠다.)

b. Please keep quiet.
(제발 조용히 해라.)

c. I hope you're keeping well.
(네가 건강하게 지내길 나는 바란다.)

d. You have to keep cool.
(너는 침착하게 있어야 한다.)

2.3. 다음은 상태가 현재분사로 표현되어 있다.

(18) a. He kept smiling.
    (그는 계속해서 웃었다.)
  b. My shoe lace keeps coming undone.
    (내 신발끈이 계속 풀린다.)
  c. I am not sure whether the company can keep going.
    (그 회사가 계속 운영될지 나는 확실히 모르겠다.)

2.4. 다음 주어는 정상상태를 유지한다.

(19) a. Will that meat keep until tomorrow?
    (그 고기는 내일까지 변하지 않고 그대로 있을까요?)
  b. Fruits don't keep well.
    (과일은 잘 보관되지 않는다.)
  c. The news will keep.
    (그 뉴스는 새로움이 유지될 것이다.)

2.5. 다음 주어는 전치사 from의 목적어에서 떨어져 있다.

(20) a. He keeps from the uncle's.
    (그는 그 아저씨 집에 가지 않는다.)
  b. He keeps from talking about her.
    (그는 그녀에 대해서 얘기하는 것을 삼간다.)

KICK

0. 이 동사의 개념바탕에는 차는 과정이 있다.

1. 타동사 용법

1.1. 다음 주어는 목적어를 찬다.

(1) a. He kicked John's shin.
   (그는 존의 정강이를 찼다.)
   b. He kicked John in the shin.
   (그는 존을 그의 정강이를 찼다.)
   c. He kicked a pebble on the beach.
   (그는 그 바닷가에 있는 자갈을 찼다.)
   d. She kicked the chair over.
   (그녀는 그 의자를 발로 차서 넘어뜨렸다.)

1.2. 다음 주어는 목적어를 차서 상태변화를 받게 한다.

(2) a. She kicked open the screen door.
   (그녀는 발로 차서 그 스크린 문을 열었다.)
   b. She kicked a stone loose.
   (그녀는 돌을 차서 떨어지게 했다.)
   c. He kicked the horse free.
   (그는 발로 차서 그 말을 마음대로 뛰어가게 했다.)

d. He kicked the dog to death.
(그는 그 개를 차서 죽였다.)

1.3. 다음 주어는 목적어를 차서 목적어가 장소이동을 한다.

(3) a. He kicked the ball **over** the fence.
(그는 그 공을 차서 그 울타리를 넘어가게 했다.)
b. He kicked the ball **around**.
(그는 그 공을 이리저리 찼다.)
c. I kicked the sheet **up**.
(나는 그 시트를 발로 차 올렸다.)
d. He kicked the blanket **off** his legs.
(그는 그 담요를 차서 그의 발에서 떨어지게 했다.)

1.4. 다음에는 찰 때의 도구가 with의 목적어로 명시되어 있다.

(4) a. He kicked the chair **with** his right foot.
(그는 그 의자를 오른 발로 찼다.)
b. He kicked the cat **with** his boot.
(그는 그 고양이를 구둣발로 찼다.)
c. The wrestler kicked the man's hand **with** his foot.
(그 레슬링 선수는 그 남자의 손을 발로 찼다.)

1.5. 다음 주어는 차서 목적어를 만든다.

(5) a. He kicked a hole in the door.
(그는 차서 구멍을 그 문에 내었다.)
b. He kicked two goals in the match.
(그는 두 골을 그 시합에서 차 넣었다.)

c. He kicked his way through the crowd.
(그는 차면서 그 군중 속을 뚫고 나갔다.)

d. The rider kicked up a cloud of dust.
(그 기수는 차서 먼지구름을 일으켰다.)

1.6. 다음 목적어는 주어의 신체 일부이다. 주어는 목적어를 찬다.

(6) a. He kicked his feet.
(그는 그의 발을 찼다.)

b. He kicked his thin legs into the air.
(그는 여윈 다리를 허공에 찼다.)

1.7. 다음 주어는 목적어를 against의 목적어에 닿게 한다. 이것은 의식적이거나 무의식적인 행동일 수 있다.

(7) b. He kicked his toes against the stone.
(그는 그의 발가락을 그 돌에 일부러/우연히 찼다.)

c. He kicked his boot against the chair.
(그는 그의 구두를 그 의자에 일부러/우연히 찼다.)

1.8. 다음 주어는 목적어는 차는 것과 같은 충격을 준다.

(8) a. The gun kicked his shoulder.
(그 총은 반동으로 그의 어깨를 찼다.)

b. The rifle kicked Bill's shoulder.
(그 소총은 반동으로 빌의 어깨를 찼다.)

1.9. 다음 주어는 목적어를 차서 떨어지게 한다.

(9) a. He tried to kick the door **down.**

(그는 발로 차서 그 문을 쓰러뜨리려고 했다.)

b. If you don't open up, we will kick the gate **down.**

(문을 활짝 열지 않으면, 우리는 그 대문을 차서 쓰러뜨리겠다.)

2. 자동사 용법

2.1. 다음 주어는 발질을 한다.

(10) a. Babies kick to exercise their legs.

(아기들은 발 운동을 하기 위하여 발을 찬다.)

b. The horse kicks when anyone comes near it.

(그 말은 어느 누가 가까이 오면 발길질한다.)

2.2. 다음 주어는 반동한다.

(11) a. The old gun kicks.

(그 오래된 총은 어깨에 충격을 가한다.)

b. The gun kicked when fired.

(그 총은 발사될 때 반동했다.)

KILL

1. 타동사 용법

1.1. 다음 주어는 목적어를 죽인다.

(1) a. They killed the boy by accident.
   (그들은 그 소년을 사고로 죽였다.)
   b. The dog killed the cat.
   (그 개가 그 고양이를 죽였다.)
   c. The farmer killed all the weeds.
   (그 농부는 그 모든 잡풀을 죽였다.)

1.2. 다음 주어는 사람이 아닌 개체이다.

(2) a. The heat killed the plants.
   (그 더위가 그 식물들을 죽였다.)
   b. Pneumonia killed the old man.
   (폐렴이 그 노인을 죽였다.)
   c. The outbreak of typhoid killed many people.
   (그 장티푸스의 발생이 많은 사람들을 죽였다.)
   d. Car accidents kill thousands of Americans every year.
   (자동차 사고는 매년 수천 명의 미국인을 죽인다.)

1.3. 다음 목적어는 시간과 공간 속에 존재한다. 주어는 목적어의 존재가 끝나게 한다.

(3) a. He killed the light.
    (그는 그 전깃불을 죽였다. (껐다))
   b. He killed the engine.
    (그는 그 엔진을 죽였다.)
   c. He killed the fire.
    (그는 그 불을 죽였다.)

1.4. 다음은 「시간은 개체이다」의 은유가 적용된 표현이다. 주어는 목적어를 없앤다.

(4) a. He killed an hour by going around the town.
    (그는 그 읍내 이곳저곳을 둘러보면서 한 시간을 보냈다.)
   b. We killed time playing cards.
    (우리는 카드놀이를 하면서 시간을 보냈다.)
   c. We killed half an hour drinking beer.
    (우리는 맥주를 마시면서 반시간을 보냈다.)
   e. He is killing a bottle of wine.
    (그는 포도주 한 병을 죽이고 (마셔 없애고) 있다.)

1.5. 생명체가 죽으면 활력을 잃는다. 다음 주어는 목적어의 활력이나 효과를 잃게 한다.

(5) a. The wallpaper kills the furniture.
    (그 벽지가 그 가구를 그러나지 않게 한다.)
   b. The noise killed the music.
    (그 소음이 그 음악을 들리지 않게 했다.)

c. The red sofa kills the grey wall.
  (그 빨강 소파가 그 회색 벽을 죽인다.)

d. One light color may kill another near it.
  (하나의 밝은 색은 그 옆에 있는 다른 색을 죽일 수도 있다.)

1.6. 다음 목적어는 추상적이지만 시간 속에 존재하는 개체로 개념
   화된다. 주어는 목적어를 죽이듯 없앤다.

(6) a. He has killed her affection.
   (그는 그녀의 애정을 죽여 버렸다.)

b. His tactless remark killed the conversation.
   (그의 재치 없는 말이 그 대화를 죽였다.)

c. They killed the bill in the committee.
   (그들은 그 법안을 그 위원회에서 죽였다.)

d. A drink of water killed the taste of the medicine.
   (물 한 잔이 그 약의 냄새를 없앴다.)

e. He killed all our hopes.
   (그는 우리의 모든 희망을 죽였다.)

f. The rainy weekend killed our plans for a picnic.
   (그 비오는 주말이 우리의 소풍계획을 죽였다.)

1.7. 다음은 「극단적인 감정은 죽음이다」의 은유가 적용된 표현이다.

(7) a. My feet are killing me.
   (내 발이 아파 죽겠다.)

b. My back is killing me.
   (내 등이 아파 죽겠다.)

c. His jokes really kill me.
   (그의 농담은 우스워 죽을 뻔 했다.)

d. The funny play nearly killed me
(그 우스운 연극이 나를 거의 우스워 죽게 만들었다.)

1.8. 또 무엇을 위해서 노력을 할 때 죽도록 노력할 수도 있다.

(8) a. I am killing myself to get this finished tonight.
(나는 이것을 오늘 저녁에 마치기 위해서 죽도록 노력하고
있다.)
b. He didn't exactly kill himself to get here on time.
(그는 여기에 제시간에 오기 위해서 죽도록 노력하지 않았다.)

2. 자동사 용법

2.1. 다음 주어는 죽인다.

(9) a. The toxic substances can kill.
(그 독극물은 죽일 수도 있다.)
b. An overdose of drug can kill.
(약의 과다복용은 사람을 죽일 수 있다.)

2.2. 다음 주어는 죽는 개체이다.

(10) a. These plants killed easily.
(이들 식물은 쉽게 죽었다.)

KNOCK

0. 이 동사의 개념바탕에는 두드리는 과정이 있다.

1. 타동사 용법

1.1. 다음 주어는 목적어를 두드린다.

(1) a. He knocked the ball with a bat.
   (그는 그 볼을 방망이로 쳤다.)
   b. He knocked the door.
   (그는 그 문을 두드렸다.)
   c. Don't knock the glass, it is fragile.
   (그 잔을 두들기지 말아라. 그것은 깨지기 쉽단다.)

1.2. 다음 주어는 목적어를 친다. 전치사 on의 목적어는 치이는 부분
   이다.

(2) a. He knocked me on the head.
   (그는 나를 내 머리를 쳤다.)
   b. A falling branch knocked her on the head.
   (떨어지는 가지가 그녀를 머리를 쳤다.)

1.3. 다음 주어가 목적어를 쳐서 장소이동을 하게 한다.

(3) a. She knocked the cup **off** the table.
   (그녀는 그 컵을 일부러/우연히 쳐서 그 식탁에서 떨어뜨렸다.)

   b. She knocked a vase on to the floor while she was dusting.
   (그녀는 먼지를 털다가 그 화병을 쳐 그 마루에 떨어뜨렸다.)

   c. The car crashed into a sign and knocked it down.
   (그 자동차는 그 표지판에 충돌하여 그것을 쓰러뜨렸다.)

   d. Bill ran against the boy and knocked him down.
   (빌은 그 소년과 일부러/우연히 부딪혀서 그를 넘어뜨렸다.)

   e. She knocked some nails into the wall.
   (그녀는 몇 개의 못을 그 벽에 박았다.)

   f. I believe they will knock some sense into him at this school.
   (나는 이 학교에서는 그에게 얼마간의 분별력을 쳐 넣어줄 거라고 믿네.)

1.4. 주어가 목적어를 두들기면 목적어는 상태의 변화를 받는다.

(4) a. She knocked the glass **to pieces.**
   (그녀는 그 유리를 쳐 산산조각을 내버렸다.)

   b. A falling branch knocked him **unconscious.**
   (떨어지던 나뭇가지가 그를 쳐 의식불명으로 만들었다.)

1.5. 다음 목적어는 두들겨서 생기는 개체이다.

(5) a. He knocked a hole in the fence/in the wall.
   (그는 그 울타리(벽)를 쳐서 구멍을 만들었다.)

   b. We knocked the holes in the tin with a hammer.
   (우리는 망치로 그 깡통을 두들겨 그 구멍을 냈다.)

1.6. 다음 주어는 목적어를 against나 on의 목적어에 부딪치게 한다.

(6) a. She knocked her head against the wall.
   (그녀는 그녀의 머리를 그 벽에 부딪혔다.)

   b. He knocked his foot against a stone.
   (그는 발을 돌뿌리에 찼다.)

   c. I knocked my head on the car door as I got out.
   (나는 나갈 때 차문에 머리를 부딪쳤다.)

   d. He knocked his elbow on the door.
   (그는 팔꿈치를 그 문에 부딪혔다.)

   e. I knocked myself on a table in a dark room.
   (나는 테이블에 어두운 방에서 부딪혔다.)

1.7. 힘으로 두들기는 과정은 말로 두들기는 과정으로 확대된다.

(7) a. Stop knocking him, he is doing his best.
   (그를 탓하지 말아라. 그는 최선을 다하고 있다.)

   b. Stop knocking his work -- it's nearly very good.
   (그의 작품을 비난하지마. 그것은 거의 최상이야.)

   c. The cities knocked the new work.
   (그 도시들은 그 새 과업을 비판했다.)

   d. The critics knocked his performance.
   (그 비평가들은 그의 연주를 비판했다.)

2. 자동사 용법

2.1. 다음 주어는 at이나 on의 목적어에 부분적인 힘을 가한다.

(8) a. Someone knocked gently on the door.
    (누군가 가만히 그 문을 두드렸다.)

  b. Please knock at the door before entering.
    (들어오기 전에 노크를 하시기 바랍니다.)

2.2. 다음 주어는 against의 목적어에 부딪친다.

(9) a. She knocked against the table as she passed and spilled his
    cup of coffee.
    (그녀는 지나가다 그 테이블에 부딪혀 그의 커피를 쏟았다.)

  b. A branch knocked against the window.
    (나뭇가지가 그 창문에 부딪혔다.)

  c. He knocked against his girl friend.
    (그는 그의 여자친구를 우연히 만났다.)

2.3. 어느 물체를 두드리면 소리가 난다. 이러한 소리도 knock가 가
리키는 의미의 일부가 된다.

(10) a. The engine starts knocking.
     (그 엔진이 기화불량으로 푸드득거리기 시작했다.)

   b. The engine is knocking very badly.
     (그 엔진이 아주 심하게 기화불량으로 푸드득거리고 있다.)

   c. My knees knocked together with fear.
     (내 무릎이 공포로 마구 덜덜 떨렸다.)

   d. My heart was knocking with fright.
     (내 가슴이 공포로 쿵쿵 소리를 내면서 뛰고 있다.)

2.4. 다음 주어는 힘을 잡는다.

(11) They are always knocking.
(그들은 항상 험담을 한다.)

LACK

0. 이 동사의 개념바탕에는 있어야 할 것이 없는 과정이 있다.

1. 타동사 용법

1.1. 다음 주어는 목적어가 없다. 목적어는 구체적이다.

(1) a. The house lacks a back stairway.
   (그 집은 뒤 층계가 없다.)
   b. The female bird lacks the male's bright coloration.
   (암새에는 수새의 밝은 색깔이 없다.)
   c. Jack lacks an inch of being 6 feet tall.
   (잭은 키가 6피트에서 일인치가 모자란다.)
   d. It lacks one hundred *won* of three thousand *won*.
   (그것은 삼천 원에서 백 원이 모자란다.)
   e. The company lacks sufficient funds.
   (그 회사는 충분한 돈이 없다.)
   f. The army lacked tanks and airplanes.
   (그 군은 탱크와 비행기가 없다.)
   g. A desert lacks water.
   (사막은 물이 없다.)
   h. Some streets lack trees all together.
   (몇몇 거리는 나무가 전혀 없다.)

1.2. 다음 주어는 목적어를 갖지 않는다. 목적어는 추상적 개체이다.

(2) a. She lacks intelligence.
      (그녀는 지능이 없다.)
    b. He lacks confidence.
      (그는 자신감이 없다.)
    c. We lacked experience to succeed.
      (우리는 성공할 수 있는 경험이 없었다.)
    d. He lacks the training needed for the job.
      (그는 그 일에 필요한 훈련이 없다.)

2. 자동사 용법

2.1. 다음 주어는 in의 목적어가 가리키는 영역에서 모자람이 있다.

(3) a. He is lacking in experience.
      (그는 경험면에서 부족하다.)
    b. She is lacking in common sense.
      (그녀는 상식이 모자란다.)
    c. A diet of nothing but rice lacks in protein.
      (밥만의 식단은 단백질이 부족하다.)
    d. He is not lacking in ability.
      (그는 능력이 모자라지 않는다.)
    e. Wit is completely lacking in his writings.
      (재치가 그의 작품에는 없다.)

2.2. 다음 주어는 for의 목적어가 모자란다.

(4) a. He will not lack for friends.
 (그는 친구가 모자라지는 않을 것이다.)
 b. He will not lack for money.
 (그는 돈이 모자라지는 않을 것이다.)
 c. They lacked for nothing.
 (그들은 아무것도 부족한 것이 없었다.)

2.3. 다음 주어는 모자라는 개체이다.

(5) a. Money is lacking.
 (돈이 부족하다.)
 b. Enthusiasm has been lacking.
 (열정이 없었다.)
 c. The necessary materials are lacking.
 (그 필요한 재료가 없다.)
 d. Medical supplies are severely lacking.
 (의료 공급품이 심각하게 부족하다.)
 e. Nothing is lacking for your happiness.
 (당신의 행복에 아무 것도 빠진 것이 없다.)
 f. Two members are lacking for a quorum.
 (두 회원이 정족수에 부족하다.)

LAY

0. 이 동사의 개념바탕에는 수평면에 놓는 과정이 있다.

1. 타동사 용법

1.1. 다음 주어는 목적어를 on의 목적어 위에 놓는다.

(1) a. Lay the carpet on the floor.
　　　(그 카펫을 그 마루에 까십시오.)
　　b. Lay straw on the yard.
　　　(짚을 그 정원에 까세요.)

1.2. 다음 주어는 목적어를 with의 목적어로 덮거나 간다.

(2) a. Lay the floor **with** carpet.
　　　(그 마루를 카펫으로 까세요.)
　　b. Lay the yard **with** straw.
　　　(그 정원을 짚으로 까세요.)
　　c. She laid the table **with** a cloth.
　　　(그녀는 그 식탁을 보로 깔았다.)
　　d. The wind laid the garden **with** leaves.
　　　(그 바람은 그 정원을 낙엽으로 깔았다.)

1.3. 다음 주어는 목적어를 놓거나 깐다.

(3) a. John laid the linoleum.
  (존은 그 리노륨을 깔았다.)
  b. She laid herself on the ground.
  (그녀는 자신을 땅에 눕혔다.)

1.4. 다음 주어는 목적어를 낳는다.

(4) a. How many eggs does this hen lay each week?
  (이 닭은 일주일에 알을 몇 개씩 깝니까?)
  b. A turtle lays many eggs at once.
  (거북은 한 번에 많은 알을 낳는다.)

1.5. 다음 주어는 목적어를 내려놓는다.

(5) a. She laid the baby in the crib.
  (그녀는 그 애기를 그 유아용 침대에 눕혔다.)
  b. She laid the doll down carefully.
  (그녀는 그 인형을 조심스럽게 내려놓았다.)
  c. The shower/rain laid the dust.
  (그 소나기/비가 그 먼지를 가라앉혔다.)

1.6. 다음 주어는 목적어를 깐다.

(6) a. They are laying a new oil pipe.
  (그들은 새 송유관을 깔고 있다.)
  b. They are laying a cable between England and France.
  (그들은 영국과 프랑스 사이에 케이블을 놓고 있다.)

1.7. 다음 주어는 목적어를 on의 표면에 칠한다.

(7) a. He laid peanut butter and jelly on his bread.
　　　(그는 땅콩버터와 젤리를 그의 빵에 발랐다.)
　　b. He laid paint on a canvas.
　　　(그는 페인트를 화폭에 발랐다.)

1.8. 다음 주어는 목적어를 건다.

(8) She laid $10 that he will win.
　(그녀는 그가 이기는 것에 10불을 걸었다.)

1.9. 다음 주어는 첫째 목적어에게 둘째 목적어를 건다.

(9) I'll lay you $10 that he will win.
　(나는 그가 이기는 것에 네게 10불을 걸겠다.)

1.10. 다음 목적어는 추상적인 개체이나 구체적인 것으로 개념화되
　　 어 있다. 주어는 목적어를 on의 목적어에 놓는다.

(10) a. He laid the blame **on** me.
　　　(그는 그 책임을 나에게 지웠다.)
　　b. He laid a heavy burden **on** her.
　　　(그는 무거운 부담을 그녀에게 지웠다.)
　　c. He laid a heavy injunction **on** me.
　　　(그는 무거운 명령을 나에게 지웠다.)
　　d. The government has laid a heavy tax **on** tobacco.
　　　(정부는 무거운 세금을 담배에 지웠다.)

e. The employer has laid a serious charge **against** you.
(그 고용주는 심각한 비난을 너에게 지웠다.)

1.11. 다음은 「상태변화는 장소이다」의 은유가 적용된 예이다. 주어는 목적어를 어떤 상태에 놓이게 한다.

(11) a. He laid **open** his chest.
(그는 그의 가슴을 열어 놓았다.)
b. They laid **open** the plot.
(그들은 그 음모를 공개했다.)
c. He laid the secret **bare**.
(그는 그 비밀을 드러내어 놓았다.
d. He laid himself **open** to attack.
(그는 자신을 공격을 받게 노출시켰다.)

1.12. 다음은 「상태의 변화는 장소이동이다」의 은유가 적용된 예이다. 수동태 문장으로 주어는 어떤 상태에 놓인다.

(12) a. The country was laid **waste**.
(그 나라는 황폐한 상태에 놓여졌다.)
b. Crops were laid **flat** by heavy rainfalls.
(농작물이 심한 비에 납작하게 넘어져 있다.)
c. I've been laid **low** by influenza.
(나는 독감 때문에 누워 있게 되었다.)

1.13. 다음에서 상태는 전치사구로 표현되어 있다.

(13) a. The country was laid **in** ruins.
(그 나라는 폐허 상태에 놓이게 되었다.)

b. He laid her **under** an obligation.

(그는 그녀를 의무를 지게 했다.)

c. The failure of the crops laid him **in** debts.

(그 농작물의 실패가 그를 빚에 빠지게 했다.)

1.14. 다음 주어는 먼지를 가라앉히듯이 목적어를 가라앉힌다.

(14) a. She laid her doubts.

(그녀는 의심을 가라 앉혔다.)

b. Her fears were soon laid to rest.

(그녀의 두려움은 가라 앉혀졌다.)

2. 자동사 용법

2.1. 다음 주어는 알을 낳는다.

(15) a. The hens stopped laying.

(그 암탉은 알을 낳는 것을 그쳤다.)

b. These hens lay well.

(이 암탉들은 알을 잘 낳는다.)

c. Our chickens are all laying now.

(우리 닭들은 지금 알을 낳고 있다.)

LEAD

0. 이 동사의 개념바탕은 이끄는 과정이 있다.

1. 타동사 용법

1.1. 다음 주어는 목적어를 앞에서 이끈다.

(1) a. He led a blind man.
   (그는 장님을 길 안내했다.)
   b. He led me to his office.
   (그는 나를 그의 사무실로 안내했다.)

1.2. 다음 주어는 목적어를 앞서 간다.

(2) a. A brass band led the regiment.
   (취주악단이 그 연대를 앞서 갔다.)
   b. Food leads the list of his necessities.
   (식량이 그의 필수품 목록의 맨 앞에 있다.)

1.3. 다음 주어는 목적어를 이끌며 이동한다.

(3) a. Our guides led us **through** a series of caves.
   (우리의 안내자들은 우리를 일련의 동굴을 지나면서 안내했
   다.)

b. The servant led the guests **out/in/back**.
   (그 하인은 그 손님들을 밖으로/안으로/뒤로 안내했다.)
c. He led the horse **into** the yard.
   (그는 그 말을 그 정원으로 안내했다.)
d. The guide led us **to** the hut.
   (그 안내인은 우리를 그 오두막집으로 안내했다.)
e. He led the horse **to** the water.
   (그는 그 말을 그 물로 안내했다.)

1.4. 다음 목적어는 조직체이다. 주어는 목적어를 이끈다.

(4) a. He led an army/an expedition/the conservative party/the orchestra.
      (그는 군대/원정대/보수당/교향악단을 이끌었다.)
   b. He led the war to victory.
      (그는 그 전쟁을 승리로 이끌었다.)

1.5. 다음 목적어는 추상적인 개체나 구체적인 것으로 개념화되어 있다.

(5) a. He led the fashion.
      (그는 그 유행을 이끌었다.)
   b. He led the public opinion.
      (그는 대중 여론을 이끌었다.)

1.6. 살아나간다는 것은 어느 사람이 앞서고 삶은 뒤에 따라오는 것으로 영상화된다.

(6) a. He led a miserable/poor/hard/happy/busy life.
　　　(그는 비참한/가난한/어려운/행복한/바쁜 생활을 했다.)
　　b. She led a busy/double/quiet life.
　　　(그는 바쁜/이중/조용한 삶을 살았다.)

1.7. 다음 주어는 목적어를 to나 on의 목적어로 이끈다.

(7) a. That led me to this conclusion.
　　　(그것이 나를 이 결론에 이르게 했다.)
　　b. He led an attack on the enemy.
　　　(그는 그 적에 대한 공격을 이끌었다.)

1.8. 다음 주어는 목적어를 to 부정사가 가리키는 과정으로 이끈다.

(8) a. Fear led him **to** tell lies.
　　　(두려움이 그를 거짓말을 하게 했다.)
　　b. What led you **to** believe that I was ill?
　　　(무엇이 너를 내가 아프다고 믿게 했느냐?)
　　c. What led you **to** think so?
　　　(무엇이 너를 그렇게 생각하게 했느냐?)
　　d. What you say leads me **to** refuse.
　　　(네가 말하는 것이 나를 거절하게 한다.)
　　e. I am led from what I read in the paper **to** think that he was in trouble.
　　　(나는 신문에서 읽은 것으로부터 그가 어려움에 처해 있는 것으로 생각하게 되었다.)
　　f. She is led **to** reflect upon what she has done.
　　　(그녀는 자신이 한 것을 생각하게 되었다.)

2. 자동사 용법

2.1. 다음 주어는 앞선다.

(9) a. John is leading.
   (존이 앞서고 있다.)
   b. His horse is leading.
   (그의 말이 앞서고 있다.)

2.2. 다음 주어는 to의 목적어로 움직인다.

(10) a. This led **to** great confusion.
   (이것은 대 혼란으로 이끌어 갔다.)
   b. Those events led up **to** the war.
   (그 사건들은 그 전쟁으로 이끌어갔다.)
   c. An apparently small event may lead **to** a great result.
   (보기에는 작은 사건이 큰 결과로 이끌어 갈 수 있다.)
   d. These experiments led **to** discoveries in nature and use of electricity.
   (이들 실험은 자연에서의 여러 발견과 전기 사용으로 이어졌다.)

2.3. 다음 주어와 목적어는 추상적이다. 그러나 구체적인 것으로 개념화 되어 있다.

(11) a. Virtue leads **to** happiness.
   (미덕은 행복으로 이끈다.)

b. Hard work leads **to** success.
   (부지런한 일은 성공으로 이끈다.)

2.4. 다음 주어는 움직이지 않는다. 그러나 전체 형상을 눈으로 따라가면 주어가 to의 목적어에 가는 것으로 보인다.

(12) a. This path leads to the village.
        (이 소로는 그 마을로 간다.)
     b. The door leads into the kitchen.
        (이 문은 그 부엌으로 통한다.)
     c. Where does this road lead?
        (어디로 이 길은 갑니까?)
     d. Your work seems to lead nowhere.
        (네 일은 어디로든 가지 않은 것 같다.)

2.5. 다음 주어는 이끌린다.

(13) Some horses lead more easily than others.
     (어떤 말은 다른 말보다 더 쉽게 끌린다.)

LEAVE

0. 이 동사의 개념바탕에는 자리를 떠나는 과정이 있다.

1. 타동사 용법

1.1. 다음 주어는 자리를 떠난다.

(1) a. He left his bed early in the morning.
   (그는 아침 일찍 침대에서 일어났다.)
   b. He left the room/London/his country.
   (그는 그 방/런던/자기 나라를 떠났다.)

1.2. 다음 주어는 사람이 아닌 개체이다. 주어는 목적어를 떠난다.

(2) a. The train left the station.
   (그 기차는 그 역을 떠났다.)
   b. The ship left the port.
   (그 배는 그 항구를 떠났다.)

1.3. 다음에서 목적어는 조직체이다. 주어는 목적어를 떠난다.

(3) a. When did you leave school?
   (너는 언제 학교를 떠났나?)

b. He left his service.
(그는 그의 복무를 마쳤다.)
c. He left the Boy Scouts.
(그는 보이스카우트를 그만 두었다.)
d. He left the army.
(그는 군대를 떠났다/제대했다.)

1.4. 다음 주어는 목적어를 있던 자리에 두고 떠난다.

(4) a. I left my umbrella in the train.
(나는 내 우산을 그 기차에 두고 내렸다.)
b. You may leave your books here.
(너는 네 책을 여기에 두고 가도 좋다.)
c. Leave your hat and coat in the hall.
(당신의 모자와 저고리를 그 홀에 두고 가세요.)
d. Did the postman leave anything for me?
(그 배달부가 나에게 무엇을 남겨두고 갔습니까?)

1.5. 다음 주어는 목적어를 다른 사람에게 남겨준다.

(5) a. He left a fortune **to** his wife.
(그는 큰 재산을 그의 아내에게 남겼다.)
b. He left the shop **in** his assistant's charge.
(그는 그 상점을 그의 조수의 책임 하에 남겼다.)
c. I'll leave the matter **in** your hand/**to** your discretion.
(나는 그 문제를 당신의 손에/당신의 재량에 맡기겠습니다.)
d. He left all his money **to** charity.
(그는 그의 모든 돈을 자선단체에 남겼다.)
e. He left a large fortune **to** his son.

(그는 큰 재산을 아들에게 남겼다.)

1.6. 다음은 「직업은 장소이다」의 은유가 적용된 표현이다. 주어는 목적어를 떠난다.

(6) a. He left medicine **for** the law.
   (그는 의학을 그만두고 법률을 공부했다.)
 b. He left business **for** research.
   (그는 사업을 그만두고 연구를 했다.)

1.7. 다음 주어는 목적어를 남겨두고 떠난다.

(7) a. He left his wife.
   (그는 그의 아내를 떠났다.)
 b. He left a widow and two sons.
   (그는 과부와 두 아들을 남겨놓고 (세상을) 떠났다.)
 c. The cook threatens to leave us.
   (그 요리사는 우리를 떠나겠다고 위협한다.)
 d. The secretary has left me.
   (그 비서가 나를 떠났다.)
 e. He left his friend.
   (그는 그의 친구를 떠났다.)

1.8. 다음에서 주어와 목적어가 한 자리에 있다가 주어가 목적어를 두고 떠난다.

(8) a. Summer will leave us soon.
   (여름이 우리를 곧 떠날 것이다.)

b. It is clear that zest left him.
(열정이 그를 떠나버린 것이 분명하다.)

c. The bus left me at the corner.
(그 버스가 나를 모퉁이에서 내려 주었다.)

d. The cold did not leave him for weeks.
(그 감기가 몇 주 동안 그를 떠나지 않았다.)

1.9. 다음 목적어는 주어가 자리를 떠나면서 생기는 개체이다.

(9) a. The wound left a large scar.
(그 상처가 큰 흉터를 남겼다.)

b. Your dirty boots left footprints.
(너의 더러운 장화가 발자국을 남겼다.)

c. The trees will leave a sorry gap when they disappear.
(그 나무들은 없어지면 보기 흉한 빈터를 남길 것이다.)

1.10. 다음 주어는 움직이지 않으나 전체 형상을 눈으로 따라가 보
면, 주어가 목적어를 떠난다.

(10) The road now leaves the river valley and enter the hill.
(그 길은 그 강 계곡을 떠나고 그 산으로 들어간다.)

1.11. 다음은 「상태는 장소이다」의 은유가 적용된 예이다. 주어는 목
적어를 어떤 상태에서 남겨둔다. 다음에서 상태는 형용사로 표
현되어 있다.

(11) a. His illness left him **weak**.
(그의 병이 그를 약하게 만들어 놓았다.)

b. The insult left me **speechless**.

(그 모욕이 나를 말을 잃게 했다.)

c. Any instigation leaves me **cold**.
(어떤 선동도 나를 흥미를 끌지 못한다.)

d. The incident left him **furious**.
(그 사건은 그를 몹시 화나게 했다.)

e. The war left him **exhausted**.
(그 전쟁은 그를 지치게 했다.)

1.12. 다음에서 상태는 과거분사로 표현되어 있다.

(12) a. Did you leave the doors firmly fastened?
(너는 그 문들을 꼭 잠궈 두었느냐?)

b. He left the door unlocked.
(그는 그 문을 잠그지 않은 채 내버려두었다.)

c. The story left him unmoved.
(그 얘기는 그에게 감동을 주지 못했다.)

1.13. 다음에서 상태는 현재분사로 표현되어 있다.

(13) a. Don't leave the waste paper lying about on the floor.
(그 휴지를 그 마루 위에 이리저리 뒹굴게 내버려 두지 말아
라.)

b. I left him sleeping.
(나는 그를 자게 내버려 두었다.)

c. He left me holding the bag.
(그는 나를 그 주머니를 쥐고 있게 내버려 두었다.)

1.14. 다음에서 주어는 목적어가 to 부정사가 가리키는 일을 하도록
내버려 둔다.

(14) a. I'll leave you **to** attend the matter.
(나는 너를 그 문제를 돌보도록 허용하겠다.)
   b. Leave him **to** do as he likes.
(그가 하고 싶은 대로 하도록 허용해라.)
   c. They left it **to** perish.
(그들은 그것이 망하도록 내버려 두었다.)

1.15. 다음 주어는 첫째 목적어에 둘째 목적어를 남긴다.

(15) a. He left me $500.
(그는 나에게 500달러를 남겼다.)
   b. He left her a fortune in his will.
(그는 그녀에게 재산을 그의 유서에 남겼다.)

2. 자동사 용법

2.1. 다음 주어는 떠난다.

(16) a. We are leaving for Rome next week.
(우리는 로마로 다음 주 떠날 준비를 하고 있다.)
   b. The secretary intends to leave for the station.
(그 비서는 그 역으로 떠날 생각을 하고 있다.)
   c. She left early this morning.
(그녀는 오늘 아침 일찍 떠났다.)

LET

0. 이 동사의 개념바탕에는 하고 싶은 대로 하게 하는 과정이 있다.

1. 타동사 용법

1.1. 다음 주어는 목적어를 하고 싶은 일을 하게 한다.

(1) a. Let him do what he likes.
   (그가 좋아하는 것을 하게 해라.)
   b. She lets her children play in the street.
   (그녀는 아이들을 길에서 놀게 한다.)
   c. Please let me buy you a drink.
   (내가 네게 술을 한 잔 사게 해주게.)
   d. I wanted to go out, but my mom wouldn't let me go out.
   (나는 나가고 싶지만, 엄마가 나를 나가게 하지 않는다.)

1.2. 다음 주어는 목적어를 그대로 두어 과정이 일어나게 한다.

(2) a. He is letting his beard grow.
   (그는 수염을 자라게 하고 있다.)
   b. He let a week go by before answering the letter.
   (그는 그 편지의 답을 하기 전에 일주일이 지나가게 했다.)
   c. She took off the dog's lead and let it loose.
   (그녀는 개줄을 벗겨 개가 마음대로 돌아다니게 했다.)

1.3. 다음 주어가 목적어를 부사가 나타내는 움직임이 일어나도록
　　그대로 둔다.

(3) a. She let **down** her hair.
　　　(그녀는 머리를 내렸다.)
　　b. She let the window **down**.
　　　(그녀는 창문을 내렸다.)
　　c. We let him **in**.
　　　(우리는 그를 들어오게 했다.)
　　d. The window let **in** light and air.
　　　(창문은 빛과 공기가 들어오게 한다.)
　　e. Who let **off** the gun?
　　　(누가 그 총을 쏘았나?)
　　f. They let him **off** with a fine.
　　　(그들은 그를 벌금을 받고 석방했다.)

1.4. 다음은 let과 동사가 붙어서 쓰인다.

(4) a. She let drop a hint (cf. she let a hint drop).
　　　(그녀는 힌트 하나를 슬쩍 흘렸다.)
　　b. We let drop the matter.
　　　(우리는 그 문제를 끝내었다.)
　　c. He picked up a stone and let fly at the dog.
　　　(그는 돌을 하나 주어서 그 개에게 던졌다.)
　　d. He let go the rope
　　　(그는 그 줄을 놓았다.)

1.5. 다음 주어는 목적어와 관련된 과정이 일어나게 한다.

(5) a. He let a sigh/a groan.
   (그는 한숨/신음을 내보냈다.)
   b. She let blood.
   (그녀는 피를 흘렸다.)

1.6. 다음 주어는 목적어를 빌려준다/나가게 한다.

(6) a. We let our spare room to a student.
   (우리는 우리의 남는 방을 어느 학생에게 빌려주었다.)
   b. He let his cottage to vacationers.
   (그는 그의 별장을 휴가자들에게 빌려주었다.)
   c. They let the boat by the hour.
   (그들은 그 배를 시간 단위로 빌려준다.)

2. 자동사 용법

2.1. 다음 주어는 대여된다.

(7) a. This room lets for $500 a month.
   (이 방은 한 달에 500불에 대여된다.)
   b. This car lets for $300 a month.
   (이 자동차는 한 달에 300불에 대여된다.)
   c. The old house is to let.
   (그 오래된 집은 세를 놓는다.)
   d. The room lets well.
   (그 방은 세가 잘 나간다.)

LIE

1. 자동사 용법

1.1. 다음 주어는 눕는다.

(1) He lay on his back/on his side/his face downwards.
(그는 등/옆구리/얼굴을 바닥에 대고 누웠다.)

1.2. 다음 주어는 영구적으로 누워있다.

(2) a. His body lies in the churchyard.
(그의 몸은 그 교회의 뜰에 묻혀 있다.)
b. He lies in Washington.
(그는 워싱턴에 묻혀 있다.)

1.3. 다음 주어는 서거나 앉았던 자세에서 눕는다.

(3) a. I'm tired; I must lie down.
(나는 피곤하다. 누워야겠다.)
b. The wounded man was lying down on the battle field.
(그 부상당한 사람이 그 전쟁터에 누워 있다.)

c. He lay on the grass, enjoying the sunshine.
(그는 그 풀밭에 누워서 햇빛을 즐기고 있다.)

d. The dog is lying on the ground.
(그 개는 그 마당에 누워 있다.)

1.4. 다음 주어는 수평으로 놓인다.

(4) a. The book is lying on the table.
(그 책은 그 식탁 위에 놓여 있다.)

b. The bicycle lay on the wet grass.
(그 자전거는 그 물기 있는 풀밭에 놓여 있다.)

c. The fleet lay off the headland.
(그 함대는 갑(岬)에서 떨어져 있었다.)

1.5. 다음 주어는 넓게 퍼져서 어떤 자리에 있다.

(5) a. The town lies to the east of us.
(그 읍내는 우리의 동쪽에 놓여 있다.)

b. The valley lay before us.
(그 계곡이 우리 앞에 놓여 있었다.)

c. The village lay across the river.
(그 마을은 그 강 건너에 놓여 있었다.)

d. Iceland lies to the west of England.
(아이슬란드는 영국의 서쪽에 놓여 있다.)

e. Where does the park lie?
(그 공원은 어디에 놓여 있습니까?)

f. The road lies among the trees.
(그 길은 그 나무들 사이에 놓여 있다.)

1.6. 다음 주어는 추상적이나 구체적인 개체로 개념화 되어 놓이는
    것으로 표현되어 있다.

(6) a. A curse has always lain over that family.
       (하나의 저주가 그 가정에 덮혀 있었다.)
    b. If you're young, life still lies before you.
       (네가 젊으면, 인생은 아직 네 앞에 놓여 있다.)
    c. The trouble lies in the engine.
       (그 문제는 그 엔진에 놓여 있다.)
    d. The answer lies in not putting too much pressure on him.
       (그 해결은 지나친 압력을 그에게 가하지 않는 데 있다.)
    e. I'll do everything that lies in my power.
       (나는 내 힘 안에 있는 모든 것을 하겠다.)
    f. The truth lies somewhere between the two statements of the
       men.
       (그 진실은 그 사람들이 한 그 두 진술 사이 어딘가에 놓여
       있다.)
    g. The money lies in the bank.
       (그 돈은 그 은행에 있다.)

1.7. 다음 주어인 책임이나 결정은 with의 목적어에게 있다.

(7) a. The responsibility lies **with** the driver.
       (그 책임은 그 운전사에게 있다.)
    b. The decision lies **with** you.
       (그 결정은 네게 있다.)

1.8 다음 주어는 어떤 상태에 놓여 있다. 「상태는 장소이다」의 은유
    가 적용되어 있다.

(8) a. The food lay **heavy** on the stomach.
   (그 음식이 위에 부담을 주고 있었다.)
   b. The snow lay **thick** on the ground.
   (그 눈이 두껍게 땅에 깔려 있었다.)
   c. The tool lay **unused**.
   (그 연장은 안 쓰인 상태로 있었다.)
   d. The goods lay **wasting** in the warehouse.
   (그 상품은 창고에서 가치가 떨어지는 상태로 있었다.)

1.9. 다음 주어는 어떤 상태로 누워 있다.

(9) a. He lay **asleep/ill** in bed.
   (그는 졸면서/아파서 누워 있었다.)
   b. He lay **still** and **happy**.
   (그는 가만히 그리고 행복한 상태로 누워 있었다.)
   c. She lay **guilt**.
   (그녀는 죄를 쓰고 있다.)

1.10. 다음은 「상태는 장소이다」의 은유가 적용된 예이다. 주어는 어
   떤 장소에 있듯이 어떤 상태에 놓여 있다.

(10) a. The land lay **waste/idle**.
   (그 땅은 황폐하게/경작되지 않고 있었다.)
   b. The coast lay **undefended and open** to attack.
   (그 해안은 방어가 안 되어서 공격을 받을 수 있는 상태에
   있었다.)
   c. The field lay thickly **covered** with snow.
   (그 밭은 두껍게 눈으로 덮여 있었다.)

1.11. 다음에서 상태는 과거분사로 표현되어 있다.

(11) a. The animals lay hidden.
　　　(그 동물들은 숨어 있었다.)
　　b. Others lay wounded
　　　(다른 사람들은 상처를 입고 있었다.)

1.12. 다음에서 상태는 전치사구로 표현되어 있다.

(12) a. The town lay in ruins.
　　　(그 마을은 폐허 속에 있었다.)
　　b. The city lay in ruins after the earthquake.
　　　(그 도시는 그 지진 후에 폐허 속에 있었다.)

LOAD

0. 이 동사의 개념바탕에는 짐을 싣는 과정이 있다.

1. 타동사 용법

1.1. 다음 주어는 목적어를 전치사(to, onto, on)의 목적어에 싣는다.

(1) a. They loaded the freight **into** the car.
   (그들은 그 화물을 그 차에 실었다.)

   b. He loaded the books **into** the back of the car.
   (그는 그 책들을 그 차의 뒷좌석에 실었다.)

   c. He loaded his family **into** a small car.
   (그는 그의 가족을 조그만 차에 태웠다.)

   d. The boss loaded a heavy work **on** his secretary.
   (그 상사는 막대한 일을 그의 비서에게 맡겼다.)

   e. He loaded a lot of work **on** his staff.
   (그는 많은 일을 그의 참모들에게 맡겼다.)

   f. He loaded sacks **on to** a cart.
   (그는 자루를 수레에 실었다.)

   g. They loaded sacks **to** a donkey.
   (그들은 부대를 당나귀에 실었다.)

1.2. 다음 주어는 목적어를 전치사 with의 목적어로 싣는다.

(2) a. He loaded a cart **with** coal.
    (그는 수레를 석탄으로 실었다.)
  b. They loaded the plane **with** cargo and passengers.
    (그들은 그 비행기를 화물과 승객들로 실었다.)
  c. He loaded his truck **with** wood.
    (그는 그의 트럭을 나무로 실었다.)

1.3. 다음 목적어는 사람이다. 주어는 목적어에게 with의 목적어를 많이 준다.

(3) a. He loaded her **with** favor/gifts.
    (그는 그녀를 총애/선물로 마구 안겼다.)
  b. He loaded her **with** praise/compliments.
    (그는 그녀를 칭찬/찬사로 안겼다.)

1.4. 다음 주어는 목적어를 with의 목적어로 채운다.

(4) a. The boy loaded his stomach **with** food.
    (그 소년은 그의 위를 음식으로 마구 채워 넣었다.)
  b. She loaded her mind **with** worries.
    (그녀는 자신의 마음을 근심으로 채웠다.)

1.5. 다음 주어는 목적어를 채운다.

(5) a. He loaded his pipe/his camera.
    (그는 그의 파이프/카메라를 채워 넣었다.)
  b. He loaded his gun/revolver.
    (그는 그의 총/권총을 장전했다.)

1.6. 다음 주어는 질문에 무엇을 넣어서 특정한 반응을 유도한다.

(6) a. The man loaded his questions.
    (그 남자는 자신의 질문을 유도적으로 했다.)
   b. He loaded his evidence.
    (그는 그의 증거를 조작했다.)

1.7. 다음은 수동태 문장으로 주어에는 with의 목적어로 실리거나
    담겨 있다.

(7) a. The book was loaded **with** pictures.
    (그 책은 사진들로 가득 차 있다)
   b. The air is loaded **with** carbon.
    (그 공기는 탄소로 가득 차 있다.)
   c. The vines were loaded down **with** grapes.
    (그 포도 넝쿨은 포도송이로 드리워져 있다)
   d. His heart is loaded down **with** sorrow.
    (그의 마음은 슬픔으로 가득 차 눌려 있다.)

2. 자동사 용법

2.1. 다음 주어는 짐을 싣는다. 주어는 사람이다.

(8) a. I usually took off my coat while I was loading up.
    (내가 짐을 실은 동안은 보통 내 코트를 벗어 놓는다.)
   b. The soldiers loaded and fired.
    (그 군인들은 장전을 해서 발사했다.)

2.2. 다음 주어는 그릇이다. 주어는 싣는다.

(9) a. The bus loads at the left door.
   (그 버스는 왼쪽 문으로 사람을 태운다.)
   b. The truck is loading with coal.
   (그 트럭은 석탄을 싣고 있다.)
   c. The ship loaded with people only in 15 minutes.
   (그 배는 단 15분 만에 만원이 되었다.)
   d. This camera loads easily.
   (이 카메라는 필름이 쉽게 장전된다.)

2.3. 다음 주어는 실리듯 들어간다.

(10) a. I loaded into the bus.
   (나는 그 버스에 올라탔다.)
   b. People loaded into the elevator.
   (사람들은 그 승강기로 들어갔다.)

LOSE

1. 타동사 용법

1.1. 다음 주어는 목적어를 잃는다. 목적어는 주어의 소유물이다.

(1) a. He lost the key to the door.
     (그는 그 문의 그 열쇠를 잃어 버렸다.)
   b. He lost all his money.
     (그는 그의 모든 돈을 잃었다.)
   c. He lost his books and a pen.
     (그는 그의 책과 펜을 잃어 버렸다.)

1.2. 다음 목적어는 주어의 신체 부위이다. 주어는 목적어를 잃는다.

(2) a. He lost an eye in that accident.
     (그는 눈 하나를 저 사고에서 잃었다.)
   b. He lost a leg in the war.
     (그는 다리 하나를 그 전쟁에서 잃었다.)
   c. He lost a hand in the battle.
     (그는 손 하나를 그 전투에서 잃었다.)
   d. She lost her good looks.
     (그녀는 좋은 용모를 잃었다.)

1.3. 다음 목적어는 주어의 머리나 마음속에 가지고 있는 개체이다. 주어는 목적어를 잃는다.

(3) a. He lost all senses of directions.
   (그는 방향의 모든 감각을 잃었다.)
   b. He lost his reason/his cool/his temper.
   (그는 그의 이성/침착/냉정을 잃었다.)
   c. He lost interest in the game.
   (그는 그 게임에 관심을 잃었다.)
   d. He lost fear.
   (그는 두려움을 잃었다(두려움에서 벗어났다).)

1.4. 다음 목적어는 주어가 의식 속에 가지고 있는 개체이다. 주어는 목적어를 잃는다.

(4) a. He lost his place in the book.
   (그는 그 책 속 읽던 장소를 잃어버렸다.)
   b. He lost his way in the mountains.
   (그는 그의 길을 그 산에서 잃었다.)
   c. We lost our way in the dark.
   (우리는 우리의 길을 어둠 속에서 잃었다.)
   d. I lost your last few words.
   (나는 너의 마지막 몇 마디를 놓쳤다.)
   e. He lost a few words of what she said.
   (그는 그녀가 말한 것의 몇 마디를 잃었다.)
   f. I lost the end of the sentence.
   (나는 그 문장의 마지막 부분을 놓쳤다.)

1.5. 다음 목적어는 가족의 구성이다. 주어는 목적어를 잃는다.

(5) a. He lost his father in the war.

　　(그는 그의 아버지를 그 전쟁에서 잃었다.)

　b. He lost his father in the crowd.

　　(그는 그의 아버지를 그 군중 속에서 잃었다.)

1.6. 다음은 「시간은 개체이다」의 은유가 적용된 표현이다.

(6) a. He lost time waiting.

　　(그는 기다리면서 시간을 낭비했다.)

　b. You are losing time trying to teach that boy.

　　(너는 그 아이를 가리키려고 하면서 시간을 잃고 있다.)

　c. The doctor lost no time in getting the man to hospital.

　　(그 의사는 그 사람을 입원시키는데 시간을 허비하지 않았다.)

　d. There's not a moment to lose.

　　(허비할 시간이 한 순간도 없다.)

　e. I shall lose no time in beginning the work.

　　(나는 그 일을 시작하는 데 지체하지 않겠다.)

　f. He lost no time in making the acquaintance.

　　(그는 그 친교를 맺는데 시간을 잃지 않았다. 즉 지체하지 않았다.)

　g. No time should be lost in looking into the matter.

　　(그 문제를 조사하는 데 시간을 낭비해서는 안된다. 즉 지체를 해서는 안 된다.)

1.7. 다음 주어는 첫째 목적어에게 둘째 목적어를 잃게 한다.

(7) a. Such insolence will lose you your job.

　　(그러한 무례함은 너를 너의 일자리를 잃게 할 것이다.)

b. This lost him our sympathy.
   (이것이 그를 우리의 동정심을 잃게 했다.)

c. The job lost us $200.
   (그 일은 우리를 200불을 잃게 했다.)

d. This lost them the victory.
   (이것이 그들을 승리를 잃게 했다.)

e. His impudence lost him her favor.
   (그의 뻔뻔스러움이 그를 그녀의 호의를 잃게 했다.)

f. His foolishness has lost him the job.
   (그의 어리석음이 그를 그 일자리를 잃게 했다.)

1.8. 다음 주어는 목적어를 잃는다.

(8) a. We lost a game/a battle/a prize/a lawsuit.
    (우리는 게임/전투/상/재판을 잃었다.)

b. I lost my train/a bus/a sale.
   (나는 내 기차/버스/세일을 놓쳤다.)

1.9. 다음은 수동태 문장으로 주어는 없어진다.

(9) a. The ship and its crew were lost at sea.
    (그 배와 선원들은 바다에서 없어졌다.)

b. Your last few words were lost in the loud noise.
   (너의 마지막 몇 마디는 그 소음 속에 들리지 않았다.)

1.10. 다음 주어는 on의 목적어에 영향을 미치지 못하고 없어진다.

(10) a. My hints were lost **upon** him.
     (나의 암시는 그에게 전달되지 않았다.)

b. His eloquence was lost **upon** the audience.
(그의 웅변은 그 청중에게 전달되지 않았다.)

c. Good advice is often lost **on** children.
(좋은 충고는 종종 아이들에게 놓쳐진다.)

d. Your jokes were lost **on** him: He doesn't have any sense of humor.
(너의 농담은 그에게는 소용이 없었다: 그는 유머 감각이 없다.)

1.11. 다음 주어는 환유적으로 쓰여서 의식 등을 가리킨다.

(11) a. At first we lost in the advanced class.
(처음에 우리는 고급반에서 헤맸다.)

b. I was lost as soon as I left the station.
(나는 그 역을 떠나자마자 길을 잃었다.)

2. 자동사 용법

2.1. 다음 주어는 시합 같은 것에서 진다.

(12) a. You've lost by your honesty.
(너는 너의 정직 때문에 졌다.)

b. Our team lost.
(우리 팀이 졌다.)

c. The army lost heavily in yesterday's fighting.
(그 군대는 어제 전투에서 크게 졌다.)

d. I don't want to lose by me.

   (나는 나 때문에 지기가 싫다.)

2.2. 다음 주어는 잃는다.

(13) a. The watch loses by 2 minutes.

   (그 시계는 2분 늦다.)

   b. The car lost in speed.

   (그 자동차는 속도가 줄었다.)

   c. It lost in beauty/in value.

   (그것은 아름다움/가치가 줄었다.)

MAKE

0. 이 동사의 개념바탕에는 만드는 과정이 있다.

1. 타동사 용법

1.1. 다음 주어는 목적어를 out of의 목적어로부터 만든다.

(1) a. He made bricks out of clay.
   (그는 벽돌을 진흙으로부터 만들었다.)
   b. He made a wall of stones.
   (그는 담을 돌로 만들었다.)

1.2. 다음 목적어는 재료이다.

(2) He made clay into bricks.
   (그는 진흙을 벽돌로 만들었다.)

1.3. 다음 주어는 목적어를 쓸 수 있는 상태로 만든다.

(3) a. He made coffee/tea/medicine.
   (그는 커피/차/약을 만들었다.)
   b. She made the bed.
   (그녀는 그 잠자리를 만들었다.)

1.4. 다음 주어는 그 자체가 목적어를 만든다.

(4) a. You will make a good writer.
   (너는 훌륭한 작가가 될 것이다.)
   b. The area will make a good soccer field.
   (그 지역은 좋은 축구장이 될 것이다.)
   c. He will make a good soldier/a good husband.
   (그는 훌륭한 군인/남편이 될 것이다.)
   d. Nervous people make poor subjects in this experiment.
   (초조를 타는 사람들은 이 실험에 나쁜 피실험자가 된다.)

1.5. 다음 주어는 목적어를 성립시킨다.

(5) a. 10 dimes make one dollar.
   (10전 10개는 1달러를 만든다.)
   b. Twenty inches make one feet.
   (20인치는 1피트가 된다.)
   c. How many members make a quorum?
   (회원 몇 명이 정족수가 되는가?)
   d. His adventures make an excellent reading.
   (그의 모험담은 재미있는 독서물이 된다.)
   e. This play makes an excellent entertainment.
   (이 연극은 훌륭한 연예물이다.)
   f. This makes the fifth time you failed the exam.
   (이것이 네가 그 시험에 실패한 다섯 번째가 된다.)

1.6. 다음 주어는 목적어를 공간과 시간 속에 만든다. 여행에는 거리
   와 속도가 있다.

(6) a. He made a journey.
   (그는 여행을 했다.)

   b. He made 80 miles since noon.
   (그는 12시부터 80마일 달렸다.)

   c. They made 40 miles since noon.
   (그들은 12시 이후 40마일을 움직였다.)

   d. The ship made nine knots an hour.
   (그 배는 한 시간에 9노트로 달렸다.)

1.7. 다음 주어는 목적지에 이른다.

(7) a. They barely made the train.
   (그들은 가까스로 그 기차를 탔다.)

   b. We made the city in four hours.
   (그들은 네 시간 만에 그 도시에 닿았다.)

1.8. 다음 목적어는 과정이다. 주어는 목적어를 만든다.

(8) a. He made an answer/a denial/a speech.
   (그는 대답/부정/연설/을 했다.)

   b. He made an attempt/a start/a pause/a call.
   (그는 시도/출발/일시 중단/전화를 했다.)

   c. He made trouble.
   (그는 소란을 피웠다.)

   d. They made progress.
   (그들은 진전을 이루었다.)

1.9. 다음 주어는 목적어를 만든다.

(9) a. He made a rule/a regulation/a will/a treaty.
(그는 규칙/규정/유서/조약을 만들었다.)
b. She made a mistake.
(그녀는 실수를 했다.)

1.10. 다음 주어는 목적어를 만든다.

(10) a. He made a name.
(그는 이름을 얻었다.)
b. She made a reputation.
(그녀는 명성을 얻었다.)

1.11. 다음 주어는 첫째 목적어를 둘째 목적어로 만든다.

(11) a. He made **her his wife**.
(그는 그녀를 그의 아내로 만들었다.)
b. We made **him king over his country**.
(우리는 그를 그 나라의 왕으로 만들었다.)
c. He made **one of his sons a banker**.
(그는 아들 가운데 한 명을 은행가로 만들었다.)

1.12. 다음 주어는 목적어를 어떤 상태로 만든다.

(12) a. The news made **her happy**.
(그 뉴스는 그녀를 행복하게 만들었다.)
b. He made **his meaning clear**.
(그는 그의 의미를 분명하게 만들었다.)
c. His words made **me serious**.
(그의 말이 나를 신중하게 만들었다.)

d. His behavior made **her angry**.

   (그의 행동이 그녀를 화나게 했다.)

e. You made **her nose too big**.

   (너는 그녀의 코를 너무 크게 만들었다 (그렸다).)

1.13. 다음 주어는 마음속에서 첫째 목적어를 둘째 목적어로 만든다
/계산한다.

(13) a. I made the total about $50.

   (나는 그 총계를 약 50달러로 추산했다.)

   b. I made the distance about 70 miles.

   (나는 그 거리를 약 70마일로 추산했다.)

   c. What time do you make it?

   (지금 몇 시라고 생각합니까?)

   d. How large do you make the audience?

   (너는 그 청중의 수가 얼마라고 추산하느냐?)

1.14. 다음에서 상태는 과거분사로 표현되어 있다.

(14) a. He made **himself feared**.

   (그는 자신을 남들이 두려워하게 만들었다.)

   b. He made **himself understood**.

   (그는 자신을 남들이 이해하게 만들었다.)

   c. The thunder made **her frightened**.

   (그 천둥이 그녀를 놀라게 만들었다.)

   d. Honesty makes **him honored**.

   (정직이 그를 존경받도록 만든다.)

1.15. 다음 주어는 목적어를 강제로 어떤 일을 하게 한다.

(15) a. They made **him work day and night**.
　　　(그들은 그를 밤낮으로 일하게 했다.)
　　b. His joke made **us all laugh**.
　　　(그의 농담은 우리를 모두 웃겼다.)
　　c. I'll make **him go there**.
　　　(나는 그를 그곳에 가게 만들었다.)
　　d. The shower makes **the grass grow**.
　　　(그 비는 풀을 자라게 만든다.)
　　e. In the play, the author makes **the villain commit suicide**.
　　　(그 연극에서 그 작자는 그 악한을 자살을 하게 만든다.)

1.16. 다음 주어는 목적어를 연극, 그림 등에서 둘째 목적어로 만든다.

(16) Oliver makes **Hamlet a figure of tragic indecision**.
　　(올리버는 햄릿을 비극적으로 우유부단한 인물로 만들었다.)

2. 자동사 용법

2.1. 다음 주어는 만들어진다.

(17) a. The toy stove made easily.
　　　(그 장난감 난로는 쉽게 만들어졌다.)
　　b. This fabric makes up into beautiful drapes.
　　　(이 천은 아름다운 가리개로 만들어진다.

2.2. 다음 주어는 장소이동을 한다.

(18) a. The ship made **from** shore.

   (그 배는 해안에서 떠났다.)

  b. The boat made toward the island.

   (그 배는 그 섬으로 움직였다.)

  c. They made straight toward the wreck.

   (그들은 곧장 그 난파선 쪽으로 갔다.)

  d. The tiger made at the man.

   (그 호랑이는 그 사람에게 덤벼들었다.)

  e. He made for home.

   (그는 집으로 갔다.)

  f. The road makes up to the snow.

   (그 길은 그 눈이 있는 곳까지 간다.)

2.3. 다음 주어는 움직인다.

(19) a. He made as though to strike me.

   (그는 나를 치려는 몸짓을 했다.)

  b. She made as if she were mad.

   (그녀는 마치 미친 것처럼 행동했다.)

  c. He made to answer.

   (그는 대답을 하려고 했다.)

  d. I made to leave the tent.

   (나는 그 천막을 떠나려고 움직였다.)

MEET

0. 이 동사의 개념바탕에는 만나는 과정이 있다.

1. 타동사 용법

1.1. 다음 주어는 목적어를 만난다.

(1) a. John, meet my sister.
   (죤, 내 누이를 만나봐.)
   b. I'm very pleased to meet you.
   (당신을 만나게 되어 반갑습니다.)
   c. Come to the party and meet some interesting people.
   (그 파티에 와서 몇몇 재미있는 사람들을 만나세요.)
   d. Have you met my girlfriend?
   (내 여자 친구를 만나 보았니?)
   e. I met him on my way to school.
   (나는 그를 학교 가는 길에 만났다.)

1.2. 다음 주어는 목적어를 마중을 나가서 만난다.

(2) a. I will meet you off the train.
   (나는 내가 기차에서 내릴 때 너를 만나겠다.)
   b. I must go to the station to meet my mother.
   (나는 역에 가서 내 어머니를 마중해야 한다.)

1.3. 다음 주어와 목적어는 차량이다. 주어는 목적어를 만난다.

(3) a. Our car met another on a narrow road.
    (우리 차는 좁은 길에서 다른 차를 만났다.)
  b. The taxi will meet the train.
    (그 택시는 그 기차를 마중 갈 것이다.)
  c. The hotel bus meets all the trains.
    (그 호텔 버스는 모든 기차를 마중 간다.)

1.4. 다음 주어는 사람이고 목적어는 자동차, 기차 또 비행기와 같은
    것이다. 주어는 목적어를 만난다.

(4) a. I'll meet your boat.
    (나는 너의 배를 (기다려서) 만나겠다.)
  b. I'll meet the train.
    (나는 그 열차를 (기다려서) 만나겠다.)
  c. He'll meet your plane.
    (그는 너의 비행기를 (기다려서) 만날 것이다.)

1.5. 만남은 접촉을 의미한다. 다음 주어는 목적어를 만난다.

(5) a. His hand met her face in a violent blow.
    (그의 손이 그녀의 얼굴을 심한 일격으로 쳤다.)
  b. His hand met hers.
    (그의 손이 그녀의 손을 쳤다.)
  c. The ball met the bat.
    (그 공이 방망이를 쳤다.)

1.6. 소리나 빛은 움직여서 개체에 닿는다. 다음 주어는 목적어에 닿는다.

(6) a. Angry cries met his speech.
    (성난 고함소리가 그의 연설을 맞았다.)
  b. A peculiar sight met our eyes.
    (이상한 광경이 우리 눈을 맞았다.)
  c. There's more to that than meets the eye.
    (저것에는 눈에 닿는 것 이상이 있다.)
  d. She was afraid to meet my eye.
    (그녀는 두려워서 내 눈을 보지 못한다.)

1.7. 다음 목적어는 어려운 일이다. 주어가 목적어를 피하지 않고 대하는 것은 대적함을 의미한다. 주어는 목적어를 맞선다.

(7) a. I met a lot of difficulties in the work.
    (나는 그 일을 하면서 많은 어려움을 직면했다.)
  b. Can you meet a misfortune with a smile?
    (너는 불행을 미소로 대할 수 있느냐?)
  c. Can you meet a danger calmly?
    (너는 위험을 침착하게 대할 수 있느냐?)
  d. He met his fate/his death.
    (그는 그의 운명/죽음을 직면했다.)
  e. Every preparation was made to meet the typhoon.
    (그 태풍에 대처하도록 모든 준비가 되었다.)
  f. Brazil meets Korea in football every year.
    (브라질은 한국을 축구에서 매년 대결한다.)

1.8. 다음 주어는 목적어를 감당한다.

(8) a. He met the objections/criticisms calmly.
     (그는 그 반대/비판을 조용히 대처했다.)
   b. He met all the debts/the demands/the wishes/the needs/the
      expenses.
      (그는 그 모든 빚/요구/소원/필요/경비를 감당했다.)

1.9. 다음 주어가 목적어를 with의 목적어로 맞서게 한다.

(9) a. He met threats **with** defiance.
     (그는 위협을 도전적 태도로 맞았다.)
   b. He met angry words **with** laugh.
     (그는 성난 말을 웃음으로 대했다.)
   c. She met my glance **with** a smile.
     (그녀는 나의 시선을 미소로 맞았다.)

1.10. 다음 주어와 목적어는 움직이지 않는다. 그러나 이들의 형상을
      눈으로 따라가면 주어는 목적어를 만난다.

(10) a. Oak Street meets Maple Street at that point.
      (오우크가는 메이플가를 저 지점에서 만난다.)
    b. This lane meets the main road in two miles.
      (이 소로는 그 큰 길을 두 마일 지나서 만난다.)

2. 자동사 용법

2.1. 다음 주어는 사람이다. 주어는 만난다. 주어는 복수이다.

(11) a. We met at his party.

(우리는 그의 파티에서 만났다.)

b. Let's meet for dinner.

(만나서 저녁을 같이 합시다.)

c. We met quite by chance.

(우리는 아주 우연히 만났다.)

2.2. 다음 주어는 환유적으로 쓰여서 모임을 구성하는 사람을 가리킨다.

(12) a. The society meets every Friday.

(그 모임 회원들은 매 금요일에 만난다.)

b. Congress will meet next month.

(의회가 다음 달에 모인다.)

c. The whole school met to hear the speech.

(그 학교 학생들이 모여서 그 연설을 들었다.)

2.3. 다음 주어는 복수이다. 주어는 만난다.

(13) a. Their eyes met.

(그들의 눈이 만났다.)

b. Two rivers meet there.

(두 강은 거기서 만난다.)

c. The two cars almost met head-on.

(그 두 자동차가 거의 정면으로 부딪혔다.)

d. The two trains meet at Taejeon.

(그 두 기차는 대전에서 만난다.)

e. The two lines meet so as to form an angle.

(그 두 선은 만나서 각을 이룬다.)

2.4. 다음 주어의 양끝이 만난다.

(14) a. My skirt won't meet round my waist.
       (내 스커트는 양끝이 내 허리를 돌아서 만나지 않는다.)
    b. My waist coat won't meet.
       (그 저고리 양쪽 끝이 만나지 않는다.)
    c. The belt won't meet round my waist.
       (그 띠는 내 허리를 둘러서 끝이 만나지 않는다.)

MISS

0. 이 동사의 개념바탕에는 접촉이 안 되거나 놓치는 과정이 있다.

1. 타동사 용법

1.1. 다음 주어는 목적어를 만나지 못한다.

(1) a. He missed the train/the bus by 3 minutes.
  (그는 그 기차/버스를 3분 차이로 놓쳤다.)
 b. She went to the station to meet her husband but missed him in the crowd.
  (그녀는 그 역에 남편을 만나러 갔으나, 그 많은 사람 속에서 그를 만나지 못했다.)

1.2. 다음 주어는 목적에 맞지 않는다.

(2) a. His punch missed the mark.
  (그의 주먹은 그 표적을 맞지 않았다.)
 b. The falling rock just missed my head.
  (그 떨어지는 돌이 나의 머리를 맞지 않았다.)
 c. He missed the bank and fell into the river.
  (그는 그 강둑을 놓쳐서 그 강으로 **빠졌다.**)
 d. The ball narrowly missed the boy.
  (그 공은 가까스로 그 소년을 맞지 않았다.)

1.3. 다음 주어는 목적어를 놓친다.

(3) a. He threw a stone but missed the bird.
　　　(그는 돌을 던졌지만 그 새를 맞추지는 못했다.)
　　b. He shot the gun but missed the aim.
　　　(그는 그 총을 쏘았으나, 그 표적을 빗나갔다.)
　　c. He hammers away, but half the time he misses the nail.
　　　(그는 망치질을 계속한다. 그러나 절반가량의 경우 그는 그 못을 맞추지 못한다.)

1.4. 다음 주어는 환유적으로 쓰여서 시선을 가리킨다. 주어는 목적을 놓친다.

(4) a. You can't miss the house.
　　　(너는 그 집을 놓칠 수가 없다.)
　　b. I arrived late at the theater and missed the first part of the play.
　　　(나는 그 극장에 늦게 도착해서 그 연극의 첫 부분을 놓쳤다.)
　　c. He missed a name in calling the attendance roll.
　　　(그는 그 출석부를 부를 때, 이름 하나를 놓쳤다.)

1.5. 다음 주어는 목적어를 놓친다. 목적어는 말이다.

(5) a. I missed a word or two.
　　　(나는 한 두 마디를 듣지 못했다.)
　　b. I missed the first part of the speech.
　　　(나는 그 연설의 첫 부분을 듣지 못했다.)

c. I don't want to miss a word of the news on the radio.
(나는 라디오 뉴스의 한 마디도 놓치고 싶지 않다.)

1.6. 다음 주어는 목적어를 찾으나 이것이 없음을 알게 된다.

(6) a. I missed my purse when I got home.
(나는 집에 도착했을 때 그 지갑이 없음을 알았다.)
b. When did you miss your umbrella?
(언제 너는 그 우산이 없는 것을 알았느냐?)
c. He is very rich and wouldn't miss $50.
(그는 돈이 많아서 50불은 없어도 느끼지 못할 것이다.)
d. She didn't miss her boy until she looked around.
(그녀는 주위를 돌아보고서야 아이가 없는 것을 알게 되었다.)

1.7. 다음 주어는 목적어가 없어서 목적어를 그리워한다.

(7) a. The child misses his mother.
(그 아이는 엄마를 그리워한다.)
b. I miss you badly.
(나는 너를 몹시 그리워한다.)
c. We missed him at once.
(우리는 그를 곧 그리워했다.)
d. We did not miss him for some time.
(우리는 그를 얼마동안 그리워하지 않았다.)
e. I shall miss this life in the country.
(나는 시골에서 이 생활을 그리워 할 것이다.)

1.8. 다음은 수동태 문장으로, 주어는 그리움을 받는다.

(8) a. Was I missed at the last meeting?

    (지난번 모임에 나를 보고 싶어 하던 사람이 있던가?)

    b. She was missed by everybody.

    (그녀는 모든 이의 그리움을 받는다.)

1.9. 다음에서는 목적어가 동명사로 표현되어 있다. 주어는 목적어를 피한다.

(9) a. He narrowly missed being seriously injured.

    (그는 심하게 다치는 것을 가까스로 면했다.)

    b. He missed being killed.

    (그는 살해되는 것을 면했다.)

    c. They missed being destroyed.

    (그들은 파괴되는 것을 면했다.)

    d. He barely missed being knocked down by a car.

    (그는 차에 부딪쳐서 넘어지는 것을 간신히 면했다.)

1.10. 다음 목적어는 추상적이나 실체가 있는 구체적인 것으로 개념화되어 있다.

(10) a. He missed the appointment.

    (그는 그 만날 약속을 놓쳤다.)

    b. He missed the chance of a ride to town.

    (그는 읍내에 차를 타고 가는 그 기회를 놓쳤다.)

    c. He missed the opportunity.

    (그는 그 기회를 놓쳤다.)

2. 자동사 용법

2.1. 다음 주어는 빠진다.

(11) He never misses a day.
   (그는 하루도 빠지지 않는다.)

2.2. 다음 주어는 빗나간다.

(12) a. Aim carefully or you'll miss.
      (조심스럽게 조준해라, 그렇지 않으면 맞추지 못할 것이다.)
   b. He fired twice but both shots missed.
      (그는 두 발을 쏘았으나, 두 발 모두 명중하지 못했다.)
   c. The gun never misses.
      (그 총은 결코 빗나가지 않는다.)

MOUNT

0. 이 동사의 개념바탕에는 오르는 과정이 있다.

1. 타동사 용법

1.1. 다음 주어는 목적어를 오른다.

(1) a. I mounted a mountain/a stair/a platform.
   (나는 산/계단/단상을 올라갔다.)
   b. My mother mounted the stairs with great difficulty.
   (엄마는 그 계단을 아주 힘겹게 올라 가셨다.)
   c. The boy mounted the bike and rode away.
   (그 소년은 그 자전거를 올라 타고 가버렸다.)
   d. They mounted the horses and ran away.
   (그들은 그 말을 올라 타고 도망갔다.)
   e. The taxi mounted the pavement yesterday.
   (그 택시가 어제 그 보도를 올라갔다.)

1.2. 다음 주어는 목적어를 on의 목적어에 오르게 한다.

(2) a. They mounted him **on** a donkey.
   (그들은 그를 당나귀 위에 태웠다.)
   b. The soldier mounted his gun **on** a stand.
   (그 병사는 그의 총을 총걸이 위에 올려놓았다.)

c. They mounted the statue **on** a pedestal.
(그들은 그 동상을 받침대 위에 올려놓았다.)

d. The scientist mounted the specimen **on** a slide for microscopic study.
(그 과학자는 현미경 연구를 위해 그 표본을 슬라이드에 올려놓았다.)

e. He mounted the picture **on** a silken cloth.
(그는 그 사진을 비단 위에 붙였다.)

f. The boy mounted a stamp **on** his album.
(그 소년은 우표를 그 앨범에 붙였다.)

g. We mounted the tiger's head **on** the wall.
(우리는 그 호랑이 머리 박제를 그 벽에 걸었다.)

h. He mounted the jewel **in** a ring.
(그는 그 보석을 반지에 박아 넣었다.)

1.3. 다음 주어는 목적어를 올린다. 목적어가 올려지는 개체는 세상 일의 지식으로 유추된다.

(3) a. He mounted the play last year.
(그는 작년에 그 극을 (무대에) 올렸다.)

b. He mounted the skeleton for exhibition
(그는 전시를 위해 그 해골을 (진열대 위에) 올려놓았다.)

1.4. 다음 주어는 목적어를 with의 목적어로 장치한다.

(4) a. The navy mounted a ship **with** six cannons.
(그 해군은 그 배를 6개의 포로 탑재했다.)

b. The army mounted the hill **with** cannons.
(그 군대는 그 산을 포들로 장치했다.)

c. The jeweler mounted the stone **in** a bracelet.
   (그 보석 세공인은 그 보석을 팔찌에 끼워 넣었다.)
d. The ship mounts 40 guns.
   (그 배는 40개의 총을 탑재한다.)

2. 자동사 용법

2.1. 다음 주어는 on의 목적어 위에 오른다.

(5) a. He mounted **on** a platform/**on** a wall.
    (그는 단 위에/벽 위에 올라갔다.)
  b. He mounted **on** a horse /**on** a bicycle.
    (그는 말 위에/자전거 위에 올라갔다.)

2.2. 다음 주어는 탈 것에 오른다.

(6) a. He mounted and rode away.
    (그는 올라 타고 가버렸다.)
  b. The cowboy mounted and drove away.
    (그 목동은 (말을) 타고 멀리 갔다.)

2.3. 다음은 「많음은 위이다」의 은유가 적용된 표현이다.

(7) a. Our living expenses are mounting up.
    (우리 생활비가 뛰어오르고 있다.)
  b. Her debts are mounting.
    (그녀의 빚이 많아지고 있다.)

c. His obligation is mounting up higher every day.
   (그의 의무는 매일 더 많아지고 있다.)
d. Tension mounted as we waited for the decision.
   (우리가 그 결정을 기다리고 있는 동안 긴장이 더 해 갔다.)
e. Taxes are mounting up.
   (세금이 올라가고 있다.)

2.4. 다음 주어는 움직이지 않는다. 그러나 전체 형상을 눈으로 따라
가면 오르는 모습이다.

(8) a. The road mounts to the peak.
      (그 길은 그 꼭대기까지 올라간다.)
    b. This ladder mounts up to the roof.
      (이 사다리는 그 지붕까지 올라간다.)

MOVE

0. 이 동사의 개념바탕에는 움직이는 과정이 있다.

1. 자동사 용법

1.1. 다음 주어는 움직인다.

(1) a. The child moved just as his father was taking a picture of
   him.
   (그 아이는 아버지가 그의 사진을 막 찍고 있는데 움직였다.)
   b. The baby hasn't moved since he was put to bed.
   (그 아기는 잠자리에 눕혀진 이후에 움직이지 않았다.)
   c. Not a leaf moved.
   (잎 하나 움직이지 않았다.)
   d. Keep still and don't move.
   (가만있고, 움직이지 말아라.)
   e. Move and you are a dead man.
   (움직이면, 너는 죽었다.)

1.2. 다음 주어는 부사나 전치사가 가리키는 방향으로 이동한다.

(2) a. They moved **to** another town.
   (그들은 다른 읍내로 이사를 갔다.)

b. Nomad people constantly move **to** new areas in search of pasture.
(유목민은 목초지를 찾아서 끊임없이 새 장소로 옮긴다.)

c. They moved **into** a new house.
(그들은 새 집으로 옮겼다.)

d. We moved **out** today and they will move **in** tomorrow.
(우리는 오늘 이사 나왔고, 그들은 내일 이사 들어간다.)

e. The train began to move.
(그 열차가 움직이기 시작했다.)

f. The train slowly moved **into** the station.
(그 열차가 천천히 그 역으로 들어왔다.)

g. I saw crowds of people moving **around**.
(나는 사람들의 그 무리가 이리저리 움직이는 것을 보았다.)

1.3. '움직인다'는 '조치를 취하다'의 뜻으로 확대된다.

(3) a. Nobody seems to be willing to move in that matter.
(아무도 그 일에 손을 쓰고 싶어 하는 것 같지가 않다.)

b. The police move quickly whenever a crime is committed.
(경찰은 범죄가 일어나면 재빨리 움직인다.)

1.4. 다음은 「사건은 움직임이다」의 은유가 적용된 표현이다.

(4) a. Events are moving quite rapidly.
(사건이 꽤 빠르게 움직이고 있다.)

b. His business affairs aren't moving and his debts are increasing.
(그의 사업이 움직이지 않아서 그의 빚이 늘어나고 있다.)

c. The work moves slowly.
(그 일이 천천히 진행된다.)

d. Things are not moving as rapidly as we hoped.
(일이 우리가 바랐던 만큼 빨리 진척이 되지 않는다.)

2. 타동사 용법

2.1. 다음 주어는 목적어를 움직인다.

(5) a. The wind moved the leaves.
   (그 바람이 그 잎을 움직였다.)
   b. The sick woman's bed was moved downstairs.
   (그 여자 환자의 침대가 일층으로 옮겨졌다.)
   c. Move your chair to the fire.
   (네 의자를 그 불 있는 곳으로 옮겨라.)

2.2. 다음 목적어는 환유적으로 쓰여서 마음을 가리킨다. 주어는 목
   적어를 움직인다.

(6) Their deep friendship moved us a great deal.
   (그들의 깊은 우정이 우리를 크게 감동시켰다.)

2.3. 다음은 수동태 문장으로 주어는 감동을 받는다.

(7) a. I was moved **with** pity.
   (나는 연민으로 마음이 움직여졌다.)
   b. She was moved **with** compassion at the sight.
   (그녀는 그 광경을 보고 동정심으로 마음이 움직였다.)

c. She was so moved **by** the speech that she cried.
(그녀는 그 연설에 매우 큰 감동을 받고 울었다.)

d. I was deeply moved **by** his words.
(나는 그의 말에 깊은 감동을 받았다.)

e. We were all moved **by** her entrcaties.
(우리는 그녀의 간청에 모두 감동되었다.)

2.4. 다음 주어는 목적어를 움직여서 to 부정사가 가리키는 일을 하게 한다.

(8) a. Nothing I said moved him **to** offer his help.
(내가 말한 아무 것도 그를 도움을 제의하도록 움직이지 못했다.)

b. The spirit moved him **to** get up and address the meeting.
(그 정신이 그를 일어나서 그 회합에 연설을 하게 했다.)

c. What moved you **to** do this?
(무엇이 너를 이것을 하게 움직였나?)

d. I felt moved **to** speak.
(나는 감동되어 말을 하고 싶어졌다.)

2.5. 다음 주어는 목적어의 마음을 움직여서 to의 목적어 상태로 끌고 간다.

(9) a. The sick child's suffering moved his father **to** tears.
(그 아픈 아이의 고통이 아버지를 눈물을 흘리게 했다.)

b. The story moved us **to** laughter.
(그 얘기는 우리를 웃게 했다.)

2.6. 다음 주어는 목적어를 제안한다.

(10) a. He moved a resolution.
      (그는 결의를 제안했다.)
    b. He moved an adjournment
      (그는 연기를 제안했다.)

2.7. 다음 주어는 that-절의 내용을 제안한다.

(11) a. I move that we continue the discussion tomorrow.
      (나는 우리가 그 토의를 내일 다시 계속할 것을 제의한다.)
    b. It was moved that the meeting be held next week.
      (그 모임은 다음 주에 열리기로 제의되었다.)
    c. It was moved that the decision be postponed until next
      week.
      (그 결정은 다음 주까지 연기되기로 결의되었다.)

OCCUPY

0. 이 동사의 개념바탕에는 차지하는 과정이 있다.

1. 타동사 용법

1.1. 다음 주어는 목적어를 차지한다. 목적어는 공간이다.

(1) a. The school occupies three acres of ground.
    (그 학교는 3에이커의 토지를 차지한다.)
  b. The building occupies an entire block.
    (그 빌딩은 한 블록 전부를 차지한다.)
  c. The table occupied the center of the room.
    (그 테이블은 그 방 한가운데를 차지한다.)

1.2. 다음 주어는 목적어를 차지한다. 목적어는 도시나 나라이다.

(2) a. The soldiers occupied the town.
    (그 군인들은 그 마을을 점령했다.)
  b. Germans occupied Poland in 1939.
    (독일군은 폴란드를 1939년에 점령했다.)
  c. The enemy occupied the fort.
    (그 적군이 그 요새를 점령했다.)

1.3. 다음 주어는 건물이나 집을 차지한다.

(3) a. The company occupied the entire building.
   (그 회사가 그 빌딩 전체를 차지했다.)

  b. The family occupied the two-story building.
   (그 가족은 그 이층 건물을 차지했다.)

  c. The workers occupied the factory and refused to leave.
   (그 노동자들은 그 공장을 점거하고 떠나기를 거부했다.)

  d. The robins are occupying the former nest.
   (그 울새들이 그 옛 둥지를 차지하고 있다.)

  e. The story occupies most of the front page of the paper.
   (그 이야기가 그 신문 첫 장의 대부분을 차지한다.)

1.4. 다음은 수동태 문장으로, 주어는 점령된다.

(4) a. Is this seat occupied?
   (이 자리는 차지되어 있나요?)

  b. Is this house occupied?
   (이 집에 누군가가 살고 있나요?)

1.5. 다음은 「시간은 공간이다」의 은유가 적용된 표현이다. 주어는
   목적어를 차지한다.

(5) a. It occupies three hours to go there.
   (거기 가는 데 세 시간이 걸린다.)

  b. His speech occupied more than an hour.
   (그의 연설은 한 시간 이상 차지했다.)

  c. The job will occupy very little of our time.
   (그 일은 우리의 시간을 많이 차지하지 않을 것이다.)

  d. Writing occupies most of my time.
   (집필활동이 내 시간의 대부분을 차지한다.)

e. The lessons occupied the morning.
   (그 수업들은 오전을 차지한다.)

1.6. 다음은 「마음은 공간이다」의 은유가 적용된 표현이다. 주어는
목적어를 차지한다.

(6) a. Cares and anxieties occupied her mind.
       (조심과 걱정이 그녀의 마음을 차지했다.)
    b. Composing music occupied her mind.
       (작곡은 그녀의 마음을 차지했다.)
    c. Sports often occupy his attention.
       (스포츠가 자주 그의 주의를 차지한다.)
    d. The game will keep the children occupied.
       (그 게임이 그 아이들을 사로 잡혀 있게 할 것이다.)

1.7. 다음 주어는 목적어를 with의 목적어로 채운다.

(7) a. He began to occupy himself **with** solving the problems.
       (그는 자신의 마음을 그 문제를 푸는 일로 채웠다.)
    b. She occupied herself **with** various small things.
       (그녀는 자신의 마음을 다양한 자그마한 일로 채웠다.)
    c. The baby occupied herself playing **with** her toy.
       (그 아기는 자신의 마음을 그 장난감을 가지고 노는 것으로
       채웠다.)

1.8. 다음 주어는 목적어를 in의 목적어에 넣는다.

(8) a. He occupied himself **in** translating the novel.
       (그는 그 소설 번역에 종사한다.)

b. I occupied myself **in** writing the grammar.
   (나는 그 문법책을 저술하는 일에 종사한다.)
c. She is fully occupied **in** looking after her three children.
   (그녀는 그녀의 세 아이들을 돌보는 데 여념이 없다.)

OCCUR

0. 이 동사의 개념바탕에는 나타나거나 생기는 과정이 있다.

1. 자동사 용법

1.1. 다음 주어는 눈에 뜨인다.

(1) a. The plants occur only in the tropics.
   (그 식물들은 열대 지방에서만 눈에 뜨인다.)
   b. Fossils do not occur in igneous rocks.
   (화석은 화성암 속에는 눈에 뜨이지 않는다.)
   c. "e" occurs in print more than any other letter.
   ("e"는 인쇄물 안에 다른 어느 글자보다 많이 나타난다.)
   d. Oil occurs under the North Sea.
   (석유는 북해 아래에 존재한다.)
   e. The sound doesn't occur in his language and so it is difficult
   for him to pronounce it.
   (그 소리는 그의 언어에는 나타나지 않는 것이라, 그가 그것
   을 발음하기에 어렵다.)

1.2. 다음 주어는 to의 목적어의 의식에 떠오른다.

(2) a. A fresh idea occurred to me.
   (새로운 생각이 내게 떠올랐다.)

b. This idea occurred to me from time to time.
   (이 생각이 내게 때때로 떠올랐다.)

c. His name does not occur to me at all.
   (그의 이름이 나에게 전혀 떠오르지 않는다.)

d. Didn't it occur to you to write to him?
   (너는 그에게 편지를 쓸 생각이 나지 않았니?)

e. Didn't it occur to you to close the window?
   (너는 창문을 닫을 생각이 나지 않았니?)

f. Didn't it occur to you to visit your grandmother?
   (너는 할머니를 방문할 생각이 나지 않았니?)

g. It never occurred to him that she should be so angry.
   (그는 그녀가 그렇게 화가 나 있으리라고는 생각하지도 못했다.)

h. It never occurred to me that I would call my friend.
   (나는 나의 친구를 부른다고 생각도 하지 못했다.)

1.3. 다음 주어는 발생한다.

(3) a. Several fires have occurred in succession.
    (몇 개의 화재 사고가 연속적으로 일어났다.)

b. The accident occurred yesterday morning.
   (그 사고는 어제 아침에 일어났다.)

c. Many accidents occur in the home.
   (많은 사고들이 집에서 일어난다.)

d. Storms often occur in summer.
   (폭풍은 여름에 자주 일어난다.)

e. The tragedy occurred only minutes after the takeoff.
   (그 비극은 그 이륙 겨우 수분 후에 일어났다.)

f. The collision occurred at a highway intersection.
   (그 충돌 사고는 고속도로 교차점에서 일어났다.)

g. Earthquakes frequently occur in this area.
(이 지역에는 지진이 종종 일어난다.)

OPEN

0. 이 동사의 개념바탕에는 열리는 과정이 있다.

1. 자동사 용법

1.1. 다음 주어는 열린다.

(1) a. The door opened and a man came in.
　　 (그 문이 열리고, 어떤 사람이 들어왔다.)
　 b. The flowers are opening.
　　 (그 꽃들이 피고 있다.)
　 c. The clouds opened and the sun shone through.
　　 (그 구름이 갈라지고, 그 사이로 햇빛이 비쳤다.)

1.2. 다음 주어는 열리면 on의 목적어와 연결되거나 into의 목적어
　　 로 들어간다.

(2) a. The door opens **into** the street.
　　 (그 문은 그 길로 통한다.)
　 b. These rooms open **into** each other.
　　 (이 방들은 서로 통한다.)
　 c. The window opens **on** the garden.
　　 (그 창문은 그 정원과 통한다.)

d. The room opens **on** the garden.
   (그 방은 그 정원과 통한다.)
e. The room opens by the side door **to** the river.
   (그 방은 그 옆문으로 그 강쪽으로 갈 수 있다.)

1.3. 다음 주어는 열린다. 열리면 속이 보이거나 틈새가 생긴다.

(3) a. The wound opened.
       (그 상처가 열렸다 (터졌다).)
    b. The rank opened.
       (그 대열이 벌어졌다.)
    c. The view/the country opened before our eyes.
       (그 전경/그 시골이 우리 눈앞에 펼쳐졌다.)

1.4. 다음 주어는 시간에 맞추어서 열린다. 주어는 환유적으로 쓰여
서 업무를 나타낸다.

(4) a. School opens today.
       (수업은 오늘 열린다.)
    b. The new hospital opens tomorrow.
       (그 새 병원은 내일 연다.)
    c. The store opens at 10.
       (그 상점은 10시에 연다.)
    d. Congress opens next Monday.
       (의회는 다음 월요일에 연다.)

1.5. 다음 주어는 시간 속에 일어나는 과정이다.

(5) a. The service opened with a hymn.
   (그 예배는 찬송으로 시작되었다.)
   b. The campaign opened yesterday.
   (그 캠페인은 어제 시작됐다.)
   c. The meeting opened with her report.
   (그 회의는 그녀의 보고로 시작되었다.)
   d. The story opens with a fright.
   (그 이야기는 공포로 시작된다.)

2. 타동사 용법

2.1. 다음 주어는 목적어를 연다.

(6) a. He opened his eyes/his mouth/his arms/his hands.
   (그는 그의 눈/입/팔/손을 열었다.)
   b. She opened the door/the drawer.
   (그녀는 그 문/서랍을 열었다.)
   c. He opened a book/a newspaper/a parcel/a letter/a bottle.
   (그는 책/신문/소포/편지/병을 열었다.)

2.2. 다음 주어는 목적어를 파거나 열어서 새로 만든다.

(7) a. They opened a mine/a well.
   (그들은 탄광/우물을 팠다.)
   b. They opened a road/a path.
   (그들은 길/소로를 만들었다.)

2.3. 다음 목적어는 길이다. 주어는 목적어를 연다.

(8) a. They opened the road/the bridge to heavy traffic.
　　　(그들은 많은 차량에 그 길/다리를 열었다.)
　　b. They opened the canal to Korean ships.
　　　(그들은 그 운하를 한국 선박에 열었다.)

2.4. 다음 목적어는 조직체이다. 주어는 목적어를 연다.

(9) a. He opened a store/an office/a school.
　　　(그는 상점/사무실/학교를 열었다.)
　　b. They opened the pool today.
　　　(그들은 그 수영장을 오늘 열었다.)

2.5. 다음 목적어는 시간 속에 일어나는 과정이다. 주어는 목적어를 연다.

(10) a. They opened a debate/an exhibition/an account.
　　　(그들은 토의/전시/계좌를 열었다.)
　　b. He opened the meeting with a prayer.
　　　(그는 그 모임을 기도로 시작했다.)
　　c. They opened the program with a song.
　　　(그들은 그 프로그램을 노래로 시작했다.)

2.6. 다음은 「마음은 그릇이다」의 은유가 적용된 표현이다. 주어는 목적어를 연다.

(11) a. He opened his heart.
　　　(그는 그의 마음을 열었다.)

b. He opened her mind.
   (그는 그녀의 마음을 열었다.)

2.7. 다음 주어는 목적어의 간격을 넓힌다.

(12) a. He opened the ranks.
     (그는 그 횡렬의 간격을 넓혔다.)

OWE

1. 타동사 용법

1.1. 다음 주어는 첫째 목적어에게 둘째 목적어를 빚진다.

(1) a. He owes her $30.
   (그는 그녀에게 30달러 빚지고 있다.)
   b. We owe the grocer $15.
   (우리는 그 식료품상에게 15달러 빚지고 있다.)
   c. I owe you an apology.
   (나는 네게 사과를 해야 한다.)

1.2. 다음 주어는 목적어를 to의 목적어에 빚을 진다. 즉 갚아야 한다.

(2) a. We owe loyalty **to** our country.
   (우리는 조국에 충성해야 한다.)
   b. We owe obedience **to** our parents.
   (우리는 부모님께 복종해야 한다.)
   c. He owes **to** his parents for what he is.
   (그가 현재의 그가 될 수 있었던 것은 그의 부모님 덕이다.)
   d. He owes his success **to** his father.
   (그는 그의 성공을 그의 아버지 덕분으로 돌린다.)

e. I owe my success **to** mere good luck.
(나는 나의 성공을 단순한 행운에 돌린다.)

1.3. 다음 주어는 목적어에게 전치사 for의 목적어에 대해서 빚을
진다.

(3) a. I still owe the garage $50 **for** the repairs.
(나는 아직도 그 수리공장에 보수비 50달러를 빚지고 있다.)
b. I owe them $20 **for** their services.
(나는 그들에게 서비스에 대해 20달러를 빚지고 있다.)
c. I owe him **for** the goods I received last month.
(나는 그에게 지난 달 받은 상품 대금에 대해 빚을 지고 있다.)

1.4. 다음 주어는 목적어를 to의 목적어에 빚을 진다.

(4) a. We owe $10 **to** him.
(우리는 10달러를 그에게 빚지고 있다.)
b. He owes $50 **to** me.
(그는 50달러를 나에게 빚지고 있다.)

1.5. 다음에 쓰인 대명사 it은 that-절을 가리킨다.

(5) a. I owe it **to** you that I am still alive.
(내가 아직 살아 있을 수 있는 것은 너의 덕분이다.)
b. I owe it **to** my brother that I was able to finish college.
(내가 대학을 끝마칠 수 있었던 것은 형의 덕분이다.)

PACK

1. 타동사 용법

1.1. 다음 주어는 목적어를 꾸린다. 목적어는 그릇 속에 들어가는 개
체이다.

(1) a. He packed his clothes **in** a bag.
   (그는 그의 옷을 가방 안에 차곡차곡 넣었다.)
 b. He packed the glasses **in** straw.
   (그는 그 잔들을 짚 속에 꾸렸다.)
 c. She packed the books **into** his trunk.
   (그녀는 그 책들을 그의 트렁크에 차곡차곡 넣었다.)
 d. She packed some paper **round** the dishes in the box so that
   they will not break.
   (그녀는 접시가 깨어지지 않도록 종이를 그 상자 안의 그 접
   시들 주위에 차곡차곡 넣었다.)

1.2. 다음 목적어는 개체가 들어가는 그릇이다. 주어는 목적어를 채
운다.

(2) a. He packed a suitcase for the trip.
   (그는 그 여행을 위해서 가방을 채웠다.)

b. They packed their trunk **with** books.
(그들은 그들의 트렁크를 책으로 채웠다.)

c. He packed the bag **with** old clothes.
(그는 그 가방을 헌옷으로 채웠다.)

d. He packed the small theater **with** a large audience.
(그는 그 작은 극장을 많은 청중으로 채웠다.)

1.3. 다음 주어는 목적어를 채운다.

(3) a. The dentist packed my gum after he took out the teeth.
(그 치과의사는 그 이를 뽑은 다음에 나의 잇몸을 채웠다.)

b. He packed a joint/a valve/a pipe.
(그는 접합점/밸브/파이프를 막았다.)

1.4. 다음은 「시간은 그릇이다」의 은유가 적용된 표현이다. 주어는
목적어를 with의 목적어로 채운다.

(4) a. He tried to pack every minute **with** work.
(그는 매분을 일로 채우려고 노력했다.)

b. She managed to pack a lot of sight-seeing **in** the time she
had in London.
(그녀는 많은 관광을 그녀가 런던에서 갖은 그 시간 속에 채
워 넣으려고 했다.)

1.5. 다음 주어는 목적어를 자체에 싣는다.

(5) The submarine packed enough missiles to destroy the area.
(그 잠수함은 그 지역을 파괴할 수 있는 충분한 미사일을 적재
했다.)

1.6. 다음 주어는 목적어를 다진다.

(6) a. The wind packed the snow on the wall.
    (그 바람이 그 눈을 그 벽에 차곡차곡 다졌다.)
  b. The heavy trucks packed the snow on the highway.
    (그 무거운 트럭들이 그 고속도로 위에 있는 눈을 다졌다.)

1.7. 다음 주어는 목적어를 통조림 한다.

(7) a. They pack fruit/meat/fish in cans.
    (그들은 과일/고기/생선을 통조림 한다.)
  b. Peaches are packed in cans.
    (복숭아는 통에 조림된다.)

2. 자동사 용법

2.1. 다음 주어는 꾸린다.

(8) a. Have you finished packing?
    (짐 싸는 것을 끝냈습니까?)
  b. I am going to pack up now.
    (나는 이제 짐을 모두 꾸릴 작정이다.)

2.2. 다음 주어는 꾸려지는 개체이다.

(9) a. These books pack well.
    (이 책들은 잘 꾸려진다.)

b. Do these articles pack easily?

(이 물건들은 쉽게 꾸려집니까?)

c. The apples are ready for packing.

(이 사과는 포장 준비가 되어있다.)

2.3. 다음 주어는 떼를 지어서 움직인다.

(10) a. Hundreds of people packed **into** the hall.

(수백 명의 사람들이 그 홀로 빽빽하게 들어갔다.)

b. More than 50 students packed in the small room.

(50명 이상의 학생들이 그 작은 방에 꽉 들어찼다.)

2.4. 다음 주어는 다져진다.

(11) a. The ground packed after the rain.

(그 땅은 그 비가 온 후에 다져졌다.)

PASS

0. 이 동사의 개념바탕에는 지나가는 과정이 있다.

1. 타동사 용법

1.1. 다음 주어는 목적어를 지나간다.

(1) a. We have just passed Onyang.
   (우리는 방금 온양을 지나갔다.)
   b. We passed the dangerous section of the road.
   (우리는 그 길의 위험한 부분을 지났다.)
   c. John passed the other runners in the homestretch.
   (존은 경주의 마지막 직선코스에서 다른 모든 선수를 제치고 선두에 나섰다.)
   d. We passed the stream.
   (우리는 그 개울을 건넜다.)
   e. They succeeded in passing the enemy lines.
   (그들은 그 적의 경계선을 통과하는 데 성공했다.)
   f. The general passed the army in review.
   (장군은 그 군대를 검열하면서 지나갔다.)

1.2. 다음 주어는 움직이는 개체이다.

(2) a. The ship passed the channel.
      (그 배는 그 수로를 통과하였다.)

   b. The sports car passed me at a dangerous bend in the road.
      (그 스포츠카는 나를 그 길의 위험한 굽이에서 비켜 지나갔다.)

   c. For the past three days neither food nor drink passed his lips.
      (지난 3일 동안 어떤 음식이나 물도 그의 입술을 지나지 못했다.)

   d. Not a word passed my lips.
      (한마디의 말도 내 입술을 지나지 않았다.)

1.3. 다음 주어는 목적어를 지나친다.

(3) a. We have passed that page.
      (우리는 그 페이지를 넘어가 버렸다.)

   b. We passed the preface and went directly to the first chapter.
      (우리는 그 서문을 생략하고 곧장 첫 장으로 들어갔다.)

1.4. 다음 목적어는 장애물 같은 것이다. 주어는 목적어를 통과한다.

(4) a. He managed to pass all the perils.
      (그는 그 모든 위험을 간신히 빠져 나갔다.)

   b. I passed my driving test.
      (나는 그 운전 시험을 통과했다.)

   c. He passed English and French.
      (그는 영어와 프랑스어 시험을 통과했다.)

   d. The bill passed the committee.
      (그 의안이 그 위원회를 통과했다.)

   e. The new law passed the city council.
      (그 법은 그 시 의회를 통과했다.)

1.5. 다음은 「시간은 공간이다」의 은유가 적용된 예이다. 주어는 목적어를 지나간다.

(5) a. They passed the worst night of their lives.
   (그들은 그들 평생 최악의 밤을 지냈다.)
   b. They passed several weeks in the country.
   (그들은 시골에서 몇 주를 지냈다.)
   c. He passed the day pleasantly.
   (그는 그 날을 즐겁게 지냈다.)
   d. He passes his time in idleness.
   (그는 그의 시간을 빈둥빈둥 지낸다.)
   e. He passed the night at his uncle's.
   (그는 삼촌 댁에서 밤을 지냈다.)

1.6. 다음은 「정도는 장소이다」의 은유가 적용된 표현이다. 주어는 목적어를 지나간다.

(6) a. He passed all expectations and actually won the prize.
   (그는 모든 기대를 초월하였고 실제로 그 상을 받았다.)
   b. It has passed my understanding: How could he have done such a stupid thing?
   (그것은 나의 이해를 넘어섰다. 어떻게 그는 그렇게 멍청한 일을 할 수 있는가?)
   c. Such a strange story passes belief.
   (이렇게 이상한 이야기는 믿기 어렵다.)
   d. Sales of the book have passed the million mark.
   (그 책의 판매량은 백만 부 표시를 넘었다.)
   e. Those people had not passed the barbaric stage yet.
   (저들은 아직 원시적 단계를 넘지 못했다.)

f. He has passed the age of seventy.
   (그는 70세가 넘었다.)

1.7. 다음 주어는 목적어를 넘긴다.

(7) a. Dick passed the football quickly.
    (딕은 재빨리 그 축구공을 넘겼다.)
   b. He passed the salt.
    (그는 그 소금을 건넸다.)
   c. He passed blood in urine.
    (그는 소변에 피를 내보냈다.)

1.8. 다음 주어는 목적어를 지나가게 한다.

(8) a. They readily passed us through the customs.
    (그들은 즉시 우리를 그 세관을 통과하게 했다.)
   b. He passed his hand over his head.
    (그는 그의 손을 그의 머리 위로 뻗었다.)
   c. He passed the liquid through a filter.
    (그는 그 액체를 필터 속으로 흘려보냈다.)
   d. He passed his card across the table.
    (그는 그의 카드를 그 테이블을 가로질러 보냈다.)
   e. He passed a rope around the cask.
    (그는 밧줄을 그 큰 통 둘레로 감았다.)
   f. He passed the photographs from one to the other until they had all seen them.
    (그는 그들 모두가 그 사진을 볼 때까지 그 사진들을 한 사람에게서 다른 사람으로 돌렸다.)

g. Could you pass the book down from the top shelf?
(그 꼭대기 선반에서 그 책을 내려 줄 수 있겠니?)

1.9. 다음 주어는 목적어를 통과시킨다.

(9) a. The commons passed the bill.
(하원은 그 법안을 통과했다.)
b. Congress passed the Rural Development Act in 1968.
(의회는 그 전원 개발 법을 1968년에 통과했다.)
c. The examiner passed him.
(그 검사관은 그를 통과시켰다.)
d. The doctor passed me fit for work.
(그 의사는 내가 일에 적합하다고 판정했다.)

1.10. 다음 주어는 목적어를 통용시킨다.

(10) a. He tried to pass counterfeit money.
(그는 위조지폐를 통용시키려고 시도했다.)
b. Someone tried to pass me a forged ten-dollar note.
(누군가가 내게 위조 10달라 지폐를 쓰려고 했다.)

1.11. 다음은 「말은 개체이다」의 은유가 적용된 표현이다. 주어는 목적어를 전한다.

(11) a. Somebody passed malicious gossip about the neighborhood.
(누군가가 그 이웃에 대한 험담을 퍼뜨렸다.)
b. Let me pass a remark on your latest novel.
(내가 네 최신 소설에 대해 몇 마디 하고 싶구나.)

c. He passed the news to his friends.
(그는 그 소식을 그의 친구들에게 퍼뜨렸다.)

d. I don't want to pass an opinion on such a complicated subject.
(나는 그렇게 복잡한 문제에 관하여 의견을 말하고 싶지 않다.)

e. He passed some comment or other, but I didn't hear what it was.
(그는 어떤 논평을 말했다. 그러나 나는 그것이 무엇인지 듣지 않았다.)

1.12. 다음 목적어는 심판이나 판단이다. 이들도 구체적인 개체로 개념화된다. 다음 주어는 목적어를 넘긴다.

(12) a. The judge passed a sentence on the man.
(그 판사는 판결을 그 남자에게 내렸다.)

b. You will have to wait at least 20 years before passing judgment on the poet.
(당신은 그 시인에 관한 심판을 내리기 전에 최소한 20년은 기다려야 할 것이다.)

1.13. 다음 목적어는 시선이다. 시선도 개체로 개념화된다. 주어는 시선을 보낸다.

(13) He passed his eyes over the documents.
(그는 그의 시선을 그 서류들 전체에 보냈다.)

1.14. 다음 주어는 첫째 목적어에게 둘째 목적어를 전해준다.

(14) a. Pass me the sugar.
(내게 그 설탕 좀 넘겨주렴.)
   b. Read this and pass it on to Tom.
(이것을 읽고 그것을 톰에게 넘겨라.)

2. 자동사 용법

2.1. 다음 주어는 지나간다.

(15) a. A cloud passed **across** the sky.
(구름이 하늘을 가로질러 지나갔다.)
   b. They passed **along** the street.
(그들은 그 거리를 따라 지나갔다.)
   c. He passed **amongst** the crowd distributing leaflets.
(그는 전단광고를 나누어주며 그 군중 속을 헤쳐 갔다.)
   d. The river passes **through** the town.
(그 강은 그 읍내를 지난다.)
   e. The bullet passed **through** the shoulder.
(그 총알은 어깨를 관통했다.)
   f. The metal passed **through** the fire.
(그 금속은 그 불을 통과했다.)

2.2. 다음 주어는 지나간다.

(16) a. The procession has just passed.
(그 행렬이 방금 지나갔다.)

b. The bus passed ten minutes ago.
(그 버스는 10분전에 지나갔다.)

2.3. 다음은 「말은 개체이다」의 은유가 적용된 표현이다.

(17) a. The news quickly passed round the hall.
(그 소식은 그 강당 전체에 빨리 퍼져 나갔다.

    b. The news passed through the crowd within minutes.
(그 소식은 수분 내에 그 군중 속으로 퍼져나갔다.)

    c. Angry words passed between them.
(성난 말들이 그들 사이를 오고 갔다.)

2.4. 다음은 「시간은 움직이는 개체이다」의 은유가 적용된 표현이다.

(18) a. The daylight was passing into darkness.
(그 일광은 어둠으로 들어가고 있었다.)

    b. The storm passed off without causing much damage.
(그 폭풍은 큰 피해를 남기지 않고 지나갔다.)

    c. Wait until the typhoon passes.
(그 태풍이 지나갈 때까지 기다려라.)

    d. Summer passed into autumn.
(여름이 가을로 접어들어 갔다.)

2.5. 다음은 「삶은 여정이다」의 은유가 적용된 표현이다.

(19) a. He passed out of the world.
(그는 세상에서 사라졌다, 죽었다.)

    b. He passed from life.
(그는 죽었다. (삶에서 지나갔다.))

c. Kingdoms and nations pass.

(왕국과 국가들은 사라진다.)

d. King Arthur passed into peace.

(아더왕은 영원한 안식에 드셨다.)

2.6. 다음 주어는 into의 상태로 들어간다.

(20) a. His disease passed **into** a chronic state.

(그의 병은 만성 상태에 들어갔다.)

b. His famous exploits passed **into** folklore.

(그의 유명한 공적은 민간전승이 되었다.)

c. He passed **into** adolescent.

(그는 사춘기에 접어들었다.)

2.7. 다음은 「시간은 움직이는 개체이다」의 은유가 적용된 표현이다.

(21) a. How quickly time passes.

(시간이란 얼마나 빨리 지나가는가.)

b. Five minutes passed.

(5분이 지났다.)

c. Ages of time passed.

(오랜 시간이 지나갔다.)

d. Five years have passed since I saw him last.

(내가 그를 마지막으로 본 이래로 5년이 지나갔다.)

e. The time for decision has already passed.

(결단의 그 순간은 이미 지나 버렸다.)

2.8. 다음 주어는 병이나 감정이다. 이들은 구체적 개체로 은유화되어 지나간다.

(22) a. His sickness soon passed.

　　　(그의 병은 곧 사라졌다.)

　　b. The pain has passed away.

　　　(그 고통이 가셨다.)

　　c. Your sorrow will soon pass.

　　　(너의 슬픔은 곧 사라질 거야.)

2.9. 다음 주어는 통과한다.

(23) a. The bill passed.

　　　(그 의안은 의회를 통과했다.)

　　b. He passed first in the examination.

　　　(그는 시험에서 첫째로 통과했다.)

　　c. He took the examination and barely passed.

　　　(그는 그 시험을 치루고 간신히 통과했다.)

2.10. 다음 주어는 as, by, for이 가리키는 상태로 여겨진다.

(24) a. It would pass **as** an ancient relic.

　　　(그것은 고대 유물로 통할 것이다.)

　　b. He passed **by** the name of Bloggs.

　　　(그는 블로그즈란 이름으로 통하였다.)

　　c. He could pass **for** young man.

　　　(그는 젊은이로 통할 수 있을 것이다.)

　　d. They passed **for** being a devoted couple.

　　　(그들은 헌신적 부부로 통했다.)

　　e. The loan words passed **for** English.

　　　(그 차용어는 영어로 통하였다.)

f. Anne could pass **for** twenty.
(앤은 20대로 통할 수 있을 것이다.)

2.11. 다음 주어는 against, on의 목적어에 판결을 내린다.

(25) a. The judgement passed **against** him.
(그 판결은 그에게 불리하게 내려졌다.)
b. The jury passed **on** the issue.
(그 배심원은 그 사건에 관한 평결을 내렸다.)
c. The judges passed **on** each contestant.
(그 심판관들은 각각의 경쟁자에게 판결을 내렸다.)

2.12. 다음은 「사건은 장소이다」의 은유가 적용된 표현이다.

(26) a. How can such a terrible state of affairs come to pass?
(어떻게 그렇게 끔찍한 상황이 일어날 수 있을까?)
b. Can you tell all that has passed?
(일어난 모든 일을 말해 주실 수 있습니까?)
c. What has passed in our absence?
(우리가 없는 동안 무슨 일이 생긴 거니?)

2.13. 다음은 「상태의 변화는 장소이동이다」의 은유가 적용된 표현이다.

(27) The mood passed from despair to hope.
(그 분위기는 절망에서 희망으로 바뀌었다.)

2.14. 다음 주어는 그냥 지나간다.

(28) a. Bill was rude, but let that pass.

  (빌은 무례했어. 그렇지만 그냥 지나가게 해.)

  b. Let the insult pass.

  (그 모욕은 그냥 지나가게 해.)

  c. He let the remark pass.

  (그는 그 언급을 그냥 지나가게 했다.)

  d. That won't pass.

  (저 것은 그냥 넘어 가지 않을 거야.)

2.15. 다음 주어는 움직이지 않는다. 그러나 전체 형상을 눈으로 따라가면 지나가는 모습이 된다.

(29) The road passes around the hill.

  (그 길은 그 언덕을 돌아간다.)

2.16. 다음은 「재산의 이동은 장소이동이다」의 은유가 적용된 예이다.

(30) a. Property passes from father to son.

  (재산은 아버지로부터 아들에게로 넘어간다.)

  b. On his death, the farm will pass to his son.

  (그가 죽으면 농장은 아들에게로 넘어갈 것이다.)

PAY

0. 이 동사의 개념바탕에는 돈을 지불하는 과정이 있다.

1. 타동사 용법

1.1. 다음 주어는 목적어를 지불한다.

(1) a. Have you paid the electricity bill yet?
   (너는 전기 요금을 지불했나?)
   b. Did you pay the debts/wages/price/train fares?
   (너는 그 빚/임금/품삯/가격/기차 요금을 지불했느냐?)

1.2. 다음 주어는 목적어를 갚는다. 목적어는 주어가 돈을 갚는 사람이다.

(2) a. He paid them for their insult by causing them trouble.
   (그는 그들을 골탕 먹임으로써 모욕 받은 데 대해 그들을 앙 갚음했다.)
   b. John paid the doctor for the operation.
   (존은 그 의사를 그 수술에 대해 지불했다.)

1.3. 다음 주어는 목적어를 갚는다. 목적어는 돈이다.

(3) a. I will pay ten dollars for the book.
   (나는 10달러를 그 책값으로 내겠다.)

   b. How much did you pay for the watch?
   (얼마를 그 시계 값으로 지불했니?)

   c. I paid $20 for the painting.
   (나는 20달러를 그 그림 값으로 지불했다.)

   d. I paid the money to your wife.
   (나는 그 돈을 너의 부인에게 주었다.)

1.4. 다음 목적어는 추상적이다. 그러나 구체적인 것으로 개념화되어 주어가 주는 것으로 표현되어 있다.

(4) a. Pay attention to what I am saying.
   (주의를 내가 말하는 것에 기울여라.)

   b. We have come to pay respects to the teacher.
   (우리는 존경심을 그 선생님에게 드리게 되었다.)

   c. He knows how to pay a compliment to a person.
   (그는 칭찬을 사람에게 주는 법을 안다.)

1.5. 다음 주어는 목적어를 갚는다. 목적어는 주어가 받은 것이다.

(5) a. He paid kindness with evil.
   (그는 친절을 악으로 보답했다.)

   b. He paid her sarcasm in kind.
   (그는 그녀의 빈정거림을 빈정거림으로 앙갚음 했다.)

   c. Your trouble will be paid.
   (너의 수고는 보상 받을 것이다.)

1.6. 다음 주어는 첫째 목적어에게 둘째 목적어를 지불해 준다.

(6) a. The job pays me $100 a week.
    (그 일은 내게 100불을 일주일에 갖게 한다.)
  b. The job pays 50 dollars a week.
    (그 직업은 주급이 50달러이다.)

1.7. 다음 주어는 첫째 목적어에게 둘째 목적어를 지불한다.

(7) a. I will pay him $50 for that work.
    (나는 그 일을 한 대가로 그에게 50불을 지급하겠다.)
  b. He paid me the 40 dollars that he borrowed.
    (그는 나에게 그가 빌려간 그 40달러를 갚았다.)

1.8. 다음 주어는 목적어에게 돈을 주어 부정사가 가리키는 일을 하
    게 한다.

(8) a. You couldn't pay him to do it.
    (너는 그에게 돈을 주어서 그것을 하게 할 수 없다.)
  b. I won't pay the store to stay open evenings.
    (나는 돈을 주어서 그 가게가 밤에 문을 열도록 하지 않겠다.)

2. 자동사 용법

2.1. 다음 주어는 이익을 낸다.

(9) a. Honesty surely pays.
    (정직은 반드시 대가가 있다.)

b. The profession pays well.
   (그 전문직업은 잘 벌게 한다.)

c. The work doesn't pay.
   (그 일은 돈벌이가 안 된다.)

d. We must make the farm pay soon.
   (우리는 빨리 그 농장이 돈벌이가 되도록 만들어야 한다.)

e. The machine will pay for itself within a month.
   (그 기계는 한 달 내에 돈벌이가 될 것이다.)

2.2. 대명사 it은 부정사를 가리킨다.

(10) a. It pays to be polite.
       (공손하면 대가가 있다.)

   b. It pays to be honest.
       (정직하면 대가가 있다.)

   c. It paid to be patient.
       (참을성은 보람이 있었다.)

   d. It won't pay to argue with her.
       (그녀와 논쟁하는 것은 소용없을 짓이다.)

2.3. 다음 주어는 지불을 한다.

(11) a. I'll pay for the dinner.
       (내가 그 저녁 값을 치르겠다.)

   b. Have those articles been paid for?
       (그 상품들의 대금은 지불되었나?)

2.4. 다음 주어는 대가를 치른다.

(12) a. You must pay dearly for the mistakes.

(너는 그 실수에 대해 톡톡히 대가를 치러야 한다.)

b. You shall pay for your arrogance.

(너 오만에 대해 대가를 치르게 하겠다.)

c. She will have to pay for this foolish behavior.

(그녀는 이 어리석은 행위에 대해 대가를 치러야 할 것이다.)

d. You'll pay for that remark.

(너는 그 말의 대가를 치를 것이다.)

2.5. 다음에 생략된 목적어는 돈이다.

(13) a. When he owes money, he always pays.

(그는 돈을 빌리면 항상 갚는다.)

b. She tried to leave the shop without paying.

(그녀는 돈을 치르지 않고 그 가게를 떠나려고 했다.)

c. He owes it and must pay.

(그가 그것을 빚을 졌고, 또 반드시 갚아야 한다.)

PICK

0. 이 동사의 개념바탕에는 손가락이나 가위 같은 도구를 써서 뜯거나 뽑거나 떼어내는 과정이 있다.

1. 타동사 용법

1.1. 다음 주어는 목적어를 따거나 뽑는다.

(1) a. He picked cherries/flowers/strawberries/roses/apples.
   (그는 버찌/꽃/딸기/장미/사과를 땄다.)
   b. He picked the chicken's feathers.
   (그는 그 닭의 깃털을 뽑았다.)
   c. She picked hairs off her coat.
   (그녀는 머리카락을 그녀의 저고리에서 집어내었다.)
   d. He picked a thread from his coat.
   (그는 실을 그의 저고리에서 뽑았다.)

1.2. 다음 주어는 새이다. 새들은 부리를 써서 목적어를 줍거나 뜯는다.

(2) a. The birds are picking the grain/worms.
   (그 새들이 곡식의 낱알/벌레 등을 쪼아 먹고 있다.)
   b. The birds are picking the meat off a bone.
   (그 새들이 그 고기를 뼈에서 뜯어 먹고 있다.)

1.3. 다음 주어는 목적어를 뽑는다. 목적어는 뽑히거나 뜯기는 개체가 붙어 있는 전체이다.

(3) a. Don't pick your teeth.
    (너의 이를 쑤시지 말아라.)
  b. Don't pick your nose.
    (너의 코를 뜯지 말아라.)
  c. He picked her pocket.
    (그는 그 여자의 호주머니를 훔쳤다.)

1.4. 다음 주어는 목적어를 뜯어서 전치사 of의 목적어를 제거한다.

(4) a. He picked the chicken clean of feathers.
    (그는 그 닭을 뜯어서 깃털을 말끔히 제거했다.)
  b. He picked the woman of a purse.
    (그는 그 여자의 지갑을 훔쳤다.)

1.5. 다음 주어는 목적어를 여러 개 가운데 뽑는다.

(5) a. He picked the winner of the race.
    (그는 그 경주의 우승자를 뽑았다.)
  b. He picked many flaws in the plans.
    (그는 그 계획에서 많은 흠을 뽑아내었다.)
  c. The city picked a site for the new stadium.
    (그 시는 그 새 운동장의 자리를 선택했다.)

1.6. 다음 주어는 목적어를 찍는다.

(6) He picked the ground with a pickax.
   (그는 그 마당을 곡괭이로 찍었다.)

1.7. 다음 주어는 목적어를 찍어서 만든다.

(7) He picked a hole in the ground.
   (그는 웅덩이를 하나 그 마당에 팠다.)

1.8. 다음 주어는 목적어를 집적거려서 일으킨다.

(8) a. He picked a fight with a new student.
      (그는 새 학생을 집적거려 싸웠다.)
    b. He picked a quarrel with his brother.
      (그는 그 동생을 집적거려 싸웠다.)

PRESS

0. 이 동사의 개념바탕에는 개체에 힘을 가하는 과정이 있다.

1. 타동사 용법

1.1. 다음 주어는 목적어를 누른다.

(1) a. Press the bell twice.
   (그 벨을 두 번 눌러라.)
   b. Press this button to start the engine.
   (그 엔진을 시동시키려면 이 단추를 눌러라.)
   c. He pressed my hand.
   (그는 내 손을 꼭 쥐었다.)
   d. He pressed the child in his arms.
   (그는 그 아이를 그의 팔에 꼭 껴안았다.)
   e. She pressed the baby to her breast/ chest.
   (그녀는 그 아기를 그녀의 가슴에 꼭 껴안았다.)

1.2. 다음 주어는 목적어를 아래로 누른다.

(2) a. He pressed down the accelerator.
   (그는 그 가속기를 밟아 눌렀다.)
   b. He pressed the switch down.
   (그는 그 스위치를 눌러서 내렸다.)

1.3. 다음 주어는 도구를 써서 목적어를 납작하게 하거나 주름을
   편다.

(3) a. He is pressing his jacket.
      (그는 그의 저고리를 다리고 있다.)
   b. You must press your trousers.
      (너는 너의 바지를 다려야 한다.)
   c. The pastry must be pressed flat and thin.
      (페스트리는 납작하고 얇게 눌려야 한다.)

1.4. 다음 주어는 목적어에 힘을 가하여 전치사의 목적어에 가 닿게
   한다.

(4) a. He pressed his nose/face **against** the shop window.
      (그는 그의 코/얼굴을 그 가게 창문에 대고 눌렀다.)
   b. He pressed his ear **against** the door.
      (그는 귀를 그 문에 대고 눌렀다.)
   c. He pressed his clothes **into** a suitcase.
      (그는 옷들을 옷가방에 넣었다.)
   d. He pressed a stamp **on** the letter.
      (그는 도장을 그 편지에 찍었다.)
   e. He pressed his hands **on** the table.
      (그는 그의 손을 그 탁자 위에 눌렀다.)

1.5. 다음 주어는 목적어에 힘을 가하여 into의 목적어의 상태가 되
   게 한다.

(5) a. He pressed clay **into** the shape of a head.
      (그는 진흙을 눌러서 그 머리 모양을 만들었다.)

b. He pressed the clay **into** a figure of a horse.

(그는 그 진흙을 눌러서 말 모양이 되게 했다.)

1.6. 다음 주어는 목적어에 정신적인 힘을 가한다.

(6) a. They pressed the opponent.

(그들은 그 상대방을 궁지에 몰았다.)

b. The creditors pressed him.

(그 채권자들이 그를 압박했다.)

c. We pressed the man with questions.

(우리는 그 남자를 질문들로 압박했다.)

d. He was pressed by his creditors.

(그는 그의 채권자들에게 몰리고 있다.)

1.7. 다음 주어는 목적어에 힘을 가하여 for의 목적어를 얻는다.

(7) a. We pressed him **for** an explanation.

(우리는 그를 설명하라고 압력을 가했다.)

b. He is pressed **for** funds.

(그는 기금 때문에 압박을 받고 있다.)

1.8. 다음 주어는 목적어에 힘을 가하여 to 부정사가 가리키는 일을 하게 한다.

(8) a. He pressed the man **to** enter the competition.

(그는 그 남자를 억지로 그 경쟁에 들어가게 했다.)

b. They pressed me **to** come.

(그들은 나를 억지로 오게 했다.)

c. He was pressed **to** retire.
　　(그는 억지로 은퇴하게 압력을 받았다.)
　d. They were pressed by their private affairs **to** return in the day.
　　(그들은 그들의 사적인 업무 때문에 그 날 안에 되돌아와야 했다.)
　e. She pressed her guests **to** stay a little longer.
　　(그녀는 그녀의 손님들은 억지로 좀 더 오래 머물도록 했다.)

1.9. 다음 주어는 목적어를 from의 목적어에서 짜낸다.

(9) a. He pressed juice **from** grapes.
　　(그는 주스를 포도에서 눌러 짰다.)
　b. Wine is pressed **from** the grapes.
　　(포도주는 포도에서 짜진다.)

1.10. 다음 주어는 목적어를 누른다.

(10) My shoes press my toes.
　　(내 신발은 발가락을 누른다.)

1.11. 다음 주어는 압력을 가해서 길을 만든다.

(11) a. He pressed his way through the crowd.
　　(그는 그 군중들을 밀어 제치며 나아갔다.)
　b. He pressed his way into the crowd.
　　(그는 밀면서 그 군중 속을 뚫고 지나갔다.)

1.12. 다음 주어는 목적어를 밀어 붙인다.

(12) a. They are pressing their claim for higher pay.
(그들은 더 많은 임금인상을 위한 그들의 요구를 밀어붙이고 있다.)

　　 b. I suggested we make a joint appeal, but he didn't seem very keen, so I didn't press the point.
(나는 우리가 공동호소를 해야 한다고 제안했으나, 그는 크게 열의가 없어 보였다. 그래서 나는 그 점을 밀어붙이지 않았다.)

　　 c. He is pressing a difficult demand on me.
(그는 어려운 요구를 나에게 강요하고 있다.)

2. 자동사 용법

2.1. 다음 주어는 against와 on의 목적어에 힘을 가한다.

(13) a. They pressed **against** each other.
(그들은 서로에게 몸을 기댔다.)

　　 b. He pressed **against** her in the crowd.
(그는 그 군중 속에서 그녀를 밀쳤다.)

　　 c. Press lightly **on** a sore spot.
(아픈 곳을 가볍게 눌러라.)

　　 d. Taxes pressed heavily **upon** us.
(세금들이 무겁게 우리를 짓누른다.)

　　 e. Care pressed **upon** her mind.
(근심걱정이 그녀의 마음을 짓눌렀다.)

　　 f. Famine pressed close **upon** his heels.
(기아가 그에게 바싹 밀어닥쳤다.)

2.2. 다음 주어는 힘을 가하면서 움직인다.

(14) a. The fans pressed **toward** the actress.
   (그 팬들은 그 여배우 쪽으로 몰려들었다.)
   b. The boys pressed **toward** the baseball player.
   (그 소년들은 그 야구선구에게 몰려들었다.)
   c. The child pressed **to** his mother.
   (그 아이는 엄마에게 다가 붙었다.)
   d. He pressed **up** the platform.
   (그는 플랫폼 위로 서둘러 나아갔다.)
   e. He pressed **on** in spite of the wind.
   (그는 그 바람에도 불구하고 계속 밀고 나갔다.)

2.3. 다음 주어는 다려진다.

(15) a. This shirt presses well.
   (이 셔츠는 잘 다려진다.)
   b. This dress presses well.
   (이 옷은 잘 다려진다.)

2.4.다음 주어는 압력을 가한다.

(16) I don't like shoes that press.
   (나는 꽉 쪼이는 신발을 좋아하지 않는다.)

PROMISE

0. 이 동사의 개념바탕에는 약속하는 과정이 있다.

1. 타동사 용법

1.1. 다음 주어는 첫째 목적어에 둘째 목적어를 약속한다.

(1) a. We promised her a doll.
   (우리는 그녀에게 인형을 약속했다.)
   b. He promised me his help.
   (그는 내게 그의 도움을 약속했다.)
   c. I promised myself a restful weekend.
   (나는 자신에게 조용한 주말을 약속했다.)
   d. Mother promised the child a new coat.
   (어머니는 그 아이에게 새 저고리를 약속했다.)

1.2. 다음 주어는 목적어를 to의 목적어에 약속한다.

(2) a. They promised a reward **to** him.
   (그들은 보상을 그에게 약속했다.)
   b. He promised most of his properties away **to** his children.
   (그는 그의 재산 대부분을 그의 자식들에게 (주기로) 약속했다.)
   c. She promised the book **to** me.
   (그녀는 그 책을 내게 주기로 약속했다.)

1.3. 다음 주어는 부정사가 가리키는 일을 약속한다.

(3) a. He promised not to be late.
   (그는 늦지 않기로 약속했다.)
   b. She promised not to come back again.
   (그녀는 다시는 돌아오지 않기로 약속했다.)
   c. He promised not to see her again.
   (그는 그녀를 다시는 보지 않기로 약속했다.)
   d. He promised to pay the bill.
   (그는 그 청구서를 지불하기로 약속했다.)

1.4. 다음 주어는 that-절의 내용을 약속한다.

(4) a. He promised me he would come at six.
   (그는 내게 6시에 오겠다고 약속했다.)
   b. They promised the work would all be finished by tomorrow.
   (그들은 그 일은 내일까지 끝마쳐질 것이라고 약속했다.)
   c. I promised my mother I'd write to her regularly.
   (나는 어머니께 정기적으로 편지를 쓰겠다고 약속했다.)
   d. I promise you the discussion will fall into disorder.
   (그 토의는 반드시 혼란에 빠질 것을 나는 단언한다.)

1.5. 다음 주어는 행위자가 아니다. 주어는 목적어를 예고한다.

(5) a. This weather promises a large crop.
   (이 날씨는 풍년을 기약한다.)
   b. All this promises a future trouble.
   (이 모든 것은 미래 고난을 예고한다.)

c. The clouds promise rain.
(이 구름은 비가 올 전조이다.)
d. It promises to be warm/to rain.
(따뜻해질 것/비가 올 것 같다.)
e. The clear sky promises a fine weather.
(그 맑은 하늘은 좋은 날씨를 예고한다.)

1.6. 다음 주어는 가망이 있다.

(6) a. The final promises to be very interesting.
(그 결승전은 매우 흥미로울 것이다.)
b. The debate promises to be lively.
(그 토의는 활발할 것 같다.)
c. He promises to be a good teacher/doctor.
(그는 좋은 선생님/의사가 될 가망이 있다.)

2. 자동사 용법

2.1. 다음 주어는 약속을 하듯 가망성을 보여준다.

(7) a. The plan promises well.
(이 계획은 전망이 좋다.)
b. The situation promises well for the future.
(이 상황은 미래에 유리하다.)

2.2. 다음에서는 수혜자가 바라는 것이 주어가 되어 있다.

(8) a. The crops promise well.
   (그 농작물은 전망이 좋다.)
   b. The scheme promises well.
   (그 계획은 전망이 좋다.)

PULL

0. 이 동사의 개념바탕에는 당기는 과정이 있다.

1. 타동사 용법

1.1. 다음 주어는 목적어를 당긴다.

(1) a. The child pulled his mother's coat.
   (그 아이는 그의 어머니의 저고리를 당겼다.)
   b. (The child pulled his mother by the coat.)
   (그 아이는 어머니를 저고리로 끌었다.)
   c. He is pulling weed in the garden.
   (그는 그 정원에서 풀을 뽑고 있다.)
   d. He pulled Nelly's hair.
   (그는 네리의 머리를 당겼다.)
   e. He pulled my ears.
   (그는 나의 귀를 당겼다.)

1.2. 다음 주어는 목적어를 당겨서 움직인다.

(2) a. He pulled his chair up **to** the table.
   (그는 그의 의자를 그 식탁 가까이 끌어당겼다.)
   b. The door is stuck and I can't pull it **open**.
   (그 문은 끼어서 나는 그것을 당겨서 열 수 없다.)

c. We will pull the sled **uphill**.
(우리는 그 썰매를 끌고 산 위로 가겠다.)

1.3. 다음 주어는 동물이나 기계이다. 주어는 목적어를 끈다.

(3) a. The horse was pulling a cart.
(그 말은 짐마차를 끌고 있다.)
b. How many coaches can that engine pull?
(몇 개의 객차를 그 엔진은 끌 수 있나?)

1.4. 다음 주어는 목적어를 당겨서 부사가 가리키는 상태에 들어가
게 한다.

(4) a. He pulled my tooth **out**.
(그는 내 이를 당겨서 뽑았다.)
b. He pulled his boots **on**.
(그는 그의 장화를 당겨서 신었다.)
c. He pulled his socks carefully **over** the swollen ankle.
(그는 그의 양말을 조심스럽게 그 부어오른 발목 위로 당겼
다.)
d. She pulled her gloves **on/off**.
(그녀는 그녀의 장갑을 끼었다/벗었다.)

1.5. 다음 주어는 목적어를 당겨서 목적어는 to의 목적어 상태가 된다.

(5) a. The dog pulled the pillow **to** pieces.
(그 개는 그 베개를 끌어 당겨서 조각조각을 내었다.)
b. He pulled the theory **to** pieces.
(그는 그 이론을 산산조각이 나게 했다.)

c. He pulled my proposal **to** pieces.
   (그는 내 제안을 산산조각 나게 했다.)

1.6. 다음 주어는 사람들을 어떤 장소로 끌어들인다.

(6) a. The football match pulled **in** great crowds.
      (그 축구 경기는 많은 군중들을 끌어 들였다.)
   b. The play pulled **in** large crowds.
      (그 연극은 많은 관객들을 끌었다.)

1.7. 노를 젓는 과정은 노를 당겼다 밀었다 한다. 당기는 과정으로 노
   를 젓는 과정을 전체를 나타낸다. 즉 이것은 환유적 표현이다.

(7) He pulls a good oar.
   (그는 노를 잘 젓는다.)

1.8. 다음 주어는 목적어를 노를 저어서 이동시킨다.

(8) Will you pull me over to the island?
   (나를 그 섬까지 노를 저어 건네다 주시겠습니까?)

1.9. 다음 주어는 목적어를 당겨서 다치게 한다.

(9) a. The runner pulled a ligament.
      (그 달리기 선수는 인대를 다쳤다.)
   b. He pulled a muscle in his shoulder.
      (그는 어깨 근육을 다쳤다.)

2. 자동사 용법

2.1. 다음 주어는 끌리듯 움직인다.

(10) a. The train pulled **out** from the station.
　　　(그 기차가 그 역에서 밖으로 나갔다.)
　　b. The boat pulled **for** shore.
　　　(그 배는 해안으로 나갔다.)
　　c. The man pulled **for** the shore.
　　　(그 사람은 그 해안으로 노를 저었다.)
　　d. The car pulled **into** the parking lot.
　　　(그 차는 그 주차장으로 들어갔다.)

2.2. 다음 주어는 뽑힌다.

(11) a. The handle pulls so easily that a child could open the door.
　　　(그 손잡이는 매우 잘 당겨지기 때문에 아이도 그 문을 열
　　　수가 있다.)
　　b. The shutter pulled loose in the storm.
　　　(그 덧문이 폭우에 뽑혀서 느슨하게 되었다.)

2.3. 다음 주어는 at의 목적어에 부분적인 힘을 가한다.

(12) a. He pulled **at** his pipe.
　　　(그는 그의 파이프의 연기를 빨았다.)
　　b. He pulled **at** the rope.
　　　(그는 그 로프를 당겨 보았다.)

c. He pulled **at** my tie.
(그는 나의 타이를 약간 당겨 보았다.)

2.4. 다음 주어는 끌린다.

(13) a. The wagon pulls easily.
(그 마차는 쉽게 끌린다.)
b. The bell rope pulls hard.
(그 종 줄은 어렵게 당겨진다.)

PUSH

0. 이 동사의 개념바탕에는 미는 과정이 있다.

1. 타동사 용법

1.1. 다음 주어는 목적어를 민다.

(1) a. We pushed the stone, but it was too heavy to move.
   (우리는 그 돌을 밀었으나 움직이기에는 너무 무거웠다.)
   b. We pushed the button.
   (우리는 그 단추를 눌렀다.)
   c. He pushed it a little nearer to the window.
   (그는 그것을 좀 더 창문 가까이 밀었다.)
   d. We pushed the stalled car.
   (우리는 그 시동이 꺼져 멈춰 있는 차를 밀었다.)

1.2. 다음 주어는 목적어를 밀어서 움직이게 한다.

(2) a. Don't push me **forward**.
   (나를 앞쪽으로 밀지 마세요.)
   b. We pushed him **out of** the room.
   (우리는 그를 밀어서 그 방에서 나가게 했다.)
   c. He pushed himself **through** the crowd.
   (그는 그 군중 사이로 밀고 나갔다.)

1.3. 다음 주어는 목적어를 격려하기 위해서 정신적으로 민다.

(3) a. He has no friend to push him.
   (그는 그를 밀어줄 친구가 없다.)
   b. My father pushed me on.
   (나의 아버지는 나를 계속해서 밀어 주었다.)
   c. He often pushes himself forward.
   (그는 가끔 자신을 앞으로 밀고 나간다.)

1.4. 다음 주어는 압력을 가하기 위해서 목적어를 정신적으로 민다.

(4) a. Don't push the workers too hard.
   (그 노동자들을 지나치게 떠밀지 (강요하지) 말아라.)
   b. We pushed her for money.
   (우리는 돈을 받기 위해 그녀를 재촉했다.)
   c. We are pushing them for an answer to our question.
   (우리는 우리의 질문에 대답을 얻기 위해서 그들을 재촉하고 있다.)

1.5. 다음 주어는 목적어를 밀어서 to 부정사가 가리키는 일을 한다.

(5) a. You must push yourself **to** reply the questions.
   (너는 그 질문에 대답을 하도록 억지로 노력해야 한다.)
   b. The boss pushed the workers **to** go faster.
   (그 사장은 그 노동자를 독촉해서 더 빨리 하게 했다.)
   c. Tom had to push himself **to** go on doing such a dull work.
   (톰은 그런 지루한 일을 계속 하도록 자신을 강요해야 했다.)
   d. All my friends are pushing me **to** enter politics.
   (나의 모든 친구들은 나를 밀어서 정치에 입문시키려 하고

있다.)
    e. Mother pushed the boy **to** do his homework first.
       (어머니는 그 아이에게 숙제를 먼저 하라고 독려했다.)

1.6. 다음 주어는 목적어를 추진시킨다.

(6) a. He pushed his plan cleverly.
       (그는 교묘하게 그의 계획을 밀고 나갔다.)
    b. Please push this job and get it done this week.
       (이 일을 추진해서 이것을 이번 주 안으로 끝내세요.)
    c. He pushed his exploration further.
       (그는 그 탐구를 좀 더 추진하였다.)
    d. He is pushing his business.
       (그는 그의 사업을 확장하고 있다.)
    e. He pushed his own interest.
       (그는 자신의 이익을 추구했다.)

1.7. 다음 주어는 목적어를 사람들에게 들이 댄다.

(7) a. They ought to push their goods more.
       (그들은 그들의 상품을 좀 더 선전해야 한다.)
    b. You must push your wares if you want better sales.
       (너는 너의 상품을 좀 더 많이 팔려면, 상품을 선전하여 촉진
       시켜야 한다.)
    c. The company is pushing its new product.
       (그 회사는 새 상품을 선전하고 있다.)

1.8. 다음 주어는 밀어서 길을 만들어 간다.

(8) a. He pushed his way in among the crowd.
(그는 그 군중 속을 뚫고 들어갔다.)

b. He pushed his way to the front of the door.
(그는 그 문 앞으로 밀고 나갔다.)

c. He pushed his way to the front of the crowd.
(그는 그 군중 앞으로 밀고 나갔다.)

1.9. 다음 주어는 목적어를 밀어서 목적어가 어떤 상태에 들어간다.

(9) a. He pushed the door **shut**.
(그는 그 문을 밀어서 닫았다.)

b. The oil boom pushed the basic inflation rate **up**.
(그 오일 붐이 기본 통화 팽창률을 밀어 올렸다.)

c. No one pushed me **into** this.
(아무도 내가 이것을 억지로 하도록 강요하지 않았다.)

2. 자동사 용법

2.1. 다음 주어는 민다.

(10) a. I pushed with all my might.
(나는 온 힘을 다해서 밀었다.)

b. Don't push **at** the back.
(뒤에서 밀지 말아요.)

c. Stop pushing **against** the fence.
(그 울타리를 미는 것을 멈춰요.)

d. A boy pushed **behind** me.
(어느 소년이 내 뒤에서 밀었다.)

e. The army had to push on **to** the front.
(그 군대는 그 전선으로 계속 밀고 나가야 했다.)

2.2. 다음 주어는 밀고 나온다.

(11) a. Some sprouts have pushed **up** toward the sun.
(몇몇 새싹이 태양을 향하여 밀고 올라왔다.)

b. The army pushed **into** the country.
(그 군대는 그 나라로 밀고 들어갔다.)

c. The tractor cannot push any further.
(그 트랙터는 더 이상 나아갈 수 없었다.)

2.3. 다음 주어는 튀어 나온다.

(12) The cape pushes **out** into the sea.
(그 곳은 그 바다로 툭 튀어나와 있다.)

2.4. 다음 주어는 무거운 개체를 밀듯 애를 쓴다.

(13) We pushed to finish the report on time.
(우리는 그 보고서를 제 시간에 끝내려고 애를 썼다.)

PUT

0. 이 동사의 개념바탕에는 놓는 과정이 있다.

1. 타동사 용법

1.1. 다음 주어는 목적어를 어떤 자리에 놓는다.

(1) a. He put the book **on** the table.
   (그는 그 책을 그 식탁 위에 놓았다.)
   b. She put a patch **on** the trousers.
   (그녀는 그 헝겊을 그 바지에 대었다.)
   c. They put men **on** the moon.
   (그들은 사람들을 달에 착륙시켰다.)
   d. She put some wood **on** the fire.
   (그녀는 땔감을 그 불에 놓았다.)

1.2. 다음 주어는 목적어를 넣는다.

(2) a. She put some milk **in** my tea.
   (그녀는 우유를 나의 차에 넣었다.)
   b. He put his hands **in** his pockets.
   (그는 그의 손을 그의 호주머니에 넣었다.)
   c. Try to put yourself **in** my position.
   (너 자신을 내 입장에 두어 보아라.)

1.3. 다음 주어는 목적어를 찔러 넣는다.

(3) a. She put a knife **into** the man.
　　　(그녀는 칼을 그 남자에게 찔렀다.)
　　b. They put a satellite **into** orbit round Mars.
　　　(그들은 위성을 화성 주위의 궤도에 올렸다.)

1.4. 다음 주어는 목적어를 to의 목적어에 갖다 댄다.

(4) a. He put the horse **to** the cart.
　　　(그는 그 말을 그 마차에 달았다.)
　　b. She put a new handle **to** the knife.
　　　(그녀는 새 손잡이를 그 칼에 달았다.)
　　c. He put a match **to** his cigarette.
　　　(그는 성냥을 그의 담배에 대었다.)
　　d. He put his horse **at** the fence.
　　　(그는 그의 말을 그 울타리에 매었다.)
　　e. We put our daughter **to** school.
　　　(우리는 딸을 학교에 넣었다.)

1.5. 다음 주어는 목적어가 across나 through 목적어를 지나게 한다.

(5) a. He put me **across** the river.
　　　(그는 나를 그 강 건너에 내려주었다.)
　　b. He put his pen **across** the word.
　　　(그는 그의 펜을 그 낱말을 가로질러 그었다.)
　　c. He put a bullet **through** her head.
　　　(그는 실탄 한 발을 그녀의 머리를 관통시켰다.)

1.6. 다음 목적어는 추상적인 개체이나 구체적인 것으로 개념화되어
있다. 주어는 목적어를 on의 목적어에 놓는다.

(6) a. They put all the blame **on** me.
(그들은 모든 잘못을 나에게 씌웠다.)

b. They put great pressure **on** him.
(그들은 큰 압력을 그에게 가했다.)

c. They put a great strain **on** her.
(그들은 큰 부담을 그녀에게 가했다.)

d. They put a price **on** the article.
(그들은 가격을 그 물건에 붙여 놓았다.)

e. They put a price **on** the Rubens painting.
(그들은 가격을 루벤스의 그림에 매겼다.)

f. He puts no value **on** my advice.
(그는 아무 가치를 내 충고에 두지 않는다.)

1.7. 다음 목적어는 추상적이나 구체적인 것으로 개념화되어 있다.
주어는 목적어를 in의 목적어에 넣는다.

(7) a. Don't put your trust **in** a stranger.
(너의 신뢰를 낯선 이에게 두지 마라.)

b. I will put the matter **in** your hands.
(나는 그 문제를 너의 손에 맡겨 두겠다.)

c. Put this Korean sentence **in** English.
(이 한국어 문장을 영어로 옮기세요.)

d. The news put him **in** a very good humor.
(그 소식은 그를 매우 유쾌한 기분 속에 넣었다.)

e. He put his room **in** order.
(그는 그의 방을 정돈상태에 넣었다.)

1.8. 다음은 「감정이나 생각은 개체이다」와 「낱말은 그릇이다」의 은유가 적용된 표현이다.

(8) a. She put her feelings into words.
(그녀는 자신의 감정을 낱말 속에 넣었다/말로 표현했다.)
b. Who put that strange idea into your head?
(누가 그 이상한 생각을 너의 머릿속에 넣었느냐?)

1.9. 다음 주어는 목적어를 전치사 목적어의 상태에 놓는다.

(9) a. He put her **to** blush/shame/work.
(그는 그녀를 얼굴을 붉히게/부끄러움을 느끼게/일을 하게 했다.)
b. They put him **to** death/inconvenience.
(그들은 그를 죽게/불편하게 했다.)
c. They put many people **out of** job.
(그들은 많은 사람들을 일자리를 잃게 했다.)
d. She put people **at** ease.
(그녀는 사람들을 편안하게 했다.)
e. Her smile put him **at** ease.
(그녀의 미소는 그를 편안하게 했다.)

1.10. 다음 주어는 목적어를 전치사 to의 목적어에 놓는다.

(10) a. He put an end/a stop **to** the debate/the war/the meeting.
(그는 그 토론/전쟁/모임에 끝을 두었다/끝냈다.)
b. He put a limit **to** his outlay.
(그는 한계를 자신의 지출에 두었다.)
c. They put a proposal **to** the board of directors.

(그들은 어느 제안을 그 이사회에 회부했다.)

   d. They put a resolution to the meeting.

      (그들은 결의안을 그 모임에 붙였다.)

   e. Put your mind to your work.

      (네 마음을 네 일에 두어라.)

1.11. 다음 주어는 마음속으로 목적어를 at의 목적어에 위치시킨다. at의 목적어는 한 점이다.

(11) a. I put her age at 73.

      (나는 그녀의 나이를 73으로 본다.)

   b. I put her fur coat at $200.

      (나는 그녀의 털저고리를 200불로 본다.)

   c. He put the loss at $10,000.

      (그는 그 손실을 10,000불로 본다.)

   d. She put the distance at 10 miles.

      (그녀는 그 거리를 10마일로 본다.)

2. 자동사 용법

2.1. 다음 주어는 움직인다.

(12) a. The ship put **into** the harbor.

      (그 배는 그 항구로 들어왔다.)

   b. The ship put **out** to sea.

      (그 배는 바다로 나갔다.)

   c. They put **forth** in a small boat.

      (그들도 작은 배를 타고 나갔다.)

RAISE

0. 이 동사의 개념바탕에는 높은 수준으로 올리는 과정이 있다.

1. 타동사 용법

1.1. 다음 주어는 목적어를 일으킨다.

(1) a. He raised a stone/a sunken ship/the window/the lid/a flag.
(그는 돌/침몰한 배/그 창문/그 뚜껑/깃발을 올렸다.)

b. He raised a fallen chair/a man from his knees/the fallen child to his feet/an overturned lamp.
(그는 넘어진 의자/무릎 꿇은 남자/넘어진 아이/넘어진 램프를 일으켜 세웠다.)

1.2. 다음 주어는 목적어를 일으킨다.

(2) a. The car raised a cloud of dust.
(그 자동차는 먼지구름을 일으켰다.)

b. The dogs raised a rabbit and were chasing it.
(그 개들이 토끼 한 마리를 깨워서 쫓고 있다.)

1.3. 다음 주어는 목적어를 높인다.

(3) a. They raised the bed of the road.

(그들은 그 길의 바닥을 높였다.)

b. We will raise the wall a few inches.
(우리는 그 벽을 몇 인치 더 높이겠다.)

c. The builders raised the ceiling by five inches.
(그 건축업자들이 그 천장을 5인치 높였다.)

1.4. 다음 주어는 목적어를 세운다.

(4) a. They raised a monument to the doctor.
(그들은 그 의사를 위한 기념비를 세웠다.)

b. They raised a statue to Robert Burns.
(그들은 로버트 번즈의 동상을 세웠다.)

c. He raised a barn.
(그는 곳간을 세웠다.)

1.5. 다음 주어는 목적어를 모은다.

(5) a. They raised a lot of money for the movement.
(그들은 그 운동을 위해서 많은 돈을 모았다.)

b. They are trying to raise money for the victims of the disaster.
(그는 그 재난의 희생자를 위한 모금을 시도하고 있었다.)

c. They raised a small army.
(그들은 작은 군대를 모았다.)

1.6. 다음 주어는 목적어를 일으킨다.

(6) a. They raised a revolt.
(그들은 반란을 일으켰다.)

b. His long absence raised doubts.
   (그의 장기간의 부재가 의구심을 일으켰다.)

c. Those shoes have raised blisters on my feet.
   (그 신은 내 발에 물집이 생기게 했다.)

d. He raised a laugh/a cry/an objection/a question/a storm of protests /the shout of victory.
   (그는 웃음/울음/반대/질문/거센 항의/승리의 함성을 일으켰다.)

1.7. 다음 목적어는 정도를 가질 수 있다. 주어는 목적어를 높인다.

(7) a. The news raised his pulse.
   (그 소식은 그의 맥박수를 높였다.)

b. His encouragement raised her spirits.
   (그의 격려가 그녀의 기분을 좋게 했다.)

c. The extra effort raised his blood pressure well above normal.
   (그 추가의 노력이 그의 혈압을 정상치보다 훨씬 높게 만들었다.)

d. She raised her voice.
   (그녀는 목소리를 높였다.)

1.8. 다음은 「지위는 위치이다」의 은유가 적용된 표현이다.

(8) a. They raised him to manager.
   (그들은 그를 지배인으로 승격시켰다.)

b. He raised himself by hard study to be a great lawyer.
   (그는 열심히 공부해서 훌륭한 변호사로 자신의 지위를 높였다.)

c. The price has been raised by 20 percent.
   (그 가격은 20% 높여졌다.)

d. He was raised to the rank of captain.
(그는 대위 계급으로 승진되었다.)

1.9. 다음 주어는 목적어를 키운다.

(9) a. He raises wheat.
(그는 밀을 재배한다.)
b. They raise various kinds of roses.
(그들은 여러 가지 종류의 장미를 기른다.)
c. He raised pigs/cattle.
(그는 돼지/소를 키웠다.)
d. I have raised three children.
(나는 세 아이들을 키웠다.)

1.10. 다음 주어는 목적어를 세운다/설치한다.

(10) They raised the blockade/siege/ban/embargo.
(그들은 그 봉쇄/포위/금지/통상금지를 풀었다.)

REACH

0. 이 동사의 개념바탕에는 이르는 과정이 있다.

1. 타동사 용법

1.1. 다음 주어는 목적어에 이른다.

(1) a. They will reach New York tonight.
   (그들은 뉴욕에 오늘 저녁에 도착할 것이다.)
   b. They reached London on Thursday.
   (그들은 런던에 목요일에 도착했다.)
   c. He reached the top of the hill at noon.
   (그들은 그 산의 꼭대기에 정오에 도착했다.)
   d. Can you reach that branch with those red apples?
   (너는 저 빨간 사과를 달고 있는 그 가지에 이를 수가 있느냐?)

1.2. 다음 주어는 목적어에 닿는다.

(2) a. The child cannot reach the bell.
   (그 아이는 그 종에 닿지 않는다.)
   b. Can you reach a package on the high shelf?
   (너는 그 높은 선반에 있는 꾸러미에 닿을 수 있느냐?)
   c. Can you reach the apple on that tree?
   (너는 저 나무에 달린 그 사과에 손이 닿느냐?)

d. Can you reach that book for me?
(저 책을 집어서 내게 주시겠습니까?)

1.3. 다음 주어는 소리나 말로서 목적어에 이른다.

(3) a. Not a sound reached our ears.
(하나의 소리도 우리 귀에 이르지 않았다.)
b. The loud bang reached our ears.
(그 크게 들리는 빵 하는 소리가 우리 귀에까지 들렸다.)
c. The radio reaches millions.
(그 라디오는 수백만 사람에게 이른다.)
d. The news only reached me yesterday.
(그 소식은 나에게 어제야 전해졌다.)
e. I cannot reach you by phone.
(나는 너와 연락을 전화로 할 수가 없다.)
f. He can be always reached on the office phone.
(그는 그 사무실 전화로 언제나 연락될 수 있다.)
g. The speaker reached the hearts of his audience.
(그 연사는 그 청중의 가슴속에 가 닿았다./그는 청중을 감동
시켰다.)

1.4. 다음 주어는 목적어를 뻗는다.

(4) a. He reached **out** his hand for the cup.
(그는 그 컵을 집으려고 그의 손을 내뻗었다.)
b. He reached out his foot.
(그는 그의 발을 내뻗었다.)
c. He reached out his arm across the table.
(그는 그의 팔을 그 책상을 가로질러 뻗었다.)

d. A tree is reaching its branches over the wall.
(어느 나무가 그의 가지를 그 담 너머로 내뻗고 있다.)

1.5. 다음 목적어는 추상적인 나이, 정도, 합의 같은 것이다. 주어는 목적어에 이른다.

(5) a. They have reached old age.
(그들은 노년에 이르렀다.)
b. The cost of the war reached billions.
(그 전쟁의 비용이 수십억에 이르렀다.)
c. They reached an agreement.
(그들은 합의점에 이르렀다.)

1.6. 다음 주어는 움직이지 않는다. 그러나 전체 형상을 눈으로 따라 가면 주어는 목적어에 이른다.

(6) a. The land reaches the river.
(그 땅은 그 강에 이른다.)
b. The ladder reaches the window.
(그 사다리는 그 창문에 닿는다.)
c. The ladder just reaches the roof.
(그 사다리는 겨우 그 지붕에 닿는다.)

1.7. 다음 주어는 손을 뻗쳐서 목적어를 집어서 내린다.

(7) a. He reached down the atlas from the top shelf.
(그는 그 지도를 그 꼭대기 선반에서 집어 내렸다.)
b. Could you reach down the vase for me?
(그 화분을 집어서 내게 내려 주시겠습니까?)

2. 자동사 용법

2.1. 다음 주어는 손을 내뻗는다.

(8) a. He reached across the table, and picked up the book.
   (그는 그 식탁을 가로질러 (손을) 뻗어서 그 책을 집었다.)

   b. I reached up and put the parcel on the top of the cupboard.
   (나는 (손을) 위로 뻗어서 그 소포를 그 찬장의 맨 위 칸에 놓았다.)

   c. The man reached for his gun.
   (그 사람은 그의 총을 잡기 위해 (손을 총이 있는 곳으로) 뻗었다.)

   d. I cannot reach to the top of the wall.
   (나는 그 벽의 꼭대기에까지 (손을) 뻗칠 수가 없다.)

2.2. 다음 주어는 뻗는다.

(9) a. The forest reached for many miles.
   (그 산림은 수마일 뻗쳐 있었다.)

   b. The garden reaches down to the lake.
   (그 정원은 그 호수에까지 아래로 뻗는다.)

   c. The U.S.A. reaches from ocean to ocean.
   (미국은 한 대양에서 다른 대양까지 뻗는다.)

   d. My land reaches as far as the river.
   (나의 땅은 그 강까지 뻗는다.)

READ

0. 이 동사의 개념바탕에는 읽는 과정이 있다.

1.1. 다음 주어는 목적어를 읽는다.

(1) a. He read carefully the word several times.
    (그는 그 단어를 조심스럽게 여러 번 읽었다.)
  b. He read the sentences/the paragraphs.
    (그는 그 문장들/단락들을 읽었다.)
  c. He read the article/the book.
    (그는 그 기사/그 책을 읽었다.)

1.2. 다음 목적어는 환유적으로 쓰여서 저자나 분야에 관련된 책을
    가리킨다.

(2) a. He is reading Shakespeare.
    (그는 셰익스피어를 읽고 있다.)
  b. They are reading law/physics.
    (그들은 법률/물리학을 공부하고 있다.)

1.3. 다음 목적어는 말이다.

(3) They can read English and French.
    (그들은 영어와 불어를 읽을 수 있다.)

1.4. 눈으로 얻은 정보는 문자뿐만 아니라 악보나 지도도 있다.

(4) a. She is reading a piece of music.
  (그는 음악 악보를 읽고 있다.)
 b. We are reading a map.
  (우리는 지도를 읽고 있다.)

1.5. 다음 주어는 목적어를 읽는다. 목적어는 표정이다.

(5) a. I am trying to read his face/heart.
  (나는 그의 얼굴/마음을 읽으려고 노력하고 있다.)
 b. I can read his lips.
  (나는 그의 입술을 읽을 수 있다.)
 c. She read the sky for signs of rain.
  (그녀는 비의 징후를 찾기 위해 하늘을 읽었다.)

1.6. 다음 주어는 목적어의 뜻을 풀이한다.

(6) a. He can read the dream.
  (그는 그 꿈을 해독할 수 있다.)
 b. You must read the signs of the time.
  (너는 그 시대의 그 징후를 읽어야 한다.)

1.7. 다음 주어는 목적어를 읽는다. 목적어는 내용이다.

(7) a. I read disappointment on her eyes.
  (나는 실망을 그녀의 눈에서 읽었다.)
 b. I read the answer in your face.
  (나는 그 답을 그의 얼굴에서 읽었다.)

c. We can read the history of the canyon in its many layers of rock.
(우리는 암벽의 여러 층에서 그 협곡의 역사를 읽을 수 있다.)

1.8. 다음 주어는 소리를 내어 읽는다.

(8) a. He read the poem aloud.
(그는 그 시를 소리 내어 읽었다.)
b. He read a book to her
(그는 그녀에게 책을 읽어주었다.)
c. She is reading some poems to herself.
(그녀는 자신에게 시 몇 편을 읽고 있다.)

1.9. 다음 주어는 첫째 목적어에게 둘째 목적어를 읽어준다.

(9) a. He read her a book.
(그는 그녀에게 책을 읽어 주었다.)
b. She is reading herself some poems.
(그녀는 자신에게 몇 편의 시를 읽고 있다.)

1.10. 다음 주어는 읽어서 자신에게 상태변화가 오게 한다.

(10) a. She read herself **hoarse.**
(그녀는 많이 읽어서 목이 쉬었다.)
b. He read himself **to** sleep.
(그는 책을 읽다가 잠들었다.)

1.11. 다음 주어는 목적어를 나타내어서 읽을 수 있도록 한다.

(11) a. The thermometer read 3 degrees below zero.
   (그 온도계가 영하 3도를 가리켰다.)
   b. The speed meter reads 50 miles.
   (그 속도계는 50마일을 가리켰다.)
   c. The sign read, "Please keep off the grass."
   (그 표시는 "풀밭에 들어가지 마시오"라고 적혀 있었다.)
   d. The ticket read, "From Seoul to Paris."
   (그 표는 "서울에서 파리까지"로 적혀 있다.)

2. 자동사 용법

2.1. 다음 주어는 읽는다.

(12) a. She reads well for a child of six.
   (그녀는 여섯 살 난 아이치고는 잘 읽는다.)
   b. Please don't talk to her. She is reading.
   (그녀에게 말을 걸지 마세요. 책을 읽고 있어요.)
   c. She read to her children every night.
   (그녀는 매일 밤 아이들에게 책을 읽어 주었다.)

2.2. 다음 주어는 읽힌다.

(13) a. The sentence reads oddly.
   (그 문장은 이상하게 읽힌다.)
   b. The play acts better than it reads.
   (그 희곡은 읽히기보다 공연하기가 더 좋다.)

c. The poems read well.
   (그 시는 잘 읽혀진다.)
d. Her letter always read well.
   (그녀의 편지는 언제나 잘 읽어진다.)
e. The law reads two ways.
   (그 법은 두 가지로 풀이된다.)
f. The name reads Benton, not Fenton.
(그 이름은 벤튼으로 읽힌다. 펜튼이 아니다.)

RECOVER

0. 이 동사의 개념바탕에는 잃어버린 것을 되찾는 과정이 있다.

1. 타동사 용법

1.1. 다음 주어는 목적어를 되찾는다.

(1) a. The police have recovered the stolen jewels.
   (경찰은 그 도난당한 보석들을 되찾았다.)
   b. They are trying to recover bodies from the wrecked building/from the lake.
   (그들은 그 붕괴된 건물/호수로부터 시체들을 찾으려고 하고 있다.)
   c. They are recovering land from the sea
   (그들은 땅을 그 바다에서 매립하고 있다. 즉 바다로부터 땅을 되찾고 있다.)

1.2. 다음은 「정신상태는 개체이다」의 은유가 적용된 표현이다.

(2) a. She managed to recover composure.
   (그녀는 가까스로 냉정을 되찾았다.)
   b. She recovered consciousness after the accident.
   (그녀는 그 사고 후에 의식을 되찾았다.)

c. They managed to recover themselves.
   (그들은 가까스로 정신을 차렸다/침착해졌다.)

1.3. 다음 목적어는 환유적으로 쓰여서 기능을 가리킨다. 주어는 목적어를 되찾는다.

(3) a. He recovered one's feet/one's sight.
     (그는 다시 일어섰다/시력을 회복했다.)
   b. He recovered his voice/his breath/his control.
     (그는 그의 목소리/숨/통제를 되찾았다.)

1.4. 다음 주어는 목적어를 되찾는다. 목적어는 손실, 비용 등이다.

(4) a. He recovered his losses by hard work.
     (그는 손실을 열심히 일해서 벌충했다.)
   b. He recovered the cost of the repairs to his car from the person who caused the damage.
     (그는 그의 차에 그 손해를 입힌 사람으로부터 그 차의 수리비를 되받았다.)

1.5. 사람이 정상상태에서 벗어나면 잃어버린 것으로 간주된다. 다음 주어는 목적어를 비정상 상태에서 구한다.

(5) a. I recovered my son **from** bad practices.
     (나는 내 아들을 나쁜 습관에서 되찾았다.)
   b. He is recovering her daughter **from** vice.
     (그는 그의 딸을 악으로부터 되찾고 있다.)
   c. The medicine will recover me **from** illness.
     (그 약은 나를 병으로부터 회복시킬 것이다.)

d. He is recovering her daughter **to** life.
   (그는 그의 딸을 소생시키고 있다.)

2. 자동사 용법

2.1. 다음 주어는 from의 목적어 상태에서 벗어난다.

(6) a. The country is recovering **from** its most severe recession.
      (그 나라는 가장 심각한 불경기로부터 회복되고 있다.)
    b. The country has not yet recovered **from** the effects of the
       war.
       (그 나라는 아직 그 전쟁의 영향으로부터 회복되지 않았다.)
    c. I have quite recovered **from** my cold.
       (나는 감기로부터 많이 회복했다.)
    d. He is recovering **from** a serious illness.
       (그는 중병으로부터 회복되고 있다.)
    e. He is recovering **from** a disaster.
       (그는 재난으로부터 회복되고 있다.)
    f. She is recovering **from** scarlet fever.
       (그녀는 성홍열로부터 회복되고 있다.)

2.2. 다음 주어는 회복된다.

(7) a. He has been ill but he is now recovering.
      (그는 아팠으나 지금은 회복되고 있다.)
    b. He was very upset, but recovered in time to give the speech.
       (그는 매우 속이 상했으나 제때에 회복되어 그 연설을 했다.)

REDUCE

1. 타동사 용법

1.1. 다음 주어는 목적어를 낮춘다.

(1) a. He reduced the rent of our house.
   (그는 우리 집의 세를 낮추었다.)
   b. He reduced his weight.
   (그는 자신의 몸무게를 줄였다.)
   c. The train reduced speed.
   (그 기차는 속도를 줄였다.)
   d. The shop reduced its prices.
   (그 상점은 그의 가격을 낮추었다.)
   e. He tried to reduce his expenses.
   (그는 자신의 경비를 줄이려고 노력했다.)

1.2. 다음 주어는 목적어를 작은 개체로 만든다.

(2) a. He reduced the compound **into** its elements.
   (그는 그 화합물을 원소로 바꾸었다.)
   b. He reduced the marble **to** powder.
   (그는 그 대리석을 가루로 만들었다.)

c. He reduced the dollar **to** dimes.
(그는 그 달러를 10전 자리로 바꿨다.)

1.3. 다음 주어는 목적어를 to의 목적어 상태로 만든다. 「적음은 나쁨이다」의 은유가 적용된 표현이다.

(3) a. The bomb reduced the city **to** ruins.
(그 폭탄이 그 도시를 폐허로 만들었다.)
b. They reduced him **to** poverty.
(그들은 그를 가난하게 만들었다.)
c. She was reduced **to** tears.
(그녀는 눈물을 흘리게 되었다.)

또 강한 상태에서 약한 상태로의 변화도 reduce로 표현된다.

d. The rebels were reduced to submission.
(그 폭도들은 항복하게 되었다.)
e. The children were reduced to silence.
(그 아이들은 조용하게 되었다.)

1.4. 다음은 수동태 문장으로 주어는 전치사 to의 목적어가 가리키는 상태로 된다. to의 목적어는 동명사이다.

(4) a. During the famine, many people were reduced **to** eating grass and leaves.
(그 기근이 계속되는 동안, 많은 사람들이 풀과 나뭇잎을 먹게 되었다.)
b. We were reduced to selling the car **to** pay the rent.
(우리들은 그 집세를 내기 위해서 그 차를 팔 지경에 이르렀다.)

c. He was reduced **to** begging.
(그는 구걸을 해야 하는 지경이 되었다.)

1.5. 다음 주어는 목적어를 to의 목적어 상태로 만든다.

(5) a. He reduced her speech **to** writing.
(그는 그녀의 연설을 글로 옮겼다.)
  b. He reduced the theory **to** practice.
(그는 그 이론을 실천에 옮겼다.)
  c. They reduced grapes **to** wine.
(그들은 포도를 포도주로 만들었다.)

1.6. 다음 주어는 목적어의 계급을 낮춘다.

(6) a. The commander reduced the sergeant to a private.
(그 지휘관은 그 상사를 병사로 강등했다.)
  b. The general reduced the major to a captain.
(그 장군은 그 소령을 대위로 강등했다.)

1.7. 다음 주어는 목적어를 꺾는다.

(7) a. The army reduced the rebels.
(그 군은 그 반군을 꺾었다.)
  b. The enemy reduced the town.
(그 적은 그 읍내를 초토화했다.)

1.8. 다음 주어는 목적어를 약분한다.

(8) a. Reduce $\frac{6}{8}$ to $\frac{3}{4}$.

($\frac{6}{8}$을 $\frac{3}{4}$으로 맞줄임하라.)

b. Reduce $\frac{2}{4}$ to $\frac{1}{2}$.

($\frac{2}{4}$를 $\frac{1}{2}$로 맞줄임하라.)

2. 자동사 용법

2.1. 다음 주어는 몸무게를 줄인다.

(9) He told me I should reduce.
(그는 내게 나는 몸무게를 줄여야 한다고 말했다.)

2.2. 다음 주어는 준다.

(10) a. The number of the homeless reduced slightly.
(노숙자의 수가 약간 줄었다.)
b. He reduced to 100 pounds by May.
(그는 5월에 100파운드까지 줄었다.)

REFUTE

0. 이 동사의 개념바탕에는 어느 주장에 대해서 그것이 사실이 아님을
   알고, 그것 때문에 또 기분이 좋지 않아서, 그것이 옳지 않음을 알리
   는 과정이 있다.

1. 타동사 용법

1.1. 다음 주어는 목적어를 논박한다.

(1) a. I refuted his argument.
       (나는 그의 논쟁을 논박했다.)
    b. We refuted the statement.
       (우리는 그 진술을 논박했다.)
    c. They refuted the proposition that the world is flat.
       (그들은 세계가 평평하다는 그 명제를 논박했다.)
    d. How could you refute the statement that the cow jumped
       over the moon?
       (너는 그 소가 달 너머로 뛰었다는 진술을 어떻게 논박할 수
       있었나?)

1.2. 다음 주어는 목적어를 논박한다. 목적어는 논박을 받는 사람이다.

(2) a. He refuted his opponent.
       (그는 그의 적수를 논박했다.)
    b. I was able to refute him.
       (나는 그를 논박할 수 있었다.)

RELIEVE

1. 타동사 용법

1.1. 다음 주어는 목적어를 덜어준다.

(1) a. The medicine relieved her headache.
   (그 약이 그녀의 두통을 덜어주었다.)
   b. To relieve his toothache, he rubbed whisky on his gum.
   (그 치통을 덜기 위해서, 그는 잇몸에 위스키를 발라 문질렀다.)
   c. This will relieve the hardship of the refugees.
   (이것이 그 피난민들의 그 고생을 덜어줄 것이다.)
   d. The passengers swallowed to relieve the pressure on the eardrums.
   (그 승객들은 고막에 가해지는 그 압력을 덜기 위해 침을 삼켰다.)
   e. They relieved a besieged town.
   (그들은 포위된 그 읍내에 보급품을 보냈다.)
   f. We relieved the lighthouse by ship.
   (우리는 배로 그 등대에 보급품을 보냈다.)

1.2. 다음 주어는 목적어를 from의 목적어에서 벗어나게 한다.

(2) a. We relieved him **from** fear.
   (우리는 그를 공포로부터 해방시켜 주었다.)
   b. The prize relieved her **from** financial anxiety.
   (그 상이 그녀를 재정 걱정에서 구했다.)
   c. We tried to relieve her mind.
   (우리는 그녀의 마음을 편안하게 해주려고 했다.)

1.3. 다음 주어는 목적어에서 전치사 of의 목적어를 덜어준다.

(3) a. We relieved him **of** all the responsibilities.
   (우리는 그에게서 그 모든 책임을 덜어주었다.)
   b. I relieved her **of** the suitcase.
   (나는 그녀에게서 그 가방을 덜어주었다. (그 가방을 내가 들어 주었다.))
   c. They relieved us **of** our worries.
   (그들은 우리에게서 우리의 걱정을 덜어주었다.)
   d. He was relived **of** his post.
   (그는 그의 직장에서 해고되었다.)

1.4. 다음 주어는 목적어를 교대한다.

(4) Please relieve the guard at 10.
   (그 호병을 10시에 교대시켜라.)

REMAIN

1. 자동사 용법

1.1. 다음 주어는 뒤에 남는다.

(1) a. When the others had gone, Mary remained and put back the furniture.
   (다른 사람들이 가고 났을 때, 메어리는 남아서 그 가구를 제 자리에 놓았다.)
   b. He remained at home.
   (그는 집에 머물러 있었다.)
   c. After the fire, very little remained of the house.
   (그 불이 난 다음, 그 집에 거의가 남지 않았다.)
   d. If you take 3 from 8, 5 remains.
   (3을 8에서 가져가면, 5가 남는다.)
   e. Few buildings remain in the neighborhood.
   (건물들이 그 지역에는 거의 안 남아 있다.)

1.2. 다음은 「상태는 장소이다」의 은유가 적용된 표현이다.

(2) a. He remained silent/single.
   (그는 말을 하지 않고/독신으로 남아 있었다.)

b. He remained faithful to his master.
(그는 그의 주인에게 충실하게 남아 있었다.)

c. The color remains unchanged for many years.
(그 색깔은 오랫동안 안 변하고 그대로 있다.)

d. The weather remains unsettled.
(그 날씨는 불안한 상태로 남아 있다.)

e. The village remains much as it was a hundred years ago.
(그 마을은 백 년 전과 거의 마찬가지로 남아 있다.)

1.3. 다음에서 상태는 명사구로 표현되어 있다.

(3) a. It remains one of the greatest events in history.
(그것은 역사상 가장 위대한 사건의 하나로 남는다.)

b. This will remain an unpleasant memory with me.
(이것은 하나의 불쾌한 기억으로 나에게 남아 있을 것이다.)

c. The discovery of truth should remain the single aim of science.
(진실의 발견은 과학의 유일한 목적으로 남아야 한다.)

d. Peter became a judge, but remained a fisherman.
(피터는 판사가 되었으나, 어부로 남아 있었다.)

e. Man remained a hunter for thousands of years.
(인간은 수천 년 동안 사냥꾼으로 남아 있었다.)

1.4. 다음 주어는 부정사가 가리키는 일을 겪도록 남아 있다.

(4) a. The problem remains to be solved.
(그 문제는 해결되어야 할 상태로 남아 있다.)

b. Nothing now remains to be done.
(이제 해야 할 일은 아무 것도 안 남아 있다.)

c. Much remains to be done.
(많은 일이 이루어지도록 남아 있다.)
d. The sequel remains to be told.
(그 후편은 아직 남아 있다.)

REMIND

0. 이 동사의 개념바탕에는 상기시키는 과정이 있다.

1. 타동사 용법

1.1. 다음 주어는 목적어를 상기시켜서 부정사가 가리키는 일을 하게 한다.

(1) a. He reminded me to get up early.
   (그는 나를 일찍 일어나게 상기시켰다.)
   b. I reminded her to call me.
   (나는 그녀를 나에게 전화할 것을 상기시켰다.)
   c. I reminded him to post the letter.
   (나는 그를 상기시켜서 편지를 붙이게 했다.)

1.2. 다음 주어는 목적어에게 전치사 about이나 of의 목적어를 상기시킨다.

(2) a. Will you remind me **about** that appointment?
   (저에게 그 약속에 대해서 상기시켜 주시겠습니까?)
   b. Don't remind me **of** the terrible day.
   (나에게 그 무시무시한 날을 상기시키지 말아요.)

1.3. 다음 주어는 그 자체가 목적어에게 전치사 of의 목적어를 생각
나게 한다.

(3) a. You remind me **of** your father.
(너는 내게 네 아버지를 생각나게 한다.)
 b. He reminds me **of** his brother.
(그는 나에게 그의 형을 생각나게 한다.)
 c. She reminded me **of** my promise.
(그녀는 나에게 나의 약속을 상기시켰다.)
 d. Her eyes remind me **of** stars.
(그녀의 눈은 나에게 별들을 생각나게 한다.)

1.4. 다음 주어는 목적어에게 that-절의 내용을 상기시킨다.

(4) a. He reminds me **that** she is coming tomorrow.
(그는 나에게 그녀가 내일 오기로 되어 있음을 상기시킨다.)
 b. She reminds him **that** there is no class tomorrow.
(그녀는 그에게 내일은 수업이 없음을 상기시킨다.)
 c. Please remind him **that** I will come tomorrow.
(그에게 내가 내일 온다는 것을 상기시켜 주세요.)
 d. That reminds me **that** I must go at once.
(저것은 내게 내가 곧 가야 함을 생각하게 한다.)

REST

0. 이 동사의 개념바탕에는 움직이다가 쉬는 과정이 있다.

1. 자동사 용법

1.1. 다음 주어는 일을 하다가 쉰다.

(1) a. He lay down and rested for a while.
   (그는 누워서 잠시 쉬었다.)
   b. Mother is resting at the moment.
   (어머니는 지금 쉬고 계신다.)
   c. Let's stop and rest for a while.
   (잠깐 멈추고 쉬자.)
   d. I always rest an hour after dinner.
   (나는 항상 저녁 후에 한 시간 동안 쉰다.)

1.2. 다음 주어는 움직이다가 정지상태에 들어가서 멈춘다.

(2) a. The ball rested **on** the street.
   (그 공은 그 거리 위에 멈춰 있었다.)
   b. A light rested **on** his face.
   (불빛이 그의 얼굴 위에 머물렀다.)
   c. A smile rested **on** her lips.
   (미소가 그녀 입가에 맴돌았다.)

d. Our eyes rested **on** the open book.
(우리의 눈은 그 펼쳐진 책 위에 멈췄다.)

e. Her gaze rested **on** a strange scene.
(그녀의 시선은 이상한 장면에 머물렀다.)

f. Clouds always rest **upon** the mountain top.
(구름은 항상 그 산꼭대기 위에 머문다.)

1.3. 다음 주어는 against나 on의 목적어에 얹혀 있다. 이러한 상태도 정지상태이다.

(3) a. The ladder rests **against** the wall.
(그 사다리는 그 벽에 걸쳐 놓여 있다.)

b. His arm rested **on** the table.
(그의 팔은 그 테이블 위에 있었다.)

c. His hands were resting **on** his knees.
(그의 손은 그의 무릎 위에 있었다.)

d. His head rested **on** the shoulder.
(그의 머리는 어깨 위에 있었다.)

1.4. 사람은 육체뿐만 아니라 정신적으로도 쉴 수 있다.

(4) a. I cannot rest under an imputation.
(나는 누명을 쓴 채 가만히 있을 수 없다.)

b. I cannot rest under these circumstances.
(나는 이런 상황에서는 안심할 수 없다.)

c. Let him rest in peace.
(그를 편안히 쉬게 내버려둬요.)

d. I will not rest until I know he is safe.
(그가 안전하다는 것을 알기 전까지는 안심할 수 없다.)

1.5. 다음 주어는 추상적 개체이나, 구체적인 것으로 개념화되어 있다.

(5) a. Our hope rests **on** him.
     (우리의 희망은 그에게 달려 있다.)
   b. The whole argument rests **on** that shaky assumption.
     (그 전체 논의가 그 불확실한 가정에 근거하고 있다.)
   c. No responsibility rests **on** you.
     (아무 책임이 당신에게는 없다.)
   d. The power in this country rest **on** the people.
     (이 나라의 권력은 국민에게 있다.)

1.6. 다음 주어는 추상적이나 구체적인 것으로 개념화되어 with의 목적어와 같이 있는 것으로 개념화된다.

(6) a. The choice rests **with** you.
     (그 선택은 너에게 달렸다.)
   b. The decision rests **with** you.
     (그 결정은 너에게 달렸다.)
   c. The fault rests **with** you.
     (그 실수는 네 탓이다.)
   d. The ultimate responsibility rests **wit**h us.
     (그 궁극적인 책임은 우리에게 있다.)
   e. The power in this country rests **with** the people.
     (이 나라의 권력은 국민에게 있다.)

1.7. 다음 주어는 시간 속에 진행되는 개체이다. 주어는 중단된다.

(7) a. We decided to let the argument rest.
     (우리는 그 논쟁을 중지하기로 결정했다.)

b. The matter cannot rest here.
(그 문제를 여기 이대로 둘 수는 없다.)

1.8. 다음은 「상태는 장소이다」의 은유가 적용된 표현이다.

(8) a. The mistakes rest uncorrected.
(그 실수들은 수정이 안 되어 있다.)
b. He rests satisfied.
(그는 만족한 상태에 있다.)

2. 타동사 용법

2.1. 다음 주어는 목적어를 쉬게 한다.

(9) a. Stop and rest your horse/legs.
(멈추고 너의 말을/다리를 쉬게 해라.)
b. Stop reading and rest your eyes for a minute.
(독서를 멈추고 너의 눈을 잠시 쉬게 해라.)
c. We stopped there to rest ourselves.
(우리는 휴식을 취하기 위해 그 곳에서 멈췄다.)

2.2. 다음 주어는 목적어를 against나 on의 목적어에 기대거나 얹어서 움직이지 않게 한다.

(10) a. He rested the ladder **against** the wall.
(그는 그 사다리를 그 벽에 걸쳐 놓았다.)

b. He rested his head **on** the pillow.
   (그는 머리를 그 베개 위에 기대었다.)

c. She rested her eyes **on** the jewel.
   (그녀는 그녀의 시선을 그 보석에 두었다.)

2.3. 다음 주어는 목적어를 on의 목적어에 둔다.

(11) a. We rested our trust **on** him.
     (우리는 우리의 신뢰를 그에게 걸었다.)

b. They rested their case **on** unimpeachable evidence.
   (그들은 그들의 주장을 완벽한 증거에 바탕을 두었다.)

c. They rested their argument **on** that assumption.
   (그들은 그들의 논의를 그 가정에 바탕을 두었다.)

2.4. 다음 목적어는 시간 속에 진행되는 개체이다. 주어는 목적어를
     중단시킨다.

(12) a. I rested my case.
     (나는 나의 변론을 중단했다.)

b. We rested the topic.
   (우리는 그 주제를 중단했다.)

RETURN

0. 이 동사의 개념바탕에는 돌아가는(되돌아가는) 과정이 있다.

1. 타동사 용법

1.1. 다음 주어는 목적어를 돌려준다.

(1) a. We must return the empty bottles to the shop.
   (우리는 그 빈 병을 그 가게에 갖다 주어야 한다.)

   b. You have to return the books to the library.
   (너는 그 책들을 그 도서관에 반납해야 한다.)

   c. The fish must be returned to the water.
   (물고기는 물로 돌려보내야만 한다.)

   d. Application forms should be returned within three days.
   (지원서는 3일 이내로 반송되어야 합니다.)

   e. Don't forget to return me my keys.
   (나한테 열쇠 돌려주는 것 잊지 마.)

1.2. 다음 주어는 목적어를 되돌려준다/되갚는다.

(2) a. She wondered whether he would return the visit.
   (그녀는 그가 그 방문에 답례를 할지 말지 궁금했다.)

   b. I admired her dress and she returned the compliment.
   (나는 그녀의 드레스를 칭찬하였고, 그녀는 그 칭찬에 감사했다.)

c. She always returned my greeting with a smile.
(그녀는 언제나 나의 인사를 웃음으로 답한다.)
d. He returned good for evil.
(그는 악에 대해 선으로 답하였다.)

1.3. 질문에 대한 대답도 되돌려주는 것이다.

(3) a. "Not I," he returned crossly.
("난 아냐." 그가 시무룩하게 대답했다.)
b. "No," he returned.
("아니" 그가 답했다.)

1.4. 다음 주어는 목적어를 이익으로 되돌려준다.

(4) a. These shares return a good rate of interest.
(이 주식은 상당한 이자를 돌려준다.)
b. The concert returned about $50 over expenses.
(그 콘서트는 경비를 제하고 약 50달러의 이익을 돌려주었다.)
c. The investment returned a good interest.
(그 투자는 높은 이자를 돌려주었다.)
d. Selling hotdogs returned him about 10%.
(핫도그를 파는 것이 그에게 약 10%의 이익을 돌려주었다.)

1.5. 다음 주어는 투표를 하고 목적어를 당선시킨다.

(5) a. The local people returned him to Congress.
(그 지역 주민들은 그를 국회의원으로 재선출했다.)
b. The district returned a Republican.
(그 구역은 공화당원을 재당선시켰다.)

c. A great conservative majority was returned.
(상당수의 보수당 다수가 재선출됐다.)

d. At the general election she was returned.
(그 일반 선거에서 그녀는 재선되었다.)

1.6. 다음 주어는 목적어에 대한 답신이나 보고를 한다.

(6) a. They returned a verdict of guilty.
(그들은 유죄평결을 답신했다.)

b. The jury returned a verdict of not guilty.
(그 배심원은 무죄평결을 답신했다.)

c. He returned his earnings as $9,000 on the tax declarations.
(그는 그 세금 보고서에 그의 소득을 9,000불로 보고하였다.)

d. Liabilities were returned at $2,000.
(부채액은 2천 달러로 보고되었다.)

1.7. 다음 주어는 목적어가 어떠함을 답신한다.

(7) a. The jury returned him guilty.
(그 배심원은 그를 유죄로 답신했다.)

b. The accused was returned not guilty.
(그 피고는 무죄로 결정되었다.)

2. 자동사 용법

2.1. 다음 주어는 돌아온다.

(8) a. He will return from Europe soon.
    (그는 유럽으로부터 곧 돌아올 것이다.)
  b. He returned from Paris yesterday.
    (그는 어제 파리로부터 되돌아왔다.)

2.2. 다음 주어는 돌아간다.

(9) a. He returned to America.
    (그는 미국으로 돌아갔다.)
  b. He will return to London.
    (그는 런던으로 되돌아 갈 것이다.)
  c. I will return to this topic soon.
    (나는 곧 이 주제에 다시 돌아갑니다.)

2.3. 다음은 「상태의 변화는 장소이다」의 은유가 적용된 표현이다.

(10) a. It returned to normal.
    (그것은 정상으로 돌아갔다.)
   b. He returned to his duty.
    (그는 그의 근무로 되돌아갔다.)
   c. He returned to his evil way of life.
    (그는 그의 사악한 삶으로 돌아갔다.)

2.4. 다음 주어는 추상적 개체이나 구체적인 것으로 개념화되어 있다.

(11) a. The bad weather has returned.
    (그 나쁜 날씨가 다시 시작되었다.)
   b. The fever returned.
    (그 열이 재발됐다.)

c. The pain has returned.
(그 고통이 다시 시작되었다.)

2.5. 다음은 「소유이전은 장소이동이다」의 은유가 적용된 예이다.

(12) a. The property is returning to its original owner.
(그 재산은 그 원 주인에게 돌아가기로 되어있다.)
b. A small amount of color was returning to his face.
(작은 양의 화색이 그의 얼굴에 돌아오고 있었다.)

2.6. 다음에는 주어가 돌아올 때의 상태가 표현되어 있다.

(13) a. They returned **safe**.
(그들은 무사히 돌아왔다.)
b. He went **an enemy**, and returned **a friend**.
(그는 적으로 떠나서 친구로 돌아왔다.)

RIDE

1. 자동사 용법

1.1. 다음 주어는 탈 것에 탄다.

(1) a. He rode in a carriage/a ship/a train.
   (그는 마차를/배를/기차를 탔다.)
   b. We rode on a cart/ a bicycle/horseback.
   (우리는 짐마차를/자전거를/말을 탔다.)

1.2. 다음 주어는 on의 목적어에 얹혀서 움직인다.

(2) a. The child rode on his father's back.
   (그 어린이는 아빠 등에 업혀 갔다.)
   b. The birds rode on the winds.
   (그 새들은 그 바람을 타고 날아갔다.)
   c. The yacht rode on the waves.
   (그 요트가 그 파도를 타고 나아갔다.)
   d. The wheels ride on the shaft.
   (그 차바퀴는 굴대로 돈다.)

1.3. 다음 주어는 말과 같은 탈 것을 타고 이동한다.

(3) a. We rode **across** the field.

(우리는 그 들판을 가로 질러 차를 타고 갔다.)

b. He rode **away** at sunset.

(그는 해질녘에 차/말을 타고 가버렸다.)

c. He rode **into** a crowd.

(그는 말을 타고 군중 속으로 들어갔다.)

d. He got on his bicycle and rode slowly **off** down the hill.

(그는 자전거에 올라타고 그 언덕 아래로 천천히 내려갔다.)

e. He rode **out of** town.

(그는 시차를 타고 내 밖으로 나갔다.)

f. The little boy waved to the horseman as he rode **past**.

(그 작은 소년은 그 기수가 말을 타고 지나갈 때 그에게 손을 흔들었다.)

g. He rode **up** to the mountain.

(그는 말을 타고 그 산 위로 올라갔다.)

1.4. 다음에서는 생략된 목적어는 말이나 자전거이다.

(4) a. He can't ride.

(그는 말을/자전거를 못 탄다.)

b. Who taught you to ride?

(누가 너에게 말 타는 법을 가르쳐 주었니?)

c. We are going to ride on Sunday.

(우리는 일요일에 말을 탈 예정이다.)

1.5. 다음에는 움직임의 속도나 거리가 표현되어 있다.

(5) a. We rode at full speed.

(우리는 전속력으로 차를 몰았다.)

b. We rode twenty miles.
(우리는 20마일을 차로 갔다.)

1.6. 다음 주어는 타진다.

(6) a. This horse rides quiet.
(이 말은 조용히 타진다.)
b. This car rides very smoothly.
(이 차는 아주 부드럽게 타진다.)
c. This country rides well.
(이 시골은 차를 타기가 좋다.)

1.7. 다음 주어는 기준이 되는 개체의 위에 있다.

(7) a. The moon rode above the clouds.
(달이 그 구름 위에 떠 있었다.)
b. The sun rides high in heaven.
(태양이 하늘 높이 떠 있다.)
c. The ship rides at anchor.
(그 배는 닻을 내리고 정박해 있다.)

1.8. 다음 주어는 일어선다.

(8) a. His collar rides up constantly.
(그의 칼라는 항상 위로 치켜 올라온다.)
b. The red rides on the blue.
(붉은색은 파란색에 겹쳐 인쇄된다.)

1.9. 다음 주어는 시간 속에 존재하는 개체이다. 주어는 목적어가 계속되게 둔다.

(9) a. Let the problem ride for a while.
　　　(그 문제를 한동안 그대로 두자.)
　　b. Let the matter ride until further notice.
　　　(그 일은 차후 통고가 있을 때까지 그대로 두자.)

1.10. 다음 주어나 목적어는 추상적이나 구체적인 것으로 개념화되어 있다. 주어는 전치사 on의 목적어에 달려 있다.

(10) a. The chance rides on his approval.
　　　(그 형세는 그의 승인에 달려 있다.)
　　b. His money is riding on the horse.
　　　(그의 돈은 그 말에 달려 있다.)
　　c. Anger rode on his face.
　　　(분노가 그의 얼굴에 떠올랐다.)
　　d. He rode on the waves of popularity.
　　　(그는 인기의 그 파도를 타고 있었다.)

2. 타동사 용법

2.1. 다음 주어는 목적어를 탄다.

(11) a. He rode a horse.
　　　(그는 말을 탔다.)

b. He rode the freight train.
   (그는 그 화물 열차를 탔다.)

c. The gulls rode the winds.
   (그 갈매기들은 그 바람을 타고 날았다.)

d. The ship rode the waves.
   (배는 그 파도를 탔다.)

2.2. 다음 주어는 목적어를 타고 장소이동을 한다.

(12) a. He rode the elevator **to** the ninth floor.
     (그는 그 엘리베이터를 타고 9층까지 갔다.)

b. We rode the bus **to** the city.
   (우리는 그 버스를 타고 그 도시에 갔다.)

c. He rode the bicycle **to** school.
   (그는 그 자전거를 타고 학교에 갔다.)

2.3. 다음 목적어는 장소이다. 주어는 목적어를 타고 간다.

(13) a. He rode the country/the range.
     (그는 말을 타고 그 시골/목장을 갔다.)

b. The ship rode the rough sea.
   (그 배는 그 거친 바다를 타고 갔다.)

c. They rode the ford.
   (그들은 그 여울을 말을 타고 건넜다.)

d. He rode a circuit.
   (그는 차로 순회를 했다.)

2.4. 다음 목적어는 추상적 장소이다. 주어는 목적어를 타고 넘는다.

(14) a. He rode the difficulties.
　　　(그는 그 어려움을 타고 넘었다.)
　　 b. He rode **out** the storm.
　　　(그는 그 폭풍우를 타넘었다. 즉 어려움을 극복했다.)

2.5. 다음 주어는 목적어를 괴롭힌다.

(15) a. The fear rode him day and night.
　　　(그 공포가 그를 밤낮으로 놀렸다.)
　　 b. Leave her alone and stop riding her.
　　　(그녀를 혼자 내버려 두고 놀리지 말라.)
　　 c. She always rode him about his face.
　　　(그는 늘 그의 머리에 대해서 그를 놀린다.)

2.6. 다음 주어는 목적어를 타고 있다. 즉 걸쳐 있다.

(16) Spectacles rode his nose.
　　(안경이 그의 코 위에 걸쳐 있었다.)

2.7. 다음 주어는 목적어를 어디에 태운다.

(17) a. His mother rode him **around**.
　　　(그의 어머니를 그의 차에 태워서 돌아다녔다.)
　　 b. He rode the child **on** his back.
　　　(그는 그 아이를 그의 등에 태웠다.)

RISE

0. 이 동사의 개념바탕에는 낮은 데서 높은 데로 움직이는 과정이 있다.

1. 자동사 용법

1.1. 다음 주어는 떠오른다.

(1) a. The sun rises in the east.
   (태양은 동쪽에서 뜬다.)
 b. The moon is rising above the horizon.
   (달이 그 수평선 위로 떠오르고 있다.)
 c. The kite rose in the air.
   (그 연은 공중에서 올랐다.)
 d. The smoke rose from the chimney of the factory.
   (그 연기가 그 공장의 굴뚝에서 올랐다.)

1.2. 다음 주어는 낮은 자세에서 높은 자세로 움직인다.

(2) a. He rose from his knees.
   (그는 앉았다가 일어났다.)
 b. He rises early.
   (그는 일찍 일어난다.)
 c. He rose to welcome us.
   (그는 우리를 환영하기 위해서 일어났다.)

d. New office blocks are rising in our town.
(새 사무실 구역들이 우리 동네에 생기고 있다.)

1.3. 누운 상태에서 서는 상태로 되는 과정을 부활의 과정으로 확대
된다.

(3) a. Jesus Christ rose from the dead.
(예수 그리스도는 죽음에서 부활했다.)
b. He looks as if he had risen from the grave.
(그는 무덤에서 일어난 것처럼 보인다.)

1.4. 모임이 끝나면 일어선다. 다음에서 rise는 회의가 끝남을 의미
한다.

(4) a. The parliament rose yesterday.
(그 국회는 어제 끝이 났다.)
b. The court rose at 4 p.m.
(그 법정은 4시에 끝났다.)
c. The House of Commons did not rise until 3:00 a.m.
(하원은 새벽 3시까지 끝나지 않았다.)

1.5. 다음 주어는 표면으로 올라온다.

(5) a. The fish were rising.
(그 물고기가 수면으로 오르고 있었다.)
b. They say a drowning man rises 3 times.
(물에 빠져죽는 사람은 세 번 떠오른다고 사람들은 말한다.)
c. Bubbles rose from the bottom of the lake.
(거품이 그 호수 바닥에서 올라왔다.)

d. The river/flood has risen 2 feet.
(그 강/홍수가 2피트 불었다.)

1.6. 다음은 「양이나 정도의 변화는 장소이동이다」와 「위는 많음이
다」의 은유가 적용된 표현이다.

(6) a. His voice rose in anger.
(그의 목소리가 화가 나서 커졌다.)
 b. Sugar rose a penny a pound.
(설탕값이 한 파운드에 1페니 올랐다.)
 c. The mercury rose.
(그 수은주가 올랐다.)
 d. The wind is rising.
(바람이 일고 있다.)
 e. His anger rose at that remark.
(그 말을 듣고 그의 화가 치밀어 올랐다.)
 f. The bread won't rise.
(그 빵은 부풀지 않는다.)
 g. He rose to director.
(그는 지배인으로 승진했다.)

1.7. 다음 주어는 움직이지 않으나, 전체 형상을 눈으로 따라가면 오
른다.

(7) a. The tower rises steeply from the ground.
(그 탑은 지면에서 가파르게 솟는다.)
 b. Mt. Everest rises to the height of 29,000m.
(에베레스트 산은 29,000미터의 높이까지 솟는다.)

c. A range of hills rose on our left.
   (한 줄기 산맥이 우리의 왼쪽에 솟았다.)
d. The road rises steeply from the village.
   (그 길은 그 마을에서부터 급하게 오른다.)
e. The ground gradually rises toward the hill.
   (그 땅은 그 산 쪽으로 서서히 오른다.)
f. The mountain rises 100 meters out of the sea.
   (그 산은 바다에서 100미터 솟는다.)
g. Hills rise in the distance.
   (산들이 멀리에 솟는다.)
h. The trees rose over the roof tops.
   (그 나무들은 그 지붕꼭대기 위로 자랐다.)

1.8. 높아지면 보이게 되고, 보이게 되는 것은 생기는 것으로 확대
된다.

(8) a. The quarrel rose from a mere trifle.
       (그 말다툼은 사소한 일에서 일어났다.)
    b. The trouble rose from misunderstanding.
       (그 분쟁은 오해에서 생겼다.)
    c. The idea rose in my mind.
       (그 생각이 내 마음속에 떠올랐다.)

ROLL

0. 이 동사의 개념바탕에는 구르는 과정이 있다.

1. 자동사 용법

1.1. 다음 주어는 구르면서 이동한다.

(1) a. The ball rolled **into** a hole.
   (그 공은 굴러서 구멍으로 들어갔다.)
   b. Rocks and stones were rolling **down** the hill.
   (바위와 돌들이 그 산 아래로 굴러 내리고 있다.)
   c. The coin fell and rolled **under** the table.
   (그 동전은 떨어져서 그 식탁 아래로 굴러갔다.)
   d. The dog rolled **in** the mud.
   (그 개는 진흙에서 뒹굴었다.)

1.2. 다음 주어는 바퀴가 달린 개체이다. 주어는 바퀴가 구르면서 이동한다.

(2) a. The train rolled slowly **into** the station.
   (그 열차가 천천히 그 역으로 굴러들어 왔다.)
   b. A coach rolled **up** to the inn.
   (마차가 그 여관에 굴러왔다.)

c. The bus rolled **up** to the stop.
(그 버스가 그 정류장까지 굴러 왔다.)

1.3. 다음 주어는 말리면서 펼쳐지거나 감긴다.

(3) a. The carpet rolled.
(그 양탄자가 돌돌 말렸다.)
b. The paper rolls easily.
(그 종이는 잘 말린다.)

1.4. 다음 주어는 동그란 모양으로 구르듯 움직인다.

(4) a. The clouds rolled **away** as the sun rose.
(해가 떠오르자 그 구름들은 굴러가버렸다.)
b. The tears were rolling **down** his cheek.
(그 눈물이 그의 **뺨** 아래로 굴러 내리고 있다.)
c. The fog rolled **in** from the water.
(그 안개는 그 바다에서부터 굴러들어왔다.)

1.5. 파도가 치는 모습도 공과 같은 둥근 물체가 굴러가는 것으로 개
념화된다.

(5) a. The waves rolled into the beach.
(그 파도는 굴러서 그 해변에 밀려 왔다.)
b. Waves rolled to the beach.
(파도들이 그 해변에 굴러왔다.)

1.6. 다음 주어는 좌우로 흔들린다.

(6) a. We rolled and pitched for two days after leaving Lisbon.
　　　(리스본을 떠난 다음 이틀간 우리 배는 좌우 및 전후로 심하
　　　게 흔들렸다.)
　　b. The ship was rolling heavily.
　　　(그 배는 좌우로 심하게 흔들리고 있다.)
　　c. The drunken man rolled up to me.
　　　(그 술 취한 사람이 비틀거리면서 내게 다가왔다.)

1.7. 다음 주어는 말린다.

(7) a. The dough rolls well.
　　　(그 반죽은 밀방망이로 잘 밀린다.)
　　b. The pastry is so wet; it won't roll.
　　　(그 페이스트리는 물기가 너무 많아서 밀방망이로 편편하게
　　　잘 밀리지 않을거다.)
　　c. Cardboard won't roll without creasing.
　　　(마분지는 쭈그리지 않으면 말리지 않는다.)
　　d. This paint rolls on easily.
　　　(이 페인트는 쉽게 밀어진다.)

1.8. 다음은 「시간은 움직이는 개체이다」의 은유가 적용된 표현
　　이다.

(8) a. The years rolled by/on.
　　　(그 몇 해가 굴러갔다.)
　　b. Weeks rolled by.
　　　(몇 주가 굴러갔다.)

1.9. 다음은 「사건은 이동이다」의 은유가 적용된 표현이다.

(9) a. Let's get this project rolling.
   (이 기획사업이 굴러가게 하자.)
 b. The campaign is rolling.
   (그 운동은 굴러가고 있다.)
 c. The project is rolling now.
   (그 기획사업은 이제 굴러가고 있다.)
 c. Let us roll at sunrise.
   (해 뜰 무렵에 활동을 시작합시다.)

1.10. 다음 주어는 움직이지 않으나, 전체 형상을 눈으로 따라가면 구르는 모습으로 나타난다.

(10) a. The countryside rolled away for miles.
   (그 시골은 수마일 가량 파도처럼 펼쳐졌다.)
 b. The hills roll to the sea.
   (그 산들은 바다로 파도처럼 펼쳐진다.)
 c. The dunes roll toward the sea.
   (그 모래언덕은 그 바다로 펼쳐진다.)

2. 타동사 용법

2.1. 다음 주어는 목적어를 굴려서 움직인다.

(11) a. He rolled the ball **along** the floor.
   (그는 그 공을 그 마루를 따라 굴렸다.)
 b. The man rolled the barrel **into** the yard.
   (그 사람은 그 통을 그 뜰로 굴려 넣었다.)

2.2. 다음 목적어는 바퀴가 달린 개체이다. 주어는 목적어를 굴린다.

(12) a. The nurse rolls the baby carriage.
    (그 간호사가 그 유모차를 굴린다.)
  b. The boys rolled the wheelchair.
    (그 소년들이 그 환자용 의자를 굴렸다.)
  c. He rolled his bed against the wall.
    (그는 그의 침대를 굴려서 그 벽에 갖다 대었다.)
  d. He rolled the chair under the desk.
    (그는 그 의자를 굴려서 그 책상 밑에 넣었다.)

2.3. 다음 주어는 롤러를 써서 목적어를 편다.

(13) a. Mother rolled the dough for cookies.
    (어머니는 과자를 만들기 위해서 그 반죽을 (밀대로 굴려서)
    편편하게 했다.)
  b. She rolled the metal into sheets.
    (그녀는 그 금속을 밀어서 얇은 판으로 만들었다.)
  c. She rolled the pastry flat.
    (그녀는 그 가루반죽을 밀어서 납작하게 했다.)

2.4. 다음 주어는 롤러를 써서 목적어를 깎거나 평평하게 한다.

(14) a. He rolled a lawn.
    (그는 잔디밭을 깎았다.)
  b. He rolled the road surface.
    (그는 그 길 표면을 고르게 했다.)

2.5. 다음 주어는 목적어를 말아서 into의 목적어의 상태로 만든다.

(15) a. Roll the string wool into a ball.
   (그 털실을 감아서 공모양으로 만들어라.)

   b. They rolled the clay into a ball.
   (그들은 그 진흙을 굴려서 공을 만들었다.)

   c. The cat rolled itself into a ball.
   (그 고양이는 자신의 몸을 말아 공모양을 만들었다.)

2.6. 다음 주어는 목적어를 만다.

(16) a. Roll **up** the carpet.
   (그 카펫을 다 말아라.)

   b. Roll **up** the map on the wall.
   (그 벽에 있는 그 지도를 말아라.)

   c. He rolled **up** his sleeve.
   (그는 그 소매를 말아 올렸다.)

   d. He rolled **up** his blanket.
   (그는 그의 담요를 다 말았다.)

2.7. 다음 주어는 목적어를 굴린다.

(17) a. The tide rolls pebbles.
   (조류가 자갈을 굴린다.)

   b. The river rolls the water **into** the ocean.
   (그 강은 물을 그 바다로 굴려간다.)

   c. The wind rolled the waves **against** the shore.
   (그 바람은 그 파도를 그 해안으로 굴려간다.)

   d. Heavy seas rolled the ship.
   (파도가 심한 바다가 그 배를 요동시킨다.)

e. The child was rolling a hoop.
(그 아이는 후프를 굴리고 있다.)

(18) a. He rolled out his words.
(그는 그의 말을 굴려내었다.)
   b. He rolls his r's
(그는 r 소리를 굴린다.)

2.8. 다음 주어는 말아서 생기는 개체이다.

(19) a. He rolled a cigarette.
(그는 담배 하나를 말았다.)
   b. She rolled a ball of string.
(그녀는 실꾸리 하나를 말았다.)

2.9. 다음 주어는 첫째 목적어에 둘째 목적어를 말아서 준다.

(20) Please roll me a cigarette.
(나에게 담배 하나를 말아주세요.)

2.10. 다음 주어는 목적어를 말아서 넣는다.

(21) a. He rolled the dirty laundry in a sheet.
(그는 그 때 낀 세탁물을 시트에 말아 넣었다.)
   b. He rolled himself into the blanket.
(그는 자신을 담요로 감쌌다.)
   c. They rolled her in a coat.
(그들은 그녀를 굴려서 저고리에 싸이게 했다.)

RUN

0. 이 동사의 개념바탕에는 뛰는 과정이 있다.

1. 자동사 용법

1.1. 다음 주어는 발로 뛰어서 움직인다.

(1) a. The boy ran **past** me.
   (그 소년은 빨리 뛰어 나를 지나갔다.)
   b. A horse can run faster than a man.
   (말은 사람보다 더 빨리 뛸 수 있다.)

1.2. 다음 주어는 바퀴가 달린 개체로서 빠르게 움직인다.

(2) The trams run on rails.
   (전차는 선로 위를 달린다.)

1.3. 다음 주어는 발이나 바퀴가 없이 빠르게 움직인다.

(3) a. The ship was running.
   (그 배는 빨리 달리고 있었다.)
   b. A breeze ran through the trees.
   (산들바람이 그 나무 사이를 빠르게 지나갔다.)

c. The salmon are running

(연어가 빠르게 지나가고 있다.)

1.4. 다음 주어는 액체이다. 주어는 빠르게 움직인다.

(4) a. Tears ran down my cheek.

(눈물이 나의 뺨을 타고 흘러 내렸다.)

b. Sweats were running from his forehead.

(땀방울이 그의 이마에서 흘러 내리고 있었다.)

c. Rivers run into the sea.

(강들은 그 바다로 흘러 들어간다.)

d. Blood runs from a cut.

(피가 베인 자리에서 흐른다.)

1.5. 다음 주어는 환유적으로 쓰여서 코나 눈과 관련된 액체를 가리
킨다.

(5) a. The child's nose ran. / My eyes ran.

(그 아이의 코가 흘렀다. / 나의 눈물이 흘렀다.)

b. The stocking ran.

(그 스타킹의 실이 풀렸다.)

1.6. 다음 주어는 소리와 관계된다. 주어는 빠르게 움직인다.

(6) a. A cheer ran down the ranks of spectators as the Queen
drive by.

(여왕이 자동차로 지나갈 때에, 갈채가 그 구경꾼들의 행렬을
따라 지나갔다.)

b. A whisper ran through the crowd.
(속삭임이 그 군중 속을 흘렀다.)

c. The news ran like wildfire.
(그 소식은 들불과 같이 번졌다.)

1.7. 다음 주어는 추상적 개체이나 구체적인 것으로 개념화되어 있다.

(7) a. A thought ran through my head.
(한 생각이 나의 머리를 빠르게 지나갔다.)

b. The pain ran up my arms.
(그 아픔이 내 팔 위로 빠르게 뻗쳐갔다.)

c. A shiver ran down his spine.
(오한이 그의 등골을 따라 빠르게 내려갔다.)

d. His life has run smoothly up to now.
(그의 인생은 지금까지 평탄하게 흘러왔다.)

e. The days ran into months.
(그 며칠이 빠르게 흘러서 몇 달이 되었다.)

1.8. 다음 주어는 움직이지 않으나, 전체 형상을 눈으로 따라가면 움직이는 것으로 보인다.

(8) a. The fence runs round the paddock.
(그 울타리는 그 목장 주위를 돈다.)

b. A scar runs across his left cheek.
(상처가 그의 왼쪽 뺨을 가로지른다.)

c. Shelves ran around the wall.
(선반들이 그 벽 주위를 돈다.)

d. The road runs through the woods and along the river.
(그 길은 그 숲을 지나 그 강을 따라간다.)

e. The grades on the exam ran from B to F.
   (그 시험의 성적은 B에서 F에 분포되었다.)

f. Vines run over the porch.
   (덩굴이 그 현관 위로 뻗는다.)

1.9. 다음 주어는 장소이동은 하지 않으나, 제자리에서 빠르게 움직인다.

(9) a. Don't leave your car running.
    (너의 자동차 엔진을 돌아가게 내버려 두지 말아라.)

b. The sewing machine doesn't run well.
   (그 재봉틀은 잘 돌지 않는다.)

c. The factory has ceased running.
   (그 공장은 이제 돌아가지 않는다.)

d. Does your watch run well?
   (너의 시계가 잘 돌아가느냐?)

e. We couldn't get the motor to run.
   (우리는 그 모터를 돌아가게 할 수가 없었다.)

1.10. 다음 주어서 흘러서 어떤 상태에 이른다.

(10) a. The river ran **dry**.
     (그 강이 흘러서 마르게 되었다.)

b. Our oil supplies are running **low**.
   (우리의 기름 공급이 줄고 있다.)

1.11. 다음에 쓰인 형용사는 액체가 흐를 때의 상태를 나타낸다.

(11) a. My blood ran **cold.**
  (내 피가 차게 흘렀다.)
 b. The river runs **deep.**
  (그 강은 깊게 흐른다.)
 c. The tide is running **strong.**
  (그 조류가 세게 흐르고 있다.)
 d. The river is running full.
  (그 강은 물이 가득한 상태로 흐르고 있다.)

1.12. 다음은 「활동은 움직이다」의 은유가 적용된 표현이다.

(12) a. He lets his children run wild.
  (그는 그의 아이들을 난폭하게 굴도록 내버려 둔다.)
 b. His children are running wild.
  (그의 아이들이 난폭하게 날뛰고 있다.)
 c. Popular feelings is running high.
  (여론이 격해지고 있다.)

1.13. 다음 개체는 시간 속에 진행된다.

(13) a. The movie ran at the theater.
  (그 영화는 그 극장에서 상영되었다.)
 b. The lease runs two more years.
  (그 대여는 2년 더 간다.)

1.14. 다음 주어는 값이 나간다.

(14) a. This dress runs $80.
  (이 드레스는 80달러가 나간다.)

b. These boots run $50 a pair.
(이 장화는 한 켤레에 50불 나간다.)

2. 타동사 용법

2.1.   다음 주어는 목적어를 뛰게 한다.

(15) a. He runs two horses in the race.
(그는 말 두 마리를 그 경주에 뛰게 한다.)
b. He ran a fox to earth.
(그는 여우를 굴속으로 몰아넣었다.)

2.2. 다음 주어는 목적어를 달리게 한다.

(16) a. He ran the car **into** the garage.
(그는 그 차를 그 차고 안으로 몰았다.)
b. He ran his car **into** a tree.
(그는 그의 차를 나무에 들이 받았다.)

2.3. 다음 주어는 목적어를 through의 목적어를 지나가게 한다.

(17) a. He ran a comb **through** his hair.
(그는 빗을 머릿속을 지나게 했다 / 빗으로 머리를 빗었다.)
b. He ran his fingers **through** his hair.
(그는 손가락을 머리카락 속을 지나게 했다.)
c. He ran a sword **through** the puppet.
(그는 칼을 그 꼭두각시를 지나가게 했다/찔렀다.)

(cf. He ran the puppet with a sword.)
(그는 그 꼭두각시를 칼로 찔렀다.)

2.4. 다음 주어는 목적어를 움직여서 부딪치게 한다.

(18) a. He ran his head **against** the glass door in the dark.
     (그는 어둠 속에서 그의 머리를 그 유리문에 부딪쳤다.)
   b. Tom ran his nose **against** the post.
     (톰은 그의 코를 그 기둥에 받았다.)
   c. He ran a splinter **into** his hand.
     (그는 가시가 그의 손에 박히게 했다.)

2.5. 다음 주어는 목적어를 흐르게 한다.

(19) a. He ran some hot water **into** the bowl.
     (그는 약간의 뜨거운 물을 그 사발에 따랐다.)
   b. You have to run the water **off** when you've had your bath.
     (목욕을 한 다음에 그 물을 빠지게 해야 한다.)
   c. Run the water till it gets hot.
     (뜨거워질 때까지 그 물을 흘리세요.)

2.6. 다음 목적어는 뛰는 거리나 장소이다.

(20) a. He ran 10 miles in one hour.
     (그는 10마일을 한 시간에 뛰었다.)
   b. They ran the whole course.
     (그들은 그 전 과정을 뛰었다.)
   c. The children are running the streets.
     (그 아이들이 거리를 뛰어다니고 있다.)

d. Let the things run that course.
(그 일이 제 과정을 굴러가도록 내버려 두어라.)

e. The fever ran its course for several days.
(그 열은 며칠 동안 제 길을 갔다.)

2.7. 다음 주어는 목적어를 두른다.

(21) The man ran a fence across the lot.
(그 남자는 그 부지를 가로지르는 울타리를 하나 세웠다.)

2.8. 목적어는 환유적으로 쓰였다. 신문기사는 줄로 되어 있고, 연속적인 줄은 흐르는 것 같이 보인다.

(22) a. They ran an article on the event.
(그들은 그 사건에 대한 기사를 실었다.)

b. They ran an ad in the paper.
(그들은 그 신문에 광고를 실었다.)

c. The Times ran an editorial about problems with the economy.
(타임지는 그 경제 문제에 대한 사설을 하나를 실었다.)

2.9. 다음은 「운영은 장소이동이다」의 은유가 적용된 표현이다.

(23) a. He runs a business/a theater.
(그는 사업/극장을 운영한다.)

b. He runs the house/the show.
(그는 그 집/쇼를 운영한다.)

c. The company runs a bus between the two cities.
(그 회사는 그 두 도시 간에 버스를 운영한다.)

2.10. 다음 주어는 목적어를 돌아가게 한다.

(24) She runs cars/trains/engines.
(그녀는 자동차/기차/기관차를 움직인다.)

2.11. 다음은 「위험은 장애물이다」의 은유가 적용된 표현이다. 주어
는 목적어를 뛰어넘는다.

(25) a. He ran a blockade.
(그는 봉쇄를 통과했다.)
b. They ran the risk of being killed.
(그들은 죽게 될 그 위험을 무릅썼다.)
c. They ran the danger of being fired.
(그들은 해고되는 그 위험을 무릅썼다.)
d. She ran the chance of being suspected of theft.
(그녀는 도둑질의 혐의를 받는 그 위험을 무릅썼다.)

2.12. 다음 주어는 목적어와 같이 뛰거나 자동차로 데려다 준다.

(26) a. I will run you up to town.
(나는 너를 읍내까지 태워 주겠다.)
b. I will run you to the top.
(나는 너를 그 꼭대기까지 뛰어주겠다.)
c. I will run you home in my car.
(너를 내 차에 태워서 집에 데려주마.)

2.13. 다음 주어는 목적어를 불법으로 옮긴다.

(27) a. They ran arms/guns/liquor.
　　　　(그들은 무기/총/술을 몰래 수입(수출)했다.)
　　 b. He ran contraband/messages.
　　　　(그는 암거래 물건/전언을 옮겼다.)

2.14. 다음 주어는 목적어를 후보로 뛰게 한다.

(28) a. The Democrats ran Bill for congress.
　　　　(민주당은 빌을 의회후보로 뛰게 했다.)
　　 b. They ran Baker for the mayor.
　　　　(그들은 베이커를 시장으로 출마시켰다.)

2.15. 다음 주어는 목적어를 흐르게 한다.

(29) a. He ran a fever.
　　　　(그는 열을 내었다.)
　　 b. He ran a temperature.
　　　　(그는 열이 나고 있었다.)

2.16. 다음 주어는 목적어를 뛴다. 목적어는 경기이다.

(30) He ran the race.
　　 (그는 그 경기를 뛰었다.)

SEE

0. 이 동사의 개념바탕에는 보는 과정이 있다.

1. 타동사 용법

1.1. 다음 주어는 목적어를 본다.

(1) a. I see some people in the garden.
    (나는 그 정원에 있는 몇 명의 사람들을 본다.)
   b. I haven't seen you for ages.
    (난 오랫동안 널 보지 못했다.)
   c. I saw her at the supermarket.
    (나는 그녀를 그 슈퍼마켓에서 보았다.)
   d. I saw my dead father in a dream last night.
    (나는 돌아가신 나의 아버지를 어젯밤 꿈에서 뵈었다.)
   e. I can still see the professor as he was 20 years ago.
    (나는 여전히 20년 전 모습 그대로이신 그 교수님을 뵐 수 있다.)

1.2. 다음 주어는 목적어가 어떤 과정을 마치는 것을 본다.

(2) a. I saw her come across the street.
    (나는 그녀가 그 길을 건너온 것을 보았다.)
   b. She saw him going out of the house.
    (그녀는 그가 그 집 밖으로 나가는 것을 보았다.)

c. I saw the old man knocked down.
(나는 그 노인이 쓰러져 있는 것을 보았다.)

d. I don't want to see her treated like that.
(나는 그녀가 그렇게 다뤄지는 것을 보고 싶지 않다.)

e. He saw his own brother murdered.
(그는 친형제가 살해당하는 것을 보았다.)

f. She was seen taking the money.
(그녀는 그 돈을 가져가는 것이 보였다.)

g. The man was seen to go out.
(그 남자가 나가는 것이 보였다.)

1.3. 조사하기 위해서는 눈으로 보아야 한다. 그래서 '보다'는 '조사하다'의 의미를 가지게 된다. 주어는 목적어를 조사한다.

(3) a. You'd better see the house before you work on it.
(네가 일을 시작하기 전에 그 집을 한 번 봐두는 것이 좋을 게다.)

b. I have in a man to see the drains.
(난 그 하수구를 손봐줄 사람을 불러들였다.)

c. Let me see your ID card.
(신분증 좀 보여 주십시오.)

d. I want to see how he should solve the problem.
(난 그가 어떻게 문제를 풀지 알고 싶다.)

e. Go and see what the children are doing.
(그 아이들이 뭘 하고 있는지 가서 봐라.)

1.4. 무엇을 조심하거나 확인하기 위해서도 눈으로 보아야 한다. 이러한 관계에서 '보다'에는 조심하거나 확인하는 과정도 의미한다.

(4) a. See you don't catch your foot.
    (너의 발이 걸리지 않도록 해라.)

 b. Stay and see the doors locked.
    (그 문들이 잠기었는지 남아서 확인해라.)

 c. I will see that the work gets done right away.
    (내가 그 일이 곧장 되도록 확인하겠다.)

 d. See that he finishes his homework by seven.
    (그가 7시까지 그의 숙제를 끝마치도록 확인해라.)

1.5. 누구를 만나면 서로 보게 된다. 이러한 관계에서 본다는 것은
    만나서 상호작용을 하는 과정을 나타내게 된다.

(5) a. Come and see me.
    (나 보러 오렴.)

 b. I think you ought to see a doctor.
    (나는 네가 의사를 봐야 된다고 생각해.)

 c. You must see the lawyer.
    (너는 그 변호사를 만나야 한다.)

 d. Kate is seeing too much of the same boy.
    (케이트는 같은 소년과 너무 많이 만나고 있어.)

 e. Let's see a great deal of each other.
    (우리 서로 자주 보자.)

1.6. 구경이나 연극 등은 눈으로 보아야 한다. 따라서 '보다', '구경을
    하다', '연극을 보다' 등의 뜻을 가지게 된다.

(6) a. I am going to see the sights.
    (나는 그곳을 관광할 예정이다.)

b. Have you ever seen Paris?
   (파리에 가본 적 있어요?)

c. The church is worth seeing.
   (그 교회는 볼 만하다.)

d. Did you see the drama last night?
   (어젯밤 그 드라마 보셨어요?)

e. Did you see the cinema at the theater?
   (그 영화를 그 극장에서 봤니?)

1.7. '보다'는 마음의 눈을 통해서 무엇을 지각하는 과정도 의미한다.

(7) a. I see things differently
    (나는 사물을 다르게 본다.)

b. I see it in a new light.
   (나는 그것을 새롭게 본다.)

c. I don't see fit to ask him the question.
   (나는 그에게 그 질문을 하는 것이 적당하지 않다고 생각한다.)

d. I see it as her duty.
   (나는 그것을 그녀의 의무라고 생각한다.)

e. How do you see the current Middle East situation?
   (현 중동사태를 어떻게 보십니까?)

1.8. '보다'는 머리로 이해하는 과정에도 쓰인다.

(8) a. I can't see the joke.
    (나는 그 농담을 이해할 수 없다.)

b. It took me a while to see the truth of her remark.
   (그녀의 말의 진실을 파악하는 데 한참 걸렸다.)

1.9. 다음 주어는 that-절의 내용을 이해한다.

(9) a. He saw **that** he had made a mistake.
　　 (그는 실수를 저질렀다는 것을 알았다.)
　 b. He could see **that** another earthquake broke out in Italy.
　　 (그는 또 다른 지진이 이태리에 일어났다는 것을 알 수 있었다.)
　 c. I can see **that** my idea was a bad one.
　　 (나는 내 생각이 나쁜 것이었음을 알 수 있다.)
　 d. I see **that** you are enjoying the work.
　　 (나는 네가 그 일을 좋아하는 것을 안다.)

1.10. 다음 주어는 의문사가 이끄는 절의 내용을 이해한다.

(10) a. I did not see **how** to answer the question.
　　 (나는 어떻게 그 질문에 답할 줄을 몰랐다.)
　 b. Don't you see **what** I mean?
　　 (내가 뭘 의미하는지 알지 못하겠어?)
　 c. I don't see **why** he doesn't come
　　 (나는 왜 그가 오지 않는지 알 수 없다.)
　 d. I don't see **why** she is so against my idea.
　　 (나는 그녀가 왜 그렇게 내 생각에 반대하는지 알 수 없다.)

1.11. 마음의 눈으로 보는 과정은 상상하는 과정에 확대된다.

(11) a. Can you see him agreeing to such a plan?
　　 (당신은 그가 그러한 계획에 동의하는 것을 상상할 수 있습니까?)
　 b. I can't see her lending me any money.
　　 (나는 그녀가 내게 돈을 빌려 주는 것을 상상할 수 없다.)

c. I cannot see myself submitting to it.
(나는 자신이 그것에 굴복하는 것을 상상할 수 없다.)

d. I cannot see her being a good mother.
(나는 그녀가 좋은 어머니가 되는 것을 상상할 수 없다.)

e. I cannot see her as a singer.
(나는 그녀를 가수로서 상상도 할 수 없다.)

1.12. 다음 주어는 목적어를 보살펴서 이동을 하게 한다.

(12) a. I saw him home.
(나는 그를 살펴 데리고 갔다.)

b. She saw her child across the road.
(그녀는 그녀의 아이를 그 길을 살펴 건너게 돌보았다.)

c. Don't bother to come down. I can see myself out.
(내려올 필요 없어. 나는 혼자 살펴 나갈 수 있어.)

d. I'll see you through.
(내가 너를 살펴서 끝까지 돕겠다.)

e. Let's see the old year out and the new year in.
(묵은해를 보내고 새해를 맞이합시다.)

f. He was seeing his sister through college.
(그는 여동생을 살펴서 대학을 나오도록 하고 있었다.)

1.13. '보다'는 경험하다는 뜻으로도 쓰인다.

(13) a. He has seen a lot of life.
(그는 삶의 여러 모습들을 경험했다.)

b. We have seen the day when things were better.
(우리는 세상사가 좀 더 좋았던 날을 본 적이 있다.)

c. You and I have seen good times together.
(너와 나는 좋은 시간을 함께 보내왔다.)

d. This old house has seen better days.
(이 옛집은 더 좋았던 시절이 있었다.)

e. He has never seen army service.
(그는 군복무를 치룬 적이 없다.)

2. 자동사 용법

2.1. 다음 주어는 본다.

(14) a. It was so dark that I could hardly see.
(너무 어두워서 나는 거의 볼 수가 없었다.)

b. A puppy cannot see till the ninth day.
(생후 9일이 되기까지 강아지는 볼 수가 없다.)

c. Owls see best at night.
(올빼미는 밤에 가장 잘 본다.)

d. She does not see very well in her left eye.
(그녀는 왼 눈으로는 잘 보지 못한다.)

e. The blind do not see.
(장님들은 볼 수 없다.)

2.2. 다음 주어는 이해한다.

(15) a. So I see.
(그런 것 같군요.)

b. I see.
   (알았다.)

c. Now do you see?
   (이제 아시겠어요?)

d. As you see
   (보시는 바와 같이)

e. As far as I can see, there is nothing.
   (내가 아는 한, 아무 것도 없다.)

2.3. 다음 주어는 조심한다.

(16) a. See, the car is coming.
     (조심해. 차가 오잖아.)

b. See, here.
   (어이 이봐)

c. See, the moon is out.
   (봐, 달이 나왔어.)

SEND

0. 이 동사의 개념바탕에는 보내는 과정이 있다.

1. 타동사 용법

1.1. 다음 주어는 목적어를 보낸다.

(1) a. You should send your shoes to be repaired.
   (너는 너의 신을 수선되게 보내야 한다.)
   b. He sent his children to good schools.
   (그는 그의 아이들을 좋은 학교에 보냈다.)
   c. He sent a telegram/a message.
   (그는 전보/전언을 보냈다.)
   d. He sent a bullet/a knife into it.
   (그는 실탄/칼을 그 속으로 보냈다.)
   e. He sent the ball into the goal.
   (그는 그 공을 그 골로 집어넣었다.)

1.2. 다음 목적어는 추상적이다.

(2) a. He sent help/word.
   (그는 도움/말을 보냈다.)
   b. He sent his love to her.
   (그는 그의 사랑을 그녀에게 보냈다.)

1.3. 주어는 목적어를 전치사 to의 목적어로 보낸다. 다음 목적지는
추상적이다.

(3) a. We sent him to school.
  (우리는 그를 학교에 보냈다.)
 b. We sent her to bed.
  (우리는 그녀를 자러 보냈다.)
 c. She sent her son to college.
  (그녀는 아들을 대학에 보냈다.)

1.4. 다음 주어는 목적어를 자체에서 밖으로 내보낸다. 목적어는 주
어에서 나온다.

(4) a. The stubble was burning in the field, sending wisps of black
  smokes into the air.
  (그 그루터기가 그 밭에서 타면서 검은 연기의 가락을 공기
  속으로 내보내고 있었다.)
 b. The swing sent the ball over the fence.
  (그 휘두름이 그 공을 그 담장 너머로 날려 보냈다.)
 c. The candle sent out light.
  (그 초는 빛을 내보냈다.)
 d. He sent a blow to the man's jaw.
  (그는 한 방을 그 남자의 턱에 보냈다.)

1.5. 다음은 「상태의 변화는 장소이동이다」의 은유가 적용된 표현
이다.

(5) a. The news sent the family into great excitement.
  (그 소식은 온 가족을 큰 흥분 속으로 몰아넣었다.)

b. The rock music sent them into a frenzy.
(그 록음악은 그들을 열광하게 했다.)

c. The news sent them into a panic.
(그 소식은 그들을 겁에 질리게 했다.)

1.6. 다음에서 목적어가 들어가는 상태는 형용사로 표현되어 있다.

(6) a. The noise is sending us **crazy**.
(그 소음은 우리를 미칠 지경으로 만들고 있다.)

b. The sight sent him **mad**.
(그 광경은 그를 미칠 지경으로 만들었다.)

c. The sudden excitement sent his temperature **up**.
(그 갑작스런 흥분은 그의 체온이 오르게 했다.)

1.7. 다음에서 목적어가 겪는 상태는 분사로 표현되어 있다.

(7) a. The punch sent him reeling.
(그 주먹은 그를 비틀거리게 했다.)

b. The explosion sent the glass flying.
(그 폭발은 그 잔을 날아가게 했다.)

c. You nearly sent me flying.
(너는 나를 거의 뒤로 넘어지게 했다.)

d. He sent a stone rolling down a hill.
(그는 돌을 그 산 아래로 굴러가게 했다.)

e. The accident sent me looking for a new car.
(그 사고는 나를 새 차를 찾게 만들었다.)

1.8. 다음 주어는 첫째 목적어에 둘째 목적어를 보낸다.

(8) a. He sent me a letter.

　　(그는 나에게 편지를 보냈다.)

　b. He sent her a nice gift.

　　(그는 그녀에게 좋은 선물을 보냈다.)

SEPARATE

1. 타동사 용법

1.1. 다음 주어는 목적어를 from의 목적어로부터 분리한다.

(1) a. They separated cream **from** milk.
   (그들은 크림을 우유에서 분리했다.)
   b. Break the eggs and separate the whites **from** the yolks.
   (그 계란들을 깨뜨려서 흰자를 노른자에서 분리해라.)
   c. Separate gold **from** sand.
   (금을 모래에서 가려내라.)
   d. They separated the boughs **from** the trunk.
   (그들은 그 가지를 그 줄기에서 떼어내었다.)
   e. The police separated the troublemakers **from** the rest.
   (경찰은 그 문제를 일으키는 인물들을 나머지로부터 분리하였다.)
   f. He separates sense from nonsense/magic **from** medicine
   (그는 의미를 무의미에서/마술을 의술에서 구별한다.)
   g. They separated education **from** religion
   (그들은 교육을 종교에서 분리시켰다.)
   h. He separated himself **from** his family.
   (그는 자신을 가족에서 분리했다.)

i. We separated the grain **from** the chaff.
    (우리는 곡식을 겨에서 분리했다.)

1.2. 다음 주어는 목적어를 떼어놓는다. 목적어는 복수이다.

(2) a. The referee separated the two boxers.
       (그 심판은 그 두 권투 선수를 떼어놓았다.)
    b. We separated the two fighting dogs.
       (우리는 그 두 투견을 떼어놓았다.)
    c. Spiteful gossips separated the two friends.
       (짓궂은 소문이 그 두 친구를 갈라놓았다.)
    d. Opposing political views separated the old friends.
       (반대되는 정치적 견해가 그 옛 친구를 갈라놓았다.)
    e. War separated many families.
       (전쟁은 많은 가족을 흩어지게 한다.)

1.3. 다음 주어는 목적어를 분리하여 into의 목적어 상태로 만든다.

(3) a. He separated the money **into three piles**.
       (그는 그 돈을 세 뭉치로 분리했다.)
    b. We are separating a big tract of land **into small plots**.
       (우리는 큰 땅덩어리를 조그마한 지구로 나누었다.)
    c. We separated the cards **into three piles**.
       (우리는 그 카드를 세 묶음으로 분리했다.)
    d. The teacher separated the children **into two groups**.
       (그 선생님은 그 아이들을 두 그룹으로 나누었다.)
    e. We separated the church and the state.
       (우리는 교회와 국가를 분리하였다.)

1.4. 다음 주어는 그 자체가 목적어를 from의 목적어에서 분리한다.

(4) a. The Atlantic Ocean separates America **from** Europe.
   (대서양은 미국을 유럽에서 갈라놓는다.)
   b. The sea separates England **from** France.
   (그 바다가 영국을 프랑스로부터 갈라놓는다.)
   c. A partition separates the room.
   (칸막이가 그 방을 나누고 있다.)
   d. A river separated the town into two.
   (강이 그 읍내를 둘로 갈라놓는다.)

2. 자동사 용법

2.1. 다음 주어는 헤어진다.

(5) a. We separated after taking dinner at the restaurant.
   (우리는 그 레스토랑에서 저녁을 먹은 뒤 헤어졌다.)
   b. The Smiths have separated.
   (스미스 씨 부부는 헤어졌다.)
   c. John and Mary separated by agreement.
   (존과 메리는 합의하에 헤어졌다.)

2.2. 다음 주어는 from의 목적어에서 분리된다.

(6) a. The paper has separated **from** the wall.
   (그 종이는 그 벽에서 떨어졌다.)

b. Oil separates **from** water.
(기름은 물에서 분리된다.)

2.3. 다음 주어는 갈라진다.

(7) a. The orange separates into ten or twelve pieces.
(오렌지는 10 또는 12조각으로 나누어진다.)

b. The society separates into several classes.
(그 사회는 몇 개의 계층으로 분리된다.)

c. The Germanic languages separated into three branches.
(게르만 어는 세 가지 갈래로 나누어졌다.)

2.4. 다음 주어는 움직이지 않으나 전체 형상을 눈으로 따라가 보면
갈라진다.

(8) a. The road separates here into two.
(그 길은 이곳에서 둘로 갈라진다.)

b. The path separates into three.
(그 소로는 셋으로 갈라진다.)

SERVE

1. 타동사 용법

1.1. 다음 주어는 목적어를 섬긴다.

(1) a. Let me know if I can serve you in any way.
   (내가 어떤 방법으로든 너를 도울 수 있는지 알려 달라.)
   b. A slave serves his master.
   (하인은 주인을 섬긴다.)
   c. They refused to serve him in the bar.
   (그들은 그 술집에서 그를 시중들기를 거절했다.)
   d. A good citizen serves his country.
   (훌륭한 시민은 그의 나라를 봉사로 돕는다.)

1.2. 다음 주어는 목적어를 제공한다.

(2) a. He served tea/roast pork.
   (그는 차/구운 돼지고기를 대접했다.)
   b. He served up the soup to the guests.
   (그는 그 스프를 그 손님들에게 대접했다.)
   c. We are not allowed to serve alcohol in this hotel.
   (우리는 이 호텔에서 주류를 접대하는 것이 허락되지 않았다.)

d. What time is breakfast served in this hotel?

(몇 시에 이 호텔에서는 아침식사가 제공됩니까?)

1.3. 다음 주어는 목적어를 on의 목적어에 송달한다.

(3) a. The court served a warrant **on** her.

(그 법원은 영장을 그녀에게 발부했다.)

b. The bailiff served a summons **on** the man.

(그 집행관은 소환장을 그 사람에게 발부했다.)

1.4. 다음 주어는 목적어에게 with의 목적어를 제공한다.

(4) a. The waiter served us **with** milk.

(그 웨이터는 우리를 우유로 접대했다.)

b. They served him **with** a summons.

(그들은 그에게 소환장을 주었다.)

c. A simple pipeline serves all the houses **with** gas.

(하나의 관이 모든 가구를 가스를 공급한다.)

1.5. 다음은 수동태 문장으로 주어는 with의 목적어가 주어진다.

(5) a. The police were served **with** revolvers.

(경찰은 연발권총이 주어졌다.)

b. The man was served **with** a round of ammunition.

(그 사람은 한 벌의 총탄이 주어졌다.)

1.6. 다음 주어는 목적어에 도움을 준다.

(6) a. That excuse will not serve you.
       (그 변명은 너를 구해주지 못할 것이다.)

    b. My memory serves me well.
       (내 기억이 나를 잘 도와준다/틀림없다.)

    c. A word of comfort will serve him for encouragement.
       (위로의 한마디가 그를 용기를 갖게 도와줄 것이다.)

1.7. 다음 주어는 목적어를 as의 목적어로 도움을 준다.

(7) a. The box served him **as** a desk.
       (그 상자는 그를 책상으로 도움을 주었다.)

    b. The upturned bucket served him **as** a seat.
       (그 뒤집어진 양동이는 그를 의자로 도움을 주었다.)

    c. A flat stone served us **as** a table.
       (평평한 돌이 우리를 탁자로 도움을 주었다.)

    d. The shed serves us **as** a garage.
       (그 헛간은 우리를 차고로 도움을 준다.)

1.8. 다음 주어는 목적어에 봉사한다. 목적어는 지역이다.

(8) a. The railroad serves the district.
       (그 철로는 그 지역을 봉사한다.)

    b. One doctor serves a large area.
       (한 명의 의사가 큰 지역을 봉사한다.)

    c. The elevator serves all the floors.
       (그 승강기는 모든 층을 봉사한다.)

    d. The hospital serves the entire area.
       (그 병원은 그 지역 전체를 봉사한다.)

e. A ferry serves the outlying islands.
  (나룻배 한 척이 그 외딴 섬들을 봉사한다.)

1.9. 다음 목적어는 봉사기간이다. 주어는 목적어를 근무나 복무
  한다.

(9) a. He served his full time in office.
    (그는 그의 모든 시간을 관직에 봉사했다.)
  b. He served his mayorality.
    (그는 그의 시장직을 수행했다.)
  c. He served two terms as president.
    (그는 대통령으로 두 번의 임기를 마쳤다.)
  d. The thief served a term in prison.
    (그 도둑은 한 기간을 감옥에서 복역했다.)
  e. The soldier served three years in the army.
    (그 군인은 3년을 육군에서 복무했다.)
  f. He served five years for robbery.
    (그는 강도죄로 5년을 복역했다.)

1.10. 다음 목적어는 추상적 개체이다. 주어는 목적어를 돕는다.

(10) a. That will serve the cause of the world peace/the national
    interest.
    (그것은 세계 평화의 대의/국가이익을 도울 것이다.)
  b. This will serve my purpose.
    (이것은 나의 목적을 도울 것이다.)

1.11. 다음 주어는 목적어를 보답한다.

(11) a. It serves you right.

(그래 싸다/그것 보라니까.)

　b. After all you have eaten, it serves you right if you feel ill.

(네가 그 모든 것을 먹은 후에, 네가 아프면 그것은 싸지.)

　c. The punishment serves George right.

(그 벌은 죠지에게 싸다.)

1.12. 다음 주어는 첫째 목적어에 둘째 목적어를 제공한다.

(12) a. He served us hot coffee.

(그는 우리에게 뜨거운 커피를 대접했다.)

　b. The waitress served us food.

(그 웨이트리스는 우리에게 음식을 가져다주었다.)

　c. He served me a dirty trick.

(그는 나에게 치사한 속임수를 썼다.)

　d. He served her a bad turn.

(그는 그녀에게 나쁜 반격을 가했다.)

2. 자동사 용법

2.1 다음 주어는 봉사한다.

(13) a. He served as chauffeur/mayor/a clerk in a bank/a soldier/a member of the Parliament.

(그는 운전수/시장/서기/군인/국회의원으로 봉사했다.)

　b. She served in the kitchen/the army/the diplomatic service.

(그녀는 부엌/군대/외무부에서 근무했다.)

c. We are ready to serve.
   (우리는 기꺼이 봉사할 준비가 되어 있다.)

d. They served on the jury/committee.
   (그들은 그 배심원/위원회에서 봉사했다.)

2.2. 다음 주어는 to 부정사가 과정에 도움이 된다.

(14) a. This serves **to** show his honesty.
   (이것은 그의 정직을 보여주는데 도움이 된다.)

b. His excuse only served **to** lose his credit.
   (그의 변명은 그의 신용을 떨어뜨리는 도움을 줄 뿐이었다.)

c. His remarks served only **to** worsen the situation.
   (그의 말은 오직 상황을 악화시키는 도움을 줄 뿐이었다.)

2.3. 다음 주어는 도움을 준다.

(15) a. The tide serves.
   (때가 도움이 된다.)

b. The occasion serves.
   (상황이 도움이 된다.)

SET

> 0. 이 동사의 개념바탕에는 기능적 조합이 되게 놓는 과정이 있다.

1. 타동사 용법

1.1. 다음 주어는 목적어를 to의 목적어에 가져다 댄다.

(1) a. He set a glass **to** his lips. (cf. He set his lips to the glass.)
   (그는 유리잔을 그의 입술에 대었다.)
   b. He set his hands **to** the documents.
   (그는 그의 손을 그 문서에 대었다.)
   c. He set spurs **to** his horse.
   (그는 박차를 그의 말에 가했다.)
   d. He set the axe **to** the tree.
   (그는 그의 도끼를 그 나무에 대었다.)
   e. He set pen **to** paper.
   (그는 펜을 종이에 대었다.)
   f. He set fire/light/a match **to** the straw.
   (그는 불/불빛/성냥을 그 밀짚에 붙였다.)

1.2. 다음 주어는 가사를 곡에 붙인다.

(2) a. He set new words to an old tune.
   (그는 새 가사를 옛 곡에 붙였다.)

b. He set words to music.
(그는 가사를 음악에 붙였다.)

1.3. 다음 주어는 목적어를 around나 on의 목적어 위에 놓는다.

(3) a. They set guards **around** the gate.
(그들은 경비들을 그 대문 주위에 놓았다(배치시켰다).)
b. She set the dishes **on** the table.
(그녀는 그 접시를 그 식탁 위에 놓았다.)
c. She set a lamp **on** the table.
(그녀는 램프를 그 식탁 위에 놓았다.)
d. He set spies **on** the woman.
(그는 스파이를 그 여자에게 배정시켰다.)

1.4. 다음 주어는 목적어를 in의 목적어에 박아서 두 개체가 조합을
이루게 한다.

(4) a. He set a diamond **in** gold.
(그는 다이아몬드를 금에 박았다.)
b. He set an oil painting **in** a frame.
(그는 유화를 액자에 넣었다.)
c. The heavy lathe was set **in** concrete.
(그 무거운 선반은 콘크리트로 고정되었다.)

1.5. 다음 주어는 목적어를 전치사 with의 목적어로 박는다.

(5) a. The craftsman set a bracelet **with** rubies.
(그 수공사는 그 팔찌를 루비로 박았다.)

b. The crown was set **with** jewels.
   (그 왕관은 보석으로 장식되어 있었다.)
c. The tops of the walls were set with broken glasses.
   (그 벽의 윗부분은 부서진 유리로 박혀 있었다.)

1.6. 다음 주어는 목적어를 어느 위치에 고정시킨다.

(6) a. He set the control **to** the coldest setting.
      (그는 그 조종장치를 제일 찬 눈금에 고정시켰다.)
   b. She set the dial **at** 0.8.
      (그녀는 그 다이얼을 0.8에 고정했다.)

1.7. 다음 목적어는 환유적으로 쓰여서 전체가 부분을 가리킨다. 주
    어는 특정한 목표를 위해 목적어의 관련 부위를 조정한다.

(7) a. He set the camera for a long distance shot.
      (그는 먼 거리 사진을 찍기 위하여 그 카메라를 조정했다.)
   b. She set the alarm clock at six o'clock.
      (그녀는 그 자명종을 여섯 시에 설정했다.)
   c. The boy set the television to channel eleven.
      (그 소년은 그 텔레비전을 11번에 놓았다.)

1.8. 다음은 「마음은 개체이다」의 은유가 적용된 표현이다. 주어는
    목적어를 on의 목적어에 고정시킨다.

(8) a. I've set my mind **on** this plan.
      (나는 내 마음을 이 계획에 두고 있다.)
   b. The girl has set her heart **on** that toy.
      (그 소녀는 그녀의 마음을 저 장난감에 두고 있다.)

c. He set his affection **on** the girl.

(그는 그의 애정을 그 소녀에게 두었다.)

1.9. 다음 목적어는 짜 맞추어서 생겨나는 개체이다.

(9) a. He set the stage for the next part of the play.

(그는 그 연극의 다음 부분을 위해서 그 무대를 장치했다.)

b. He set the scene.

(그는 그 배경을 장치했다.)

c. They set the table.

(그들은 그 식탁을 준비했다.)

1.10. 다음 주어는 목적어를 새로 정한다.

(10) a. He set a record in the high jump.

(그는 높이뛰기에서 기록을 세웠다.)

b. He set an example.

(그는 모범을 보였다.)

c. He set the pace.

(그는 속도를 설정했다.)

d. She set the date for her wedding.

(그녀는 그녀 결혼식의 날짜를 정했다.)

e. He set the mortgage rate.

(그는 그 저당율을 설정했다.)

1.11. 다음 주어는 첫째 목적어에 둘째 목적어를 정해준다.

(11) a. The teacher set the boys a difficult task.

(그 선생님은 그 소년들에게 어려운 일을 배정했다.)

b. He set his secretary various tasks.
   (그는 그의 비서에게 여러 가지 일을 주었다.)

c. I've set myself a difficult task.
   (나는 자신에게 어려운 일을 부과했다.)

d. You should set the young boy a good example.
   (너는 그 젊은이에게 좋은 모범을 보여주어야 한다.)

1.12. 다음 주어는 목적어를 to 부정사가 가리키는 일을 하게 한다.

(12) a. He set the farm laborers **to** chop wood.
   (그는 그 농장 일꾼들을 나무를 자르도록 했다.)

b. I set the boys **to** rake the leaves.
   (나는 그 소년들을 그 잎을 긁어모으도록 했다.)

c. I set myself **to** study the problem.
   (나는 나 자신을 그 문제를 풀도록 시켰다.)

d. I've set myself **to** finish the job by the end of May.
   (나는 나 자신을 오월 말까지 그 일을 끝마치도록 시켰다.)

1.13. 다음은 「과정은 장소이동이다」의 은유가 적용된 표현이다. 다음 주어는 목적어를 특정한 상태에 위치시킨다.

(13) a. He set the machine going with a push.
   (그는 한번 밀어서 그 기계가 돌아가게 했다.)

b. Who has set the dog barking?
   (누가 그 개를 짓게 했는가?)

c. The news set me thinking.
   (그 소식은 나를 생각하게 했다.)

d. My jokes set the whole company laughing.
   (내 농담은 전 동료들을 웃게 했다.)

1.14. 다음은 「상태는 장소이다」의 은유가 적용된 예이다. 주어는 목
　　　적어를 어떤 상태에 놓는다.

(14) a. He set me free/right.
　　　　(그는 나를 자유롭게/올바르게 했다.)
　　　b. He set them at defiance/liberty/variance.
　　　　(그는 그들을 반항하게/자유롭게/상충되게 했다.)
　　　c. He set her at ease.
　　　　(그는 그녀를 편안하게 했다.)
　　　d. He set the house on fire/in order.
　　　　(그는 그 집을 불붙게/정돈되게 했다.)

2. 자동사 용법

2.1. 다음 주어는 높은데서 낮은 곳으로 움직인다.

(15) a. The sun sets in the west.
　　　　(태양은 서쪽에서 진다.)
　　　b. The moon is setting.
　　　　(달이 지고 있다.)

2.2. 다음은 「아래는 약함이다」의 은유가 적용된 표현이다.

(16) The power of the country began to set after the war.
　　　(그 나라의 힘은 그 전쟁 후에 줄기 시작했다.)

2.3. 다음 주어는 특정한 방향으로 움직인다.

(17) a. The public opinion is setting **against** it.
   (그 여론은 그것에 불리하게 흐르고 있다.)
   b. The wind sets **from** the N.E.
   (그 바람은 북동에서 분다.)
   c. The current sets **to** the south.
   (그 조류는 남쪽으로 흐른다.)

2.4. 다음 주어는 굳어진다.

(18) a. Jelly sets as it cools.
   (젤리는 식으면서 굳어진다.)
   b. This concrete will set in a few hours.
   (이 콘크리트는 몇 시간 안에 굳어질 것이다.)
   c. Has the glue set yet?
   (그 접착제가 굳어졌냐?)

2.5. 다음 주어는 잘 맞는다.

(19) a. The coat sets well.
   (그 저고리는 잘 맞는다.)
   b. The jacket sets well on you.
   (그 재킷은 네 몸에 잘 맞는다.)

2.6. 다음 주어는 부정사가 가리키는 일을 시작한다.

(20) a. He set to work as soon as they arrived.
   (그들이 도착하자마자 그는 일을 하기 시작했다.)
   b. He set to work seriously.
   (그는 진지하게 일을 하기 시작했다.)

2.7. 다음 주어는 열린다.

(21) a. The apples don't set well this year.
    (사과가 올해 잘 열리지 않는다.)
  b. The pears have set well this year.
    (배가 금년에는 잘 열렸다.)

SHAKE

1. 타동사 용법

1.1. 다음 주어는 목적어를 흔든다.

(1) a. He shook the bottle of medicine.
   (그는 그 약병을 흔들었다.)
   b. They shook the closed door.
   (그들은 그 닫힌 문을 흔들었다.)
   c. The woman shook her little boy.
   (그 여자는 그녀의 작은 아이를 흔들었다.)
   d. He shook me by the shoulder.
   (그는 나를 어깨를 잡고 흔들었다.)

1.2. 다음 목적어는 주어의 신체 부위이다.

(2) a. They stopped to shake hands.
   (그들은 악수를 하기 위해 멈추었다.)
   b. He shook his head.
   (그는 머리를 저었다.)
   c. They shook their fingers at the politician.
   (그들은 손가락질을 그 정치가에게 했다.)

d. He shook his fist at the man.
   (그는 주먹을 그 남자에게 휘둘렀다.)

1.3. 다음 주어는 흔들어서 목적어를 나오거나 들어가게 한다.

(3) a. He shook the snow **from** his umbrella.
      (그는 그 눈을 그의 우산에서 털었다.)
    b. She shook fruit **from** a tree.
      (그녀는 과일을 나무에서 흔들어 떨어뜨렸다.)
    c. He shook two tablets **into** his hands.
      (그는 흔들어서 두 알을 손에 내었다.)
    d. She was shaking salt and pepper **on** the roast beef.
      (그녀는 소금과 후춧가루를 로스트 비프에 흔들어서 뿌리고 있다.)
    e. He shook sand **out of** his shoes.
      (그는 모래를 털어서 그의 신에서 나오게 했다.)

1.4. 다음 주어는 사람이 아닌 개체이다. 주어는 목적어를 흔든다.

(4) a. The explosion shook the house to its foundation.
      (그 폭발은 그 집을 지반까지 흔들었다.)
    b. The wind shook the trees.
      (그 바람은 그 나무들을 흔들었다.)
    c. Chills shook his body.
      (추위가 그의 몸을 떨게 했다.)
    d. His steps shook the room.
      (그의 걸음걸이가 그 방을 흔들었다.)

1.5. 다음 목적어는 환유적으로 쓰여서 마음을 가리킨다. 즉 주어는 목적어의 마음을 흔든다.

(5) a. This shook him to the soul.
   (이것이 그를 크게 혼을 내었다.)
   b. She was thoroughly shaken.
   (그녀는 완전히 동요되었다.)
   c. She was too much shaken to move or speak.
   (그녀는 너무 동요가 되어서 움직이거나 말을 할 수가 없었다.)
   d. The oil shortage shook the country.
   (그 기름 부족이 그 나라를 흔들거리게 했다.)

1.6. 다음에서 자신감, 냉정, 신념과 같은 정신상태는 구체적인 개체로 개념화되어 있다. 주어는 목적어를 헝클어 놓는다.

(6) a. His behavior shook my confidence.
   (그의 행동이 나의 자신감을 흔들어 놓았다.)
   b. That shook my composure.
   (그것이 나의 냉정을 흔들어 놓았다.)
   c. His lie shook my faith in his honesty.
   (그의 거짓말은 그의 정직에 대한 나의 신뢰를 흔들어 놓았다.)

2. 자동사 용법

2.1. 다음 주어는 흔들린다.

(7) a. The carriage shook violently.
    (그 마차는 심하게 흔들렸다.)
  b. He was shaking with cold/fear/anger.
    (그는 추위/두려움/분노로 떨고 있었다.)
  c. The earth shook under us.
    (땅이 우리 발아래서 흔들렸다.)

2.2. 다음 주어는 흔들려서 떨어져 내린다.

(8) Apples shook **down** with the last night's storms.
  (사과들이 간밤 폭풍으로 흔들려서 떨어졌다.)

2.3. 다음 주어는 흔들린다.

(9) a. His courage began to shake.
    (그의 용기가 흔들리기 시작했다.)
  b. The frightened boy's voice shook with fear.
    (그 놀란 소년의 목소리가 두려움으로 떨렸다.)

SHOOT

0. 이 동사의 개념바탕에는 쏘는 과정이 있다.

1. 타동사 용법

1.1. 다음 주어는 목적어를 쏜다. 목적어는 발사되는 개체이다.

(1) a. The man shot an arrow.
   (그 사람은 화살을 쏘았다.)
   b. He shot a bullet.
   (그는 탄환을 쏘았다.)
   c. We've shot away our ammunition.
   (우리는 우리의 탄약을 쏘아대었다.)
   d. The volcano shot out flames and rocks.
   (그 화산은 불꽃과 바위들을 내뿜었다.)
   e. He shot a finishing net.
   (그는 고기 그물을 던졌다.)
   f. He shot an anchor.
   (그는 닻을 던졌다.)

1.2. 다음 주어는 목적어를 빠르게 내민다.

(2) a. The snail shot **out** its horns.
   (그 달팽이는 그의 촉수를 내밀었다.)

b. The child shot **out** the lips.
     (그 아이는 입술을 내밀었다.)
  c. He shot **out** his tongue.
     (그는 혀를 날름 내밀었다.)
  d. The plant shot **out** new leaves.
     (그 식물은 새 잎들을 내밀었다.)

1.3. 다음 주어는 목적어를 빠르게 내보낸다. 목적어는 빛이나 소리
     이다.

(3) a. The sun shot its beams through the mist.
       (태양은 그 엷은 안개를 통해 빛을 내보내었다.)
    b. He shot an angry glance at us.
       (그는 성난 눈길을 우리에게 쏘았다.)
    c. She shot an indignant look at us.
       (그녀는 화난 얼굴을 우리에게 쏘았다.)
    d. He shot question after question.
       (그는 질문을 계속해서 쏘아대었다.)

1.4. 다음 주어는 목적어를 쏜다. 목적어는 총이다. 그러나 환유적으
     로 총알을 가리킨다.

(4) a. He shot a gun/a pistol.
       (그는 총/권총을 쏘았다.)
    b. She shot a rifle.
       (그녀는 소총을 쏘았다.)

1.5. 다음 목적어는 목표물이다. 주어는 목적어를 쏜다.

(5) a. He shot a tiger/a rabbit/a bird.
　　　(그는 호랑이/토끼/새를 쏘았다.)
　　b. The policeman shot him in the arm.
　　　(그 경관은 그를 팔에 쏘았다.)

1.6. 다음 주어는 목적어를 쏘아서 떨어뜨린다.

(6) a. They shot **down** an enemy plane.
　　　(그들은 적기를 한 대 쏘아 떨어트렸다.)
　　b. He shot the thief **dead**.
　　　(그는 그 도적을 쏘아서 죽였다.)
　　c. He shot the leg **off**.
　　　(그는 총을 쏘아서 다리를 끊어지게 했다.)

1.7. 다음 목적어는 장소이다.

(7) a. He shot the woods behind the farm.
　　　(그는 그 농장 뒤에 있는 그 숲을 쏘았다.)
　　b. He shot the east side of the mountain.
　　　(그는 그 산의 동쪽을 쏘았다.)

1.8. 다음 주어는 목적어를 빠르게 지나간다. 목적어는 경로이다.

(8) a. He shot the rapids.
　　　(그는 그 급류를 쏜살같이 탔다.)
　　b. He shot the bridge.
　　　(그는 그 다리를 쏜살같이 지났다.)

1.9. 다음은 수동태 문장으로, 주어는 with의 목적어가 그어져 있다.

(9) a. His black hair is shot with a few stretches of gray.
   (그의 검은 머리는 몇 가닥의 흰머리가 지나고 있다.)

   b. Her dress was shot with threads of gold.
   (그녀의 옷은 금실 가닥으로 장식되어 있다.)

   c. The blue sky was shot with white clouds.
   (그 푸른 하늘은 흰 구름으로 박혀 있다.)

1.10. 다음 주어는 목적어의 사진을 찍는다.

(10) a. He shot the scene in slow motion.
   (그는 그 장면을 느린 속도로 찍었다.)

   b. She shot the scene in one take.
   (그녀는 그 장면을 한 샷으로 찍었다.)

2. 자동사 용법

2.1. 다음 주어는 쏜다.

(11) a. Don't shoot until the target appears.
   (그 표적이 나타날 때까지 쏘지 말아라.)

   b. He shoots well.
   (그는 사격을 잘한다.)

2.2. 다음 주어는 빠르게 움직인다.

(12) a. A star shot **across** the sky.
   (별 하나가 하늘을 쏜살같이 가로질러 지나갔다.)

b. A car shot **by** us.
(차 한 대가 우리 옆을 쏜살같이 지나갔다.)

c. Tom began to shoot **out**.
(톰은 재빨리 뛰어나가기 시작했다.)

2.3. 다음 주어는 빠르게 나온다.

(13) a. Buds shoot **forth** in spring.
(새싹은 봄에 쑥 돋아 나온다.)

b. The snail's horn shot **out**.
(달팽이의 촉수가 날름 나왔다.)

c. Blood shot **out of** the wound.
(피가 상처에서 확 솟아 나왔다.)

d. Corn is shooting **up** during the warm weather.
(옥수수는 그 따뜻한 날씨가 계속될 때 싹터 나온다.)

e. Flames shot **up from** the burning house.
(불꽃이 그 불붙은 집에서 확 튀어나왔다.)

2.4. 다음은 「느낌은 개체이다」의 은유가 적용된 표현이다.

(14) a. Pain shot through his arm.
(통증이 그의 팔을 휙 뚫고 지나갔다.)

b. Pain shot through my back.
(통증이 내 등을 휙 뚫고 지나갔다.)

c. A shiver shot through my body.
(오한이 내 몸을 휙 뚫고 지나갔다.)

2.5. 다음은 「증가는 위이다」의 은유가 적용된 표현이다.

(15) a. Prices/rents/wages shot **up.**

    (물가/집세/임금이 치솟았다.)

   b. Her pulse rate suddenly shot **up.**

    (그녀의 맥박이 갑자기 치솟았다.)

2.6. 다음 주어는 쑥 튀어나와 있다. 주어는 움직이지 않으나 화자가 이의 형상을 눈으로 따라가면 뛰어나오는 것 같이 보인다.

(16) a. A cape shot **out** into the sea.

    (갑(山甲) 하나가 바다 안으로 튀어나왔다.)

   b. The island shoots **out** in the sea.

    (그 섬은 그 바다 안으로 불쑥 나온다.)

2.7. 다음 주어는 쏘아진다.

(17) a. The gun shoots well.

    (그 총은 잘 쏘아진다.)

   b. The rifle shoots high.

    (그 소총은 위로 쏘아진다.)

SINK

0. 이 동사의 개념바탕에는 가라앉는 과정이 있다.

1. 자동사 용법

1.1. 다음 주어는 가라앉는다.

(1) a. The ship sank in deep water.
   (그 배는 깊은 물에 가라앉았다.)
   b. The ship sank with all her crew.
   (그 배는 승무원을 모두 태운 채 가라앉았다.)
   c. The boat sank to the depths of the sea.
   (그 보트는 그 바다의 바닥에 가라앉았다.)
   d. The rubber ball won't sink.
   (고무공은 가라앉지 않는다.)
   e. The swimmer is sinking.
   (그 수영선수가 가라앉고 있다.)
   f. He sank up to his knees in mud.
   (그는 진흙 속에서 무릎까지 빠졌다.)

1.2. 다음 주어는 위에서 아래로 내려온다.

(2) a. The sun was sinking in the west.
   (해가 서쪽에서 지고 있었다.)

b. The balloon sank to the earth.
   (그 풍선은 땅으로 내려왔다.)

1.3. 다음 주어는 사람이다. 주어는 힘없이 주저앉거나 쓰러진다.

(3) a. She fainted and sank to the ground.
      (그녀는 의식을 잃고 땅에 쓰러졌다.)
   b. He sank into the chair and fell asleep at once.
      (그는 그 의자에 쓰러져서 곧 잠이 들었다.)

1.4. 다음 주어는 수그러진다.

(4) a. His head sank forward on his chest.
      (그의 고개가 앞으로 그의 가슴에 수그러졌다.)
   b. His eyes sank before the stern glance.
      (그 무서운 눈길 앞에서 그의 눈이 아래를 향했다.)

1.5. 다음 주어는 through나 into의 목적어로 들어간다.

(5) a. The ink sank **into** the paper.
      (그 잉크가 그 종이에 스며들었다.)
   b. The ink quickly sank **in**.
      (그 잉크는 빨리 스며들었다.)
   c. The lesson has not sunk **in**.
      (그 교훈은 머릿속에 들어가지 않았다.)
   d. Water sank **through** sand.
      (물이 모래 속으로 스며들었다.)
   e. The rain sank **through** the clothes.
      (그 비가 그 옷 속으로 스며들었다.)

1.6. 다음은 「말은 개체이다」와 「마음은 그릇이다」의 은유가 적용된 표현이다.

(6) a. Let this warning sink into your mind.
    (이 경고가 너의 마음속에 들어가게 해라.)
  b. His sayings have sunk deep into my mind.
    (그의 경구는 내 마음속으로 깊이 들어왔다.)
  c. The dog's teeth sank into her arm.
    (그 개의 이빨이 그녀의 팔을 뚫고 들었다.)

1.7. 다음 주어는 낮아진다.

(7) a. The reservoir has sunk much below its level.
    (그 저수지는 그 수위가 기준치 이하로 많이 내려갔다.)
  b. The road suddenly sank in.
    (그 길이 갑자기 내려앉았다.)
  c. The building has sunk a little.
    (그 건물이 약간 내려앉았다.)

1.8. 다음 주어는 기울기가 진다.

(8) a. The road gradually sank to the sea.
    (그 길은 천천히 바다로 경사가 졌다.)
  b. The road sank toward the river.
    (그 길은 그 강 쪽으로 경사가 졌다.)

1.9. 다음은 「아래는 적음이다」의 은유가 적용된 표현이다.

(9) a. The storm has sunk **down.**
   (그 폭풍우는 가라앉았다.)

   b. The floods are beginning to sink.
   (그 홍수가 빠지기 시작하고 있다.)

   c. The flames has sunk **down.**
   (그 불길이 가라앉았다.)

   d. His voice sank to a whisper.
   (그의 목소리는 속삭임으로 줄어들었다.)

   e. Her opinion of him is sinking **down.**
   (그녀의 그에 대한 평가가 떨어지고 있다.)

   f. He sank in the opinion of his girl friends.
   (그는 여자 친구들의 의견에서 인기가 떨어졌다.)

   g. Has the level of service at the restaurant sunk?
   (그 식당의 서비스 수준이 떨어졌나요?)

   h. Figures of unemployment have sunk since last year.
   (실업인구수가 작년 이후 줄어들었다.)

   i. The population sank from 25,000 to 14,000.
   (그 인구는 25,000에서 14,000으로 줄었다.)

   j. The dollar has sunk very low.
   (달러가 아주 낮게 떨어졌다.)

1.10. 다음에서 마음과 원기 등이 구체적 개체로 개념화되어 있다.

(10) a. My heart sank at the sad news.
       (나는 그 슬픈 소식에 의기소침해졌다.)

   b. Her spirits sank.
       (그녀는 풀이 죽었다.)

1.11. 다음은 「아래는 좋지 않음이다」의 은유가 적용된 표현이다.

(11) a. He sank into feebleness/unconsciousness.
    (그는 쇠약/무의식 상태에 빠졌다.)
 b. He sank into a faint/a deep sleep.
    (그는 기절/깊은 잠에 빠져 들었다.)
 c. He sank into slumber/oblivion/black mood/reverie/a deep depression.
    (그는 잠/망각 속/무거운 기분/몽상/깊은 우울에 빠졌다.)
 d. He sank from exhaustion.
    (그는 피로로 풀썩 주저 앉았다.)
 e. He sank to the lowest depths of baseness.
    (그는 비열함의 심연으로 추락했다.)
 f. He is sinking fast and may not live through the night.
    (그는 빨리 쇠약해지고 있어 아마 오늘 밤을 넘기지 못할 것이다.)
 g. How could you sink like this?
    (네가 어떻게 이 지경까지 될 수 있니?)

1.12. 다음에서 어둠이나 침묵은 구체적 개체로 개념화되어 있다. 주어는 전치사 on의 목적어에 가라앉는다.

(12) a. Darkness sank upon the scene.
    (암흑이 그 배경에 내려앉았다.)
 b. Silence sank on all around.
    (침묵이 주위의 모든 사람들에게 내려앉았다.)

2. 타동사 용법

2.1. 다음 주어는 목적어를 가라앉힌다.

(13) a. The torpedo has sunk the enemy ship.
     (그 수뢰가 그 적의 배를 침몰시켰다.)
   b. The submarine sank two ships.
     (그 잠수함은 배 두 척을 침몰시켰다.)

2.2. 다음 주어는 목적어를 전치사 into의 목적어로 들어가게 한다.

(14) a. He sank his teeth into an apple.
     (그는 그의 이를 사과에 깨물었다.)
   b. He sank piles into the ground.
     (그는 말뚝들을 땅에 박았다.)
   c. He sank a post into the ground.
     (그는 기둥을 땅에 박았다.)
   d. He sank a pipe.
     (그는 파이프를 묻었다.)

2.3. 다음 주어는 목적어를 수그린다.

(15) a. He sank his eyes.
     (그는 눈을 내리 깔았다.)
   b. He sank his chin on his hands.
     (그는 턱을 그의 손 위에 놓았다.)
   c. He sank his head on his chest.
     (그는 고개를 그의 가슴에 푹 수그렸다.)

d. He went away, his face sunk upon his breast.
(그는 얼굴을 가슴에 숙인 채로 가 버렸다.)

2.4. 다음 주어는 목적어의 수면을 낮춘다.

(16) a. A long spell of fine weather has sunk the river.
(한동안의 좋은 날씨가 그 강의 물을 줄였다.)
   b. The drought has sunk the river.
(그 가뭄이 그 강 수위를 낮추었다.)

2.5. 다음 주어는 목적어의 정도를 낮춘다.

(17) a. He sank his voice to a whisper.
(그는 그의 목소리를 속삭임으로 낮추었다.)
   b. He sank his prestige.
(그는 그의 위신을 떨어뜨렸다.)
   c. That will sink you.
(그것은 네 위신을 떨어뜨릴 것이다.)

2.6. 다음 주어는 목적어를 만든다.

(18) a. They sank a well.
(그들은 우물을 팠다.)
   b. He sank words in stone.
(그는 글을 돌에 새겼다.)

2.7. 다음 주어는 목적어를 파산시킨다.

(19) a. Gambling sank him.

　　　 (도박이 그를 파멸시켰다.)

　　 b. The lack of money could sink our plan.

　　　 (돈의 부족이 우리 계획을 망칠 수도 있었다.)

2.8. 다음 주어는 목적어를 in의 목적어에 투자하거나 잃는다.

(20) a. He sunk all his savings in the business.

　　　 (그는 모든 저금을 그 사업에 처넣었다.)

　　 b. He sunk a lot of money in a business venture.

　　　 (그는 많은 돈을 벤처 사업에 처넣었다.)

2.9. 다음 주어는 목적어를 물속에 가라앉혀 안 보이게 한다.

(21) a. He has sunk his identity.

　　　 (그는 자신의 신분을 숨겼다.)

　　 b. We got to sink our differences.

　　　 (우리는 우리의 불화를 묻어버리게 되었다.)

　　 c. We got to sink our troubles in drink.

　　　 (우리는 술을 마시며 우리의 문제들을 묻어버렸다.)

SPARE

0. 이 동사의 개념바탕에는 쓰지 않고 남겨두는 과정이 있다.

1. 타동사 용법

1.1. 다음 주어는 목적어를 남겨둔다.

(1) a. Can you spare a cigarette?
   (담배 하나 주시겠습니까?)
   b. Can you spare a few minutes?
   (몇 분 시간을 내어주시겠습니까?)
   c. He spared a room for guests.
   (그는 손님들을 위해서 방을 하나 남겨둔다.)
   d. Spare the butter, or we shall run short.
   (버터를 아껴라, 그렇지 않으면 우리는 버터가 모자라게 된다.)
   e. Spare the rod, and spoil the child.
   (매를 아끼면, 아이를 버린다.)

1.2. 다음 주어는 목적어를 열외시킨다. 목적어는 사람이다.

(2) a. I can spare you for tomorrow.
   (나는 너를 내일은 뺄 수 있다/일을 안 하게 할 수 있다.)
   b. I can't spare the car today.
   (나는 오늘 그 차를 안 쓸 수 없다.)

c. He spared his enemy.

(그는 그의 적을 (죽이는 일에서) **빼어놓았다**. 즉, 살려주었다.)

d. Death spares no one.

(죽음은 아무도 **빼지** 않는다.)

1.3. 다음 주어는 목적어를 쓰지 않고 남겨둔다. 목적어는 노력이다.

(3) a. He spared no trouble.

(그는 수고를 아끼지 않았다.)

b. He spared neither pains nor expense.

(그는 수고와 비용을 아끼지 않았다.)

c. He spared no efforts to do it.

(그것을 하기 위해서 그는 노력을 아끼지 않았다.)

1.4. 다음 주어는 개체이다. 주어는 목적어를 남겨둔다.

(4) a. The fire spared nothing.

(그 화재는 아무 것도 남기지 않았다.)

b. His sharp tongue spares nobody.

(그의 날카로운 입은 아무도 **빼어놓지** 않는다.)

c. The storm spared few houses in the village.

(그 폭풍은 그 마을의 집을 거의 남기지 않았다.)

d. The attackers spared the lives of all those who were old or ill.

(그 침입자들은 나이가 들었거나 병든 모든 사람의 목숨은 해치지 않았다.)

1.5. 다음 주어는 첫째 목적어에게 둘째 목적어를 주지 않는다.

(5) a. I will spare you the trouble.
     (나는 네가 그 수고를 하지 않도록 하겠다.)
     (cf. He spared me from the trouble.)

   b. Spare me the gory details.
     (내게 그 처참한 세부사항은 들려주지 말아주세요.)

   c. Spare him the bother/your complaints.
     (그에게 그 폐/불평을 끼치지 말게나!)

   d. Order your clothes from this catalogue and spare yourself
     the trouble of going shopping.
     (이 카탈로그를 보고 주문을 하고, 자신에게서 쇼핑가는 수고
     를 더세요.)

   e. Use the telephone and spare yourself a visit.
     (그 전화를 쓰세요. 그러면 방문을 하지 않아도 됩니다.)

1.6. 다음은 수동태 문장으로, 주어는 짐이 덜어진다.

(6) a. I was spared the boring details.
     (우리는 그 지루한 세부사항을 듣지 않아도 되었다.)

   b. I was spared his complaints.
     (나는 그의 불평을 듣지 않아도 되었다.)

1.7. 다음 주어는 첫째 목적어에게 둘째 목적어를 구해준다.

(7) a. He spared me my life.
     (그는 나에게 내 생명을 구해주었다.)
     (cf. He spared my life for me.)

   b. He spared me a few moments.
     (그는 나에게 몇 분을 할애해 주었다.)

SPEND

0. 이 동사의 개념바탕에는 돈을 쓰는 과정이 있다.

1. 타동사 용법

(1) a. He spends a lot of money on books/on clothes.
     (그는 책/옷에 많은 돈을 쓴다.)
   b. How much have you spent?
     (얼마나 썼니?)

1.2. 다음은 「시간은 돈이다」의 은유가 적용된 예이다.

(2) a. He spent a sleepless night at the hotel.
     (그는 그 호텔에서 잠 못 이루는 밤을 새웠다.)
   b. He spent the summer at the beach.
     (그는 그 여름을 그 바닷가에서 보냈다.)
   c. He spent his life in poverty.
     (그는 그의 삶을 가난 속에 보냈다.)
   d. He spent his weekend in Spain with his friends.
     (그는 주말을 스페인에서 그의 친구들과 함께 보냈다.)

1.3. 다음 주어는 목적어를 쓴다. 목적어는 힘이다.

(3) a. He spends his energy on useless work.

   (그는 정력을 쓸데없는 일에 소모한다.)

   b. The storm has spent itself.

   (그 폭풍이 그 힘을 소진시켰다.)

   c. He spends himself in foolish activities.

   (그는 어리석은 활동에 힘을 다 써버렸다.)

2. 자동사 용법

2.1. 다음 주어는 쓰는 사람이나 돈이다.

(4) a. He spends freely.

   (그는 돈을 마구 쓴다.)

   b. Our money spent fast.

   (우리의 돈은 빨리 없어졌다.)

SPREAD

0. 이 동사의 개념바탕에는 펴는 과정이 있다.

1. 타동사 용법

1.1. 다음 주어는 목적어를 편다. 목적어는 신체의 일부이다.

(1) a. The peacock spread its tail.
   (그 공작은 꼬리를 폈다.)
 b. He spread his hands to the fire.
   (그는 손가락을 불에 대고 폈다.)
 c. The bird spread its wings.
   (그 새는 날개를 폈다.)

1.2. 다음 주어는 목적어를 편다.

(2) a. He spread a map on the table.
   (그는 지도 한 장을 그 탁자 위에 폈다.)
 b. She spread a blanket on the table.
   (그녀는 담요를 그 탁자 위에 폈다.)
 c. She spread a carpet over the floor.
   (그녀는 양탄자를 그 바닥에 폈다.)
 d. They spread a rug on the grass.
   (그들은 양탄자를 그 잔디 위에 폈다.)

1.3. 다음 주어는 목적어를 바르거나 넓게 흩는다.

(3) a. She spread butter on the bread.
   (그녀는 버터를 그 빵 위에 펴서 발랐다.)
   b. He spread paint evenly on the board.
   (그는 페인트를 고르게 그 널빤지 위에 발랐다.)
   c. The farmer spread hay to dry.
   (그 농부는 건초를 말리기 위해 펼쳤다.)
   d. The merchant spread goods for sale.
   (그 상인은 팔기 위해 상품을 진열했다.)
   e. The farmer spread manure on the field.
   (그 농부는 거름을 밭에 펼쳤다.)

1.4. 다음 목적어는 추상적인 개체이나 구체적인 것으로 개념화되어 있다.

(4) a. Somebody spread the news.
   (누군가가 그 소식을 퍼뜨렸다.)
   b. Somebody spread the knowledge among the poor.
   (누군가가 그 지식을 가난한 사람들에게 퍼뜨렸다.)
   c. Flies spread disease.
   (파리들은 질병을 퍼뜨린다.)
   d. His name spread fear in every quarter.
   (그의 이름은 공포를 모든 지역에 퍼뜨린다.)

1.5. 다음 주어는 목적어를 with의 목적어로 덮거나 바른다.

(5) a. He spread the table with a cloth.
   (그는 그 식탁을 식탁보로 덮었다.)

b. He spread the bread with butter.
   (그는 그 빵을 버터로 발랐다.)
   cf. He spread butter on the bread.
      (그는 버터를 그 빵에 발랐다.)

1.6. 다음 주어는 목적어를 시간선상에 펼친다.

(6) a. He spread his payment over 6 months.
      (그는 그의 지불을 6개월에 걸쳐서 내었다.)
   b. He spread a series of lectures over four months.
      (그는 일련의 강의를 4개월에 걸쳐서 했다.)
   c. The exams were spread over a period of ten days.
      (그 시험들은 열흘에 걸쳐서 치러졌다.)

1.7. 다음 주어는 목적어를 전치사 with의 목적어로 차린다.

(7) She spread the table with dishes.
   (그녀는 그 상을 여러 음식으로 차렸다.)

2. 자동사 용법

2.1. 다음 주어는 펼쳐진다.

(8) a. The branch spread out like a fan.
      (그 가지는 부채같이 펼쳐졌다.)
   b. The flood have spread over the valley.
      (그 홍수는 그 계곡에 퍼졌다.)

c. The water spread over the floor.
  (그 물이 그 마루 위에 퍼졌다.)
d. Smoke spread over the city.
  (연기가 그 도시 위에 덮였다.)
e. In 20 years the city spread quickly to the north.
  (20년 내에 그 도시는 빨리 북쪽으로 펼쳐졌다.)

2.2. 다음은 「말은 개체이다」의 은유가 적용된 예이다.

(9) a. The news spread all over the country.
      (그 소식이 온 나라에 퍼졌다.)
   b. The rumor spread from mouth to mouth.
      (그 소문은 입에서 입으로 퍼졌다.)

2.3. 다음 주어는 움직이지 않으나, 전체 형상을 눈으로 보면 펼쳐지는 것으로 나타난다.

(10) a. Fields of corn spread before us.
       (옥수수밭들이 우리 앞에 펼쳐진다.)
    b. The view spreads before us.
       (그 전경이 우리 앞에 펼쳐진다.)
    c. The city spreads 10 miles to the south.
       (그 도시는 10마일 남쪽으로 펼쳐진다.)

2.4. 다음 주어는 시간선상에 펼쳐진다.

(11) a. The course of study spreads over 3 years.
       (그 연구과정은 3년에 걸쳐 있다.)

b. Our trip spread out over two weeks.
   (우리의 여행은 두 주에 걸쳤다.)

2.5. 다음은 「주제는 영역이다」의 은유가 적용된 표현이다.

(12) His interest now spreads over several subjects.
    (그의 관심은 지금 몇몇 주제에 펼쳐져 있다.)

2.6. 다음 주어는 발라지거나 펼쳐진다.

(13) a. The paint spreads nicely.
      (그 페인트는 잘 칠해진다.)
    b. Butter spreads more easily when it is softer.
      (버터는 부드러우면 더 쉽게 발라진다.)

SQUEEZE

1. 타동사 용법

1.1. 다음 주어는 목적어를 짠다.

(1) a. He squeezed a sponge/a tube/a lemon/an orange.
     (그는 스펀지/튜브/레몬/오렌지를 짰다.)
   b. He squeezed my hand/the child/a trigger.
     (그는 내 손/그 아이/방아쇠를 꼭 쥐었다.)

1.2. 다음 주어는 목적어를 짜낸다. 목적어는 그릇 속의 내용물이다.

(2) a. He squeezed money **from** the farmers.
     (그는 돈을 그 농부들로부터 착취했다.)
   b. She squeezed some juice **from** the lemon.
     (그녀는 약간의 즙을 그 레몬으로부터 짰다.)
   c. I squeezed the water **out of** the swimming suit.
     (나는 그 물을 그 수영복에서 짜냈다.)
   d. We squeezed the paste **out of** the toothpaste.
     (우리는 치약을 그 치약통에서 짜냈다.)

1.3. 다음 주어는 목적어를 짜서, 어떤 상태에 이르게 한다.

(3) a. She squeezed the lemon **dry**.

(그녀는 그 레몬을 짜서 물기가 없게 했다.)

b. He squeezed the clay **into** a ball.

(그는 그 진흙을 꽉 쥐어서 공으로 만들었다.)

1.4. 다음 주어는 목적어를 짜는 듯한 힘을 가하여 into의 목적어에
들어가거나 out of의 목적어에서 나오게 한다.

(4) a. She is trying to squeeze her clothes **into** a small bag.

(그녀는 옷을 조그만 가방 안에 눌러 넣으려 한다.)

b. The baby squeezed her feet **into** small shoes.

(그 아기는 발을 조그만 신발 속에 눌러 넣었다.)

c. We squeezed many people **into** the bus.

(우리는 많은 사람들을 그 버스 안에 밀어 넣었다.)

d. He squeezed many things **into** a single day.

(그는 많은 일을 하루에 몰아넣었다.)

e. He squeezed himself **into** the crowded bus.

(그는 자신을 만원버스에 비집어 넣었다.)

f. He squeezed himself **out of** a crowded bus.

(그는 간신히 몸을 만원버스에서 비집고 나왔다.)

1.5. 다음은 「사람은 그릇이다」의 은유가 적용된 예이다. 주어는 목
적어를 짠다.

(5) a. Heavy taxes squeezed the people.

(무거운 세금이 그 사람들을 쥐어짰다.)

b. He squeezed the victim for more money.

(그는 그 피해자를 돈을 더 갖고 오라고 강요하였다.)

1.6. 다음 주어는 목적어를 전치사 from의 목적에서 짜낸다.

(6) a. The government squeezes heavy taxes **from** the people.
       (정부는 무거운 세금을 국민으로부터 짜낸다.)
    b. He squeezed a confession **from** the criminal.
       (그는 자백을 그 범죄자로부터 억지로 짜냈다.)

2. 자동사 용법

2.1. 다음 주어는 비집고 들어간다.

(7) a. The room was crowded and I could not squeeze **in**.
       (그 방은 너무나 붐벼서 나는 비집고 들어갈 수가 없었다.)
    b. I managed to squeeze **through** the crowded market.
       (나는 그 붐비는 시장 속을 간신히 비집고 나갔다.)
    c. She is fat and could hardly squeeze **through** the door.
       (그녀는 뚱뚱해서 그 문 속으로 거의 비집고 들어갈 수 없었
       다.)

2.2. 다음 주어는 짜진다.

(8) a. Sponges squeeze up easily.
       (스펀지는 쉽게 짜진다.)
    b. This lemon does not squeeze well.
       (이 레몬은 잘 안 짜진다.)

STAND

1. 자동사 용법

1.1. 다음 주어는 서 있다.

(1) a. He was too weak to stand.
   (그는 너무 힘이 없어서 설 수가 없었다.)
 b. He had to stand all the way back in the bus.
   (그는 그 버스의 저 뒤쪽에 줄곧 서 있어야 했다.)
 c. Don't stand there about it.
   (거기 그것 주위에 서있지 말아라.)
 d. He stood looking over my shoulder.
   (그는 내 어깨 너머로 보면서 서 있었다.)
 e. Stand still while I take your photograph.
   (내가 너의 사진을 찍을 때 가만히 서 있어라.)

1.2. 서 있음은 움직임이 없음을 의미한다. 다음 주어는 움직이지 않는다.

(2) a. Cars may not stand on the street.
   (자동차는 길에서 설 수 없다.)

b. Let the mixture stand overnight.
   (그 혼합물을 밤새 고대로 두어라.)

1.3. 다음에는 서 있는 크기나 차례가 표현되어 있다.

(3) a. She stands 5 feet tall.
      (그녀는 키가 5피트이다.)
    b. She stands 12th in line.
      (그녀는 줄에서 12번째에 선다.)
    c. The building stands over 200 feet high.
      (그 건물은 높이가 200피트 이상 된다.)

1.4. 다음 주어는 일어선다.

(4) a. Stand **up** please.
      (일어서십시오.)
    b. Everyone stood **up** when the chairman entered.
      (모든 사람들은 그 의장이 들어올 때 일어섰다.)
    c. We stood **up** to see better.
      (우리는 좀 잘 보기 위해서 일어섰다.)

1.5. 다음 주어는 개체이고, 선다.

(5) a. A chair will not stand on two legs.
      (의자는 두 다리로 서지 못할 것이다.)
    b. His hair stood on end.
      (그의 머리가 곤두섰다.)
    c. A tall poplar once stood there.
      (키 큰 포프라 나무가 그곳에 한때 서 있었다.)

d. The house stands on the hill.
(그 집은 그 산 위에 서 있다.)

e. The great pyramid stood 6,000 years.
(그 큰 피라미드는 6,000년 서 있었다.)

f. A score or so of houses stood scattered in a long green valley.
(약 20여 채의 집이 길고 푸른 계곡에 흩어져 서 있었다.)

1.6. 다음은 「합의나 결의는 건축물이다」의 은유가 적용된 표현이다. 서 있으면 유효하다.

(6) a. The agreement must stand.
(그 합의는 유효함에 틀림없다.)

b. The order will still stand.
(그 명령은 아직도 유효한 것이다.)

c. His resolution still stands.
(그의 결의는 아직도 유효하다.)

1.7. 상황도 건축물로 개념화된다.

(7) a. As matters (things, affairs) stand,
(상황이 존재하는 바로는,)

b. How do things stand at the moments?
(현재 상황은 어떠한가?)

c. I want to sell the house as it stands.
(나는 그 집을 현재 그대로 팔고 싶다.)

1.8. 다음은 「상태는 장소이다」의 은유가 적용된 예이다. 주어는 to 부정사가 가리키는 일을 할 상황에 있다.

(8) a. What do we stand to gain by the treaty?

　　(우리는 그 조약으로 무엇을 얻게 되어 있는가?)

　　b. He stands to win/lose/gain.

　　(그는 이기기/지기/얻기로 되어 있다.)

　　c. She stands to make a fortune.

　　(그녀는 큰돈을 벌기로 되어 있다.)

1.9. 다음은 「상태는 장소이다」의 은유가 적용된 예이다. 주어는 어떤 상태에 있다.

(9) a. They stand **ready** for anything.

　　(그들은 어떤 일이든 감당할 수 있는 준비가 되어있다.)

　　b. He stood **true** to the honor of the country.

　　(그는 그 나라의 명예에 충실하다.)

　　c. The matter stands **thus**.

　　(그 문제는 이렇게 있다.)

1.10. 다음에서는 주어가 있는 상태가 과거분사로 표현되어 있다.

(10) a. He stood convicted of treachery.

　　(그는 반역죄의 선고를 받았다.)

　　b. He stands innocent of any wrong.

　　(그는 아무런 잘못을 저지르지 않았다.)

　　c. He stood lost in contemplation/amazed.

　　(그는 생각에 잠겨/놀란 상태에 있었다.)

1.11. 다음에서는 주어가 처해 있는 상태가 현재분사로 표현되었다.

(11) a. He stood smoking.

　　　(그는 담배를 피면서 서 있다.)

　　b. The mother stood waiting for her son.

　　　(그의 어머니는 아들을 기다리며 서 있다.)

1.12. 다음에서는 주어가 서 있는 상태가 전치사구로 표현되었다.

(12) a. He stands in danger of his life.

　　　(그는 그의 생명이 위험한 상태에 있다.)

　　b. She stands in awe of her father.

　　　(그녀는 아버지를 외경하고 있다.)

　　c. They stand in need of help.

　　　(그들은 도움이 필요한 상태에 있다.)

1.13. 다음에서는 주어의 상태가 명사구로 표현되어 있다.

(13) a. I stood his debtor for 30 dollars.

　　　(나는 그에게 30달러 빚진 사람이었다.)

　　b. He stood my friend.

　　　(그는 나의 친구인 상태였다.)

1.14. 다음 주어는 버틴다.

(14) One squadron stood alone against the enemy.

　　　(일개 소대가 홀로 그 적과 버티었다.)

2. 타동사 용법

2.1. 다음 주어는 목적어를 세운다.

(15) a. Stand the ladder against the wall.
    (그 사닥다리를 그 벽에 기대 세워라.)
  b. Stand the bottle on the table.
    (그 병을 그 식탁 위에 세워라.)
  c. Stand the empty barrels on the floor.
    (그 빈 통을 그 마루에 세워라.)
  d. Don't stand the can of the petrol near the stove.
    (그 석유통을 그 스토브 가까이에 세우지 말아라.)
  e. If you are naughty again, you will be stood in the corner.
    (또 장난을 치면, 너는 구석에 벌 세워질 것이다.)

2.2. 다음 주어는 목적어를 견딘다.

(16) a. She can't stand the hot weather.
    (그녀는 그 더운 날씨를 견딜 수 없다.)
  b. She will stand no nonsense.
    (그는 어떤 어리석은 짓도 참지 않을 것이다.)
  c. I can't stand that woman.
    (나는 저 여자를 참을 수 없다.)
  d. I cannot stand rock and roll.
    (나는 록큰롤 음악을 참을 수가 없다.)
  e. She will not stand another winter in England.
    (그녀는 영국에서 또 한 번의 겨울을 견디지 못할 것이다.)

f. Can you stand the pain?

   (당신은 그 고통을 견딜 수 있겠습니까?)

2.3. 다음에서는 목적어가 동명사로 표현되어 있다. 주어는 목적어
   를 견딘다.

(17) a. She can't stand being kept waiting.

   (그녀는 계속 기다리게 되는 것을 참지 못한다.)

   b. How can I stand seeing the animals starve?

   (어떻게 나는 저 동물들이 굶어 죽는 것을 보고 있을 수 있
   겠는가?)

2.4. 사람뿐만 아니라 물건도 견딜 수 있는 것으로 개념화 된다. 다
   음 주어는 목적어를 견디거나 버틴다.

(18) a. This cloth stands wear well.

   (이 천은 착용을 잘 버틴다.)

   b. These boots have stood a great deal of wear.

   (이 장화는 많은 착용을 견뎌왔다.)

   c. The plants cannot stand the cold.

   (그 식물들은 그 추위를 견딜 수 없다.)

   d. His work will stand the test of time.

   (그의 작품은 시간의 시련을 견딜 것이다.)

2.5. 다음 주어는 첫째 목적어에게 둘째 목적어를 주는 것을 부담
   한다.

(19) a. I will stand you a dinner to celebrate.

   (나는 축하하기 위해서 네게 저녁을 부담하겠다.)

b. We stood them a dinner.
(우리는 그들에게 술을 샀다.)

2.6. 다음 주어는 목적어를 지킨다. 목적어는 장소(입장)이다.

(20) Stand the ground. Don't retreat.
(그 자리를 서서 지켜라. 물러서지 말아라.)

START

0. 이 동사의 개념바탕에는 정지 상태에서 갑자기 움직이는 과정이 있다.

1. 자동사 용법

1.1. 다음 주어는 정지 상태에서 움직인다.

(1) a. We start (work) at 8 o'clock.
   (우리는 8시에 시작한다.)
   b. He started **for** London.
   (그는 런던으로 출발했다.)
   c. We will start **off/out** early.
   (그는 일찍 출발할 것이다.)
   d. He started **up** from his seat.
   (그는 그 자리에서 벌떡 일어났다.)

1.2. 다음 주어는 제자리에서 움직인다.

(2) a. He started at the sound of my voice.
   (그는 내 목소리에 깜짝 놀라 움직였다.)
   b. She started in terror.
   (그녀는 공포에 깜짝 놀랐다.)
   c. The noise made the baby start.
   (그 소음은 그 애기를 움찔하게 했다.)

d. She started when I walked up behind her.
(내가 그녀 뒤에서 다가가자, 그녀는 깜짝 놀랐다.)

1.3. 다음 주어는 on의 목적어와 관련하여 시작한다.

(3) a. He started **on** a journey.
(그는 여행을 시작했다.)
b. He started **on** a business.
(그는 사업을 시작했다.)
c. The writer started **on** a new book.
(그 작가는 새 책을 시작했다.)

1.4. 다음 주어는 움직인다.

(4) a. The engine started at last.
(그 엔진은 드디어 시동이 걸렸다.)
b. The train started on time.
(그 기차는 정시에 출발했다.)
c. At last the bus started.
(마침내 그 버스가 출발했다.)

1.5. 다음 주어는 흐르기 시작한다.

(5) a. Blood started from the wound.
(상처에서 피가 났다.)
b. Tears started to her eyes.
(눈물이 그의 눈에서 나왔다.)

1.6. 다음 주어는 시간 속에 일어나는 과정이다. 주어는 시작된다.

(6) a. How did the trouble start?
    (그 문제가 어떻게 시작되었는가?)
  b. How did the war start?
    (그 전쟁은 어떻게 시작되었는가?)
  c. School starts in January.
    (수업은 일월에 시작된다.)
  d. The show starts at 8 : 00.
    (그 쇼는 8시에 시작한다.)

1.7. 다음 주어는 튀어서 정상 모양에서 벗어난다.

(7) a. The plank has started.
    (그 널빤지가 튕겨져 나왔다.)
  b. The timbers started.
    (그 재목이 뒤틀렸다.)

1.8. 다음 주어는 움직이지 않는다. 그러나 전체 형상을 눈으로 따라가면 어느 시점에서 시작된다.

(8) The railway starts from the coastal city.
    (그 철도는 그 해안도시에서 시작한다.)

1.9. 다음에는 시작할 때의 상태가 표현되어 있다.

(9) He started **poor.**
    (그는 가난하게 시작했다.)

2. 타동사 용법

2.1. 다음 주어는 목적어를 놀라게 하여 움직이게 한다.

(10) a. He started a hare.
        (그는 토끼를 놀라게 했다.)
     b. She has started a baby.
        (그녀는 아기를 놀라게 했다.)
     c. He started the engine of his car.
        (그는 그의 자동차 엔진을 시동시켰다.)

2.2. 다음 목적어는 시간 속에 일어나는 개체이다. 주어는 목적어를
     시작한다.

(11) a. I'm not good at starting up conversations.
        (나는 대화를 시작하는데 재주가 없다.)
     b. How shall we start the meeting?
        (그 모임을 어떻게 시작할까요?)

2.3. 다음 목적어는 시간과 공간 속에 존재한다. 주어는 목적어를 시
     작한다.

(12) a. He decided to start a newspaper.
        (그는 신문을 시작(창간)하기로 결심했다.)
     b. He started a fire.
        (그는 불을 냈다.)

2.4. 다음 목적어는 추상적 개체이다. 그러나 이들은 구체적 개체로
     개념화되어 존재하는 것으로 표현된다.

(13) He started the rumor/the idea.
    (그는 그 소문/생각을 시작했다.)

2.5. 다음 목적어는 시작과 끝이 있다. 주어는 목적어를 시작한다.

(14) a. He started his journey home.
        (그는 집으로 돌아가는 그 여행을 시작했다.)
    b. Have you started your next book?
        (당신의 다음 책을 시작했습니까?)
    c. Start each page on the second line.
        (각 페이지를 둘째 줄부터 시작하여라.)

2.6. 다음 주어는 목적어를 출발시킨다.

(15) a. A rich uncle started him in business.
        (돈 많은 아저씨가 그를 사업에 출발을 시켰다.)
    b. The book started him on the road to a writer.
        (그 책이 그를 작가의 길을 시작하게 했다.)

2.7. 다음 주어는 목적어를 처음 내보낸다.

(16) Which pitcher will you start in the game?
    (어느 투수를 그 게임에서 제일 먼저 내보내겠습니까?)

2.8. 다음 주어는 목적어가 휘어지게 한다.

(17) a. The huge waves had started some of the ship's bolts.
        (그 큰 파도가 그의 배의 볼트 몇 개를 휘어지게 했다.)

b. The damp has started the timbers.
   (그 습기가 그 재목들을 휘어지게 했다.)

2.9. 다음 주어는 목적어가 생기게 한다.

(18) The water started a crack in the molding.
     (그 물이 쇠시리(몰딩)에 금이 가게 했다.)

2.10. 다음 주어는 부정사가 가리키는 일을 할 채비를 한다.

(19) a. It started to rain.
        (비가 올 조짐을 보였다.)
     b. They started to dance.
        (그들은 춤을 출 준비를 시작했다.)

2.11. 다음 주어는 동명사가 가리키는 과정에 들어간다.

(20) a. Have you started working yet?
        (일을 하기 시작했습니까?)
     b. A baby has started crying.
        (어느 애기가 울기 시작했다.)
     c. You should start saving money now.
        (너는 이제 돈을 저축하기 시작해야 한다.)
     d. It started raining.
        (비가 오기 시작했다.)

2.12. 다음 주어는 목적어가 활동을 시작하게 한다.

(21) a. The news started me thinking.
        (그 소식은 나를 생각하게 했다.)

     b. That started his thinking.
        (그것이 그를 생각하게 했다.)

     c. The smoke started her coughing.
        (그 연기가 그녀를 기침을 하게 했다.)

     d. Give it a push to start it going.
        (그것을 가도록 한번 밀어라.)

     e. The thought started me laughing.
        (그 생각이 나를 웃게 했다.)

STAY

0. 이 동사의 개념바탕에는 머무는 과정이 있다.

1. 자동사 용법

1.1. 다음 주어는 어떤 장소에 머문다.

(1) a. He is staying at home/a hotel/a friend's.
   (그는 집/호텔/친구 집에 머물고 있다.)
   b. The doctor told me to stay in the house/in bed.
   (그 의사는 나를 집에/잠자리에 머물러 있으라고 말했다.)
   c. The children must not stay out after dark.
   (그 아이들은 어두워진 후에는 밖에 있어서는 안된다.)

1.2. 다음은 「상태는 장소이다」의 은유가 적용된 표현이다. 주어는
   어떤 상태에 있다.

(2) a. He stayed awake/sober/single/clean/young.
   (그는 깨어/취하지 않는 상태/혼자/깨끗이/젊게 있다.)
   b. Prices stay high.
   (물가가 올라 있다.)
   c. The door stayed closed.
   (그 문이 닫힌 채 있었다.)
   d. The weather stayed fine.
   (그 날씨가 좋은 상태로 있었다.)

e. The temperature stayed hot this week.

　　(기온이 이 주에는 더운 상태로 있었다.)

f. I like to stay put by a fire on a cold day.

　　(나는 추운 날에는 불가에 박혀있기를 좋아한다.)

2. 타동사 용법

2.1. 다음 주어는 목적어를 제자리에 머물게 한다.

(3) a. We must stay the progress of the disease.

　　(우리는 그 질병의 진행을 정지시켜야 한다.)

b. The court stayed judgement.

　　(그 법원은 심판을 내리지 않았다.)

c. He stayed the punishment.

　　(그는 그 벌을 내리지 않았다.)

d. He stayed his anger.

　　(그는 그의 화를 내지 않았다.)

2.2. 다음 주어는 목적어를 더 진전하지 못하게 한다.

(4) a. He stayed his stomach with a piece of cake.

　　(그는 배고픔을 케이크 한 조각으로 달랬다.)

b. He stayed her appetite with an orange.

　　(그는 그의 식욕을 오렌지 하나로 달랬다.)

c. A glass of milk stayed me until meal time.

　　(한 잔의 우유가 식사 시간까지 나의 배고픔을 견디게 했다.)

STICK

1. 타동사 용법

1.1. 다음 주어는 목적어를 in/into/through의 목적어로 찌른다.

(1) a. He stuck candles **in** a cake.
   (그는 초들을 케이크 속에 꽂았다.)
 b. She stuck a rose **in** her buttonhole.
   (그녀는 장미 한 송이를 그녀의 단춧구멍에 꽂았다.)
 c. He stuck his hands **in** his pockets.
   (그는 그의 손을 호주머니에 찔러 넣었다.)
 d. He stuck the fork **into** a potato.
   (그는 그 포크를 감자 속에 찔러 넣었다.)
 f. He stuck the pin **through** the paper.
   (그는 그 핀을 그 종이 속으로 찔러 넣었다.)
 e. He stuck his knife **into** the butter.
   (그는 그의 칼을 그 버터 속에 찔렀다.)

1.2. 다음 주어는 목적어를 with의 목적어로 찌른다.

(2) a. He stuck his finger **with** a needle.
   (그는 그의 손을 바늘로 찔렀다.)

b. He stuck his coat **with** medals.
(그는 그의 저고리를 메달로 꽂았다.)

c. He stuck the beefsteak **with** a fork.
(그는 그 비프스테이크를 포크로 찔렀다.)

d. She stuck the cake **with** almonds.
(그녀는 그 케이크를 아몬드(편도)로 꽂았다.)

1.3. 다음 주어는 목적어를 내민다.

(3) a. He stuck his hands **out of** the sleeves.
(그는 손을 소매 밖으로 불쑥 내밀었다.)

b. He stuck his head **out of** the window.
(그는 그의 머리를 그 창문 밖으로 불쑥 내밀었다.)

c. He stuck his chin **up**.
(그는 그의 턱을 위로 쳐들었다.)

1.4. 다음 주어는 목적어를 접착제 등을 써서 전치사 in, on, to의 목
적어에 붙인다.

(4) a. He stuck clippings in a scrapbook.
(그는 오려 놓은 기사를 스크랩북에 붙여 넣었다.)

b. He stuck a landscape on the wall.
(그는 풍경화를 그 벽에 붙였다.)

c. The sweat had stuck his shirt to his back.
(그 땀은 그의 셔츠를 그의 등에 붙게 했다.)

d. He stuck the broken pieces **together** with glue.
(그는 부서진 조각들을 접착제로 붙였다.)

e. He licked the flap and stuck it **down**.
(그는 그 봉투 뚜껑에 침을 발라서 붙였다.)

1.5. 다음 주어는 목적어를 with의 목적어로 꼼짝 못하게 한다.

(5) They stuck him **with** the bill.
(그들은 그를 그 청구서로 강요했다.)

1.6. 다음은 수동태 문장으로, 주어는 꽂힌 듯 꼼짝하지 못한다.

(6) a. We were stuck in the mud.
(우리는 진흙에 빠져서 꼼짝 못했다.)

b. We have been stuck here for three days by a heavy storm.
(우리는 심한 폭풍 때문에 사흘간 여기서 꼼짝을 못하고 있다.)

c. I am stuck with the work.
(나는 그 일 때문에 꼼짝을 못한다.)

d. Our work was stuck by the breakdown of the machinery.
(우리의 일은 그 기계고장으로 정지되었다.)

1.7. 다음 주어는 목적어를 참는다.

(7) a. I cannot stick him.
(나는 그를 참을 수가 없다.)

b. How can you stick that noise?
(너는 그 소리를 어떻게 참느냐?)

c. I cannot stick her rudeness.
(나는 그녀의 무례함을 참을 수가 없다.)

d. I cannot stick this dull job.
(나는 이 지루한 일을 참을 수가 없다.)

2. 자동사 용법

2.1. 다음 주어는 찌른다.

(8) a. A needle sticks in his shirt.
    (바늘이 그의 셔츠 안에서 찌른다.)
  b. Two arrows were sticking in his back.
    (두 개의 화살이 그의 등에 꽂혀 있었다.)

2.2. 다음 주어는 붙는다.

(9) a. Several pages have stuck together.
    (몇 페이지가 함께 붙었다.)
  b. We stuck together in negotiation.
    (우리는 협상을 할 때에는 같이 붙었다.)
  c. These labels don't stick very well.
    (이 라벨들은 잘 붙지 않는다.)

2.3. 다음 주어는 끼인다.

(10) a. The door always sticks.
    (그 문은 늘 낀다.)
  b. The key stuck in the lock.
    (그 열쇠가 자물쇠 안에 끼었다.)
  c. The car stuck in the mud.
    (그 차는 진흙 속에 빠져서 꼼짝 못했다.)

2.4. 다음 주어는 어떤 자리에서 꼼짝 안 한다.

(11) a. He sticks indoors.
　　　(그는 집안에 늘 붙어 있다.)
　　b. He stuck where he was.
　　　(그는 그가 있는 곳에 그대로 있었다.)
　　c. The party sticks in my memory.
　　　(그 모임은 내 기억에 남아 있다.)

2.5. 다음 주어는 전치사 at의 목적어에 붙어 있다.

(12) a. He is sticking **at** his job/studies.
　　　(그는 그의 일/연구에 열중하고 있다.)
　　b. Don't stick **at** small difficulties, but keep going.
　　　(조그만 어려움에 집착하지 말고 계속 진행하여라.)

2.6. 다음 주어는 on의 목적어에 붙어 있다.

(13) a. The wallpaper is sticking **on** the wall.
　　　(그 벽지가 그 벽에 붙어 있다.)
　　b. The workers are still sticking **on** the question of holiday pay.
　　　(그 노동자들은 아직도 휴일 임금의 그 문제에 집착하고 있다.)

2.7. 다음 주어는 to의 목적어에 집착한다.

(14) a. He stuck **to** his post.
　　　(그는 그의 자리에 붙어 있었다.)
　　b. He sticks **to** his promise/decision/belief/words.
　　　(그는 그의 약속/결정/신념/말을 지킨다.)

2.8. 다음 주어는 튀어나와 있다.

(15) a. His front teeth stick **out** a little.
      (그의 앞니가 앞으로 조금 튀어나와 있다.)
   b. A branch sticks up **out** of the water.
      (가지 하나가 그 물 속으로부터 위로 튀어나온다.)
   c. Your hair stick **up**.
      (너의 머리는 선다.)

STOP

0. 이 동사의 개념바탕에는 멈추는 과정이 있다.

1. 자동사 용법

1.1. 다음 주어는 멈춘다.

(1) a. We stopped to rest/to talk.
(우리는 쉬기/이야기하기 위하여 멈추었다.)
   b. Are you stopping at the hotel?
(너는 그 호텔에 머물고 있느냐?)
   c. I must stop at the baker's.
(나는 그 빵집에 들러야 한다.)
   d. I think I'll stop here a few minutes.
(나는 여기서 몇 분간 쉴까 한다.)

1.2. 다음 주어는 움직이는 개체이다. 주어는 멈춘다.

(2) a. The train stopped at the station.
(그 기차는 그 역에 섰다.)
   b. The bus stopped in front of the store.
(그 버스는 그 가게 앞에 멈추어 섰다.)
   c. The clock has stopped.
(그 시계가 멈추었다.)

d. The heart has stopped.
   (그 심장이 멈추었다.)

1.3. 다음 주어는 환유적으로 쓰여서 이와 관련된 과정을 가리킨다.

(3) a. The rain stopped.
      (그 비가 그쳤다.)
   b. The noise outside finally stopped.
      (바깥의 그 소음이 그쳤다.)
   c. The matter will not stop here.
      (그 문제는 여기서 끝나지 않을 것이다.)

1.4. 다음 주어는 움직이지 않으나 전체 형상을 눈으로 따라가 보면
     어느 지점에서 끝난다.

(4) The road stops there.
    (그 길은 여기서 끝난다.)

2. 타동사 용법

2.1. 다음 주어는 목적어를 멈춘다. 목적어는 움직이는 개체이다.

(5) a. The earthquake stopped all the clocks.
      (그 지진이 모든 시계를 멈추었다.)
   b. The police stopped a bus/a car/a train/a horse.
      (순경이 버스/차/기차/말을 멈추었다.)

2.2. 다음 목적어는 흐르는 개체이다. 주어는 목적어를 멈춘다.

(6) a. Can you stop the blood?
    (당신은 그 피를 멈추게 할 수 있습니까?)
 b. Stop the leak in the pipe.
    (그 파이프의 새는 곳을 막아라.)
 c. The mechanic stopped the electricity.
    (그 기사가 그 전기를 끊었다.)
 d. He stopped his breath.
    (그는 그의 숨을 멈추었다.)

2.3. 다음 주어는 목적어의 흐름을 막는다.

(7) a. They stopped the supplies.
    (그들은 그 공급을 막았다.)
 b. The company stopped his wages.
    (그 회사는 그의 임금을 중단했다.)
 c. The bank stopped payment.
    (그 은행은 지불을 중단했다.)
 d. The bank stopped the check.
    (그 은행은 그 수표의 지불을 정지했다.)

2.4. 다음 목적어는 물체가 지나가는 개체이다. 주어는 목적어를 막는다.

(8) a. He stopped the pipe.
    (그는 그 파이프를 막았다.)
 b. He stopped his ears.
    (그는 그의 귀를 막았다.)

c. They stopped up the drain.
(그들은 그 배수구를 완전히 막았다.)

2.5. 다음 목적어는 시간 속에 진행되는 개체이다.

(9) a. He stopped work/a quarrel/a fight/the game.
(그는 일/다툼/싸움/그 경기를 중단시켰다.)

b. The umpire stopped the match.
(그 심판은 그 경기를 중단시켰다.)

2.6. 동명사가 목적어일 때는 다음과 같이 두 가지의 표현이 있다.
전체 주어와 동명사의 주어가 다르다.

(10) a. What can stop **our** going?
(무엇이 우리가 가는 것을 막을 수 있는가?)

b. What can stop **us from** going?
(무엇이 우리를 가는 것으로부터 막을 수 있는가?)

(11) a. Can't you stop the child getting into mischief?
(그 아이가 나쁜 장난하는 것을 막을 수 없느냐?)

b. Can't you stop the child **from** getting into mischief?
(너는 그 아이를 나쁜 장난을 하는 것으로부터 막을 수 없느냐?)

2.7. 다음 전체 주어와 동명사의 주어가 같다.

(12) a. He stopped beating his wife.
(그는 아내를 때리기를 중단했다.)

b. He stopped from beating his wife.
(그는 아내를 때리는 일을 중단했다.)

(13) a. He stopped working.
(그는 일을 멈추었다.)
b. He stopped from working.
(그는 일을 멈추었다.)

STRIKE

1. 타동사 용법

1.1. 다음 주어는 목적어를 with의 목적어를 써서 친다.

(1) a. She struck the ball **with** her racket.
    (그녀는 그 공을 채로 쳤다.)
  b. He struck the table **with** his fist.
    (그는 그 식탁을 그의 주먹으로 쳤다.)
  c. He struck the robber **with** the dagger.
    (그는 그 강도를 그 단도로 쳤다.)

1.2. 목적어가 사람인 경우에는 전체 그리고 특정 부분의 순서로 묘
  사된다.

(2) a. He struck me **on** the head.
    (그는 나를 나의 머리를 쳤다.)
  b. She struck the child **on** the back.
    (그녀는 그 아이를 등을 쳤다.)
  c. He struck the opponent **on** the jaw.
    (그는 그 상대방을 턱을 쳤다.)

1.3. 목적어는 도구가 될 수 있다. 주어는 목적어를 친다.

(3) a. He struck the ax.
　　　(그는 도끼를 내리쳤다.)
　　b. He struck a blow at injustices.
　　　(그는 불공평한 일에 일격을 가했다.)

1.4. 다음 목적어는 신체의 일부이다. 주어는 목적어를 against나 on 의 목적어에 부딪치게 한다.

(4) a. I struck my head against the barn.
　　　(나는 내 머리를 그 곳간에 박았다.)
　　b. She struck her knee against the desk.
　　　(그녀는 무릎을 그 책상에 박았다.)
　　c. He struck his head on the beam.
　　　(그는 머리를 그 대들보에 박았다.)

1.5. 다음 주어는 목적어에 힘을 가하여 into의 목적어에 넣는다.

(5) a. He struck the dagger **into** the man.
　　　(그는 그 단검을 그 사람에게 찔렀다.)
　　b. He struck the spurs **into** the horse.
　　　(그는 그 박차를 그 말에 가했다.)
　　c. The horrible scene struck a chill **into** my heart.
　　　(그 무서운 장면은 무서움을 그 마음속에 처넣었다.)
　　d. His eyes struck terror **into** me.
　　　(그의 눈은 공포심을 내게 처넣었다.)

1.6. 다음 주어는 목적어를 쳐서 어떤 상태에 들어가게 한다.

(6) a. He struck her **dead.**

(그는 그녀를 쳐서 죽였다.)

b. He struck me **speechless.**

(그는 나를 쳐서 말문을 잃게 했다.)

c. She was struck **dumb** with stage fright.

(그녀는 무대 공포로 놀라서 말을 할 수가 없었다.)

d. The audience was struck **silent.**

(그 청중은 충격을 받고 말을 못했다.)

1.7. 다음 주어는 목적어를 쳐서 없어지게 한다.

(7) a. They struck camp and continued the journey.

(그들은 야영을 해체하고 그 여행을 계속했다.)

b. We struck the stage.

(우리는 그 무대를 해체했다.)

c. They have struck work at the factory.

(그들은 그 공장에서 파업을 했다.)

1.8. 다음 주어는 목적어를 쳐서 만든다.

(8) a. He struck a cord on the piano.

(그는 한 코드를 피아노에 쳤다.)

b. She struck a B sharp note.

(그녀는 B 샤프 노트를 쳤다.)

1.9. 다음은 수동태 문장으로, 주어는 쳐서 만들어지는 개체이다.

(9) a. A medal was struck in memory of the great victory.

(메달이 그 위대한 승리를 기념해서 만들어졌다.)

b. A new coin was struck in honor of the queen.
(새 동전이 그 여왕을 위해서 찍혔다.)

c. A 25-pence piece was struck in honor of the king.
(동전이 그 왕을 위해서 25펜스짜리 찍혔다.)

1.10. 다음 주어는 목적어를 취한다.

(10) a. He struck the customary pose of a priest.
(그는 신부의 관습적인 자세를 취했다.)

b. He struck a polite attitude.
(그는 정중한 태도를 취했다.)

1.11. 다음 주어는 그 자체가 목적어를 친다.

(11) a. His head struck the table as he fell.
(넘어지면서 그의 머리가 탁자를 쳤다.)

b. The ship struck a rock and began to sink.
(그 배는 바위를 치고, 가라앉기 시작했다.)

c. The hammer struck the bell.
(그 망치가 그 종을 쳤다.)

d. A stray bullet struck the soldier.
(유탄이 그 군인을 쳤다.)

1.12. 다음 주어는 빛이나 소리이다. 빛도 움직여서 개체에 가 닿는다.

(12) a. The search light struck the wreck.
(그 탐조등이 그 난파선을 비추었다.)

b. The sun was striking the hilltop.
(햇빛이 그 산꼭대기를 비추고 있었다.)

c. The sun struck her eyes.

(햇빛이 그녀의 눈에 세게 와 닿았다.)

d. A shrill shout struck her ears.

(날카로운 외침이 그녀의 귀에 세게 와 닿았다.)

1.13. 다음 주어는 목적어를 접한다.

(13) a. We struck the main road after a short drive.

(얼마 가지 않아서 우리는 그 간선도로를 만났다.)

b. I struck the name of my old friend in the newspaper.

(나는 그 신문에 내 오랜 친구의 이름을 보았다.)

c. Finally we struck a vein of gold/oil.

(마침내 우리는 금광/유맥에 이르렀다.)

d. The waving palm trees struck my view.

(바람에 나부끼는 야자수 나무들이 나의 시야에 와 닿았다.)

1.14. 다음 목적어는 추상적인 개체이다. 그러나 구체적인 개체로 개념화되어 있다. 주어는 목적어를 만든다.

(14) a. We struck a balance/an average.

(우리는 균형/평균에 이루었다.)

b. They struck an agreement/a compromise.

(그들은 합의/타협을 쳐서 이루었다.)

1.15. 다음은 「강한 생각은 물리적 힘이다」의 은유가 적용된 표현이다.

(15) a. A terrible thought struck her.

(무서운 생각이 그녀에게 갑자기 떠올랐다.)

b. An amusing thought struck her.
(재미있는 생각이 그녀에게 갑자기 떠올랐다.)

c. The thought struck me that she had come to borrow money.
(그녀가 돈을 빌리러 왔었다는 생각이 내게 떠올랐다.)

d. A happy idea struck him.
(즐거운 생각이 그에게 떠올랐다.)

e. It struck me that you are afraid.
(네가 두려워하고 있다는 생각이 떠올랐다.)

1.16. 소식이나 광경도 큰 물리적 힘으로 작용한다.

(16) a. The news of her father's death struck her to the heart.
(그녀 아버지의 부고가 그녀를 심하게 쳤다.)

b. The sight struck her with terror.
(그 광경은 그녀를 공포로 충격을 주었다.)

c. I was struck by the resemblance.
(나는 그 유사성에 놀랐다.)

d. We were struck by the rapid modernization.
(우리는 그 빠른 현대화에 놀랐다.)

1.17. 다음 주어는 목적어를 as의 목적어와 같은 인상을 준다.

(17) a. She struck me **as** being unusual.
(그녀는 내게 보통이 아니라는 인상을 주었다.)

b. They struck me **as** abnormal.
(그들은 내게 비정상적이라는 인상을 주었다.)

c. This discussion strikes me **as** pointless.
(이 논의는 나에게 무의미하다는 인상을 준다.)

d. How does the plan strike you?
(그 계획은 여러분을 어떤 인상을 줍니까?)

1.18. 다음은 수동태 문장으로 주어는 병의 공격을 받는다. 「병은 물리적 힘이다」의 은유가 적용된 표현이다.

(18) a. He was stricken with a heart attack.
(그는 심장마비의 공격을 받았다.)
b. Some of them were stricken by an illness.
(그들 가운데 몇 명은 병에 걸렸다.)
c. The town was struck with an epidemic flu.
(그 읍내는 유행성 독감의 공격을 받았다.)

1.19. 다음 주어는 첫째 목적어에 둘째 목적어를 준다.

(19) a. He struck **the man a blow.**
(그는 그 사람에게 일격을 가했다.)
b. He struck **me a blow** on the head.
(그는 나를 머리에 일격을 가했다.)
c. She struck **the boy a violent blow.**
(그녀는 그 소년에게 강한 일격을 가했다.)

2. 자동사 용법

2.1. 다음 주어는 친다.

(20) a. Strike while the iron is hot.
(쇠가 달아 있을 때 쳐라.)

b. He leaped back as the animal struck.
(그 동물이 공격할 때 그는 뒤로 물러섰다.)

c. Lightning struck in several places, but no one was hurt.
(벼락이 몇 군데 쳤지만 아무도 다치지 않았다.)

d. The enemy will strike at dawn.
(그 적은 새벽에 공격할 것이다.)

2.2. 다음 주어는 against나 on의 목적어에 가 닿는다.

(21) a. His foot struck **against** a stone.
(그의 발이 돌을 쳤다.)

b. The ship struck **on** a rock.
(그 배는 바위에 부딪쳤다.)

2.3. 다음 주어는 이동한다.

(22) a. They struck **into** the woods.
(그들은 숲 속으로 들어갔다.)

b. There the road struck **to** the east.
(그 길은 동쪽으로 뻗쳤다.)

2.4. 다음 주어는 추상적이다. 그러나 움직여서 가닿는 것으로 개념
화된다.

(23) a. A chill struck through my flesh to the marrow of my bones.
(오싹함이 내 살을 지나 골수까지 치고 들어갔다.)

b. The light strikes through the darkness.
(그 빛은 그 어둠을 쳐서 지나간다.)

2.5. 다음 주어는 동맹파업을 한다.

(24) a. The workers struck for higher wages.
　　　(그 노동자들은 좀 더 많은 임금을 받기 위해서 파업했다.)
　　b. The workers are striking for shorter hours.
　　　(그 노동자들은 더 적은 노동시간을 위해 파업하고 있다.)

2.6. 다음 주어는 공격한다.

(25) a. The enemy struck at dawn.
　　　(그 적은 새벽에 공격했다.)
　　b. A rattlesnake makes noise before it strikes.
　　　(방울뱀은 공격하기 전에 소리를 낸다.)

2.7. 다음 주어는 시간을 알린다.

(26) a. The clock struck at 5.
　　　(그 시계는 5시에 친다.)
　　b. 10 o'clock has struck.
　　　(열시가 울렸다.)

STUDY

0. 이 동사의 개념바탕에는 공부하는 과정이 있다.

1. 타동사 용법

1.1. 다음 주어는 목적어를 공부한다.

(1) a. He studied the lesson.
    (그는 그 과를 공부했다.)
 b. He is studying medicine/history.
    (그는 의학/역사를 공부하고 있다.)
 c. They are studying the Bible.
    (그들은 성경을 공부하고 있다.)

1.2. 다음 목적어는 글씨가 아닌 다른 매체이다. 주어는 목적어를 조
     사한다.

(2) a. They are studying the sign.
    (그들은 그 기호를 연구하고 있다.)
 b. He is studying the timetable.
    (그는 그 시간표를 잘 살펴보고 있다.)
 c. She has studied the map.
    (그녀는 그 지도를 잘 조사해 놓았다.)

1.3. 공부에 빼놓을 수 없는 부분은 시지각이다. 다음 주어는 목적어를 세밀하게 본다.

(3) a. She is studying the mole on his face.
    (그녀는 그의 얼굴에 있는 그 점을 살펴보고 있다.)
  b. He is studying his wife.
    (그는 그의 아내를 살펴보고 있다.)
  c. She is studying her parents.
    (그녀는 부모를 잘 살펴보고 있다.)
  d. He's been studying the situation for several weeks.
    (그는 몇 주 동안 그 상황을 연구해오고 있다.)
  e. The expert is studying the painting.
    (그 전문가가 그 그림을 살펴보고 있다.)

1.4. 다음 목적어는 행동이다. 주어는 목적어를 연구한다.

(4) a. He has studied the next move.
    (그는 다음 움직임을 연구해 놓았다.)
  b. He is studying his part in the play.
    (그는 그 연극에서 그의 역할을 연구하고 있다.)
  c. He studied ways to run away.
    (그는 도망칠 방법을 연구했다.)

1.5. 다음 주어는 목적어를 고려한다.

(5) a. He is studying his own interest.
    (그는 그 자신의 관심을 고려하고 있다.)
  b. She is studying others' convenience.
    (그녀는 다른 사람의 편의를 고려하고 있다.)

c. She always studies the wishes of her parents.
(그녀는 언제나 부모의 소원을 고려한다.)

2. 자동사 용법

2.1. 다음 주어는 연구한다.

(6) a. She is studying at a university.
(그녀는 어느 대학에서 공부하고 있다.)
b. He is studying under Dr. Brown.
(그는 브라운 박사 밑에서 연구하고 있다.)
c. They are studying for an exam.
(그들은 시험을 위해 공부하고 있다.)
d. She is studying to be a scientist.
(그녀는 과학자가 되기 위해서 공부하고 있다.)

2.2. 다음 주어는 고심한다.

(7) a. The dentist studies to please his patients.
(그 치과의사는 환자를 즐겁게 하려고 애쓴다.)
b. She always studies to avoid the topic.
(그녀는 그 화제를 늘 피하려고 애쓴다.)

SUBJECT

0. 이 동사의 개념바탕에는 아래에 두어서 그 영향을 받게 하는 과정이 있다.

1. 타동사 용법

1.1. 다음 주어는 목적어를 전치사 to의 목적어의 영향 아래에 둔다.

(1) a. He subjected the nation **to** his rule.
   (그는 그 민족을 자신의 통치하에 두었다.)
   b. They subjected him **to** torture.
   (그들은 그를 고문에 처했다.)
   c. They subjected their victim **to** cruel treatment.
   (그들은 그들의 희생자들을 잔인한 취급을 받게 했다.)
   d. He subjected the story **to** verification.
   (그는 그 이야기를 검증을 받게 했다.)
   e. The scientists subjected the products **to** a number of rigorous tests.
   (그 과학자들은 그 생산품을 많은 엄격한 시험을 받게 했다.)
   f. Violations of the law will subject offenders **to** fines.
   (그 법의 위반은 위반자들을 벌금에 처하게 한다.)
   g. They subjected the new policy **to** public discussion.
   (그들은 그 새 정책을 대중토론을 받게 했다.)
   h. The lawyer subjected the witness **to** cross-examination.
   (그 변호사는 그 증인을 대질질문을 받게 했다.)

1.2. 다음 주어는 목적어를 자신의 아래에 둔다.

(2) a. They have subjected all the neighboring states.
   (그들은 모든 이웃 나라를 복종시켰다.)
 b. The Aztecs subjected the neighboring states.
   (아즈텍족은 이웃 나라들을 굴복시켰다.)
 c. Rome subjected Italy.
   (로마는 이태리를 굴복시켰다.)

1.3. 다음은 수동태 문장으로 주어는 to 목적어의 영향 아래에 둔다.

(3) a. He was subjected to severe criticism.
   (그는 심한 비판에 처하게 되었다.)
 b. The tires were subjected to various tests.
   (그 타이어는 여러 가지 시험을 받았다.)
 c. We were subjected to a good deal of abuse.
   (우리는 많은 학대를 받았다.)

SUFFER

0. 이 동사의 개념바탕에는 신체적이거나 정신적 고통이나 불이익을 입거나 당하는 과정이 있다.

1. 타동사 용법

1.1. 다음 주어는 목적어를 겪는다.

(1) a. He suffered pain/insult/grief/wrong/punishment/injuries.
   (그는 고통/모욕/슬픔/학대/벌/상처를 받았다.)
   b. She suffered a heavy loss.
   (그녀는 큰 손해를 보았다.)
   c. They suffered defeat/death/humiliation.
   (그들은 패배/죽음/모욕을 당했다.)
   d. She suffered a heart attack.
   (그녀는 심장 마비를 당했다.)

1.2. 다음에는 부정어가 쓰였다. 이 경우 suffer는 '참다', '견디다'의 뜻으로 쓰인다.

(2) a. I will not suffer such insults.
   (나는 이러한 모욕은 참지 않겠다.)
   b. How can you suffer his insolence?
   (당신은 그의 무례함을 어떻게 참습니까?)

c. Roses cannot suffer cold.
   (장미는 추위를 견디지 못한다.)
d. I cannot suffer him.
   (나는 그를 견딜 수 없다.)
e. I will suffer his rudeness no longer.
   (나는 그의 무례를 더 이상 참지 않겠다.)

1.3. 다음 주어는 목적어를 to 부정사가 나타내는 과정을 겪게 내버려둔다.

(3) a. I cannot suffer you to be idle.
      (나는 너를 일하지 않고 그냥 있게 할 수 없다.)
    b. He suffered himself to be imposed.
      (그는 자신을 속임을 받게 했다.)
    c. He suffered his son to go abroad.
      (그는 아들을 해외에 가도록 내버려 두었다.)
    d. She suffered him to lead her to the room.
      (그녀는 그가 그녀를 그 방으로 안내하게 했다.)

1.4. 다음 주어는 목적어를 전치사 from의 목적어 때문에 겪는다.

(4) a. He suffered terrible pain **from** his injuries.
      (그는 그의 상처로부터 오는 심한 고통을 겪었다.)
    b. He suffered harm **from** being out in the storm.
      (그는 폭풍 속에 나가 있었기 때문에 해를 입었다.)

2. 자동사 용법

2.1. 다음 문장에 쓰인 from은 고통의 원인을 나타낸다.

(5) a. Britain has suffered **from** labor troubles.
   (영국은 노동쟁의 때문에 어려움을 겪었다.)
   b. Trade is suffering **from** the depression.
   (무역이 그 경기 침체 때문에 어려움을 겪고 있다.)
   c. Your reputation will suffer **from** such conduct.
   (너의 평판이 이러한 행위로 해를 보게 될 것이다.)
   d. He suffers **from** gout.
   (그는 통풍 때문에 고생을 한다.)

2.2. 다음 주어는 고통을 받는다.

(6) a. The passengers suffered much in the accident.
   (그 승객들은 그 사고에 많은 고통을 받았다.)
   b. He suffered terribly when his mother died.
   (그는 그의 어머니가 돌아갔을 때 괴로움을 크게 겪었다.)

2.3. 다음 주어는 해를 입고 나빠진다.

(7) a. He started drinking and his work suffered.
   (그가 술을 마시기 시작하면서 그의 작품은 나빠졌다.)
   b. His business suffered greatly during the war.
   (그의 사업은 그 전쟁기간 동안 크게 손해를 보았다.)
   c. If the factory closes, the other local businesses are bound to suffer.
   (만약 그 공장이 문을 닫으면, 그 지역의 다른 업체들은 해를 입 마련이다.)

SUPPORT

1. 타동사 용법

1.1. 다음 주어는 목적어를 떠받친다.

(1) a. The roof supports the huge sign.
   (그 지붕은 그 거대한 간판을 받치고 있다.)
   b. The big towers support the bridge.
   (그 큰 탑이 그 다리를 받치고 있다.)
   c. The walls support the roof.
   (그 벽들이 그 지붕을 떠받친다.)
   d. The shelf supports many books.
   (그 선반은 많은 책을 떠받친다.)
   e. That chair cannot support him.
   (그 의자는 그(의 무게)를 받칠 수 없다.)
   f. The elevator won't support more than 300 pounds.
   (그 승강기는 300 파운드 이상은 떠받치지 못할 것이다.)

1.2. 주어는 목적어를 부양한다.

(2) a. He has to support a large family.
   (그는 대가족을 부양해야 한다.)

b. He has to support a wife and five children.
(그는 아내와 다섯 아이를 부양해야 한다.)

c. In that society a mother supports her family.
(그 사회에서는 어머니가 가족을 부양한다.)

d. Her father supported her until she got married.
(그녀의 아버지가 그녀를 결혼할 때까지 부양했다.)

1.3. 주어는 목적어를 뒷받침한다.

(3) a. The city supports two orchestras.
(그 시는 두 개의 관현악단을 후원한다.)

b. Volunteers support the hospitals.
(지원자들이 그 병원을 지원한다.)

c. They support the local theater
(그들은 그 지역 극장을 후원한다.)

1.4. 다음 주어는 목적어를 떠받쳐서 떨어지지 않게 한다.

(4) a. The government must support the domestic price.
(정부는 그 국내 가격을 지원해야 한다.)

b. The federal bank intervened to support the falling dollar.
(연방은행이 그 하락하는 달러를 지원하기 위해서 개입했다.)

c. She couldn't support life without friends.
(그녀는 친구 없이는 삶을 지탱할 수 없다.)

1.5. 다음 주어는 목적어를 지원한다.

(5) a. The artillery fire supported the infantry during the attack.
(그 포화가 그 공격시 그 보병을 지원했다.)

b. His family supported him in his decision.
   (그의 가족이 그의 결정에 그를 후원했다.)

c. Hope supports us in trouble.
   (희망이 어려울 때 우리를 지탱해 준다.)

d. He must need a fortune to support his drinking habits.
   (그의 음주 습관을 유지하기 위해서는 큰 재산이 필요함에 틀림없다.)

1.6. 다음은 「주장이나 이론은 건물이다」의 은유가 적용된 표현이다. 주어는 목적어를 뒷받침한다.

(6) a. The facts support his argument/statement.
   (그 사실들이 그의 논거/진술을 뒷받침한다.)

b. The results support my allegation.
   (그 결과는 나의 혐의 주장을 뒷받침한다.)

c. There is fresh evidence to support her allegation.
   (그녀의 혐의 주장을 뒷받침할 새 증거가 있다.)

d. The fact supports his claim.
   (그 사실은 그의 진술을 뒷받침한다.)

e. The new discoveries support his theory.
   (그 발견들은 그의 이론을 뒷받침한다.)

f. I don't support the idea that teenagers are lazy.
   (나는 십대들이 게으르다는 생각을 지지하지 않는다.)

1.7. 다음 주어는 목적어를 지지한다.

(7) a. We support the president.
   (우리는 대통령을 지지한다.)

b. A large majority in the senate supported the proposal.
   (상원에서 대다수가 그 제안을 지지했다.)

c. The senator did not support the new tax reform bill.
   (그 상원의원은 그 새 세법 개정안을 지지하지 않았다.)

d. The members support the foreign-aid bill.
   (그 회원들은 그 외국원조 법안을 지지했다.)

1.8. 부정문에서 support는 '참을 수 없다' 또는 '견딜 수 없다'는 뜻으로 쓰인다.

(8) a. I cannot support the heat.
    (나는 그 더위를 견딜 수가 없다.)

b. I cannot support the situation any longer.
   (나는 그 상황을 더 이상 견딜 수가 없다.)

1.9. 다음 주어는 목적어의 보조역을 맡는다.

(9) She supported the star in many plays.
    (그녀는 그 유명 배우를 여러 연극에서 보조역으로 도왔다.)

SUSPEND

0. 이 동사의 개념바탕에는 매다는 과정이 있다.

1. 타동사 용법

1.1. 다음 주어는 목적어를 매단다.

(1) a. He suspended a lamp from the ceiling.
   (그는 램프를 그 천장으로부터 매달았다.)
   b. They suspended a swing from a branch of a tree.
   (그들은 그네를 나뭇가지로부터 매달았다.)
   c. She suspended a rope from a tree.
   (그녀는 로프를 나무로부터 매달았다.)

1.2. 다음은 수동태 문장으로, 주어는 공중에 있다.

(2) a. Dust is suspended in the air.
   (먼지가 공기 중에 떠 있다.)
   b. Fog is suspended in the air.
   (안개가 공기 중에 떠 있다.)

1.3. 다음 주어는 목적어를 일정기간 from의 목적어에서 떨어져 있
   게 한다.

(3) a. The teacher suspended him **from** school.

　　(그 선생님은 그를 학교로부터 정학시켰다.)

　b. They suspended two footballers **from** the match.

　　(그들은 두 명의 축구 선수들을 그 경기에 출전 금지시켰다.)

　c. The doctor has been suspended **from** duty.

　　(그 의사는 정직되었다.)

1.4. 다음 주어는 목적어를 내리지 않고 매달아 놓는다.

(4) a. He suspended punishment/payment.

　　(그는 처벌/지불을 중지했다.)

　b. He suspended the sentence.

　　(그는 그 형의 언도를 보류했다.)

　c. They suspended a rule/the law.

　　(그들은 규칙/법을 보류했다.)

　d. She suspended her decision/judgement.

　　(그녀는 그녀의 결정/판단을 보류했다.)

1.5. 다음 목적어는 시간 속에 진행되는 개체이다. 주어는 목적어의
　　 진행을 중단한다.

(5) a. They suspended the trial/all business/the train schedule/the
　　 sales of the drug.

　　(그들은 그 재판/모든 사업/그 열차의 일정/그 약품 판매를
　　 중지했다.)

　b. They suspended the game because of the rain.

　　(그들은 그 비 때문에 그 경기를 중지시켰다.)

　c. My driver's license is suspended for speeding.

　　(내 운전면허증이 속도위반으로 정지되었다.)

TAKE

1. 타동사 용법

1.1. 다음 주어는 목적어를 손에 잡는다.

(1) a. He took a spade and planted the tomato.
   (그는 삽을 잡고 그 토마토를 심었다.)
   b. He took a cup of tea in his hands.
   (그는 차 한 잔을 그의 양손에 잡았다.)
   c. He took her arm and led her away.
   (그는 그녀의 팔을 잡고, 그녀를 끌고 갔다.)

1.2. 다음 주어는 목적어를 잡아서 빼어낸다.

(2) a. He took 5 from 12.
   (그는 5를 12에서 떼었다.)
   b. Take two cards from my hand.
   (카드 두 장을 내 손에서 가져라.)
   c. You took a coin out of my pocket.
   (너는 동전 하나를 내 호주머니에서 꺼냈다.)
   d. She took cream off the milk.
   (그는 크림을 우유에서 걷었다.)

e. The child took a cork out of the bottle.
(그 아이는 코르크를 그 병에서 뽑았다.)

1.3. 다음 주어는 목적어를 잡고 to의 목적어에 가져간다.

(3) a. He took flowers **to** our sick friend.
(그는 꽃들을 우리의 병든 친구에게 가져갔다.)
 b. He took a letter **to** the mayor.
(그는 편지 한 장을 그 시장에게 가져갔다.)
 c. Take your father's slippers **to** him.
(네 아빠의 슬리퍼를 그에게 가져다 드려라.)
 d. He took his whole family **to** dinner.
(그는 온 가족을 정찬에 데리고 갔다.)
 e. He took his wife **to** a cinema.
(그는 그의 아내를 영화관에 데리고 갔다.)
 f. He usually takes the children **to** school in a car.
(그는 보통 아이들을 학교에 차로 데리고 간다.)
 g. Take the dishes **to** the kitchen.
(그 접시를 그 부엌에 가지고 가거라.)
 h. He took the baby **to** the park.
(그는 그 아기를 그 공원에 데리고 갔다.)

1.4. 다음 주어는 목적어를 몸속에 넣는다.

(4) a. He took a cup of tea.
(그는 차 한 잔을 마셨다.)
 b. He took his meals.
(그는 식사를 했다.)

c. He took poison.
(그는 독약을 마셨다.)
d. He took a fresh air.
(그는 신선한 공기를 마셨다.)

1.5. 다음 주어는 목적어를 받는다.

(5) a. Will you take $100 for your car?
(너는 100불을 네 차 값으로 받겠느냐?)
b. The man won't take a cent less for his bike.
(그 사람은 그의 자전거 대금으로 1센트도 덜 받으려고 하지
않으려고 한다.)
c. He took my gift.
(그는 내 선물을 받았다.)

1.6. 다음 주어는 목적어를 가족이나 생활영역에 받아들인다.

(6) a. He took a wife.
(그는 아내를 얻었다.)
b. She took a husband.
(그녀는 남편을 얻었다.)
c. They take lodgers.
(그들은 하숙인들을 받아들인다.)
d. He took his dead brother's son.
(그는 그의 죽은 동생의 아들을 받아들였다.)
e. They arranged to take their father once a month.
(그들은 아버지를 한달에 한번 모시기로 했다.)
f. The teacher took third graders.
(그 선생님은 3학년을 맡았다.)

1.7. 다음 주어는 목적어를 자신의 통제영역에 넣는다.

(7) a. Our forces have taken the airport.
    (아군은 그 공항을 점령했다.)
  b. The general took the fort back.
    (그 장군은 그 요새를 되찾았다.)
  c. The soldiers took the city.
    (그 군인들은 그 도시를 점령했다.)

1.8. 다음 주어는 목적어를 자신의 소유영역이나 사용영역에 넣는다.

(8) a. They took the house.
    (그들은 그 집을 잡았다/샀다.)
  b. They took the apartment house.
    (그들은 그 아파트를 잡았다/샀다.)
  c. He took a cottage for summer.
    (그는 산장을 여름을 보내기 위해 잡았다.)
  d. She took the camera/the umbrella.
    (그녀는 그 카메라/우산을 집었다.)
  e. He takes several magazines/a carton of milk/two newspapers.
    (그는 몇몇 잡지/한 카톤의 우유/신문 두 종류를 받는다.)

1.9. 다음 주어는 목적어를 어떤 도구에 기록되게 한다.

(9) a. He took my pictures.
    (그는 내 사진을 찍었다.)
  b. The nurse took the child's temperature.
    (그 간호사는 그 아이의 체온을 재었다.)

c. The policeman took my name and address down.
(경찰은 내 이름과 주소를 적었다.)

d. The tailor has taken my measurements.
(그 재단사는 나의 치수를 재었다.)

e. He took the dimensions of the room.
(그는 그 방의 치수를 재었다.)

f. He took the president's speech on tape.
(그는 대통령의 연설을 테이프에 담았다.)

1.10. 다음 목적어는 과정이다. 주어는 목적어를 자신의 활동영역 속에 넣는다.

(10) a. I usually take a walk in the morning.
(나는 보통 산보를 아침에 한다.)

b. He took a rest after lunch.
(그는 휴식을 점심 후 취했다.)

take와 잘 쓰이는 동작명사에는 다음이 있다.

a ride	a stroll	a turn	a nap
a doze	a flight	a glance	a leap
a lot	a bite	a trip	a break
a look	a listen		

1.11. 다음 주어는 목적어를 자신의 사용영역에 넣는다.

(11) a. He took the next road to the right.
(그는 오른쪽으로 가는 다음 길을 택했다.)

b. He took a bus to school.
(그는 버스를 타고 학교에 갔다.)

c. He took every means.
(그는 모든 수단을 썼다.)

d. He took the first opportunity/every chance that life offers him.
(그는 최초의 기회/삶이 제공하는 모든 기회를 잡았다.)

e. He took a car/a freighter to Europe/the subway/the airplane/a taxi.
(그는 자동차/유럽행 화물차/지하철/비행기/택시를 탔다.)

f. The government took these measures to reduce unemployment.
(정부는 실업을 줄이기 위하여 이 조처들을 취했다.)

1.12. 다음 주어는 목적어를 학습영역에 넣는다.

(12) a. Did you take history at school?
(학교에서 역사를 택했습니까?)

b. What courses are you taking?
(무슨 과목을 택하고 있습니까?)

c. Let's take the problems one by one.
(그 문제들을 하나하나씩 다룹시다.)

d. Let's take the Korean War today.
(오늘은 한국전쟁을 다룹시다.)

1.13. 다음 주어는 목적어를 몸속이나 마음속에 넣게 된다.

(13) a. He took cold/colic/the measles.
(그는 감기/배앓이/홍역을 앓았다.)

b. He took a fright.
(그는 두려움을 가졌다.)

1.14. 다음 주어는 목적어를 마음속에 갖는다.

(14) a. He took delight in the play.
(그는 그 연극에 기쁨을 가졌다.)
b. He took interest in the game.
(그는 그 게임에 관심을 가졌다.)
c. He took satisfaction/pride/pleasure/an immediate dislike.
(그는 만족/자부심/즐거움/즉각적인 증오를 가졌다.)
d. He took offence/umbrage.
(그는 불쾌감/역겨움을 가졌다.)

1.15. 다음 주어는 목적어를 의식 속에 넣는다.

(15) a. He took no heed of the police man.
(그는 그 경찰관을 개의치 않았다.)
b. He took no notice of the warning.
(그는 그 경고를 주의하지 않았다.)
c. He took no thought for the poor man.
(그는 그 불쌍한 사람의 생각을 하지 않았다.)
d. He took an interesting view.
(그는 재미있는 견해를 가졌다.)

1.16. 다음 목적어는 추상적이나 구체적인 것으로 은유화 되어 있다. 주어는 목적어를 마음속에 받아들인다.

(16) a. I always take your suggestions.

　　　(나는 언제나 너의 제안을 받아들인다.)

　　b. Take my advice and tell the police what happened.

　　　(내 충고를 받아 들여서 경찰에 일어난 일을 알려라.)

　　c. He took a hint/an offer/an order/praises.

　　　(그는 암시/제의/주문/칭찬을 받아들였다.)

1.17. 다음 주어는 목적어를 전치사 for의 목적어로 마음속으로 받아
　　　들인다.

(17) a. He took my joke **in** good part.

　　　(그는 나의 농담을 좋게 받아들였다.)

　　b. He took her **for** a fool.

　　　(그는 그녀를 바보로 받아들였다.)

　　c. I took his word **for** a joke.

　　　(나는 그의 말을 농담으로 받아들였다.)

　　d. I took his work **for** a model.

　　　(나는 그의 작품을 본으로 받아들였다.)

　　e. I took his words **for** granted.

　　　(나는 그의 말을 당연한 것으로 받아들였다.)

　　f. He takes things **easy**.

　　　(그는 일들을 쉽게 받아들였다.)

　　g. I take it **as** settled.

　　　(나는 그것이 해결된 것으로 생각한다.)

　　h. The event was so unusual that we do not know **how** to take it.

　　　(그 사건은 보통이 아니어서 우리는 그것을 어떻게 받아들여
　　　야 할지 모른다.)

1.18. 다음은 수동태 문장으로 주어는 사로잡힌다. 주어는 환유적으로 쓰여서 마음을 가리킨다.

(18) a. The child was really taken by the pretty dog.
    (그 아이는 그 예쁜 개에게 마음이 사로 잡혔다.)
  b. He was so taken with the design that he decided to copy.
    (그는 그 디자인에 매혹되어 그것을 베끼기로 결심했다.)
  c. I was quite taken with that young man.
    (나는 그 청년에게 온통 마음이 사로 잡혔다.)

1.19. 다음 주어는 환유적으로 쓰여서 생명을 가리킨다.

(19) a. She was taken in her prime years.
    (그녀는 한창 나이에 삶을 앗기었다.)
  b. He was taken from us.
    (그는 우리로부터 앗기어져 갔다.)

1.20. 다음 주어는 목적어가 어떤 행동을 하고 있을 때 잡는다.

(20) a. He took the man in the very act.
    (그는 그 사람을 현장에서 잡았다.)
  b. He took her napping.
    (그는 그녀가 낮잠을 자고 있는 것을 잡았다.)
  c. He was taken unawares.
    (그는 불시에 기습을 받았다.)

1.21. 다음 주어는 그릇이다. 주어는 목적어를 받아들인다.

(21) a. What sort of film does this camera take?

   (이 카메라는 어떤 필름을 받아들입니까?)

   b. This machine takes only 10-cent coins.

   (이 기계는 10센트 동전만 먹습니다.)

   c. The bottle takes a liter.

   (이 병은 1리터 담습니다.)

   d. The suitcase wouldn't take another thing.

   (그 가방은 하나도 더 안 들어간다.)

1.22. 다음 주어는 자체가 목적어를 흡수한다.

(22) a. The cloth takes dye well.

   (그 천은 물감을 잘 받아들인다.)

   b. The surface will not take paint.

   (그 표면은 페인트를 받아들이지 않는다.)

   c. The shelf takes just twenty books.

   (그 선반은 20권의 책만 얹을 수 있다.)

   d. How soon does the medicine take effect?

   (얼마나 빨리 그 약은 효과를 취할까요?)

   e. The animals take colors from their environment.

   (동물들은 그들의 환경으로부터 색깔을 받는다.)

1.23. 다음 주어는 목적어의 형체를 갖게 된다.

(23) a. Fog takes ghastly shapes.

   (안개는 무서운 형태를 취한다.)

   b. Greek gods take the likeness of a human being.

   (그리스 신들은 인간의 모습을 취한다.)

1.24. 다음은 「일은 그릇이다」의 은유가 적용된 표현이다. 주어는 목적어를 받아들인다.

(24) a. The journey took two hours.
   (그 여행은 두 시간이 들었다.)
   b. It took two hours to drive from here to London.
   (여기서 런던까지 차로 가는데 두 시간이 들었다.)
   c. The work took three hours.
   (그 일은 세 시간이 들었다.)
   d. How long will this job take you?
   (이 일은 당신이 하는데 시간이 얼마나 걸릴까요?)

1.25. 일의 그릇에는 돈도 들어간다.

(25) a. It takes a lot of money to build such a big house.
   (이렇게 큰 집을 짓는 데는 많은 돈이 들어간다.)
   b. The work took a lot of money.
   (그 일은 많은 돈이 들었다.)

1.26. 다음 주어는 목적어를 앗는다.

(26) a. The accident took his life.
   (그 사고는 그의 생명을 앗아갔다.)
   b. An awful fate took him from us.
   (무서운 운명이 그를 우리에게서 앗아갔다.)

1.27. 다음 주어는 목적어를 사로잡는다.

(27) a. The little house took my fancy.

        (그 작은 집이 나의 마음을 사로잡았다.)

    b. The new song took our fancy.

        (그 새 노래는 우리의 마음을 사로잡았다.)

    c. It has taken the fancy of the crowd.

        (그것은 그 군중의 마음을 사로잡았다.)

1.28. 다음 주어는 목적어를 어디로 데리고 간다.

(28) a. Business took him west.

        (사업은 그를 서부로 데리고 갔다.)

    b. The bus will take you directly to the city.

        (그 버스는 너를 곧장 그 시로 데려다 줄 것이다.)

    c. This line will take you to the city hall.

        (이 노선은 너를 시청으로 데려다 줄 것이다.)

1.29. 다음 주어는 목적어를 몸에 받는다.

(29) a. He took a blow.

        (그는 한 대 맞았다.)

    b. He took a sound beating.

        (그는 심한 매를 맞았다.)

2. 자동사 용법

2.1. 다음 주어는 받는다.

(30) a. He takes as heir.

  (그는 상속자로서 재산을 받는다.)

 b. Salmon took well that morning.

  (연어가 그 날 아침 (미끼를) 잘 물었다.)

 c. The queen in chess takes at any distance in a straight line.

  (장기에서 여왕은 직선상의 어떤 거리에 있는 것이든 잡아먹는다.)

 d. Those who take are not always those who give.

  (받는 사람이 언제나 주는 사람은 아니다.)

2.2. 다음 주어는 효력을 갖는다.

(31) a. Did the vaccination take?

  (예방접종이 효력이 있었느냐?)

 b. The medicine takes instantly.

  (그 약은 즉각 효력이 나타난다.)

 c. The smallpox injection did not take.

  (그 마마 주사는 효력이 없었다.)

 d. The medicine seems to be taking.

  (그 약은 효력이 나타나고 있는 것으로 보인다.)

2.3. 다음 주어는 붙는다.

(32) a. The fire took rapidly.

  (불이 곧 붙었다.)

 b. The color took and her white dress is now red.

  (색감이 곧 들어서 그녀의 흰 옷이 지금은 붉은 색이다.)

 c. The dye doesn't take in the cold water.

  (그 물감은 찬물에서는 물들지 않는다.)

d. The ink doesn't take on glassy paper.
   (그 잉크는 미끄러운 종이에는 묻지 않는다.)

e. The ink takes well on cloth.
   (그 잉크는 천에 잘 묻는다.)

2.4. 다음 생략된 목적어는 관중이나 청중의 관심이다.

(33) a. The play took from its first performance.
        (그 연극은 첫 공연부터 (관객의 마음을) 끌었다.)

b. The play took greatly and is still drawing big audiences.
   (그 연극은 매우 관객의 마음을 끌어서 아직도 많은 관객을 끌고 있다.)

c. The book has not yet taken with the general readers.
   (이 책은 아직 일반 독자와 호응을 받지 못했다.)

2.5. 다음 주어는 전치사 from의 목적어에서 빠진다.

(34) a. Nothing took **from** the scene's beauty.
        (그 배경의 아름다움에서 아무 것도 감해지지 않는다.)

b. It little takes **from** his true merit.
   (그것은 그의 참된 가치를 줄이지 않는다.)

2.6. 다음 주어는 움직인다.

(35) a. They took **across** the field.
        (그는 그 밭을 가로질러 갔다.)

b. He took **down** the street and around the corner.
   (그는 그 길 아래로 가서 그 모퉁이를 돌았다.)

c. They took **over** the hill.
(그들은 그 산 너머로 갔다.)

d. With a cry, she took **to** the door.
(울면서, 그녀는 그 문으로 갔다.)

e. The horse took **to** the roadside.
(그 말은 그 길가로 갔다.)

2.7. 다음 주어는 분리된다.

(36) a. The toy takes **apart**.
(그 장난감은 분해된다.)

b. The table takes **apart**.
(그 식탁은 분해된다.)

c. The top takes **off**.
(그 뚜껑은 분리된다.)

THROW

1. 타동사 용법

1.1. 다음 주어는 목적어를 어떤 방향으로 던진다.

(1) a. I wish the children would stop throwing stones **about**.
   (난 아이들이 돌을 여기 저기 던지길 멈췄으면 한다.)

   b. Throwing **aside** his homework, he ran to join the other children.
   (그의 숙제를 집어 치우고 그는 다른 아이들을 합류하기 위해 달려갔다.)

   c. Let's throw the old TV set **away**.
   (그 낡은 텔레비전 세트를 버리자.)

   d. I threw the balls **back**.
   (나는 그 공들을 되던졌다.)

   e. The child threw his school books **down** and joined the others.
   (그 아이는 그의 학교 교과서들을 던져 놓고 다른 아이들을 합류했다.)

   f. Please throw your waste paper **in** here.
   (너의 쓰레기 종이를 이곳에 던지시오)

g. He put his hand on her shoulder, but she threw it **off**.
   (그는 손을 그녀의 어깨 위에 얹었으나 그녀가 그의 손을 떨어 버렸다.)

h. The fire is getting low, throw some wood **on**.
   (그 불이 죽어가고 있어. 장작을 좀더 던져 얹어라.)

i. Throw the ball **out**.
   (그 공을 밖으로 던져라.)

j. Our ball is on your side of the fence. Would you please throw it **over**?
   (우리 공이 너희 쪽 담장 안에 있다. 그것을 담 너머로 던져 주지 않겠니?)

k. For hours the boy would stand throwing a ball **up** and catching it again.
   (몇 시간 동안 그 소년은 공을 던져 올리고 그것을 다시 잡는 일을 참아내야 할 것이다.)

1.2. 다음 목적어는 주어의 일부이다. 주어는 목적어를 내민다.

(2) a. He threw a hard left jab to his opponent's chin.
      (그는 강한 레프트 잽을 상대선수의 턱에 날렸다.)

   b. He threw his hands wildly about.
      (그는 그의 손을 사납게 휘둘렀다.)

1.3. 다음 주어는 자신에게 붙어 있는 것을 내던진다.

(3) a. The horse threw its rider twice.
      (그 말은 그 기수를 두 번이나 낙상시켰다.)

   b. The horse threw me.

(그 말이 나를 떨어뜨렸다.)

   c. They threw all their energy into their work.
     (그들은 모든 정열을 다 그 일에 바쳤다.)

   d. A snake threw its skin.
     (뱀이 껍질을 벗어 던졌다.)

1.4. 다음 주어는 목적어를 내보낸다.

(4) a. The single light bulb threw a dim light.
     (그 한 전구가 어두침침한 빛을 내던지고 있었다.)

   b. A passing cloud threw a shadow over the garden.
     (지나가는 구름이 그늘을 그 정원에 떨구었다.)

1.5. 다음은 「말은 물리적 힘이다」의 은유가 적용된 표현이다.

(5) a. Their hostile remarks threw me.
     (그들의 적의적 발언은 나를 당황하게 했다.)

   b. His unexpected answer threw me for a moment.
     (그의 예상 밖의 대답은 잠시 나를 당황하게 했다.)

   c. It was her falsetto voice that really threw me.
     (정말 나를 당황하게 한 것은 그녀의 가성이었다.)

1.6. 다음은 「상태는 장소이다」의 은유가 적용된 표현이다.

(6) a. They threw the person into prison.
     (그들은 그 사람을 감옥에 던져 넣었다.)

   b. The system has thrown us all into confusion.
     (그 제도는 우리 모두를 혼란 속에 던져 넣었다.)

   c. His reaction threw everything into confusion.

(그의 반응은 모든 것을 혼란 속에 던져 넣었다.)
d. The bad situation threw almost everyone out of work.
(그 좋지 않은 상황은 거의 모든 사람들을 실직하게 했다.)

1.7. 다음 주어는 목적어를 던지듯 빠르게 보낸다.

(7) a. The general threw soldiers around the area.
(그 장군은 군인들을 그 지역 부근에 급히 파견했다.)
b. The FBI threw every available agent into the case.
(FBI는 모든 가용 가능한 요원을 그 사건에 투입했다.)

1.8. 다음 주어는 목적어를 빠르게 놓는다.

(8) a. The army threw a bridge across the river.
(그 군대는 다리를 그 강에 놓았다.)
b. The engineers threw a road across the stream.
(그 토목기사들은 그 개울을 가로 지르는 길을 급하게 놓았
다.)

1.9. 다음 목적어는 재귀대명사이다. 주어는 자신을 던진다.

(9) a. He threw himself on the ground.
(그는 땅 위에 벌러덩 드러누웠다.)
b. She threw herself into learning the new routine.
(그녀는 자신을 그 새로운 일과를 익히는데 던졌다.)
c. The members of his wife's family have all thrown themselves
on him.
(그의 처가 식구들은 모두 그에게 달려들었다.)

1.10. 다음 주어는 목적어를 만든다.

(10) a. The little girl threw a tantrum/a scene when she was told
       to stay behind.
       (뒤에 있으라는 말을 들은 후 그 소녀는 심통/소동을 부렸다.)

1.11. 다음 주어는 목적어를 되돌려 보낸다.

(11) a. His illness threw him back a year at school.
       (그는 아팠었기 때문에 학교에 일 년 더 다녀야만 했다.)
    b. Her red hair and blue eyes threw her back to her
       great-grand mother.
       (그녀의 붉은 머리와 푸른 눈은 그녀의 증조모에게 돌아갔다.)

1.12. 다음 주어는 첫째 목적어에 둘째 목적어를 던진다.

(12) a. He threw me the ball.
       (그는 내게 그 공을 던졌다.)
    b. Please throw me a towel.
       (내게 수건을 던져 주세요.)
    c. He threw me a nasty look.
       (그는 내게 역한 모습을 던졌다.)

2. 자동사

2.1. 다음 주어는 던진다.

(13) a. How far can you throw?

　　　　(얼마나 멀리 던질 수 있니?)

　　b. It's my turn to throw.

　　　　(내가 던질 차례야.)

TIE

1. 타동사 용법

1.1. 다음 주어는 목적어를 끈으로 묶는다.

(1) a. He tied her feet together.
   (그는 그녀의 두 발을 묶었다.)
  b. I tied the sticks together.
   (나는 그 나무 막대기들을 한데 묶었다.)
  c. Great friendship tied them.
   (숭고한 우정이 그들을 묶었다.)

1.2. 다음 주어는 목적어를 전치사 with의 목적어로 묶는다.

(2) a. He tied her hands together **with** a leash.
   (그는 그녀의 양손을 끈으로 묶었다.)
  b. She tied her hair **with** a ribbon.
   (그녀는 머리를 리본으로 맸다.)

1.3. 다음 주어는 추상적 개체이나 구체적인 것으로 개념화 되어 있다.

(3) a. Mutual interests tie us together.
   (상호 관심들이 우리를 묶는다.)
   b. Mere propinquity does not tie people together.
   (단순한 가까움이 사람들을 함께 묶지는 않는다.)

1.4. 다음 주어는 목적어를 to의 목적어에 묶는다.

(4) a. He tied the dog **to** a tree.
   (그는 그 개를 나무에 묶었다.)
   b. We tied the letter **to** a brick and threw it over the fence.
   (우리는 그 편지를 벽돌에 묶어서 그 담장 너머로 던졌다.)
   c. Family obligations tied him **to** his hometown.
   (가족의 의무가 그를 고향에 묶었다.)
   d. The storm tied us **to** a harbor.
   (그 폭풍이 우리를 부두에 묶었다.)
   e. He tied the flag **to** the stick.
   (나는 그 깃발을 그 막대기에 묶었다.)
   f. They tied their horses **to** a tree.
   (그들은 그들의 말을 나무에 묶었다.)

1.5. 다음은 수동태 문장으로 주어는 전치사 to의 목적어에 묶여
   있다.

(5) a. He is tied **to** a new job.
   (그는 새 일에 얽매어 있다.)
   b. I am tied **to** no particular engagement.
   (나는 어떤 특정 약속에 얽매어 있지 않다.)
   c. He is tied **to** his bed by illness.
   (그는 병으로 침대에 누워 있어야만 한다.)

1.6. 다음은 수동태 문장으로 주어는 묶여 있다.

(6) a. I am much tied.
    (나는 아주 바쁘다.)
   b. I am tied up.
    (나는 꽉 묶여 있다.)
   c. I am too tied up with other things.
    (나는 다른 일들로 너무 바쁘다.)

1.7. 다음 주어는 목적어를 매어서 꼼짝을 못하게 한다.

(7) a. The new baby tied her **down**.
    (그 새 아기가 그녀를 꼼짝 할 수 없게 붙들어 놓았다.)
   b. Caring for the children ties her **down**.
    (그 아이들을 돌보는 일이 그녀를 꼼짝할 수 없게 붙들어 놓
    는다.)

1.8. 다음 주어는 목적어를 묶어서 만든다.

(8) a. He tied the knot.
    (그는 그 매듭을 묶었다.)
   b. I tied a wreath.
    (나는 화환을 묶었다.)

2. 자동사 용법

2.1. 다음 주어는 묶어진다.

(9) a. The rope won't tie.
      (그 밧줄은 묶이지 않을 거야.)
   b. The cord doesn't tie well.
      (이 전선줄은 잘 안 묶인다.)

2.2. 다음 주어는 묶이는 개체이다.

(10) a. My dress ties at the back.
       (내 드레스는 뒤에서 끈이 매어진다.)
    b. Does this sack tie in front or at the back?
       (이 옷은 끈을 앞에서 매나요, 뒤에서 매나요?)

2.3. 다음 주어는 동점이다.

(11) a. The two teams tied.
       (그 양 팀은 동점이 되었다.)
    b. The teams tied for first place in the league.
       (그 팀들은 리그전 1위 자리를 공동으로 차지했다.)
    c. Two actresses tied for the Best Actress Award.
       (두 여배우가 최우수 여우상을 공동 수상했다.)

2.4. 다음 주어는 with의 목적어와 동점이다.

(12) Bill tied **with** Margaret for first place.
     (빌은 마가렛과 1위 자리를 놓고 동점이 되었다.)

TURN

0. 이 동사의 개념바탕에는 돌리는 과정이 있다.

1. 타동사 용법

1.1. 다음 주어는 목적어를 돌린다.

(1) a. He turned the wheel.
    (그는 그 바퀴를 돌렸다.)
 b. I turned the key in the lock.
    (나는 그 열쇠를 자물쇠에 넣고 돌렸다.)
 c. She turned the knob of the door.
    (그녀는 그 문의 손잡이를 돌렸다.)
 d. She turned the hands of the clock until they pointed to 9
    o'clock.
    (그녀는 그 시계 바늘을 9시를 가리킬 때까지 돌렸다.)
 e. He was idly turning the pages of a book.
    (그는 할 일 없이 그 책의 페이지를 넘기고 있다.)
 f. I turned the car in a narrow street.
    (나는 그 차를 좁은 길에서 돌렸다.)
 g. He turned his back to the wall.
    (그는 그의 등을 벽 쪽으로 돌렸다.)
 h. He turned his ankle when he fell.
    (그는 떨어질 때 그의 발을 삐었다.)

i. He turned his head and looked back.
(그는 머리를 돌려서 뒤로 보았다.)

j. She turned on her heel, and walked out.
(그녀는 갑작스럽게 돌아서서 나갔다.)

k. Turn the bag inside out.
(그 자루를 뒤집어라.)

l. They turned the table upside down.
(그들은 그 탁자를 뒤집어 놓았다.)

1.2. 다음 주어는 목적어의 방향을 돌린다.

(2) They turned the advancing rioters by firing over their head.
(그들은 그들의 그 머리 위로 총을 쏘아서 그 폭도들의 진로를 되돌렸다.)

1.3. 다음은 「생각, 마음, 대화 등은 움직이는 개체이다」의 은유가 적용된 표현이다. 주어는 목적어의 방향을 돌린다.

(3) a. He turned his thought to home.
(그는 그의 생각을 집으로 돌렸다.)

b. She skillfully turned the conversation away from the unpleasant subject.
(그녀는 재치 있게 그 대화를 그 불쾌한 화제로부터 돌렸다.)

c. She wouldn't turn her attention to what I said.
(그녀는 그 주의를 내가 말한 것에 돌리려고 하지 않았다.)

d. He turned his mind to practical matters.
(그는 그의 마음을 실제적인 문제로 돌렸다.)

1.4. 다음 주어는 목적어를 돈다.

(4) a. He turned a street corner.
   (그는 길모퉁이를 돌았다.)

   b. The procession turned the corner.
   (그 행렬은 그 모퉁이를 돌았다.)

1.5. 다음 주어는 돌아서 목적어를 그린다. 다음 목적어는 결과적으로 생겨난다.

(5) a. He turned a neat circle on the ice.
   (그는 얼음 위에서 보기 좋은 원을 그렸다.)

   b. He turned a somersault.
   (그는 공중제비를 돌았다.)

1.6. 다음 주어는 목적어를 돌게 한다. 목적어는 환유적으로 정신을 가리킨다.

(6) a. All the praise the young actress received turned her head.
   (그 젊은 여배우가 받은 모든 칭찬이 그녀의 머리를 돌게 했다.)

   b. Success turned his head.
   (성공이 그의 머리를 돌게 했다.)

   c. Overwork turned his brain.
   (과로가 그의 머리를 돌게 했다.)

1.7. 다음 주어는 목적어를 상하게 한다.

(7) a. Hot weather turns meat.
   (더운 날씨는 고기를 상하게 한다.)

b. The hot weather turned the milk.
(그 무더운 날씨가 우유를 변질시켰다.)

c. The shortening of daylight turned the leaves.
(그 일조량의 감소가 그 잎들을 변하게 했다.)

d. Violence turned his stomach.
(폭력은 그의 속을 뒤집는다.)

1.8. 다음은 「상태변화는 장소이동이다」의 은유가 적용된 표현이다.

(8) a. Heat turns water into vapor.
(열은 물을 증기로 바꾼다.)

b. She turned her old dress into a shirt.
(그녀는 그녀의 낡은 옷을 셔츠로 바꿨다.)

c. She turned her tears into a smile.
(그녀는 그녀의 눈물을 미소로 바꾸었다.)

d. I can turn this sentence into English.
(나는 이 문장을 영어로 바꿀 수 있다.)

1.9. 다음 주어는 목적어를 변화시켜 상태를 바꾼다.

(9) a. The very thought turns me **pale**.
(그 생각만도 나를 창백하게 한다.)

b. His behavior turns me **sick**.
(그의 행동은 나를 구역질나게 한다.)

c. The heat will turn the grass **green**.
(그 열은 그 풀을 푸르게 만들 것이다.)

d. Anxiety turned his hair **white**.
(근심이 그의 머리를 희게 했다.)

2. 자동사 용법

2.1. 다음 주어는 방향을 바꾼다.

(10) a. She turned when I called her.
     (그녀는 내가 불렀을 때 돌아섰다.)
  b. The man turned to the left.
     (그 남자는 왼쪽으로 돌았다.)
  c. My brother turned and tossed all night.
     (내 동생은 밤새 이리저리 뒤척였다.)
  d. Turn right at the next light.
     (다음 신호등에서 오른쪽으로 돌아라.)

2.2. 다음 주어는 돈다.

(11) a. The earth turns round from west to east.
     (지구는 서쪽에서 동쪽으로 돈다.)
  b. The wheel turned slowly.
     (그 바퀴는 천천히 돌았다.)
  c. The page won't turn. It seems stuck.
     (그 페이지가 넘어가지 않는다. 붙은 것 같다.)
  d. The tap turns easily.
     (그 수도꼭지는 쉽게 틀린다.)
  e. The car turned to the right, and stopped.
     (그 차는 오른쪽으로 돌아서서 멈추었다.)

2.3. 다음 주어는 방향을 바꾼다.

(12) a. His attention turned to the pretty young lady.
　　　(그의 주의는 그 예쁜 젊은 여인에게 옮겨졌다.)

　　b. His mind turned to his children.
　　　(그의 마음은 그의 아이들에게 갔다.)

　　c. His gaze turned away from the door.
　　　(그의 응시는 그 문에서 다른 곳으로 옮겨졌다.)

2.4. 다음 주어는 변화되어 into의 목적어 상태가 된다.

(13) a. Tadpoles turn into frogs.
　　　(올챙이는 개구리가 된다.)

　　b. Caterpillars turn into butterflies.
　　　(유충은 나비가 된다.)

　　c. The neighborhood turned into a slum.
　　　(그 지역은 빈민가가 되었다.)

2.5. 다음 주어는 상태가 바뀐다.

(14) a. My hair turned **grey**.
　　　(내 머리가 재색이 되었다.)

　　b. The leaves have turned **red**.
　　　(그 잎들이 빨갛게 되었다.)

　　c. The weather has turned **fine**.
　　　(그 날씨 좋아졌다.)

　　d. The condition turned far **worse**.
　　　(그 상태가 악화되었다.)

　　e. The clothes all turned **pink** in the wash.
　　　(그 옷은 모두 세탁 중에 핑크색이 되었다.)

2.6. 다음에는 변화된 상태가 명사로 표현되어 있다.

(15) a. He has turned traitor/thief.
    (그는 반역자/도둑이 되었다.)
  b. She turned linguist/Christian.
    (그녀는 언어학자/기독교인이 되었다.)

2.7. 변화된 상태는 수치로도 표현된다.

(16) a. He turned 50 last week.
    (그는 지난주에 50세가 되었다.)
  b. What time is it? It has just turned 2.
    (몇 시요? 막 2시가 되었다.)

2.8. 다음 주어는 움직이지 않는다. 그러나 화자가 그 형상을 시선으로 따라가면 방향이 바뀐다.

(17) a. The road finally widened, and turned into a courtyard.
    (그 길은 마침내 넓어져서 어느 정원으로 들어간다.)
  b. The river turns west, and flows out of the Valley.
    (그 강은 서쪽으로 틀어서 그 계곡을 벗어난다.)

USE

1. 타동사 용법

1.1. 다음 주어는 목적어를 쓴다.

(1) a. He used a knife to cut the bread.
   (그는 그 빵을 자르기 위해서 칼을 썼다.)
   b. He used my telephone.
   (그는 내 전화를 썼다.)
   c. He used a saw in cutting the stick.
   (그는 그 막대기를 자르는데 톱을 썼다.)
   d. He uses the buses a lot.
   (그는 그 버스를 자주 이용한다.)
   e. He uses the room for keeping all his books.
   (그는 그의 책을 두는데 그 방을 이용한다.)

1.2. 다음 주어는 목적어를 쓴다. 목적어는 사람이다.

(2) a. He used me like a dog.
   (그는 나를 개같이 썼다.)
   b. They used him well.
   (그들은 그를 잘 이용했다.)

c. She used her friend badly.
(그녀는 친구를 나쁘게 이용했다.)

1.3. 다음 목적어는 소모되는 개체이다. 주어는 목적어를 쓴다.

(3) a. We use 10 tons of coal a month.
(우리는 한 달에 10톤의 석탄을 쓴다.)
  b. He has used **up** all his strength.
(그는 그의 모든 힘을 다 썼다.)
  c. He used **up** all the soap.
(그는 그 비누를 다 썼다.)
  d. I always use the same tooth paste.
(나는 언제나 같은 치약을 쓴다.)

1.4. 다음 주어는 목적어를 쓴다. 목적어는 신체 부위이다.

(4) a. He used his ears/legs/eyes.
(그는 그의 귀/다리/눈을 썼다.)
  b. You should use your brains a little more.
(너는 너의 두뇌를 좀 더 써야 한다.)

1.5. 다음 목적어는 추상적이나 구체적인 개체로 개념화되었다.

(5) a. He used diligence/economy/care/all his skills.
(그는 근면/절약/주의/그의 모든 기술을 썼다.)
  b. He used her good will.
(그는 그녀의 호의를 이용했다.)
  c. He used his influence/his discretion.
(그는 자신의 영향력/분별력을 썼다.)

WAIT

0 이 동사의 개념바탕에는 기다리는 과정이 있다.

1. 자동사 용법

1.1. 다음 주어는 기다린다.

(1) a. Are you waiting for anybody?
   (당신은 누구를 기다립니까?

   b. He was waiting for the bus to come.
   (그는 그 버스가 오기를 기다리고 있었다.)

   c. The children waited for the vacation.
   (그 아이들은 그 방학을 기다렸다.)

   d. Let's wait for his recovery.
   (그의 회복을 기다리자.)

   e. It will have to wait.
   (그것은 기다려야 할 것이다.)

1.2. 다음에서 주어가 기다리는 것은 과정이다.

(2) a. We are waiting for the rain to stop.
   (우리는 그 비가 그치기를 기다리고 있다.)

   b. We are waiting for the river to freeze.
   (우리는 그 강이 얼기를 기다리고 있다.)

c. We are waiting for the snow to melt.
(우리는 그 눈이 녹기를 기다리고 있다.)

1.3 다음 주어는 to-부정사가 가리키는 과정을 기다린다.

(3) a. I waited to see what would become of him.
(나는 그가 어떻게 될 것인지 알기 위해서 기다렸다.)
b. I am waiting to use that machine.
(나는 그 기계를 쓰려고 기다리고 있다.)

1.4. 다음 주어는 개체이다. 주어는 기다린다.

(4) a. Dinner is waiting for you.
(식사가 여러분을 기다리고 있다.)
b. Your tea is waiting; don't let it get cold.
(너의 차가 기다리고 있다; 식게 내버려두지 말아라.)
c. His bicycle waited for him at the shop.
(그의 자전거가 그 점포에 준비되어 있었다.)
d. Let that job wait.
(그 일은 기다리게 해라.)
e. The dishes can wait.
(그 접시는 나중에 닦아도 된다.)
f. This business can wait after dinner.
(이 일은 식사 후까지 미룰 수 있다.)
g. This news can't wait until tomorrow.
(이 소식은 내일까지 미룰 수 없다.)

1.5. 다음 주어는 시중을 든다.

(5) a. His wife waits upon her husband.
   (그의 아내가 남편의 시중을 든다.)

   b. Our agent will wait upon you tomorrow.
   (우리의 대리인이 내일 당신을 돌봐줄 것이다.)

2. 타동사 용법

2.1. 다음 주어는 목적어를 어떤 사람을 위해 기다리게 한다. 즉 늦
   춘다.

(6) a. Dont' wait dinner for me.
   (나를 위해서 저녁을 늦추지 말아라.)

   b. We will wait dinner for you.
   (우리는 너를 위해 저녁을 늦추겠다.)

2.2. 다음 주어는 목적어를 기다린다.

(7) a. He waited his turn.
   (그는 그의 차례를 기다렸다.)

   b. He waited his opportunity.
   (그는 그의 기회를 기다렸다.)

   c. He always expects me to wait his convenience.
   (그는 언제나 나를 그의 형편을 기다리기를 바란다.)

WAKE

1. 자동사 용법

1.1. 다음 주어는 잠에서 깬다.

(1) a. She usually wakes early.
   (그녀는 보통 일찍 깬다.)
   b. What time do you usually wake up?
   (몇 시에 너는 보통 깨느냐?)
   c. Worries kept me waking all night.
   (근심이 나를 밤새 깨어 있게 했다.)

1.2. 다음은 「의식 상태는 깬 상태이다」의 은유가 적용된 예이다.

(2) a. He wakes up to danger.
   (그는 위험을 깨닫고 있다.)
   b. People are waking up to this threat.
   (사람들은 이 위협을 깨닫고 있다.)
   c. He suddenly woke to the beauty around him
   (그는 갑자기 그의 주위에 있는 아름다움에 눈을 떴다.)

1.3. 다음은 「일어남은 깨어남이다」의 은유가 적용된 예이다.

(3) a. A light wind wakes among the trees.
      (가벼운 바람이 그 나무 사이에 일었다.)

   b. Nature wakes up in spring.
      (자연은 봄에 잠에서 깬다.)

   c. A light wind wakes among the trees.
      (약한 바람이 나무들 사이에 일고 있다.)

2. 타동사 용법

2.1. 다음 주어는 목적어를 깨운다.

(4) a. The noise will wake the baby.
      (그 소리가 그 아기를 깨울 것이다.)

   b. The children's shouts woke us from our afternoon sleep.
      (그 아이들의 소리가 우리를 오후의 잠에서 깨웠다.)

   c. Don't wake her now.
      (그녀를 지금 깨우지 말아라.)

   d. They were making enough noise to wake the dead.
      (그들은 죽은 사람을 깨울 수 있을 정도의 심한 소리를 내고
      있었다.)

2.2. 다음 목적어는 환유적으로 쓰여서 마음을 가리킨다.

(5) a. John needs some interest to wake him up.
      (존은 그를 깨울 수 있는 어떤 흥미가 필요하다.)

   b. We've got to wake him up from his laziness.
      (우리는 그를 게으름으로부터 일깨워야 한다.)

c. The bad news woke the country to the danger of war.
(그 나쁜 소식이 그 나라를 전쟁의 그 위험을 의식하게 했다.)

d. The teacher woke his students to the need of conservation.
(그 교사는 그의 학생들을 보존의 그 필요에 눈을 뜨게 했다.)

2.3. 다음 주어는 목적어를 일깨운다.

(6) a. It has waked an ambition in me.
(그것이 한 야망을 나에게 일깨웠다.)

b. The lovely child woke our pity.
(그 사랑스런 아이는 우리의 동정심을 일깨웠다.)

c. His cruelty woke our anger.
(그의 잔인함은 우리의 분노를 일깨웠다.)

d. The incident waked memories of his boyhood.
(그 사건은 그의 소년 시절의 기억들을 일깨웠다.)

e. The music woke memories of holidays in Hawaii.
(그 음악은 하와이에서 지낸 휴일의 추억을 일깨웠다.)

2.4. 다음 주어는 목적어를 일게 한다.

(7) a. The wind woke the waves.
(그 바람이 그 파도를 일구었다.)

b. The wind woke echoes in a mountain valley.
(그 바람은 계곡에 메아리를 일으켰다.)

c. The sound of gun fire woke the hillside.
(그 총소리가 그 산언덕을 일깨웠다.)

WALK

1. 자동사 용법

1.1. 다음 주어는 걷는다.

(1) a. I sometimes walk to school.
   (나는 때때로 걸어서 학교에 간다.)
 b. The baby is beginning to walk.
   (그 아기는 걷기 시작하고 있다.)
 c. I am quite out of breath; I must walk for a while without running.
   (나는 숨이 매우 차다. 나는 뛰지 말고 잠깐 걸어야 한다.)

1.2. 사람이 '걸어 다닌다'는 것은 죽지 않고 '살아간다'의 뜻이다.

(2) a. He walks by faith.
   (그는 믿음의 힘으로 살고 있다.)
 b. He is walking in the sight of God.
   (그는 하느님이 보는 곳에서 살고 있다.)
 c. She walks in sorrow.
   (그녀는 슬픔 속에서 산다.)

2. 타동사 용법

2.1. 다음 주어는 목적어를 걸린다.

(3) a. He walked his horse to the stable up the hill.
     (그는 그의 말을 그 산 위에 있는 그 마구간까지 걸렸다.)
   b. He walked the puppy/the dog.
     (그는 그 강아지/개를 걸렸다.)

2.2. 다음 주어는 같이 걸어가면서 목적어를 데리고 간다.

(4) a. The policeman walked him off.
     (그 경찰이 그를 걸어 데려 갔다.)
   b. I will walk you to the station.
     (나는 너를 그 역까지 같이 걸어가 주겠다.)
   c. I walked her home.
     (나는 그녀를 집까지 걸어서 데려다 주었다.)

2.3. 다음 주어는 목적어의 바닥에 닿는 부분을 교대로 움직여서 이
   동시킨다.

(5) a. He walked the heavy ladder to the other end of the room.
     (그는 그 무거운 사다리를 밑모서리를 하나씩 옮겨서 그 방
     의 다른 쪽으로 옮겼다.)
   b. He walked the heavy box along.
     (그는 그 무거운 상자를 걷게 해서 움직이었다.)
   c. He walked the bicycle.
     (그는 그 자전거를 끌고 갔다.)

2.4. 다음 목적어는 걷는 장소이다.

(6) a. He walked the road.
  (그는 그 길을 걸었다.)
  b. He walked the streets; he had no job and no home.
  (그는 길을 떠돌아다니고 있었다. 그는 직업도 집도 없었다.)
  c. I have walked this country for miles round.
  (나는 이 시골의 몇 마일 주위를 걸었다.)
  d. I have walked this district for miles around.
  (나는 이 지역의 수마일 주위를 걸었다.)

2.5. 다음 주어는 목적어를 걷게 해서 어떤 상태에 이르게 한다.

(7) a. He walked me **to** exhaustion.
  (그는 나를 걸려서 지치게 했다.)
  b. He walked her **off** her legs.
  (그는 그녀를 걸려서 다리가 빠지게 했다.)
  (그는 그녀를 걸려서 매우 피곤하게 했다.)

WANT

0. 이 동사의 개념바탕에는 있어야 할 것이 없는 과정이 있다.

1. 타동사 용법

1.1. 다음 주어는 목적어가 없다.

(1) a. The book wants a page.
   (그 책은 한 페이지가 빠져 있다.)
   b. It wants 2 inches of 3 feet.
   (그것은 3피트에서 2인치가 모자란다.)
   c. It wants 1 inch of the regular length.
   (그것은 보통 길이에서 1인치가 모자란다.)
   d. It wants half an hour to the appointed time.
   (그 약속시간에 반 시간이 모자란다.)
   e. It wants 3 minutes to 12 o'clock.
   (12시에서 3분이 모자란다.)

1.2. 다음 주어는 모자라거나 빠진다.

(2) a. A few pages of this book are wanting.
   (이 책의 몇 페이지가 빠져 있다.)
   b. There is something wanting.
   (무언가 빠진 것이 있다.)

1.3. 다음 주어는 목적어가 없다.

(3) a. His answer wants politeness.
   (그의 대답에는 예의가 없다.)
   b. He wants common sense.
   (그는 상식이 모자란다.)
   c. What you want is courage.
   (네가 모자라는 것은 용기다.)

1.4. 없으면 원하게 된다. 주어는 목적어를 필요로 한다.

(4) a. Children want plenty of sleep.
   (아이들은 많은 잠이 필요하다.)
   b. What he wants is a good beating.
   (그가 필요한 것은 한껏 두들겨 맞는 것이다.)
   c. The plants are drooping; they want water.
   (그 식물들이 축 늘어져 있다; 그들은 물이 필요하다.)
   d. That man wants a wife to look after him.
   (그 남자는 돌봐줄 아내가 필요하다.)
   e. The house wants more paints.
   (그 집은 페인트가 더 필요하다.)
   f. This wall needs a coat of paint.
   (이 벽은 페인트를 한번 입혀야 한다.)

1.5. 다음 주어는 목적어를 원한다.

(5) a. He wants a small house.
   (그는 작은 집을 원한다.)

b. We want a holiday.
　　(우리는 공휴일을 원한다.)

c. He wants everything he sees.
　　(그는 그가 보는 모든 것을 원한다.)

d. She wants some hot milk.
　　(그녀는 약간의 뜨거운 우유를 원한다.)

1.6. 다음 주어는 목적어를 잡으려고 한다.

(6) a. The police wants him for murder.
　　　(경찰은 살인 때문에 그를 잡으려고 한다.)

b. Tell the office boy that I want him.
　　(그 사환에게 내가 그를 원한다고 일러라.)

c. You won't be wanted this afternoon.
　　(너는 오늘 오후에 필요가 없을 것이다.)

1.7. 다음 주어는 to 부정사가 가리키는 일을 하고 싶어 한다.

(7) a. She wants to go to Italy.
　　　(그녀는 이태리로 가기를 원한다.)

b. He wants to rest.
　　(그는 쉬기를 원한다.)

c. I want to study music.
　　(나는 음악을 공부하고 싶다.)

1.8. 다음 주어는 목적어를 to 부정사가 가리키는 일을 하기를 바란다.

(8) a. I want you to be happy.
　　　(나는 너를 행복하기를 원한다.)

b. She wants me to go with her.
(그녀는 나를 그녀와 함께 가기를 바란다.)

c. I want him to rest.
(나는 그를 쉬기를 바란다.)

1.9. 다음 주어는 목적어가 분사가 가리키는 일을 하고 있기를 바란다.

(9) a. I don't want people playing the piano at night.
(나는 사람들이 밤에 피아노 치는 것을 원하지 않는다.)

b. I won't want women meddling in my affair.
(나는 여자들이 내 일에 간섭하는 것을 원하지 않는다.)

1.10. 다음 주어는 목적어가 과거분사가 나타내는 상태에 있기를 바란다.

(10) a. Would you want this box opened?
(당신은 이 상자가 열려져 있기를 원하십니까?)

b. I want this letter opened.
(나는 이 편지가 열려져 있기를 원한다.)

c. I want this shirt washed by tomorrow.
(나는 이 셔츠가 내일까지 세탁되어 있기를 원한다.)

d. They wanted the work finished in a week.
(그들은 그 일이 일주일 이내에 끝내지기를 바랐다.)

1.11. 다음 주어는 동명사가 가리키는 과정이 필요하다.

(11) a. You hair want cutting.
(너의 머리는 깎아야 한다.)

b. My shoes want mending.
(내 신발은 수리가 필요하다.)

1.12. 다음 주어는 전치사 in이 목적어에서 모자람이 있다.

(12) a. He is wanting in courage.
(그는 용기가 부족하다.)
b. They were wanting in confidence.
(그들은 자신감이 부족했다.)

WASH

1. 타동사 용법

1.1. 다음 주어는 목적어를 씻는다.

(1) a. He washed his face/his feet/his hands.
     (그는 그의 얼굴/발/손을 씻었다.)
  b. He washed the baby/the dishes/the clothes.
     (그는 그 아기/접시/옷을 씻었다.)
  c. He washed his car/his dog.
     (그는 그의 자동차/개를 씻었다.)

1.2. 다음 주어는 목적어를 씻어서 떨어지게 한다.

(2) a. He washed the dirt off (the car).
     (그는 그 먼지를 (자동차에서) 씻어 내렸다.)
  b. He washed the dirty marks off (the wall).
     (그는 그 더러운 표지를 (그 벽에서) 씻어 내었다.)
  c. He washed the dust off (his face).
     (그는 그 먼지를 (얼굴에서) 씻었다.)
  d. He washed a stain out (of his handkerchief).
     (그는 얼룩을 그의 손수건에서 씻어 내었다.)

1.3. 다음은 「죄는 더러운 개체이다」의 은유가 적용된 표현이다.

(3) a. Your prayers will wash away your sins.
      (너의 기도가 너의 죄를 씻어 없앨 것이다.)
   b. Your confession will wash away your guilt.
      (너의 고백이 너의 죄책감을 씻어줄 것이다.)

1.4. 다음 주어는 물의 힘으로 목적어를 움직인다.

(4) a. The waves washed the boat ashore.
      (그 파도는 그 배를 해안으로 밀었다.)
   b. The waves washed the swimmer away over the rocks.
      (그 파도가 그 수영선수를 그 바위 위로 밀어 올렸다.)
   c. The flood washed away the bridge.
      (그 홍수가 그 다리를 떠내려가게 했다.)

1.5. 다음은 수동태 문장으로 주어는 물의 힘으로 움직여진다.

(5) a. Wood is washed ashore by the waves.
      (나무가 그 파도에 의해 그 해안으로 밀렸다.)
   b. All this timber has been washed up by the waves.
      (이 모든 목재가 그 파도에 의해서 위로 밀려왔다.)
   c. The cliffs are being washed away by the waves.
      (그 벼랑이 그 파도에 씻겨서 없어지고 있다.)

1.6. 다음 주어는 목적어에 철썩인다.

(6) a. The North Sea washes the northern part of England.
      (북해가 영국의 북부를 친다.)

b. Gentle waves were washing the shore.
   (잔잔한 파도가 그 해안을 치고 있었다.)

c. The sea washes the base of the cliffs.
   (그 바다는 그 벼랑의 바닥을 친다.)

d. The rain washed my coat.
   (비가 내 저고리를 적시었다.)

1.7. 다음 목적어는 물의 힘으로 만들어진다.

(7) a. The rain washed gullies in the bank.
    (그 비가 도랑들을 그 강둑에 내었다.)

b. Water washed a channel in the ground.
   (물이 수로를 그 바닥에 내었다.)

c. The waves washed (out) a large hole in the rock.
   (그 파도가 큰 구멍을 그 바위에 만들었다.)

2. 자동사 용법

2.1. 다음 주어는 씻긴다.

(8) a. Some silks wash perfectly.
    (어떤 비단은 잘 세탁된다.)

b. Will this material wash?
   (이 소재는 물세탁이 됩니까?)

c. The clothes won't wash easily.
   (그 옷은 쉽게 빨리지 않는다.)

2.2. 다음 주어는 씻겨 나간다.

(9) a. The bank has washed away.
       (그 둑이 씻기어 나갔다.)
    b. The bridge washed down.
       (그 다리는 씻겨 내려갔다.)
    c. The spot will wash out.
       (그 얼룩은 씻겨 나갈 것이다.)

2.3. 다음 주어는 세수나 목욕을 한다.

(10) a. It is unpleasant to wash in cold water.
        (찬물에 씻는 것은 불유쾌하다.)
     b. Monday is the day we wash.
        (월요일은 우리가 세탁하는 날이다.)
     c. He washes before eating.
        (그는 식사 전에 씻었다.)

2.4. 다음 주어는 철썩인다.

(11) a. The waves wash against the house.
        (그 파도는 그 집에 부딪는다.)
     b. Waves are washing on the shore.
        (파도가 그 해안에 치고 있다.)

2.5. 다음 주어는 씻는다. 주어는 도구이다.

(12) The soap does not wash well.
     (그 비누는 잘 씻지 않는다.)

WEAR

0. 이 동사의 개념바탕에는 입거나 신는 과정이 있다.

1. 타동사 용법

1.1. 다음 주어는 목적어를 입는다.

(1) a. He wore a hat/the crown.
   (그는 모자/왕관을 썼다.)
   b. He wore a ring on his fingers/spectacles/a wrist watch.
   (그는 손에 반지를/안경을/팔목 시계를 꼈다.)
   c. She wore new shoes/stockings.
   (그녀는 새 신/스타킹을 신었다.)
   d. She wore a new coat.
   (그녀는 새 저고리를 입었다.)
   e. She wore a flower in her buttonhole.
   (그녀는 꽃 한 송이를 단춧구멍에 달았다.)

1.2. 다음 목적어는 신체의 일부나 신체에 나타나는 표정이다.

(2) a. He wore a mustache/a beard.
   (그는 콧수염/턱수염을 길렀다.)
   b. She wore her hair up.
   (그녀는 머리를 위로 했다.)

c. She wore a smile/a frown.

(그녀는 미소/찡그림을 띠었다.)

d. The town wore an empty look.

(그 도시는 텅 빈 모습을 띠었다.)

e. The house wore an air of sadness.

(그 집은 슬픈 모습을 띠었다.)

f. He wore an angry expression on his face.

(그는 성난 표정을 얼굴에 띠었다.)

1.3. 신이나 옷을 오래 입으면 닳는다. 주어는 목적어를 닳게 한다.

(3) a. The water wore the rocks.

(그 물이 그 바위를 닳게 했다.)

b. The constant droppings wore the stone.

(그 끊임없는 물방울들이 그 돌을 닳게 했다.)

c. The stones were worn by the constant flow of water.

(그 돌은 그 물의 끊임없는 흐름에 의해서 닳았다.)

1.4. 다음 주어는 목적어를 닳게 하여 어떤 상태에 들게 한다.

(4) a. I have worn my socks into holes.

(나는 나의 양말을 닳게 해서 구멍을 내었다.)

b. He wore his jeans thin.

(그는 그의 진을 얇아지도록 입었다.)

1.5. 다음 주어는 목적어를 지치거나 피곤하게 한다.

(5) a. The noise wore her nerves.

(그 소리가 그녀의 신경을 피곤하게 했다.)

b. Hardship and poverty wore him.
(어려움과 가난이 그를 지치게 했다.)

c. Your questions wear my patience.
(너의 질문들은 나의 인내심을 지치게 한다.)

1.6. 다음 주어는 반복적이고 지속적인 행동으로 목적어를 생기게 한다.

(6) a. The villagers had worn a path through the field.
(그 마을 사람들이 그 밭을 가로질러 다녀서 길이 났다.)

b. The carts wore ruts on the road.
(그 마차들이 그 길에 바퀴자국을 내었다.)

c. Human feet wore a track across the field.
(사람 발이 그 밭을 가로질러 길을 내었다.)

d. Walking wore a hole in my shoes.
(걸음이 나의 신에 구멍을 생기게 했다.)

e. He wore a hole right through his shoes from all that walking.
(그렇게 걸어서 그는 그의 구두에 구멍을 냈다.)

f. Foot traffic wore a hole in the carpet.
(발걸음이 구멍을 그 양탄자에 내었다.)

2. 자동사 용법

2.1. 다음 주어는 입어진다.

(7) a. This cloth has worn well.
(이 천은 잘 입었다.)

b. This coat has worn well.

(이 저고리는 잘/오래 입었다.)

c. Good leather will wear for years.

(좋은 가죽은 몇 년이고 입을 수 있다.)

d. The strong fabric wears well.

(그 튼튼한 천은 오래 간다.)

2.2. 다음 주어는 닳는다.

(8) a. I like this shirt but the neck has worn.

(나는 이 셔츠를 좋아하지만, 목이 낡았다.)

b. His shirt has started to wear.

(그의 셔츠는 해지기 시작했다.)

c. The rear tires began to wear.

(그 뒤 타이어가 해지기 시작했다.)

d. The carpet starts to wear.

(그 양탄자는 해지기 시작했다.)

e. The elbows have worn badly on his coat.

(그 저고리의 팔굽이 심하게 닳았다.)

2.3. 다음 주어는 닳아서 어떤 상태에 들어간다.

(9) a. The material has worn **thin**.

(그 소재는 닳아서 얇게 되었다.)

b. Her patience wore **thin**.

(그녀의 인내심이 닳아서 얇아졌다.)

c. The soles of his shoes have worn thin.

(그 신의 바닥이 닳아서 얇아졌다.)

2.4. 사람의 경우 닳는 과정은 늙는 과정이다.

(10) a. Old Mr. Smith is wearing well.
      (스미스 씨는 늙지 않는다.)
  b. Considering her age, she has worn well.
      (그녀의 나이를 생각하면, 그녀는 늙지 않는다.)
  c. He is quiet, but he wears well as a friend.
      (그는 말이 없지만, 친구로서 오래 간다.)

WIN

0. 이 동사의 개념바탕에는 경쟁이나 장애물을 치르고서 원하는 것을 얻는 과정이 있다.

1. 타동사 용법

1.1. 다음 주어는 목적어를 받거나 얻는다.

(1) a. He won the Nobel Prize for literature.
   (그는 노벨 문학상을 받았다.)
   b. John won the first prize in the speech contest.
   (죤은 일등상을 그 웅변대회에서 받았다.)
   c. She won a gold medal in swimming.
   (그녀는 금메달을 수영에서 받았다.)
   d. The writer has won many awards.
   (그 작가는 여러 상을 받았다.)
   e. They won a victory.
   (그들은 승리를 얻었다.)

1.2. 다음 목적어는 시합이나 이에 상응하는 것이다. 주어는 목적어를 이겨서 얻는다.

(2) a. Our team is winning the game.
   (우리 팀이 그 경기를 이기고 있다.)

b. We won the argument.
(우리는 그 논쟁을 이겼다.)

c. He won the election.
(그는 그 선거를 이겼다.)

d. He won a contest/a battle/a race/a bet/a fight.
(그는 시합/전투/경기/내기/싸움을 이겼다.)

1.3. 다음 목적어는 추상적인 개체이다. 그러나 구체적인 개체로 개념화되어 있다. 주어는 목적어를 얻는다.

(3) a. He won fame/honor/esteem/a good opinion/a good reputation/ her support.
(그는 명성/명예/존경/호평/좋은 평판/그녀의 지지를 얻었다.)

b. The country won independence.
(그 나라는 독립을 얻었다.)

c. His courage won our admiration/respect.
(그의 용기는 우리의 감탄/존경을 받았다.)

1.4. 다음 목적어는 장소이다. 주어는 이동해서 목적어를 자신의 영향권 안에 넣는다.

(4) a. She won the summit.
(그녀는 그 정상을 확보했다.)

b. They won the shore through the storm.
(그들은 그 폭풍우 속을 지나 그 해안을 확보했다.)

c. They won the old fort.
(그들은 그 옛 요새를 확보했다.)

1.5. 다음 주어는 길을 만들어서 나아간다.

(5) He won his way through the forest.
   (그는 그 숲 속을 통해서 길을 확보했다.)

1.6. 다음 주어는 목적어를 확보해서 넘어오게 한다.

(6) a. She won her mother **over** her side.
      (그녀는 그녀의 어머니를 설득하여 자기편이 되게 했다.)
   b. We won him **to** our views.
      (우리는 그를 설득하여 우리의 생각을 갖게 했다.)

1.7. 다음 주어는 목적어를 설득하여 to 부정사가 가리키는 일을 하
   게 한다.

(7) a. She won him to say yes.
      (그녀는 그를 설득하여 승낙하게 했다.)
   b. We won her to side with us.
      (우리는 그녀를 설득하여 우리 편이 되게 하였다.)

1.8. 다음 주어는 첫째 목적어에게 둘째 목적어를 얻어다 준다.

(8) a. The book won him fame.
      (그 책은 그에게 명성을 확보해 주었다.)
   b. The hard work won her a good job.
      (그 고된 일은 그녀에게 좋은 일자리를 확보해 주었다.)

2. 자동사 용법

2.1. 다음 주어는 이긴다.

(9) a. Which side won?
    (어느 쪽이 (그 경기를) 이겼느냐?)
  b. Human beings cannot win over computers.
    (인간은 컴퓨터보다 이기지 못한다.)

2.2. 다음 주어는 애써서 이동한다.

(10) a. He won **across** the rapids.
     (그는 급류를 가로질러 갔다.)
   b. He won **home**.
     (그는 집에 이르렀다.)
   c. He won to the **shore**.
     (그는 그 해안에 이르렀다.)

WIND

1. 타동사 용법

1.1. 다음 주어는 목적어를 다른 개체의 주위에 감는다.

(1) a. He wound a cloth **round** the wounded arm.
(그는 천을 그 다친 팔에 감았다.)
   b. She wound a shawl **round** a baby.
(그녀는 숄을 아기에게 감았다.)
   c. He wound his arms **round** a baby.
(그는 팔을 아기 주위에 감았다.)
   d. He wound the thread **on to** a reel.
(그는 그 실을 실패에 감았다.)

1.2. 다음 주어는 목적어를 감아서 into의 목적어 상태가 되게 한다.

(2) a. He wound the string into a ball
(그는 그 실을 감아서 공이 되게 했다.)
   b. They wound the paper into a roll.
(그들은 그 종이를 감아서 두루마리가 되게 했다.)

1.3. 다음 주어는 목적어를 in의 목적어 속에 감싼다.

(3) a. He wound a baby in a shawl.
 (그녀는 아기를 어깨 걸치개 안에 감쌌다.)
 b. He wound the baby in his arms.
 (그는 그 아기를 그의 팔에 감싸 안았다.)

1.4. 다음 주어는 감는 동작으로 목적어를 움직인다.

(4) a. He wound down the car window.
 (그는 그 차 창문을 감아 내렸다.)
 b. She wound up the bucket from the well.
 (그녀는 그 두레박을 그 우물에서 감아 올렸다.)

1.5. 다음 목적어는 환유적으로 쓰여서 시계 안에 있는 태엽을 가리
 킨다. 주어는 목적어를 감는다.

(5) a. He wound the clock.
 (그는 그 탁상시계를 감았다.)
 b. She wound the watch
 (그녀는 그 시계를 감았다.)

1.6. 다음 주어는 움직이지 않으나 전체 형상을 눈으로 보면 구불구
 불 나아가는 것으로 보인다.

(6) a. The brook winds its way to the lake.
 (그 개울은 구불구불 돌아서 호수에 이른다.)
 b. The river winds its way through the forest.
 (그 강은 숲을 가로질러 구불구불 나아간다.)

1.7. 다음 주어는 목적어를 누비듯 운전한다.

(7) He wound his car though heavy traffic.
　　(그는 그의 자동차를 복잡한 차들 속을 누비며 운전했다.)

2. 자동사 용법

2.1. 다음 주어는 감는다.

(8) a. The roses wound around the trellis.
　　　(그 장미들은 그 격자 울타리를 감았다.)
　　b. The grapevine wound around the tree.
　　　(그 포도넝쿨은 그 나무의 둘레를 감았다.)

2.2. 다음 주어는 구불구불 도는 모습을 한다.

(9) a. The river winds in and out.
　　　(그 강은 굽이굽이 돌아 들어가고 나온다.)
　　b. A stream winds through the woods.
　　　(개울물이 그 숲 속을 굽이돈다.)
　　c. The road winds along the river.
　　　(그 길은 그 강을 따라 굽이돈다.)
　　d. The path winds up the hillside.
　　　(그 길은 그 산 위로 구불구불 기어오른다.)
　　e. The vine wound round a pole.
　　　(그 덩굴은 그 막대기를 감았다.)

참 고 문 헌

이기동. 1984. 「다의어와 의미의 일관성」. 『인문과학』 52. 연세대학교인문과학연구소.

이기동. 1985. 「낱말풀이의 개념상의 일관성」. 『국어학논총』. 어문연구회.

이기동. 1986. 「낱말의 의미와 범주화」. 『동방학지』 50. 연세대학교 국학연구원.

이기동. 1987. 「사전 뜻풀이의 검토」. 『인문과학』 57. 연세대학교인문과학연구소.

이기동. 1988. 「인지문법의 소개」(번역). 『한글』 200. 한글학회.

(An introduction to cognitive grammar, by R. W. Langacker, *Cognitive Science*, 10: 1-40)

Binnick, R. 1971. Bring and come. *Linguistic Inquiry*, 2: 260-5.

Bolinger, Dwight L. 1977. *Meaning and form*. London and New York: Longman.

Borkin, A. 1972. Two notes on *want* and *desire*. *Linguistic Inquiry*, 3: 378-385.

Borkin, A. 1973. To be or not to be. *CLS*, 9: 44-56.

Brugman, Claudia. 1981. *The story of over*, Berkeley: University of California Master's Thesis.

Clark, E. V. and H. Clark. 1979. When nouns surface as verbs. *Language*, 55: 767-811.

Cluse, D. 1986. *Lexical semantics*. New York: Cambridge University Press.

Dixon, R. M. W. 1973. The semantics of *giving*, in M. Gross, M. Halle, and M. P. Schutzenberger, eds., *The formal analysis of natural languages*. Mouon: the Hague. pp. 205–223.

Dixon, R. M. W. 1991. *A new approach to English grammar*. Oxford: Oxford University Press.

Felbaum, C. 1990. The English verb lexicon as semantic net. *International Journal of Lexicography*. 3: 278–301.

Fillmore, Chalres J. 1968. The case for case, in Emmon Bach and Robert T. Harms, eds., *Universals in linguistic theory*. pp. 1–88. New York: Holt, Rinehart and Winston.

Fillmore, Charles J, and B. T. Atkins. 1992. Toward a frame–based lexicon: the semantics of risk. In Pustejovsky, J. and Bergler S. (eds), *Lexical semantics and knowledge representation*. New York: Springer.

Fraser, Bruce. 1971. A note on *spray paint* case. *Linguistic Inquiry*, 2: 603–7.

Givon, Talmy. 1979. *On understanding grammar*. New York: Academic Press.

Givon, Talmy. 1984. *Syntax: A functional-typological introduction*, Vol. 1. Amsterdam: John Benjamins.

Goldberb. Adele. 1995. *A construction grammar approach to argument structure*. Chicago: University of Chicago Press.

Gruber, J. S. 1976. *Lexical structures in syntax and semantics*. Amsterdam: North-Holland .

Gruber, J. S. 1976. *Look* and *see*. *Language*, 43: 937–947.

Hopper, Paul., and Sandra A Thomson. 1980. Transitivity in grammar and discourse. *Language*, 56: 251-80.

Jeffries, L. and P. Willis. 1984. A return to spray paint issue. *Journal of Pragmatics*, 8: 715-729.

Kimball J. P. 1973. Get. In *Syntax and semantics 2*. New York: Seminar Press. pp. 205-215.

Lakoff, George. 1989. *Women, fire and dangerous things: What categories reveal about the mind*. Chicago: University of Chicago Press.

Lakoff, George, and Mark Johnson. 1980. *Metaphors we live by*. Chicago: University of Chicago Press.

Langacker, Ronald W. 1982. Remarks on English aspect. In Paul Hoppwer, ed., *Tense-aspect; between semantics and pragmatics*, Amsterdam: John Benjamins.

Langacker, Ronald W. 1982. Space grammar, analyzability, and the English passive. *Language*, 58: 22-80.

Langacker. Ronald W. 1984. Active zones. *BLS*, 10: 172-88.

Langacker, Ronald W. 1985. Observations and speculations on Subjectivity. In John Haiman (ed.), *Iconicity in syntax*, Amsterdam: John Benjamins.

Langacker, Ronald W. 1986. Abstract motion. *BLS*, 12: 455-71.

Langacker, Ronald W. 1987. *Foundations of cognitive grammar*. Standford: Standford University Press.

Langacker, Ronald W. 1988. A view of linguistic semantics. In Brygida Rudzka-Ostyn, ed., *Topics in cognitive linguistics*, Amsterdam: John Benjamins.

Langacker, Ronald W. 1991. *Foundations cognitive grammar*. Stanford: Stanford

University Press.

Langacker, Ronald W. 1991. *Concept, Image, and Symbol*. Berlin: Moouton de Gruyter.

Levin, Beth. 1991. Wiping the slate clean: a lexical semantic exploration. In *Lexical and conceptual semantics*, edited by Levin, Beth, and Steven Pinker, Oxford: Blackwell.

Levin, Beth. and S. Pinker. 1991. Introduction to special issue of Cognition on lexical and conceptual semantics. *Cognition*, 41: 1-7.

Levin, Beth, and Steven Pinker. 1991. Lexical and conceptual semantics. Oxford: Blackwell.

Levin, Beth. 1993. *English verb classes and alternations: a preliminary investigation*. Chicago: University of Chicago Press.

Lindner, Susan. 1981. A lexico-semantic analysis of verb particle construction with up and out. Ph. D. dissertation, University of California at San Diego.

Lindner, Susan. 1982. What goes up doesn't necessarily come down: The Ins and outs of opposites. *CLS*, 18: 305-323.

Miller, 1986. Dictionaries in the mind. *Language and cognitive processes*, 1: 171-85.

Mittwoch, A. 1982. On the difference between eating and eating something: activities versus accomplishment. *Linguistic Inquiry*, 13: 113-122.

Norvig, P. and e. Lakoff. 1987. Taking: a study in lexical network theory. *BLS*, 13: 195-206.

Perlmutter, D. M. 1970. *On the two verbs begin*, in a Jacobs and P. Rosenbaum, eds. pp. 107–119.

Pinker, Steven. 1989. *Learnability and cognition*: the acquisition of argument structure. Cambridge: MIT Press.

Ravin, Yaekl, and Claudia Leacock, (eds). 2000. *Polysemy: theoretical and computational approaches*. Oxford: Oxford University Press.

Ross, John. 1972. *More on begin*. Foundations of Language, 8: 574–577.

Rudzka-Ostyn, Brygida, ed., 1988. *Topics in cognitive grammar*, Amsterdam: John Beniamins.

Ruhl, Charles. 1989. *On monosemy: a study in linguistic semantics*. New York: State University of New York Press.

Talmy, L. 1975. Semantics and syntax of motion. In Kimbal, J (ed.), Syntax and semantics, New York: Academic Press.

Taylor, J. R. 1989. *Linguistic categorization: Prototypes in lingustics theory*. Oxford: Oxford University Press.

Tobin, Yishai, 1993. *Aspect in the English verb*. London: Longmans.

van Oosten, Jeanne. 1977. Subjects and agenthood in English. *CLS*, 13: 459–71.

Wierzbicka, Anna. 1987. *English speech act verbs: a semantic dictionary*. New York: Academic Press.

Wierzbicka, Anna. 1982. *The grammar of semantics*. Amsterdam: John Benjamins Publishing Company.